龙池镇志

山东省昌邑市龙池镇志编纂委员会　编

方志出版社
Publishing House of Local Records

图书在版编目（CIP）数据

龙池镇志 / 山东省昌邑市龙池镇志编纂委员会编
. -- 北京：方志出版社，2019. 8
ISBN 978-7-5144-3826-0

Ⅰ. ①龙… Ⅱ. ① 山… Ⅲ. ①乡镇—地方志—昌邑
Ⅳ. ① K295. 25

中国版本图书馆 CIP 数据核字（2019）第 211014 号

龙池镇志

编　　者：	山东省昌邑市龙池镇志编纂委员会
责任编辑：	宁　芳
出 版 者：	方志出版社 地址 北京市朝阳区潘家园东里 9 号（国家方志馆 4 层） 邮编 100021 网址 http://www.fzph.org
发　　行：	方志出版社图书经销中心 电话（010）67110500
经　　销：	各地新华书店
编纂排版：	潍坊市鹅卵石文化发展有限公司
印　　刷：	山东星海彩印有限公司
开　　本：	889×1194　1/16
印　　张：	21. 81
字　　数：	566 千字
版　　次：	2019 年 8 月第 1 版　2019 年 8 月第 1 次印刷
印　　数：	0001 ～ 1000 册

ISBN 978-7-5144-3826-0　　定价：520.00 元

《龙池镇志》编纂委员会

特邀顾问 吕珊珊　李玉祥　康悦彬

顾　　问 姚国平　姜亦健　常学程　韩俊生　刘继尧　赵法功

徐振宁　徐增法　孙孝工　车建平　潘永贵　夏麦香

邹　霞　刘艳芳　韩文宏　许增贤

名誉主任 刘　煜　刘世海　赵海龙

主　　任 朱永红

副 主 任 杨启乐　王　冰

委　　员 朱东国　陈　铭　王丹萍　孙永涛　王海洋　李佰胜

耿慧丽　温贵平　夏海涛　许丽娟　徐鹏涛　齐新礼

李　冰　王志华　李旭涛　陈观奇　赵　婷

《龙池镇志》编审人员

主　　审 朱永红

副 主 审 杨启乐

特邀编审 段祥泰　程森枝　李志国　王伟波　李周兴　孙鹏波

主　　编 王　冰

执行主编 王现友　李　宁

副 主 编 陈　铭　李佰胜　李　冰　王志华

编　　辑 李升伟　张　蕾　陈培帅　王亚娜　徐伟帅　韩继胜

刘增荣　谭丽萍

昌邑滨海（下营）经济开发区党工委委员、龙池镇党委书记　朱永红

序

在昌邑市委、市政府关心重视和方志出版社潍坊工作站具体指导帮助下，经编纂人员辛勤努力，《龙池镇志》终于成书付梓，出版问世，这是龙池镇文化建设的又一重要成果，可喜可贺。

龙池镇位于昌邑市西北部，总面积 182 平方千米，辖 27 个行政村。先后被授予国家级生态镇、中国当代最美乡镇、山东省旅游强镇、山东省文明乡镇、山东省民间文化艺术之乡等荣誉称号。龙池镇湾塘众多，自然环境优美，素有江北百塘镇美誉。

龙池镇濒临渤海莱州湾，地下卤水资源丰富，早在商周时期就是重要产盐区，如今更是中国溴、盐重镇，滨海龙池工业园区是环渤海经济带重要工业项目区。龙池镇历史悠久，有多处文化遗迹被列入山东省重点文物保护单位。齐西古村先后被评为山东省历史文化名村、国家级传统村落。龙池剪纸享誉久远，被列入山东省非物质文化遗产名录。

龙池镇是山东省爱国主义教育基地，红色文化源远流长。八路军鲁东游击队第七支队在这里组建，昌邑县第一届人民政府在这里诞生。抗日战争时期，是连接延安与胶东抗日根据地的“渤海走廊”。昌邑抗日殉国烈士祠，是全国保护完好、年代较早的八路军抗日烈士纪念祠。2015 年，龙池镇将烈士祠创建为全国首座乡镇级抗日战争纪念馆。

中共龙池镇党委副书记、龙池镇人民政府镇长　王　冰

《龙池镇志》客观记述了境内自然、地理、政治、经济、文化、社会诸方面的历史变迁，内容丰富全面，编辑科学严谨。修志以存史，知史而鉴今。愿与大家相会在《龙池镇志》，共同感受龙池的昨天和今天；愿与大家奋斗在龙池，不忘初心，牢记使命，继续开创龙池更加美好的明天！

昌邑滨海（下营）经济开发区党工委委员
中共龙池镇党委书记
中共龙池镇党委副书记
龙池镇人民政府镇长
2019 年 10 月

凡 例

一、本志以马克思列宁主义、毛泽东思想、邓小平理论、“三个代表”重要思想、科学发展观、习近平新时代中国特色社会主义思想为指导，坚持辩证唯物主义和历史唯物主义的立场观点和方法以及实事求是的原则，全面、系统、科学地记述龙池镇自然、经济、政治、文化、社会等方面的历史与现状。

二、本志上限起自事物发端，下限至2017年。部分内容作适当上溯下延。

三、本志采用述、记、志、传、图、表、录诸体裁，以志为主，志前有地图，图表随文，志后设附录、编后记。全志力求史料翔实、文字简练、结构合理、内容全面。

四、本志采用条目体，横排门类，纵述史实。体裁运用适当创新，根据内容设目、子目。采用现代语体文、记述体，述而不论。

五、本志在局部重复区名时，简称为镇、龙池、全镇、镇内、境内。

六、本志采用第三人称记述，所记地域、机构、团体、组织、会议、文件等以当时称谓为准，使用全称或规范的简称。

七、本志所用地名使用昌邑市地名办公室规范的地名。使用历史地名时，在时称地名后括注志书下限时该地的名称。

八、本志纪年，民国以前采用历史朝代纪年，括注公元纪年；民国以后采用公元纪年。未标明世纪的年代，均指20世纪某某年代。

九、本志人物传收录龙池籍和客籍对龙池镇社会发展有突出贡献和重大影响的人物。人物排序以卒年为序，卒年相同的以卒月为序。本志人物传严格遵循“生不立传”原则，人物的字、号、别名、曾用名等，一般只在人物编中予以注明。

十、本志史料主要由各承编单位核实提供。无承编单位的，取材于文献、档案、报刊、书籍、口述史资料和社会专项调查等。所用数据以昌邑市统计局公布的为准，其他专业数据以主管部门提供为准，政府无统计数据的主要参考社会专项调查相关数据。

昌邑市龙池镇总体规划（2017——2035）

镇域用地现状图

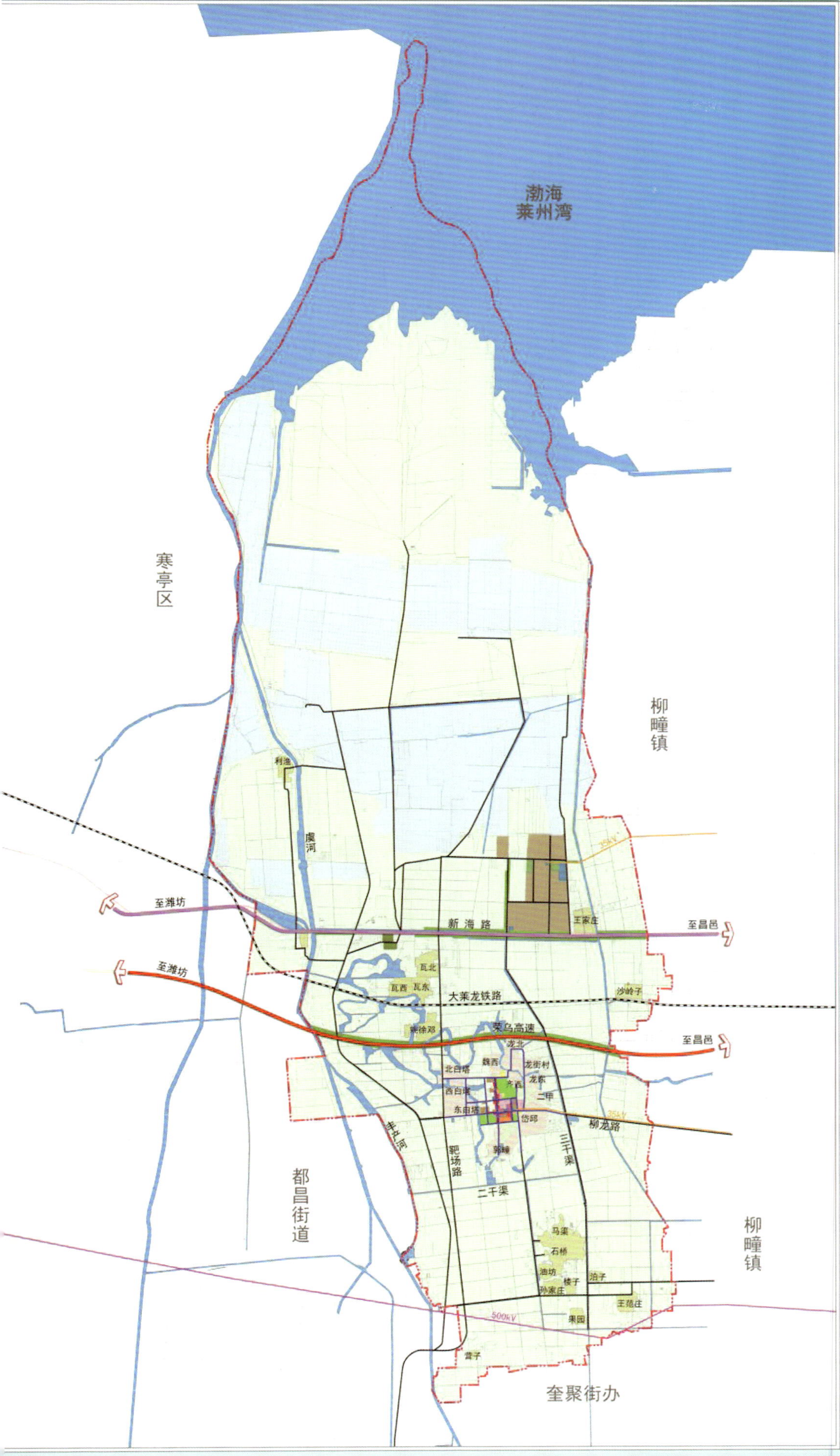

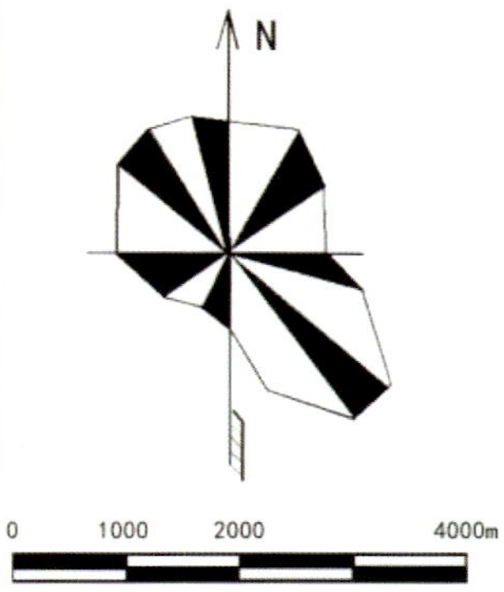

图　例

- 二类居住用地
- 三类居住用地
- 村庄建设用地
- 行政办公用地
- 文化设施用地
- 教育科研用地
- 医疗卫生用地
- 社会福利用地
- 文物古迹用地
- 商业设施用地
- 商务办公用地
- 娱乐康体用地
- 公用设施营业网点
- 工业用地
- 公用设施用地
- 公园绿地
- 防护绿地
- 广场用地
- 军事用地
- 水域
- 农林用地
- 盐田
- 铁路
- 高速公路
- 国省道
- 城镇道路
- 一般道路
- 35kV电力线
- 500kV电力线
- 规划范围线

龙池名片

- 江北百塘镇
- 国家级生态镇
- 中国当代最美乡镇
- 山东省旅游强镇
- 山东省文明乡镇
- 山东省民间文化艺术之乡

★ 山东省爱国主义教育基地

★ 山东省县及县以下历史文化展示工程示范点

★ 潍坊市国防教育基地

★ 昌邑市党史党性教育基地

孙膑采地

龙池柳龙路（2018年）　　摄影　徐庆恩

姚徐邓村农民公园　　党政办公室提供

循环经济示范园

龙池镇工业园　　　　党政办公室提供

龙池红色文化展览中心（2018年）　　　　摄影　徐庆恩

抗日战争纪念馆（2018年）　　　　摄影　李　宁

马渠村史馆（2018 年）　　摄影　李　宁

红色文化广场　　党政办公室提供

昌邑市首届红色文化研讨会　　党政办公室提供

百塘镇——齐西湾塘（2018年）　　摄影　李　宁

齐西村石拱桥　　党政办公室提供

北部盐田风光　　党政办公室提供

梦幻花海　　党政办公室提供

鄑邑古城遗址　　党政办公室提供

孙子庙（2018年）　　　　摄影　高子会

东白塔陈氏家庙（2018年）　　　　摄影　李　宁

齐氏家庙（2018 年） 摄影 李 宁

齐西古村一角（2018 年） 摄影 李 宁

齐西古民居（2018 年）　　　　摄影　孙永博

齐氏家风家训馆（2018 年）　　　　摄影　李　宁

龙池镇政府办公楼（2018 年）　　　　摄影　李　宁

昌邑市龙池小学（2018 年）　　　　摄影　李　宁

龙池镇医院（2018年） 摄影 李 宁

龙池镇区一角 党政办公室提供

龙池社区航拍图（2018 年）　　摄影　孙崇帅

龙池镇商业街局部　　党政办公室提供

龙文化观光园（2018 年）　　　　摄影　李　宁

机收小麦（2018 年）　　　　摄影　王兆军

拾棉花场景（2018年） 摄影 戴建华

龙池盐田（2018年） 摄影 郭卫星

山东昌邑海能化学有限责任公司　　党政办公室提供

王锡芝剪纸技艺传承（2018年）　　摄影　张晓梅

孙子庙会烧大牛（2016 年）　　摄影　朱培庆

孙子庙会民俗展演（2018 年）　　摄影　李凯旋

2016 年 7 月 2 日，昌邑市首届乡村旅游节暨第一届龙乡文化节开幕式　　党政办公室提供

2017 年 6 月 23 日，昌邑市第二届乡村旅游节暨第二届龙乡文化节开幕式　　党政办公室提供

2018 年 5 月，著名相声演员牛群（左四）出席（中国）昌邑第三届乡村旅游节暨第三届龙乡文化节新闻发布会

党政办公室提供

2019 年 5 月 25 日，昌邑市第四届乡村旅游节暨第四届龙乡文化节在龙池镇盛大开幕

党政办公室提供

2019 年 6 月 29 日，渤海走廊革命斗争陈列馆开馆仪式在龙池镇举行　　党政办公室提供

2018 年 8 月 30 日，龙池镇第十九届人民代表大会第三次会议　　党政办公室提供

2018 年 3 月 1 日，山东省财政厅副厅长姜凝（右二）到龙池镇调研美丽乡村建设

党政办公室提供

2019 年 7 月 15 日，中共潍坊市委书记惠新安（中）参观指导龙池红色文化展览中心

党政办公室提供

2018 年 3 月 15 日，时任中共潍坊市委常委、组织部部长林红玉（左二）到龙池镇调研社会经济发展和党建工作情况

党政办公室提供

2018 年 7 月 27 日，潍坊市人民政府副市长马清民（右二）到龙池镇调研乡村振兴情况

党政办公室提供

2018 年 2 月 15 日，中共昌邑市委书记吕珊珊（左三）走访瓦东村村民　　党政办公室提供

2018 年 11 月 21 日，昌邑市人大常委会党组书记、主任李中福（左二）到龙池镇调研并召开人大工作座谈会　　党政办公室提供

2017 年 10 月 23 日，昌邑市政协主席周娟（左二）到龙池镇督导政协委员联络工作室建设情况

党政办公室提供

2018 年 2 月 8 日，中共龙池镇党委书记朱永红（女）率党政领导班子成员走访慰问潍北炮兵靶场官兵

党政办公室提供

2018 年 6 月 1 日，时任龙池镇镇长杨启乐（后排中）出席龙池小学六一儿童节文艺汇演颁奖仪式

党政办公室提供

2018 年 8 月 30 日，龙池镇第十九届人民代表大会第三次会议与会代表及工作人员合影

党政办公室提供

2019 年 7 月 6 日，《龙池镇志》志稿评审会议在昌邑市金陵御景湾召开　　党政办公室提供

2019 年 7 月 6 日，《龙池镇志》评审会与会人员合影（从左到右）

第一排：王　冰、李周兴、姚国平、康悦彬、段祥泰、刘　煜、朱永红、李　宁、李志国、王伟波

第二排：许丽娟、孙鹏波、徐传国、王现友、程森枝、温贵平、耿慧丽、王志华、孙永涛、李　冰

第三排：王海洋、夏海涛、李旭涛、齐新礼、陈　铭、朱东国、李佰胜、徐鹏涛、李升伟、王丹萍

党政办公室提供

·目　录·

经济建设

文化　旅游

红色龙池

社会事业

风土民情

社区村庄

人　物

艺　文

要事纪略

附　录

概　述

龙池镇位于昌邑市西北部，南接奎聚街道，北临渤海，东望柳疃镇，西接寒亭区，镇域南北长24.4千米，东西宽9.6千米，总面积182平方千米。2018年，辖辖瓦城、龙池、白塔、马渠4个社区，27个行政村，8286户、2.49万人，耕地面积4000公顷。

龙池镇区位优势明显，交通条件便利。西距潍坊市区40千米，东距青岛市区160千米、烟台市区240千米，潍坊、青岛、烟台三市交汇，整个山东半岛环渤海区域均在辐射范围内。境内荣乌高速、大莱龙铁路等交通干线横贯东西，路网密布、运行通畅。

龙池镇历史悠久，文化源远流长。周代属纪国郚邑，周庄王四年（公元前693年）十月，齐国占领纪国，尽逐郚邑之民而夺其地，龙池改属齐国都昌县。乾隆《昌邑县志》载，县以下设有三关、四隅、四乡，龙池属昌邑西乡，境内有太盈、白塔、瓦城、太安、忠民五社。清末，四乡改为八乡，龙池属西北乡，所辖五社习称“下五社”。1925年，废社建区、乡，境内属第三区。1931年春，龙池一带设瓦城、白塔、太安、太盈四镇和忠民、西流河、郭疃、新立四乡。1936年，西流河乡、新立乡并入忠民乡，郭疃乡并入太盈镇。1941年夏，第三区划分为东三区、西三区2个区，域为西三区。1942年，西三区改为第九区，下设一镇四乡。1945年，第九区改为马渠区。1952年6月，撤销马渠区复改为第九区。1955年11月，第九区改为龙池区。1958年2月，龙池区改龙池乡；9月，成立先锋人民公社；12月，改龙池人民公社。1983年8月，龙池人民公社改龙池乡。1993年7月，龙池乡改龙池镇。

龙池属革命老区，历史文化厚重，旅游资源丰富。全镇共有抗日殉国烈士祠、孙子庙、陈干墓、齐西古村等6处历史文化遗迹被评为省级文物保护单位。抗日战争纪念馆是全国首家由乡镇承建的抗战纪念馆。齐西村是国家级传统村落、首批山东省传统村落、山东省历史文化名村、第一批山东省乡村记忆工程、山东省重点文物保护单位。龙池镇整合全镇旅游文化资源，积极向外推介龙池水文化、盐文化、名人文化、古迹文化、红色文化、非遗文化，启动梦幻花海生态观光园、红色马渠、齐氏家庙等建设工程，科学规划旅游景点设置，串点成线聚线成面，形成新兴的观光、休闲、旅游全域旅游产业带，力争将古老的红色圣地打造成为“传统文化的展示区、农家生活的体验区、革命教育的示范区”，让文化旅游成为龙池镇响当当的名片。

龙池是一方红色热土。白塔村人陈干，早年追随孙中山，参加辛亥革命，一生为推翻清朝统治，创建民主共和，奔走呼号，南征北战。1937年11月，龙池“中华民族解放先锋队”在瓦城组建，昌邑第一支由共产党领导的抗日武装在龙池诞生，抗日救亡活动兴起。中共昌邑县委根据鲁东工委指示，在瓦城组织举行抗日武装起义，起义武装编为八路军鲁东游击队第七支队。马渠村长期作为昌北县委驻地，是保卫胶东通往延安“红色交通线”的指挥中心，被称为“革命干部的摇篮”和“红色莫斯科”。全面抗战期间，龙池“渤海走廊”是连接胶东、清河和鲁中抗日根据地的重要纽带，在最艰苦的时期发挥了护送过往干部、协助跨区调兵、密运战略物资的历史作用，有多名党员干部在保卫“渤海走廊”的斗争中，赴汤蹈火，许身报国。昌邑县第一届人民政府在瓦城成立，龙池素有昌邑“小延安”之称。解放战争年代，龙池人民为推翻国民党反动统治，建立新中国，积极参军参战，在淮海战役和渡江战役中，数百名青年民工推起小车，随解放大军转战南北，建功立业。抗美援朝期间，龙池青年积极参加志愿军，保家卫国，多人血洒朝鲜战场。渤海走廊革命斗争陈列馆、昌邑县抗日殉国烈士祠、龙池抗日战争纪念馆永远铭记着这些烈士的英名，讲述和传颂着他们的英雄事迹。龙池先后被评为“昌邑市党史党性教育基地”“潍坊市国防教育基地”“山东省爱国主义教育基地”。新的历史时期，龙池人民不忘初心，牢记使命，承继“对党忠诚、信念坚定、勇于担当、不辱使命、百折不挠、敢打必胜、同心同德、无私奉献”的革命精神，听党话，跟党走，正在艰苦创业，砥砺前行。

龙池镇位处昌潍平原，地势平坦，适宜发展粮棉生产。新中国成立后，走人民公社化道路，通过疏浚堤河、虞河、丰产河、尹家河等水利工程，提高境内抗旱、排涝、抗灾能力。60年代至80年代，大搞农田水利基本建设，有计划、有系统地引进峡山水库水源，大部分耕地达到路、渠、排、灌、林“五结合”标准。粮食、棉花产量不断增加，人民生活水平提高。1988年起，实施大规模农业综合开发，改造中低产田，调整农业种植结构，扶持农产品基地建设，发展农业龙头企业，带动农业增产增收。龙池镇采取政策引导、典型带动、市场拉动、服务推动等措施，畜牧业生产方式实现由分散型向规模型、由粗放型向集约型的根本转变。

龙池镇优势在滨海。域内滩涂辽阔，地下卤水资源丰富，盛产原盐。龙池制盐历史悠久，经验丰富，境内考古发现周朝制盐遗址40多处。新中国成立前，龙池工业基础薄弱。中共十一届三中全会后，龙池大力兴办镇村企业，形成镇办、村办、中外合资、股份制、个体私营等多种经营模式。镇区北部规划建设15.08平方千米龙池工业园区，已落户山东昌邑海能化学有限责任公司、潍坊三力本诺化学工业有限公司等22个项目，总投资60多亿元，成为加快滨海开发的重要载体。2015年7月，工业园获批潍坊市循环经济示范园区。2016年10月，获批潍坊市首批化工园区。2018年，龙池镇拥有盐田27万公亩，年产原盐130万吨、溴素1.5万吨。

龙池镇高度重视民生事业发展。启动龙源水库建设项目、生态健康医养综合体PPP项目、龙池幼儿园建设项目、龙乡水韵大酒店等民生工程项目，致力于打造“宜居、宜业、宜游”的特色精致小镇。优先发展教育事业，积级实施达标校园工程，龙池中心小学达到省级规范化学校标准。积极实施医疗卫生城乡一体化，改建新建村级卫生室16处，全镇卫生室建设均达标准要求。社会保障，严格标准，低保人员、伤残军人、复退军人、义务兵家属优抚费及时足额发放。龙池镇社区建设管理及公共服务一体化水平不断提升。全镇设龙池、马渠、白塔、瓦城4个农村社区，管理秩序井然。按照“公开、公平、公正”原则，积极推进农村集体产权制度改革，土地、滩涂、湾塘、林木等资源，在确保资产增值基础上，采用承包、租赁、买卖等方式，均得到合理使用。通过乡镇扩权改革，赋予基层更多职能，为乡镇的发展提供了充足的空间。文化旅游业发展，采取“政府主导、市场运作、社会参与、项目带动”模式，深入挖掘全镇旅游文化资源，以民俗旅游为主线，以红色文化为特色，全力打造龙池文化旅游产业品牌。2014年以来，龙池镇先后被评为“国家级生态镇”“中国当代最美乡镇”“山东省旅游强镇”“山东省文明乡镇”。加大文化项目投入，建设龙池公共文化服务中心，配套图书馆、阅览室，免费为读者提供优雅舒适便利的读书环境。建设主题文化公园，提高人们的文化意识、文化品位，提升公共文化服务水平。先后有“龙池剪纸”“传统制盐”和“龙池年俗”被列入潍坊市级非物质文化遗产名录，并获“山东省民间文化艺术之乡（剪纸）”称号。扎实开展科普惠农工作，引导群众逐渐走上科技致富发展之路，农村科普体系建设日趋完善。计划生育工作，连续20多年被昌邑市委、市政府授予“人口目标责任书”达标一等奖。

龙池镇镇村规划、建设、管理实现规范化。镇区以商业和第二产业为主导，兼顾行政办公和生活居住。建设岱邱、郭疃、龙北居住小区；建设富龙花园、白塔集中居住区，城镇化水平逐年提高。龙池镇多方筹集资金，加大基础设施投资力度，在镇区建设“四纵六横”主干线道路，并实施高标准绿化、亮化。积极实施道路和自来水“村村通”工程，27个村全部实现道路硬化、自来水入户。加强镇村环境卫生和绿化管理，积极推进镇村环卫一体化，镇区卫生美观、村容村貌整洁，人民群众生产和生活居住条件明显改善。

昨天铸就辉煌，今日跨越赶超，明天更加美好。全镇人民在昌邑市委、市政府领导下，将抢抓机遇，改革创新，凝聚力量，为打造蓝黄“两区”前沿特色城镇，加快建设滨海龙池、美丽龙池、文化龙池、幸福龙池而努力奋斗，共同续写龙池发展新篇章！

大事记

清光绪三十二年（1906）

陈干（白塔村人）在日本加入同盟会，回原籍后，倡导革命。

1919年

昌邑县在齐西村创办第二十一国民小学；在白塔村创办第二十二国民小学。

1927年

8月11日，海匪百余人袭劫王家庄子村，打死群众4人，掳去50余人，抢走耕畜13头。

1928年

7月20日，飞蝗遮天蔽日，自西南向东北飞越境内，历时一昼夜，高粱、谷子叶子被吃光。

1930年

实行区、乡、邻、闾制，龙池划归第三区辖。

1931年

昌邑县在瓦城村创办第二十三国民小学。

1932年

春，中共昌邑（一、三区）特支成立，直属中共山东省委领导，恢复昌邑的党组织。

1937年

3月，基督教传入岱邱村。

12月，李福泽、孙汉三等，在瓦城等地组建"中华民族解放先锋队"，李福泽任队长，孙汉三任书记，翟绍先、赵立秀和翟瑞符任委员。

1938年

2月14日，中共昌邑县委，根据鲁东工委指示，组织100多人在瓦城举行武装起义，编为八路军鲁东游击队第七支队。

3月20日，七支队集中西永安村整编后，转移到瓦城和白塔一带。23日，鹿省三和马保三率八支队由寿光县傅家庄到昌邑。26日，七、八支队在瓦城会师。

4月5日，中共鲁东工委，在龙池村开会，决定七、八支队合编，成立鲁东游击队指挥部，马保三任指挥，韩明柱任副指挥，鹿省三任政委，李福泽任参谋长，王一之任政治部主任，翟绍先任供给部主任，王义亭任卫生部主任。

4月7日，鲁东工委书记鹿省三（季方华）在瓦城被混进七支队的坏分子金炎刺杀殉职。

9月2日，四梯队开始破坏抗日民族统一战线，进犯瓦城时，杀害七、八支队后方留守处主任孙汉三。

9月，中共中央代表尉迟仁华持毛泽东亲笔信路经寿光去胶东，县委派杨少心、朱绍武护送至昌邑县瓦城。一个月后，尉迟仁华由原路返回。

1939年

2月23日，驻昌邑县城日伪军500余人，包围了八路军西方战区指挥部（亦说胶北特区指挥部）驻地龙池村。经激战，抗日军民毙敌30余人。下午5点，敌人施放毒瓦斯，八路军突围转移，日伪军进村，残杀群众72人，烧毁房屋300余间。

8月31日，大海潮，水位高达4米，潮水

入内地35千米。东利渔村倒塌房屋百余间，秋作物绝产；王家庄子村3000多亩土地被淹。有82户闯关东。

是年，在共产党地方组织支持下，魏增修、赵子高和姚成书，在瓦城开设“三义成”钱庄。

1940年

1月17日，中共昌潍中心县委书记王炳亮和河东工委成员孟庆禹，由县委驻地瓦城村去胶东，行至青阜村西，与日伪军遭遇，战斗中王炳亮牺牲，孟庆禹被俘。不久，丁明任县委书记，李毅任县委副书记兼组织部长。

4月16日，中共昌潍中心县委副书记兼组织部长李毅，在瓦城开会被日伪军包围，突围时不幸牺牲。

春，“北海币”在马渠和瓦城等抗日根据地发行。

1941年

2月，全县各界代表在瓦城开会，选举成立参议会，郭佃元任参议长。昌邑县政府正式成立，县长黄海岩。

1942年

2月，昌城日伪军在一月之内扫荡马渠村28次，打死打伤群众5人，拉走耕牛100余头。

10月，昌邑县人民政府接管瓦城“三义成”钱庄，印发地方流通券，发放贷款，流通于昌邑、潍县、安丘等地，促进了根据地生产发展，克服了经济困难，保证了反“扫荡”的胜利。

春，瓦城孙子庙拆除。

1943年

9月14日，日伪军到龙池一带扫荡。昌邑县独立营、武工队和九区中队联合作战，活捉日军3人。

春，日军阴谋在昌北平原挖一条南北20多华里长的河渠，一方面种水稻，达到“以战养战”的目的；一方面企图截断“渤海走廊”。中共昌邑县委和县政府积极组织军民开展斗争，昼挖夜平，至1944年7月，终于粉碎了敌人的阴谋，取得彻底胜利。

是年，在龙池村建胜利鞋厂，制土布鞋供应军队。

1944年

春，大旱，五月才降雨，小麦大减产。

春，对徐家庄据点开展围困战。8月5日，日伪军被逼撤回昌邑县城。

1945年

1月24日，渤海军区第五分区的一、四连和昌潍独立营，在昌邑二、九区中队的配合下，夜攻驻马渠的伪十五纵队（原四纵队）。凌晨4时，伪十五纵队衣万斋率领该部驻外地的先遣支队1500余人前来增援，在油坊、营子、孙家庄一带遭我军伏击，1000余人就歼，260人被俘。昌潍独立营二连连长张玉德不幸中弹牺牲。

2月，昌潍县政府在北白塔村建烈士祠，7月竣工。

8月15日，日军投降后，九区改为马渠区，区机关移驻马渠村。

11月，在马渠村开始土地改革试点。

1946年

8月，潍河决口，部分村庄进水，早秋作物减产四成，洼地大豆全被淹死。

12月13日，顽八军在白塔烈士祠和马渠、郭疃、徐家庄、东利渔村按设据点。干部、群众向寿北大家洼转移。

春，全面开展土地改革运动。

1947 年

2 月 21 日，顽八军撤走。

8 月，进行土地改革复查。

春，修建柳（疃）瓦（城）公路。

1948 年

10 月，组织民工支援淮海战役，翌年 2 月，胜利返回。马渠区民工获“模范中队”称号。

1949 年

8 月 20 日，潍河决口，部分村庄进水，谷子、豆子受灾五成以上。

是年，大旱，麦收后 70 多天未下雨，七月才种上豆子

是年，成立新民主主义青年团，青救会撤销。成立中国少年先锋队，代替儿童团。

是年，设区人民武装部。区机关设群众来访接待室。

1950 年

9 月，潍河决口 69 处。境内部分村庄进水，秋季作物受灾。

10 月，全区掀起抗美援朝高潮，参军参战，捐款支援购买飞机。

是年，昌邑县政府向境内农民发放土地证。

是年，龙池邮电代办所成立。

1951 年

是年，开展镇压反革命运动，“五一”节前夕，召开镇压反革命宣判大会。

是年，开始组织农业生产互助组，实行记工算账。

1952 年

6 月 20 日，马渠区改称第九区，区下设 8 个乡。

秋，推行速成识字法。

是年，全区掀起和平签名运动。

是年，区成立爱国卫生委员会，并在龙北村设立龙池卫生所。

是年，设龙池、马渠 2 处联村供销社。

1953 年

春，成立初级农业合作社，实行土地入股，三七分红，统一经营。

冬，实行粮食统购统销政策。

是年，开始履行结婚登记。

是年，设昌邑县第九区供销合作社。

是年，九区农民业余剪纸小组成立。1958 年，在山东省群众艺术馆备案；1959 年，被省命名为“昌邑县龙池剪纸小组”。

1954 年

3 月，各乡进行第一次民主选举，区召开第一届人民代表大会。

4 月，成立第九区农村信用社。

是年，设龙池粮管所。

是年，中国人民解放军在瓦城村北建立炮兵射击场。

1955 年

2 月 20 日，龙池邮电代办所改称为龙池邮电所。

11 月 5 日，第九区改为龙池区。将原 8 个乡合并为 6 个乡。营子埠村从双台区划入龙池区。

1956 年

2 月，开始办高级农业合作社，取消分红，实行按劳分配。

4 月，东利渔村划归渔业区青阜乡。从一区划出虫埠、东逄翟、西逄翟 3 个村归果园乡辖。

5 月，中共龙池区召开第一次党代会，选举产生中共龙池区第一届委员会。

12 月，各乡进行第二次民主选举，区召开第二届人民代表大会。

秋，大搞农田水利建设，始建第一干渠（西）、第二干渠（东）。

是年，马东、马西、马北合并为马渠村。

是年，龙池区木业社、铁业社成立。1957 年，合并为龙池区农具厂。

1957 年

5 月，新民民主主义青年团改称中国共产主义青年团。

7 月，区卫生所与龙池、马渠、瓦城联合诊所合并组建龙池医院。

冬，各村成立治保委员会。

是年，设农业技术员，指导科学种田。

1958 年

2 月 10 日，龙池区改为龙池乡。东利渔村划入。东逄翟、西逄翟、虫埠划归城关镇。

4 月，全乡进行第三次民主选举，召开龙池乡第三届人民代表大会，选举产生龙池乡正、副乡长。

9 月 15 日，成立龙池乡“先锋人民公社”。

12 月 1 日，“先锋人民公社”改为“龙池人民公社”，实行政社合一，土地归集体所有。

春，大旱。五个半月未有降水，至 5 月 25 日始雨，秋季作物大减产。

是年，盐田归公社集体所有，为社办企业。建盐滩 33 个，年产原盐 125 吨。

是年，全社办起托儿所 24 所、幼儿园 27 所。

是年，各生产大队开始成立农业科技队。

是年，龙池公社 3000 亩蝗区进行飞机灭蝗。

1959 年

8 月，龙池公社 131 名青年去吉林省汪清县支援边疆建设。

9 月，成立龙池公社运输站，1960 年撤销。

11 月，成立龙池公社兽医站，大队设兽医员。

冬，修建龙（池）马（渠）公路。

是年，成立龙池新华书店。

是年，邮电所设总机 1 部，各大队安装电话。

是年，龙池公社下设马渠、楼子、白塔、龙池、龙东、瓦东、瓦西、王家庄子 8 个管理区，组建 23 个生产大队。

1960 年

5 月，龙池公社第二次党代会召开，选举产生中共龙池公社委员会。

6 月，由安丘县迁入龙池公社峡山水库移民 51 户、260 人。

7 月，昌邑县第十一中学在岱邱村西成立。1969 年 8 月由初中改为高中。

是年，龙池社办盐场上交昌邑县管理，改名为昌邑县利渔盐场。

1961 年

是年，龙池公社第四届人民代表大会召开，选举产生新一届龙池公社管理委员会。

是年，马渠分为 6 个大队，到 1966 年 10 月 1 日，又合并为马渠大队。

1962 年

是年，贯彻《农业六十条》，实行三级所有，队为基础，生产队为基本核算单位，农业生产得到恢复和发展。

1963 年

4 月 23 日，龙池公社第五届人民代表大会召开。

是月，疏通堤河 2000 米，挖土 5.2 万立方米。

8 月，龙池农具厂改名龙池农业机械修配社。

9月6日，中共龙池公社第三次党代会召开，选举产生中共龙池公社委员会。

是年，龙池公社成立计划生育领导小组。

1964年

4月6日，大海潮，水位4米。东利渔村、王家庄子村一片汪洋，潮水三日始退。政府派飞机到东利渔村空投食物和衣被。王家庄子1900亩小麦被淹，当年引水洗碱种水稻1500亩，亩产320斤。

9月，龙池公社贫下中农协会成立。

11月，龙池公社成立农业技术推广站。

是年，大涝。龙池全年降雨量达1574毫米。

是年，龙池公社成立水利指挥部。

1965年

12月9日，龙池公社第六届人民代表大会召开，选举产生龙池公社管理委员会。

是年，全社加强水利配套，大力发展水稻种植。

是年，昌邑县公安局在龙池公社设派出所。

1966年

8月，“文化大革命”运动开始。

1967年

2月，龙池公社行政工作由人武部主管。公社成立生产领导班子。

3月，龙池公社成立“三结合”革命委员会。

5月24日，中午，暴雨倾盆、冰雹如注。龙池等6处公社受灾严重。

秋，造反派组织砸烂公社革委会。

是年，贫下中农协会改称“贫代会”。

是年，少先队停止活动，成立“红小兵”组织。

1968年

4月30日，公社召开社员代表大会，选举产生龙池人民公社革命委员会。

春、秋，两次疏浚堤河2500米。

冬，公办小学下放到生产大队办，小学四二制改为五年一贯制。7所小学增设初中班。高中升学废除考试选拔，实行贫下中农推荐制。

是年，昌邑县公安局龙池派出所撤销。

1969年

6月，农村实行合作医疗制度。

12月，中共龙池公社核心领导小组成立。

是年，修建王家庄子、魏西两处扬水站和三分干进水闸（在果园村东南）、五支节制闸（在岱邱村东南）、八支节制闸（龙北村东北）。

是年，青岛知识青年先后分三批到龙池公社插队落户，分住10个大队。1980年全部撤回。

是年，龙池公社成立广播放大站。

是年，昌邑县公安局在龙池公社设特派员1人。

1970年

2月，白塔、瓦城、龙池、马渠、楼子5所联办中学成立。

10月，设龙池税务所。

12月20日，齐西大队第一生产队爆竹仓库爆炸，损失约2000元。

12月29日，龙池公社第四次党代会召开。

春，治理虞河15000米。

夏，成立公社食品站。

是年，恢复贫下中农协会，撤销贫代会。

是年，国家地质勘察队到龙池探矿，发现石油。

是年，各村均设卫生室，全社共有“赤脚医生”62人。

1971年

6月，齐西大队第二生产队鞭炮药库爆炸，

损失 1500 元。

10 月，公社成立农电站。

春，公社成立棉花生产领导小组，大力发展棉花种植。

是年，公社成立林业站。

1972 年

11 月 27 日，龙池公社第五届党代会召开。

1973 年

是年，龙池农业机械修配社，改为龙池公社农业机械修配厂。

是年，龙池公社成立计划生育办公室。

1974 年

8 月，雨涝成灾，有 27 个大队受灾，3310 亩农作物绝产。

是年，公社成立建筑社、电影队。

是年，公社设广播专线。

1975 年

5 月 20 日，龙池拖拉机站，用油洗车，不慎着火，烧死 1 人。

春，公社筹建盐场 3100 亩。

春，公社成立棉花办公室。

是年，公社成立副业办公室。

是年，公社成立农业机械管理站。

是年，各大队设机务队。

1976 年

7 月 28 日，唐山大地震波及龙池，但无灾害，全社干部群众开始抗震防震。

9 月，公社成立文化站。

是年，恢复少先队组织。

是年，农民业余学校转为学习农业技术。

1977 年

2 月 4 日，龙池公社第六届党代会召开。

7 月 23 日，24 小时降雨 145 毫米。

是月，公社重建丝绸厂，1982 年改为塑料厂。

是年，龙池公社副业办公室，改为龙池公社工交办公室。

1978 年

5 月 17 日，龙池公社第八届人民代表大会召开。

春，大旱。南水北调，给北部 10 个大队解决人畜用水、灌溉耕地 5000 亩。

是年，全社棉槐种植人均达 200 墩以上，被昌潍地区命名为棉槐社。

是年，为被错划为右派的 16 名教师平反。

是年，丧葬由土葬改行火葬。

1979 年

1 月 16 日，龙池公社召开第七次党代会。

2 月，龙北大队、王家庄子大队各建盐场 1 处，面积 1500 亩。

10 月 1 日，贫下中农协会撤销。

是年，公社设信访领导小组。

1980 年

5 月 10 日，郭疃大队第三、第五两个生产队场院发生火灾。

9 月，龙池公社革命委员会撤销，改称“龙池公社管理委员会”。公社办公地址由魏西村南迁岱邱村西新建。

11 月 25 日，龙池公社第九届人民代表大会召开，选举产生新一届龙池公社管理委员会。

12 月 20 日，龙池公社第八次党代会召开，选举产生中共龙池公社第八届委员会。

12 月 23 日，郭疃大队第三生产队饲养室发生火灾，损失约 6000 元。

1981 年

是年，大旱，全年降水量仅 342 毫米。南水北调种小麦，解决人畜用水。

是年，龙池公社九届二次人代会召开，通过龙池公社《民意公约》。

1982 年

9 月，昌邑县公安局在龙池公社设派出所及户籍室。

秋，全社实行联产承包生产责任制。

是年，大旱。全社农作物受灾面积 33851 亩，绝产 14951 亩。

1983 年

8 月 31 日，龙池人民公社改为龙池乡，生产大队改为村。

是年，全乡 27 个村均落实土地承包责任制。

1984 年

11 月，全乡开展党员冬训和“四有”教育活动。

12 月 20 日，龙池乡第九届党代会召开，与会代表 135 名。选举产生中共龙池乡第九届委员会和出席县党代会代表。

1985 年

10 月 31 日，龙池参加潍河入海口西堤工程施工。

1986 年

9 月 26 日，尼加拉瓜工会代表团到石桥子村棉田参观考察。

同日 17 时 35 分，龙池等 5 处乡镇不同程度地遭受雹灾，房屋玻璃被击碎，窑厂砖坯被击毁，棉田果园、蔬菜受灾严重。

是年，龙池乡农技站、统计站成立。

1987 年

4 月，龙池参加烟（台）潍（坊）公路改线施工。

7 月 11 日，龙池乡第十次党员代表大会召开，与会代表 138 名。

是月，设龙池乡人民代表工作办公室。

10 月，下营防潮大堤三次被潮水冲垮，龙池三次出工修补。

是年，龙池乡始设土地管理员。

1988 年

8 月 20—23 日，国务院扶贫领导小组副组长、农牧渔业部顾问林乎加在潍坊检查工作时，视察龙池乡北部滩涂开发，并给予高度评价。

11 月，龙池乡粮管所改名为龙池乡粮食收储站。

1989 年

3 月 18 日，龙池乡第十一次党员代表大会召开，出席代表 96 人，选举产生中共龙池乡第十一届委员会。

是月，龙池乡开始第一次土地评查。

1990 年

11 月，龙池乡党委根据中共昌邑县委《关于在全县农村开展社会主义思想教育活动的实施方案》，在全乡开展教育活动，自 11 月中旬开始至 1991 年 1 月底结束。

1991 年

3 月，昌邑县政府对龙池乡实施初等义务教育情况进行评估，确认龙池乡教育、投入、管理达到良好水平。

4 月 12 日，龙池乡设立统战政协工作办公室，规格为正科级。

是年，龙池乡成立建设委员会。

是年，龙池供销社实行商品买断承包经营。

1992 年

是年，龙池乡实现户籍管理微机化。

是年，龙池乡参加潍河大堤培土施工。

1993 年

1 月 3 日，中共龙池乡第十二次代表大会召开，出席代表 102 人，选举产生中共龙池乡第十二届委员会。

5 月 15 日，著名导演凌子风及夫人韩兰芳到昌邑与龙池乡龙北村洽谈业务，县长张敦柏陪同活动。

7 月，经山东省人民政府批准，龙池乡撤乡设镇。

1994 年

6 月，全镇企业股份制改革全面展开，小型企业实行租赁经营或拍卖，小商店实行抽本经营。

是年，龙池镇参加潍河大堤培土施工。

是年，龙池镇实现小学毕业直接升入初中学习。

1995 年

11 月，全镇开展农村基层党组织和党员集中教育整顿活动，1996 年春节前结束。

1996 年

1 月 17 日，中共龙池镇第十三次代表大会召开，出席代表为 100 人，选举产生中共龙池镇第十三届委员会。

1 月 29 日，北部沿海供水工程全部开通。

11 月，龙池派出所设立 110 值班室，成立 110 机动队。

1997 年

1 月，中共潍坊市委书记齐乃贵，在昌邑市张敦柏、藤泽利等领导陪同下，到龙池镇姚邓徐村村办企业检查指导工作。

7 月，全镇人民喜庆香港回归。

1998 年

2 月，龙池镇成立规划国土所。

3 月 12 日，潍坊市委书记曹学成，带领市委、市人大、市政府、市政协和市纪委领导班子成员到昌邑北部沿海防护林带龙池段，与昌邑市五大领导班子及群众 2 万多人一起植树 4 万株。

7 月，龙池镇邮电支局分为龙池邮政支局和龙池电信局。

9 月 23 日，潍坊市“148”法律服务专线建设现场会在昌邑召开，山东省司法厅厅长梁德超及潍坊市有关领导到龙池镇检查“148”法律服务专线建设情况。

1999 年

12 月 24 日，中共龙池镇第十四次代表大会召开，出席代表 105 人。

是年，龙池镇 2000 亩“上粮林下渔藕”项目，列入昌邑农业综合开发工程。

是年，龙池镇全面实行农电改革。

2000 年

4 月，开始推行乡镇政务公开。

是年，小学五年制改为六年制。

2001 年

3 月 25 日，山东省直机关青年科技兴农示范基地启动暨签字仪式在龙池镇举行。该基地位于龙池镇北部，总面积 1000 亩，总投资 200 万元，主要进行淡水养殖和无土栽培。

10 月 11—12 日，昌邑市委、市政府在市政府招待所举行陈干诞辰 120 周年暨昌邑发展座谈会。山东省政协副主席朱铭、潍坊市政协副主席王庆德及昌邑市孟祥志、张正德、柳秉洪等领导和史学界学者、教授及陈干亲属参加座谈会。

12 月，乡镇机构改革，龙池镇党委政府设党政办公室、经济发展办公室、社会事务办公室；事业单位有镇水利站、计划生育服务站；镇农业技术推广站、农业机械管理站、林业站合并组建农业综合服务中心；镇文化站与广播站合并组建文化广播站；农村经营管理站并入镇财政所；规划国土所下划到镇，更名国土资源站。

是年，龙池镇村村普及程控电话。

是年，龙池镇村村安装自来水。

2002 年

10 月 14 日，15 时 50 分至 16 时零 5 分，龙池遭受大风袭击，局部风力达 8～9 级，持续 15 分钟，并出现短时冰雹。部分房屋、树木、通信线杆、电力设施，养鸡（鸭）大棚和农作物受损。

11 月 23 日，中共龙池镇第十五次代表大会召开，出席代表 125 人。

2003 年

4 月 29 日，龙池镇抗击“非典型肺炎”工作指挥部成立。

10 月，龙池镇全面落实小麦直补政策，按实际丈量面积，每亩补贴资金 14.3 元。

2004 年

7 月，龙池镇全面取消种田纳粮政策。

8 月，初级中学由四年制改为三年制。

9 月，昌邑市举办第四届全民运动会，龙池镇代表团获全运会体育道德风尚奖。

2005 年

4 月 20 日，落实上级政策规定，免除农业税和特产税。

7 月 5 日，中共龙池镇委开始在全镇开展保持共产党员先进性教育活动。

2006 年

1—6 月，龙池镇开展第三批保持党员先进性教育。

6 月 20 日，龙池镇召开农村义务教育“两免一补”（免学杂费、免书本费，补助寄宿生生活费）工作会议。

12 月 25 日，中共龙池镇第十六次代表大会召开，出席代表 127 人。

2007 年

2 月 7 日，龙池镇党委、政府，表彰 2006 年度全镇经济工作先进典型。

3 月 6 日，龙池镇政府印发春季植树造林实施意见。

12 月，落实家电补贴政策，补贴标准为 13%。

2008 年

2 月 28 日，龙池镇政府印发《关于进一步加强农村财务规范化、制度化管理的规定及考核办法》。

8 月，龙池镇全面推行农村新型合作医疗，按现农业户籍户人口每人每年缴纳 30 元，镇报销 50%。

12 月 8 日，龙池镇人民政府印发《关于做好 2009 年度小麦种植面积核定工作的通知》。

2009 年

2 月 2 日，中共龙池镇委印发《关于公布龙池镇党政领导干部分工及工作片长的通知》。

2 月 7 日，中共龙池镇委印发《关于表彰 2008 年度全镇经济工作农业农村工作等先进典型的决定》。

2月16日，龙池政府印发《龙池镇行政执法月活动实施方案》。

2010年

3月15日，中共龙池镇委印发《2010年招商引资项目考核认定办法》。

3月23日，中共龙池镇委印发《关于表彰2009年度民兵预备役工作先进典型的决定》。

3月18日，中共龙池镇委印发《关于2010年龙池镇统战工作要点》。

2011年

11月20日，中共龙池镇第十七次代表大会召开，出席代表124人。

2012年

2月25日，龙池镇政府印发2012年植树造林任务及考核办法。

5月20日，中共龙池镇委印发2012年度落实党风廉政建设责任制考核细则。

2013年

3月23日，中共龙池镇委通报2012年农村环境卫生综合整治工作考核情况。

9月9日，中共龙池镇委表彰2012-2013学年度全镇优秀教师。

2014年

2月13日，中共龙池镇委在全镇开展农村违章建筑集中拆除工作。

3月，第三批党的群众路线教育实践活动全面启动。

5月30日，龙池镇政府在全镇开展麦季秸秆禁烧工作。

9月19日，龙池镇政府全面推进农村集体经济组织产权制度改革工作。

12月，龙池镇城乡环卫一体化工作正式启动。

2015年

3月20日，龙池镇委印发《中共龙池镇委农村党员集中培训工作方案》。

同日，龙池镇政府在全镇组织开展春季重大动物疫病防控工作。

3月26日，龙池镇委、镇政府印发《龙池镇2015年度村支部书记工资发放办法》。

2016年

7月2日，昌邑市首届乡村旅游节暨第一届龙乡文化节启动仪式在龙池镇齐西村举行。

10月1日，龙池镇举办“庆十一颂党恩，忆长征逐新梦”大型文艺演出。

10月31日，龙池镇召开领导干部和中层干部述职大会。

11月2日，昌邑市老年大学龙池分校、龙池镇老年学校正式揭牌成立。

11月10日，潍坊市委书记杜昌文先后到龙池镇白塔社区、齐西村、瓦东村实地调研，听取农村党组织“两学一做”学习教育、农村社区建设、精准扶贫、农村基层党建等情况汇报，并看望慰问生活困难群众。

12月19日，龙池镇召开工作推进会议，全体机关工作人员、村两委成员、镇直部门负责人和企业负责人参加。

是年，龙池镇被评为“潍坊人心中最美的十大乡镇”之一，并被潍坊市旅游局评为潍坊乡村旅游标杆示范镇。

2017年

1月1日，龙池镇王家庄子村被山东省文明委评为2016年度文明村。

1月2日龙池镇党委、政府召开企业家座谈会，党委书记朱永红出席并作重要讲话。

1月10日，龙池镇组织开展美丽乡村建设观摩点评活动。

1月20日，龙池镇党委书记朱永红带领党政领导班子成员看望慰问潍北炮兵靶场和边防派出所官兵。

3月5日，昌邑市委书记吕珊珊带领发改、民政、财政、国土、建设、水利、农业、文化、卫计、环保、规划、旅游等部门负责人到龙池镇调研。

3月18日，龙池镇召开全镇安全生产工作培训会议，邀请昌邑市安监局和潍坊乾安安全技术服务有限公司对辖区内80家生产经营单位主要负责人和安全管理人员进行培训。

3月31日，潍坊市青联主席团成员及经济、金融商务、科技界部分委员到龙池镇参观红色文化展览中心、齐西古村落、龙池抗日战争纪念馆。

4月14日，昌邑市委党校科级干部进修班全体学员到龙池镇进行现场教学，参观龙池红色文化展览中心、齐西古村落、龙池抗日战争纪念馆。

4月21日，潍坊市委党校副校长裴红带领潍坊市委党校县级干部、科级干部培训班60余人到龙池镇党性教育基地进行现场教学，昌邑市委常委、组织部部长胡筱芹，市委常委、统战部部长刘焕成，市委党校党委书记、常务副校长车建平，龙池镇党委书记朱永红，党委副书记、党委副书记、镇长杨启乐陪同活动。

6月3日，山东省领导干部考试题库管理中心副主任马宇晓、潍坊市委组织部干教科成员一行5人到龙池镇调研党史党性教育基地建设情况。昌邑市委副书记王龙堂，市委常委、组织部部长胡筱芹陪同调研。

6月7日，“龙乡韵•乡土情”摄影大赛在龙池镇评奖。评出一等奖1名，二等奖2名，三等奖5名，佳作奖20名。入选作品80幅。

6月23日，龙池镇委、镇政府承办的“2017年昌邑市第二届乡村旅游节暨第二届龙乡文化节”开幕式在梦幻花海农业生态观光园盛大举行。

6月27日，中共龙池镇委和昌邑市妇联联合主办、山东龙乡文化旅游发展有限公司承办、山东有线昌邑分公司协办的“花样年华”旗袍秀在龙池镇齐西大舞台举行。

6月28日，龙池镇政府和昌邑市摄影家协会共同主办，山东龙乡文化旅游发展有限公司承办的2017“龙乡韵、乡土情”摄影展正式开展。

6月30日，龙池镇党委书记朱永红、党委副书记、镇长杨启乐分别到王家庄子村和马渠村看望建国前老党员。

7月1日，镇组织全体领导干部和村支部书记、村主任对全镇27个村“三大堆”清理、村容村貌、违章建筑拆除、文化建设等进行观摩点评。

7月7日，龙池镇举办“新时代文明传习中心”揭牌仪式。潍坊市文明办副主任刘西海和昌邑市委常委、宣传部部长刘世海出席活动并共同为全市首个新时代文明传习中心揭牌。

7月19日，潍坊市直机关工委纪工委书记冷继庆带队一行100余人到龙池进行市直机关党员现场教学活动，昌邑市委常委、办公室主任刘煜、龙池镇党委书记朱永红、党委副书记、镇长杨启乐陪同活动。

8 月 1 日，为纪念中国人民解放军建军 90 周年，龙池镇组织全体机关干部、边防官兵、双管部门负责人，村党支部书记、村主任到抗日战争纪念馆开展祭拜烈士主题活动。

9 月 12 日，龙池镇举行“陈干墓园”修缮竣工暨“陈干将军生平陈列馆”开展仪式，缅怀民主革命先驱陈干将军。潍坊市委统战部副部长于来刚，潍坊市文物局局长刘允泉，昌邑市委常委、办公室主任刘煜，市政协副主席李敏，昌邑市文广新局局长李志国，昌邑市委统战部副部长高凌云，昌邑市博物馆副馆长王伟波等出席仪式。陈干将军亲属陈宏、佟立诚、龙池镇机关干部及周边群众参加活动。

9 月 25 日，潍坊市创建循环经济示范园区验收组组织专家对龙池工业园区的循环经济创建工作进行现场验收。同意龙池工业园区通过循环经济示范园区创建验收。

9 月 30 日，龙池镇组织全体机关干部、边防官兵、双管部门负责人，村党支部书记、村主任到抗日战争纪念馆开展公祭活动。

10 月 23 日，昌邑市政协主席周娟一行 3 人到龙池镇对政协委员联络工作室建设情况进行督导，龙池镇党委书记朱永红、党委副书记、镇长杨启乐陪同活动。

10 月 26 日，昌邑市人大副县级以上离退休老干部到龙池镇政德教育基地参观考察，党委副书记、镇长杨启乐陪同参观。

11 月 3 日，昌邑市科级干部培训班一行 60 余人到龙池镇党史党性教育基地开展现场教学活动，参观龙池文化展览中心、齐氏家风家训馆、齐西古村落、陈干将军生平陈列馆、龙池抗日战争纪念馆。

11 月 9 日，昌邑滨海（下营）经济开发区在济南市组织召开《昌邑市龙池化工园总体发展规划》和《昌邑市龙池化工园产业发展规划》（以下简称《规划》）专家评审会，邀请五位专家组成专家组，对山东省城乡规划设计研究院和济南石油化工设计院编制的《规划》进行评审，昌邑市规划局、昌邑市经信局和龙池镇政府相关领导参加会议。

11 月 21 日，龙池镇召开 2017 年度副科以上领导干部和中层干部述职评议会议。镇全体机关干部，各村党支部书记、村主任，镇直各部门负责人，辖区内企业主要负责人共 150 余人参加会议。

12 月 6 日，山东省委党校常务副校长徐闻到龙池镇调研，潍坊市委党校副校长林国祥、昌邑市委副书记王龙堂、昌邑市委党校常务副校长车建平陪同活动。

12 月 20 日，潍坊市民政局副局长张慕昌一行 3 人到龙池镇督导村“两委”换届选举相关工作。

12 月 23 日，中共龙池镇第十八次代表大会召开，出席代表 123 人。

12 月 29 日，潍柴集团党委全体党员集中轮训第一期 150 余人到龙池镇党史党性教育基地开展现场教学活动，参观龙池文化展览中心、龙池抗日战争纪念馆。

是年，龙池镇获“潍坊市城乡环卫一体化工作示范镇”称号。

2018 年

1 月 2 日，昌邑民间文艺协会走进龙池，在龙池文化站举办“唱红歌、庆元旦、迎新年”

文艺汇演。

1月4日，中国化工集团第20期中央党校青年干部培训班学员到龙池镇党史党性教育基地参观学习，缅怀革命先烈、重温入党誓词。

1月5日，潍坊市教育局党员干部到龙池镇党史党性教育基地开展现场教学活动，参观龙池抗日战争纪念馆、红色文化展览中心。

1月15日，山东省委组织部挂职西藏日喀则市委组织部副部长侯长蓬带领西藏日喀则市委组织部研究室主任周宇峰到镇党建示范点瓦东村调研指导党建工作。

1月20日，昌邑市旅游摄影协会成立大会在龙池镇政府三楼大会议室举行。

2月9日，昌邑市委常委、人武部部长李明刚，市人大常委会副主任夏麦香，市政协副主席李敏一行到龙池走访慰问建国前老党员、贫困党员和困难群众。龙池镇党委书记朱永红、党委副书记、镇长杨启乐陪同。

2月13日，昌邑市委常委、办公室主任刘煜到龙池镇烈士遗属陈立荣和部分贫困群众家中走访慰问。龙池镇党委书记朱永红、党委副书记、镇长杨启乐陪同。

2月15日，昌邑市委书记吕珊珊，市委常委、副市长李鹏，市委常委、市委办公室主任刘煜，市民政局党委书记马玉涛一行，到北白塔村抗日殉国烈士祠内祭拜革命英烈，镇全体机关干部及各村党支部书记、村主任参加祭拜活动。

3月1日，山东省财政厅副厅长姜凝、综合改革办公室主任韩志毅、农业处副处长沈雪灏、潍坊市财政局副局长杨德强等一行6人，到龙池镇调研美丽乡村建设。昌邑市委书记吕珊珊，市委常委、市政府副市长李鹏，市委常委、办公室主任刘煜，市财政局局长许增贤，龙池镇党委书记朱永红、党委副书记、镇长杨启乐陪同活动。

3月2日，龙池镇召开安全生产暨环境保护工作会议，安排部署镇域企业安全生产和环境保护工作。

3月2日，第一期龙乡大讲堂在龙池初中学术报告厅举办，邀请昌邑市博物馆研究员、副馆长王伟波为龙池镇干部群众作题为“龙池历史文化资源及其在乡村振兴中的应用”专题授课。

3月8日，龙池镇党委、政府主办的“巾帼心向党、喜迎文化节”庆“三八”妇女节文艺汇演在龙池镇初中大礼堂举行。

3月9日，省民政厅村“两委”换届督导调研组到瓦东村调研换届选举工作。

4月4日，龙池镇召开青年干部座谈会。

5月7日，昌邑市第三届乡村旅游节暨第三届龙乡文化节新闻发布会在北京人民大会堂重庆厅举行。

5月9日，昌邑市市委常委、市纪委书记田立军一行到龙池镇对全面从严治党及经济社会发展情况进行调研，镇党委书记朱永红、党委副书记、镇长杨启乐等陪同。

5月12日，龙池镇召开重点项目现场推进会议，党委书记朱永红、党委副书记、镇长杨启乐带领全体领导干部对今年新开工建设的重点工程、重点项目进行现场调度推进。

5月17日，龙池镇马渠村史馆揭牌开馆。

6月25日，镇由人大主席团主席王冰带队，全镇领导干部、社区负责人及各村支部书记、村主任组成观摩团，对全镇27个村环境卫生、村容村貌、违章建筑拆除、文化党建等工作进行观摩点评。

6月26日，昌邑市人大常委会副主任夏麦香到龙池调研基本医疗服务体系建设工作情况，党委书记朱永红，镇人大主席团主席王冰陪同调研。

6月28日，第三届山东省文化创新成果推广应用活动观摩现场会在龙池召开。省文化厅科技法规处处长张钢，省文化厅科技法规处副处长郭洪森，潍坊市文广新局党委书记、局长孙俐君，潍坊市文广新局党委委员、副局长苗庆安，各地级市文广新局以及省直文化单位负责文化创新工作的同志等100人参加活动。中共昌邑市委书记吕珊珊，市委常委、市委办公室主任刘煜，市政府副市长赵海龙，以及市文广新局局长李志国、镇党委书记朱永红等陪同活动。

6月29日，昌邑市委常委、办公室主任刘煜到龙北村看望建国前老党员齐秀贞。

6月30日，为庆祝建党97周年，龙池镇党委组织机关全体党员、各村支部书记和是党员的村主任在龙池抗日战争纪念馆举行重温入党誓词仪式、祭拜革命烈士，并赴卜庄镇党性教育基地和柳疃镇丝绸博物馆参观学习。

7月2日，李福泽将军子女家属一行7人到龙池抗日战争纪念馆祭拜烈士并敬献花圈。

7月4日，昌邑市人大常委会副主任夏麦香到龙池调研小城镇建设工作情况，龙池镇人大主席王冰陪同调研。

同日，潍坊市关工委副主任王秀河，副主任兼秘书长李静波等一行3人，在昌邑市委副书记王龙堂，市关工委副主任姜维志，市委组织部副部长、老干部局局长李笑春，镇党委书记朱永红的陪同下对龙池镇关心下一代工作开展情况进行调研。

7月5日，由潍坊市人大常委会副主任张新强带队的视察组一行13人，到龙池镇视察文化名市支撑项目建设情况。昌邑市人大常委会党组副书记庞明庆，人大常委会党组成员、副主任夏麦香，市政府副市长赵海龙，市委组织部常务副部长孙建设，龙池镇党委副书记、镇长杨启乐陪同活动。

7月11日，龙池镇召开农村集体产权制度改革暨农村集体产权清产核资工作会议。

7月13日，昌邑市龙池镇工矿废弃地复垦利用项目潍坊市级验收组到龙池镇现场验收项目完成情况，昌邑市国土资源局局长潘永贵，龙池镇党委书记朱永红，昌邑市国土资源局副局长夏怀山，龙池镇党委副书记、镇长杨启乐以及昌邑市国土资源局各相关科室负责人、龙池镇分管领导等陪同验收。

7月18日，龙池镇人大代表团召开人大代表专题小组活动，市人大常委会副主任戚风乾出席会议并指导小组活动。

同日，山东理工大学经济学院党总支部副书记朱星辉等一行12人到龙池镇举行“山东理工大学—龙池镇社会实践基地挂牌仪式”，党委副书记、镇长杨启乐陪同活动。

7月22日，2018“红色老区·魅力龙乡”摄影大赛颁奖仪式在龙池镇政府举行。

7月27日，潍坊市政府副市长马清民到龙池镇调研乡村振兴工作。

同日，龙池镇党委书记朱永红、党委副书记、镇长杨启乐带领部分领导干部走访慰问潍北炮兵靶场和边防派出所官兵。

7月30日，世界500强泰康集团养老产业投资部总经理陈文波一行4人到龙池镇进行医养结合项目洽谈考察。昌邑市委常委、市政府副市长李鹏，政府副市长赵海龙，财政局党组书记、局长许增贤，卫计局局长董凤章，龙池镇党委书记朱永红，党委副书记、镇长杨启乐陪同考察。

8月13日，根据昌邑市委第五巡察组对龙池镇党委巡察工作有关要求，龙池镇组织召开巡察工作动员会议，全面动员、安排部署配合巡察工作。

8月18日，美国客人詹姆斯和丽莎在潍坊市外侨办副主任刘作亮、昌邑市外侨办主任高开令、龙池镇党委书记朱永红，党委副书记、镇长杨启乐陪同下，拜访抗战军人郝毓秀的后人郝克正。

8月22日，潍坊海化集团原副总经理兼海化区党委副书记李巍、昌邑市政协原副主席姜维志、潍坊医学院教授姜维茂等联系马渠村部分在外乡贤回村参观考察，党委副书记、镇长杨启乐陪同活动。

8月24日，河南省郑州市老区建设促进会会长、郑州市人大常委会原常务副主任王旭彤一行10人到镇参观考察传承红色基因、推进乡村文化振兴的做法。潍坊老区建设促进会会长耿现江，昌邑市人大副主任夏麦香，市政协副主席孙永涛，党委副书记、镇长杨启乐等陪同活动。

8月25日，龙池镇对全镇5.5万亩玉米进行飞机喷洒农药。

8月29日，昌邑市政协主席周娟、副主席冯义军带队都昌政协委员到龙池，与龙池政协委员一道开展了“委员活动日”活动，龙池镇党委书记朱永红陪同。

8月31日，昌邑市委组织部对各镇街部分“三化”融合示范村进行现场观摩，马渠村和瓦东村作为龙池镇的“三化”融合示范村参加全市观摩。镇党委副书记、镇长杨启乐陪同观摩。

9月1日，龙池镇召开2018年度副科以上领导干部和中层干部述职评议会议。

9月11-12日，昌邑市市场监管局共160人分两批到龙池镇参观考察红色文化展馆以及抗日战争纪念馆。

9月18日，潍坊市医学院专家教授以及在校研究生一行20余人，到马渠开展为老区人民义务诊治活动。

9月28日，潍坊市委组织部人才办组织潍坊高层次人才培训班到龙池抗日战争纪念馆、红色文化展馆及马渠村史馆参观学习。

9月30日，龙池镇党委、政府全体机关干部，各村支部书记、村主任，镇直部门负责人，边防派出所官兵和龙池学校部分师生共400余人共同祭拜烈士祠革命先烈。

10月10日，昌邑市委副书记、市长李玉祥到龙池镇调研，龙池镇党委书记朱永红陪同。

10月24日，省志愿者行动指导中心主任刘北雪一行3人，到龙池镇开展“金晖助老”——青春扶贫志愿者行动工作调研。

10月26日，龙池镇以第一名优异成绩，获“2018年度城乡环卫工作先进镇街区”称号，王家庄子村、西白塔村、龙北村获“2018年度城乡环卫一体化先进村（社区）”称号，镇规划所所长齐乃忠获“2018年度先进环卫工作者”

称号。

10月31日至11月2日，龙池镇人大主席王冰带队，镇社区书记、主任，部分村支部书记、主任代表等一行24人，先后赴青州、淄博、临沂等地的特色乡村，进行实地考察学习。

11月6日，龙池镇召开冬季安全生产暨环保工作专题会议。

11月7日，龙池镇召开开展农村“三清”推进集体产权制度改革工作会议。

11月8日，省监委委员李存基，潍坊市委常委、市纪委书记、市监委主任张晓峰一行5人，到龙池镇调研监察工作向镇街延伸情况。昌邑市委书记吕珊珊，市委常委、市纪委书记、市监委主任田立军，市委常委、办公室主任刘煜，龙池镇党委书记朱永红陪同调研。

11月21日，昌邑市人大常委会党组书记、主任李中福到龙池镇调研。龙池镇党委书记朱永红陪同活动。

11月22日，龙池镇召开2019年度居民医疗保险参保工作动员培训会议。

11月23日，市纪委监委机关和龙池镇委、镇政府在龙池红色文化展览中心举办“昌邑市红廉文化教育基地”揭牌仪式，昌邑市纪委副书记、监委副主任吴旭东，镇党委书记朱永红，市纪委常委、监委委员翟雪霞，镇党委副书记、镇长杨启乐，市纪委监委宣传部部长徐桂芹出席活动。

11月26日，昌邑市委常委、宣传部部长刘世海带领各镇街区党（工）委宣传委员到镇红色文化展览中心、瓦东村新时代文明实践站进行现场观摩，龙池镇党委书记朱永红，党委副书记、镇长杨启乐陪同活动。

11月27日，龙池镇召开民营企业座谈会。

是月，龙池镇龙池小学入选潍水文化生态保护实验区首批“潍坊市非遗校园教育传承实践基地”。

是月，龙池镇对镇域内虞河、丰产河、堤河、尹家河沿岸建筑垃圾、生活垃圾及杂草进行集中清理。

12月7日，共青团龙池镇委召开龙池镇实体化大团委成立会议。4个社区团总支负责人、双管部门团组织工作负责人、限额以上企业团组织负责人参加。

12月8日，潍坊市红色文化研究会昌邑分会主办，中国收藏家协会红色收藏委员会、昌邑全武红色文化收藏博物馆承办，昌邑市文化广电新闻出版局、中共龙池镇委、龙池镇人民政府协办的“昌邑市首届红色文化研讨会”召开。

12月9日，黑龙江通河县委组织部考察团到瓦东村考察观摩农村基层党建工作。

12月14日，山东省人民政府外事办公室副主任、党组成员李永森带领调研组到镇党性教育基地考察调研，潍坊市外侨办副主任、党组成员宋悦林，昌邑市委常委、宣传部部长刘世海，市委宣传部常务副部长于遵刚，市外侨办主任高开令，镇党委书记朱永红，党委副书记、镇长杨启乐陪同活动。

12月19日，由昌邑市林业局、建设局、水利局等单位抽调人员组成的市河长制考核验收小组，对镇河长制工作落实情况进行实地考核验收。

同日，昌邑市委常委、办公室主任刘煜到龙池镇入户回访，检查督导环保督察反馈问题整改工作，市委办公室常务副主任徐晓敬、龙池镇党委书记朱永红、党委副书记、镇长杨启乐陪同。

12 月 26 日，龙池镇纪念毛泽东主席诞辰 125 周年文艺汇演活动在文化展览中心举行。

12 月 28 日，龙池镇召开 2018 年工作总结暨 2019 年工作动员专题民主生活会，镇党委书记朱永红主持会议，全体领导干部参加。

12 月 29 日，龙池镇召开以中央环保督察“回头看”典型案例通报问题整改为主题的专题民主生活会，龙池镇党委书记朱永红主持会议，镇副科级以上领导干部参加会议。

2019 年

1 月 4 日，龙池镇召开人大代表评议镇职能部门会议，对全镇 27 个职能部门进行评议打分。被评议镇职能部门、单位负责人，市、镇两级人大代表参加会议。

1 月 10 日，山东省政府办公厅印发《关于公布第三批化工园区和专业化工园区名单的通知》，龙池化工产业园名列其中。

1 月 21 日，龙池镇召开 2018 年度社区书记抓基层党建述职评议会议，党委书记朱永红主持会议，镇全体领导干部、中层干部和村党组织书记参加会议。

是月，住房和城乡建设部、国家文物局公布第七批中国历史文化名村名单，龙池镇齐西村榜上有名，是潍坊市唯一入选的村落，山东省仅 6 个村落入选。

2 月 1 日，龙池镇党委书记朱永红带领党政领导班子成员到辛一老年公寓，走访慰问在此集中养老的龙池籍五保户老人。看望慰问潍北炮兵靶场部队官兵及边防派出所、龙池派出所民警。

是日，龙池镇党委副书记、镇长王冰带领部分机关、社区和村干部，为全镇 24 名 2017-2018 年入伍的现役义务兵家庭发放悬挂“光荣之家”荣誉牌。

2 月 3 日，龙池镇组织全体机关干部，各村党支部书记、村主任，部分昌邑市在京流动党员，义工、学生代表在抗日战争纪念馆举行祭拜烈士活动。

2 月 12 日，龙池镇召开 2018 年总结表彰暨 2019 年动员部署会议，对 2018 年先进集体及个人进行表彰奖励，传达山东省“担当作为、狠抓落实”工作动员大会及昌邑市农村工作会议精神。

2 月 19 日，龙池镇邀请济宁市委党校教研室副主任吕明伟教授，以《狠抓落实，提升行政执行力》为题，开启为期一天的 2019 年第一期龙乡大讲堂。镇全体机关干部、各村两委成员、镇直部门负责人、企业负责人等听讲。

2 月 18 日（农历正月十四），“己亥迎春——孙膑庙民俗文化庙会”开幕。

2 月 26 日，龙池镇召开“工作落实年”动员部署暨“双招双引”推进会议。镇党委书记朱永红作重要讲话。龙池镇全体机关干部，各村党支部书记、村主任，镇直部门负责人，企业负责人参加会议。

3 月 7 日，在第 109 个国际“三八”妇女节来临之际，龙池镇庆祝“中华人民共和国成立 70 周年”红色藏品主题展览在红色展览中心正式启动，昌邑市委常委、宣传部部长刘世海，市妇联主席高爱莲，龙池镇党委书记朱永红，龙池镇全体机关干部，各村党支部书记、村主任、妇女主任、妇女代表参加活动。

3 月 7 日至 8 日，龙池镇邀请潍坊乾安安全技术服务有限公司安全生产专家田志强教授，对辖区内化工企业 500 余名职工，开展了三期全员安全生产培训。

3 月 19 日，龙池镇党委书记朱永红，镇党委副书记、镇长王冰带领副科级以上领导干部先后到鸢华化学、园区北扩、龙源水库、美丽乡村建设、白塔片区、中心幼儿园、海昌路（龙池段）建设工程、渤海走廊革命斗争陈列馆等重点项目、重点工程进行现场调度。

3 月 21 日，潍坊市人大常委会副主任张新强带队，一行 11 人到龙池镇调研指导红色文化资源保护工作。昌邑市人大常委会党组书记、主任李中福，市人大常委会副主任、教科文卫委主任委员夏麦香，龙池镇党委书记朱永红，镇党委副书记、镇长王冰陪同调研。

3 月 22 日，由镇党委副书记、镇长王冰带队，龙池镇组织全体领导干部，部分中层干部、村干部，到寿光市侯镇寻标对标、参观学习。

3 月 24 日，龙池镇召开安全生产培训工作会议。全镇包含各化工企业在内的 53 家企业主要负责人，各社区主任，龙池化工产业园管委会及镇安环办全体工作人员参加会议。

4 月 4 日，镇党委、政府全体机关干部，各村支部书记、村主任，镇直部门负责人和龙池学校部分师生共同祭拜烈士祠革命先烈。

4 月 9 日，龙池镇召开 2019 年第二期龙乡大讲堂，特邀潍坊市社安消防宣教部主任，高级讲师唐炳霖为参会人员讲授消防安全知识。镇全体机关干部，各村代表，镇直部门负责人，重点企业主要负责人、安全生产负责人参加会议。

4 月 11 日，昌邑市委常委、副市长李鹏带领有关部门负责人到龙池镇对村庄清洁行动、农村改厕和违法用地整改等重点工作进行督导。

4 月 14 日，龙池镇第十九届人民代表大会第四次会议召开，全镇 46 名人大代表出席会议，非镇人大代表的镇党委政府领导班子成员，各村支部书记、主任，部分镇直部门负责人列席会议。

4 月 17—18 日，在镇三楼会议室举办为期两天的村“两委”干部培训班。

4 月 18 日，龙池镇召开“服务一线集中攻坚”行动市、镇、村三级对接座谈会，潍坊市“服务一线集中攻坚”行动乡村振兴服务队包靠昌邑的全体队员，市农业农村局党委副书记曲波，镇党委书记朱永红，镇党委副书记、镇长王冰，镇部分领导班子成员及三个服务村党支部书记参加座谈。

4 月 19 日，昌邑市委副书记、市长李玉祥到龙池镇现场督导村庄清洁攻坚工作，龙池镇党委书记朱永红、镇长王冰陪同。

4 月 20 日，龙池镇组织召开第五批包村帮扶工作队对接座谈会。

4 月 26 日，市人大常委会党组书记、主任李中福带队到龙池镇开展优化营商环境工作视察活动，市人大常委会副主任、财政经济委员会主任委员、总工会主席高敬东，龙池镇党委副书记、镇长王冰陪同活动。

5 月 6 日，龙池镇举办“筑梦新时代，奋斗正青春——我为龙乡添光彩”主题演讲比赛。昌邑市委常委、办公室主任刘煜，昌邑市委宣传部常务副部长代选庆，昌邑市文化和旅游局局长、市博物馆馆长李志国，龙池镇党委书记朱永红，昌邑市广播影视中心主任张术叁，昌邑市委教育工委副书记、市教育和体育局副局长郭培虎，昌邑团市委副书记王兆庆参加活动。

5月9日，龙池镇召开全镇脱贫攻坚行动推进会议。市派驻龙池镇脱贫攻坚巩固提升集中行动督导组副组长、市农业农村局党组成员、副局长李冠仓，市农业农村局党组副书记曲波及督导组其他成员，龙池镇全体帮扶责任人和村级负责人参加会议。

5月13日，昌邑市第四届乡村旅游节暨第四届龙乡文化节新闻发布会在潍坊东方大酒店举行。昌邑市委常委、宣传部部长刘世海，昌邑市副市长赵海龙，龙池镇党委书记朱永红分别介绍本届乡村旅游节和龙乡文化节相关情况并回答记者提问，潍坊市人民政府新闻办主任李传江主持发布会。

5月14日，龙池镇举行2019年基干民兵点验大会。昌邑市人武部部长庞然，市人武部军事科参谋方凯，龙池镇党委书记、民兵营教导员朱永红，龙池镇纪委书记王丹萍，龙池镇党委委员、人武部长、民兵营副营长夏海涛参加大会。

5月16日，潍坊市化专办副主任沈汝春一行4人，到龙池镇化工产业园，就中央环保督查“回头看”反馈意见落实和化工园区整改提升工作情况进行专项检查。

5月25日，昌邑市第四届乡村旅游节暨第四届龙乡文化节在龙池镇开幕。潍坊市政协原副主席刘维国，潍坊职业学院原党委书记陈仁杰，中共潍坊市委宣传部副部长张仁科，潍坊市卫生健康委员会副主任丁曰林，潍坊市文化和旅游局四级调研员李义龙，中共昌邑市委常委、宣传部部长刘世海，中共昌邑市委常委、办公室主任刘煜，昌邑市副市长赵海龙等领导出席开幕式。

5月23日，昌邑市海昌路改建工程竣工通车。

5月28日，“爱在春蕾巾帼同行”春蕾计划结对仪式在龙池小学举行。昌邑市妇联主席高爱莲、龙池镇党委书记朱永红以及巾帼创业者联谊会会员、镇教育办、镇妇联、受助儿童等60人参加活动。

5月29日，新时代文明实践中心龙池分中心特邀山东省预防医学会儿童保健分会常务委员戴晓华授课，全镇60余名农村妇女参加培训。

5月30日，昌邑市副市长孔德奎到龙池镇郭疃村走访贫困户，党委书记朱永红陪同并汇报扶贫工作进展情况。

5月31日，龙池镇举办“争做新时代好队员”庆六一主题活动，党委书记朱永红参加活动。

6月4日，抗日英雄陈挺在家人陪同下再次回到故乡马渠村，龙池镇党委委员、副镇长孙永涛陪同活动。

6月17日，潍坊市消防支队督导组一行三人，到龙池镇化工产业园，开展消防设施建设情况专项督导。

6月19日，龙池镇举办第三期龙乡大讲堂，特邀《潍坊保健》社社长、总编郝金华现场授课。

6月17—21日，由市委组织部副部长戴相进带队，龙池镇党委书记朱永红、市委组织部人才办主任温赞英等一行8人，赴辽宁省盘锦市、大连市，开展招才引智系列活动。

6月22日，小海豚口才教育学校校长王倩倩，潍坊市志愿者协会副理事长兼秘书长、潍坊电台933私家车广播副总监周云一行来到龙池镇开展“牵手关爱，快乐童年”活动。共青团昌邑团委书记张亭、龙池镇党委书记朱永红参加活动。

6月29日，昌邑市举行“渤海走廊革命斗争陈列馆”开馆仪式。

7月5日，潍坊市委书记、市人大常委会主任惠新安在昌邑市市委书记吕珊珊，市委副书记、市长李玉祥陪同下到龙池镇调研党性教育基地建设情况。龙池镇党委书记朱永红，镇长王冰陪同活动。

7月6日，《龙池镇志》《瓦东村志》志稿评审会在昌邑市金陵御景湾会议室召开。山东省修志专家咨询组专家段祥泰，中共潍坊市委党史研究院（潍坊市地方史志研究院）院长康悦彬，潍坊市委党史研究院（潍坊市地方史志研究院）副院长姚国平，山东省修志专家咨询组专家、潍坊市委党史研究院（潍坊市地方史志研究院）方志科科长程森枝，方志出版社潍坊工作站专家王现友、徐传国，昌邑市委常委、办公室主任刘煜，昌邑市委党史研究中心（昌邑市地方史志研究中心）主任李周兴，昌邑市文化和旅游局局长、市博物馆馆长李志国，昌邑市博物馆副馆长王伟波，龙池镇党委书记朱永红，以及龙池镇领导干部和志书编纂组成员出席会议。

10月16日，国务院公布第八批全国重点文物保护单位762处，坐落于昌邑市龙池镇的“昌邑县抗日殉国烈士祠”成功入围，是昌邑市首家全国重点文物保护单位，实现了昌邑市国保单位“零”的突破。

基本镇情

建置区划

建置沿革

周朝属纪国鄑邑。周庄王四年（公元前693年）十月，齐国占领纪国所属鄑邑（鄑邑故城在瓦城村西北），改属齐国都昌县。秦属胶东郡都昌县。西汉，为青州北海郡都昌县属地。东汉，为青州北海国都昌县属地。三国时期，为曹魏青州北海郡都昌县属地。晋至十六国时期，先属齐郡都昌县，后改属北海郡都昌县。南北朝时期，先属南宋，继属北魏青州北海郡都昌县，后属北齐青州南阳郡都昌县。

隋朝，先属青州潍州都昌县，后属青州北海郡都昌县。唐朝，为河南道青州府北海郡北海县属地。五代十国时期，属河南道青州府北海郡北海县属地。宋、辽、金时期，属山东东路潍州昌邑县境。元朝，属山东益都路潍州昌邑县境。明朝，属山东布政使司青州府、莱州府昌邑县境。清朝，属山东省莱州府平度州昌邑县境。清末，属昌邑县西北乡。民国初，属山东省胶东道西海专区昌邑县境。1938—1939年，属山东省胶北区昌潍县境。1940—1941年，属山东省胶东区西海专区昌邑县境。1942—1943年，属山东省渤海区西海专区昌邑县境。1943—1944年，属山东省渤海行政公署五专区昌邑县境。1945—1946年，属山东省胶东区清河专员公署昌北县境。1946—1948年，属山东省胶东区西海专区昌北县境。1949年10月至1950年，属山东省西海专区昌邑县境。1950—1967年，属山东省昌潍专区昌邑县境。1967—1981年，属山东省昌潍地区昌邑县。1981—1983年，属山东省潍坊地区昌邑县。1983—1994年，属山东省潍坊市昌邑县。1994—2017年，属山东省潍坊市昌邑市。

辖区变迁

光绪三十三年（1907），境内称西北乡，辖太盈、白塔、瓦城、忠民、太安5社、17个村。

1925年，废社设区、乡，昌邑县划为10个区，境内属第三区。1931年，龙池境内设3个镇4个乡，共26个村。1939年，西流河、新立2乡并入忠民乡；郭疃乡并入太盈镇。1941年2月，昌邑抗日民主政府在瓦城成立，将第三区划分为东三区、西三区，龙池属西三区（南部为游击区），辖3个镇、19个村。

1942年，西三区改为第九区，辖1个镇4个乡、23个村。同年2月，东利渔村划入潍北县（1944年划回第九区）；第一区的油坊、石桥、孙家庄、楼子、果园、王范庄7个村划入第九区马石乡。马东、马西、马北3个村合并为马渠村。1945年，第九区改为马渠区。1952年6

月，撤销马渠区改为第九区，辖 8 个乡、30 个村。1955 年 11 月，第九区改为龙池区。撤销姚瓦乡并入瓦城乡；撤销双合乡；岱邱村并入龙合乡；郭疃村并入白塔乡；双台区营子埠村划入第九区；辖 6 个乡、28 个村。1956 年 4 月，东利渔村划归渔业区青阜乡。第一区的虫埠、西逄翟、东逄翟 3 个村划入果园乡。1958 年 2 月，龙池区改为龙池乡；渔业区青阜乡东利渔村划入龙池乡，虫埠、西逄翟、东逄翟划归城关镇，龙池乡辖 23 个高级农业合作社、29 个村；9 月，龙池乡改为龙池先锋人民公社；12 月，龙池先锋人民公社改为龙池人民公社，辖 8 个管理区、23 个生产大队。1967—1982 年，龙池人民公社辖 27 个生产大队。1983 年 8 月，龙池人民公社改为龙池乡，生产大队改为村，辖 27 个行政村。1993 年 7 月，龙池乡改为龙池镇，辖 27 个行政村。

2017 年，龙池镇设 4 个社区，辖 27 个行政村。

1907—2017 年龙池镇行政区划一览表

表 1

行政区名称	下设单位	所辖村庄
西北乡下五社（1907—1929 年）	太盈社	马渠、泊子、郭疃
	白塔社	北白塔、南白塔
	瓦城社	瓦城、东利渔、姚瓦街、徐家庄、邓家庄
	忠民社	龙池、沙岭子、王家庄子
	太安社	岱邱、二甲庄、龙东、齐西
第三区（1930—1939 年）	瓦城镇	瓦城、东利渔、南白塔、北白塔
	太安镇	二甲庄、龙东，齐西、岱邱、龙街
	太盈镇	马渠、泊子
	忠民乡	龙北、魏西、东邓家庄、徐家庄
	西流河乡	姚瓦街、北徐家庄、王家庄子、沙岭子
	新立乡	西邓家庄、万顺庄
	郭疃乡	西北郭疃、西南郭疃、郭疃、西郭疃
	忠诚镇	瓦城、东利渔、姚瓦街、徐家庄、邓家庄、龙北，王家庄子、沙岭子
西三区（1939—1941 年）	太白镇	龙街、龙东、南白塔、北白塔、郭疃、二甲庄、岱邱、齐西、魏西
	太盈镇	马渠、泊子
	忠诚镇	瓦城、姚瓦街、徐家庄、邓家庄
第九区（1942—1945 年）马渠区（1945—1952 年）	开河乡	南白塔、北白塔、郭疃
	龙合乡	齐西、龙街、龙东、二甲庄、魏西
	腾龙乡	龙北、沙岭子、王家庄子
	马石乡	马渠、石桥、油坊、果园、楼子、王范庄、泊子、孙家庄
	瓦城乡	瓦北、瓦东、东利渔

续表 1

行政区名称	下设单位	所辖村庄
	姚瓦乡	姚瓦街、徐家庄、邓家庄、东邓家庄、瓦西
	白塔乡	东白塔、西白塔、北白塔
第九区（1952—1955 年）	龙合乡	齐西、魏西、龙东、二甲庄
	龙池乡	龙北、龙街、沙岭子、王家庄子
	双合乡	郭疃、岱邱
	马渠乡	马东、马西、马北
	石油乡	石桥、油坊、孙家庄、楼子、果园、王范庄、泊子
	白塔乡	白塔、西白塔、北白塔、郭疃
龙池区（1955—1958 年）龙池乡（1958 年 2 月—9 月）	龙合乡	齐西、魏西、龙东、二甲庄、岱邱
	瓦城乡	瓦东、瓦西、瓦北、姚徐邓
	龙池乡	龙北、龙街、沙岭子、王家庄子
	马渠乡	马东、马西、马北
	果元乡	石桥、油坊、孙家庄、楼子、果园、王范庄、营子埠、泊子
龙池先锋人民公社（1958 年 9 月—11 月）	建国社	瓦东、瓦北
	群力社	瓦　西
	胜利社	齐西、龙东、二甲庄
	红星社	姚徐邓
	北白社	北白塔
	南白社	东白塔、西白塔
	郭疃社	郭　疃
	魏西社	魏　西
	岱邱社	岱　邱
	龙街社	龙　街
	龙北社	龙　北
	沙岭社	沙岭子
	王家庄子社	王家庄子
	先锋社	马东、马西、马北
	泊子社	泊　子
	油坊社	油　坊
	石桥社	石　桥
	楼子社	楼　子
	果园社	果　园
	王范庄社	王范庄
	孙家庄社	孙家庄
	东利渔社	东利渔

续表 1

行政区名称	下设单位	所辖村庄
	营子社	营子埠
	8 个管理区（23 个生产大队）	楼子管理区、马渠管理区、龙东管理区、白塔管理区、龙池管理区、瓦西管理区、瓦东管理区、王家庄子管理区
龙池人民公社（1958 年 12 月—1983 年 8 月）	27 个生产大队	岱邱、郭疃、东白塔、西白塔、北白塔、龙北村、王家庄子、齐西、二甲庄、龙东、魏西、龙街、沙岭子、瓦东、瓦西、瓦北、姚徐邓、东利渔、营子埠、王范庄、果园、泊子、楼子、孙家庄、石桥、油坊、马渠
	27 个行政村	岱邱、郭疃、东白塔、西白塔、北白塔、龙北村、王家庄子、齐西、二甲庄、龙东、魏西、龙街、沙岭子、瓦东、瓦西、瓦北、姚徐邓、东利渔、营子埠、王范庄、果园、泊子、楼子、孙家庄、石桥、油坊、马渠
龙池乡（1983 年 8 月—1993 年 7 月）	4 个管理区（27 个行政村）	白塔管理区：岱邱村、郭疃村、东白塔村、西白塔村、北白塔村；龙池管理区：龙北村、王家庄子村、齐西村、二甲庄、龙东村、魏西村、龙街村、沙岭子村；瓦城管理区：瓦东村、瓦西村、瓦北村、姚徐邓村、东利渔村；马渠管理区：营子埠村、王范庄、果园村、泊子村、楼子村、孙家庄、石桥村、油坊村、马渠村
龙池镇（1993 年 7 月—2017 年 12 月）	4 个社区（27 个行政村）	白塔社区：岱邱村、郭疃村、东白塔村、西白塔村、北白塔村；龙池社区：龙北村、王家庄子村、齐西村、二甲庄、龙东村、魏西村、龙街村、沙岭子村；瓦城社区：瓦东村、瓦西村、瓦北村、姚徐邓村、东利渔村；马渠社区：营子埠村、王范庄、果元村、泊子村、楼子村、孙家庄、石桥村、油坊村、马渠村

自然地理

地理位置

龙池镇位于山东省昌邑市西北部，地处北纬 36° 56′，东经 119° 18′。南接都昌街道，北濒渤海莱州湾，西以虞河为界与寒亭区为邻，东与柳疃镇接壤。境域南北长 24.4 千米，东西宽 9.6 千米，面积 182.45 平方千米；海岸线长 8.4 千米。镇政府驻齐西村，距昌邑市城区 15 千米，距潍坊市中心市区 38 千米。

地质地貌

龙池镇位于华北地台的东南部，沂沭断裂带纵贯南北，属新生界地层第四系。包括残积物、坡积物和冲积物。岩性有黏土、亚黏土、砂、亚砂土、砂砾石等。域内第四系厚度变化大，为 0 ～ 1300 米。海拔高度一般在 3 ～ 6 米，坡降大于万分之一。潜水埋深极浅，矿化度高，近海地带常受海潮淹渍。

气候物候

龙池镇北濒渤海，属暖温带半湿润季风区大陆性气候。年平均气温为 12℃左右，最高气温 38℃，最低气温 -17℃。年平均降水量 664 毫米，降水量最多年份 1964 年为 1754 毫米，降水量最少年份 1981 年为 342 毫米。7—8 月降水集中，占全年降水量的53%。特点是春旱秋涝，晚秋又旱。全年日照时间较长，春分、秋分昼夜为11.5小时至12小时，夏至昼长14小时；冬至昼短8.5小时。谷雨至霜降为180天无霜期。小雪至惊蛰为100天冰冻期。

境内四季分明，春季2～4月（立春—立夏），初春仍受冬季季风影响，天气较寒冷。仲春3月，随着大陆增温，冬季风逐渐减退，天气回暖。夏季5～7月（立夏—立秋），气温逐渐升高，雨水频繁，7～8月，为全年最热时候。秋季8～10月（立秋—立冬），一般从9月中旬，便出现天高气爽的景象。随着冬季风渐起，冷空气与暖空气相遇，即有秋雨出现，天气逐渐变冷。冬季11月至翌年1月（立秋—立春），多西北风，为全年最寒冷干燥季节。

1998—2017年龙池镇月降水量统计表

表2　　单位：毫米

年　份	1月	2月	3月	4月	5月	6月	7月	8月	9月	10月	11月	12月
1998	2.7	36.9	37	57.5	50	23.3	146.9	148.4	33	23.8	0	1.2
1999	0	0	7.5	9.9	53.4	99.7	22	95.9	70	60.4	20.8	1.3
2000	19.8	3.9	0	5	24.3	39.7	110.4	91.3	34.5	65.1	30.3	0.9
2001	31.1	22.1	8	28.5	1.3	103.5	265.9	97.7	26.2	4.5	16.7	4.8
2002	9.5	0	12.1	35.8	90.8	50	70.3	4.2	16.1	33.7	3.5	9.7
2003	4	13.5	12	36.4	21.5	77.5	80.5	178.5	98	53	52.8	24.1
2004	2.5	8.5	5	19.5	74.5	73	303	121	72.5	6.5	23	10
2005	1.5	16.1	0.5	48.5	61.5	83.5	187	93	100.5	20.5	5	8.5
2006	3	9.5	2.5	11.5	57.5	89	30.5	91.5	0	9.5	12	10
2007	0	2	44.5	21	32	55	116	286.5	51	32.5	0	10.5
2008	2.5	4	8.5	54	66.5	37	269	169	25	3	3.5	2
2009	0	7	41.5	33	27	54.5	184.5	60	6	19	26	4.5
2010	2	18.5	13	15	53	65.5	74	252	49.5	2.5	0	0
2011	0	18	0	7	46.5	59	157	186	136.5	12.5	66	19
2012	1.5	1.5	6	30.5	3	37	102	103	37	15	40	20.5
2013	6	6	9	23.5	79.5	23	443.5	17	1.5	4.5	28.5	0.5
2014	7	4	0	14	35.5	51.5	98	50.5	80.5	21	20	2
2015	10	9.5	6	65	20.5	21.5	35	114	34.5	6.5	62.5	0
2016	0	16.5	7.5	21.5	70.5	58.5	160	68.5	26	44.5	10	8
2017	25	6	21.5	21	20	58.5	179.5	158	19.5	17.5	0	0

河流湾塘

堤河龙池段

堤河旧称低河，发源于县城后，经柳疃镇、龙池镇，在王家庄子村东、灶户村西北注入莱州湾。全长23千米，流域面积119平方千米。《青州府志》载：“低河，县西北二十里北流入海，因地势低下，故名。”1961年起，与王士仪沟接通，并于两岸修筑堤坝，遂更名“堤河”。经马渠村入龙池境，自南向北流。堤河属季节性河流，旱季干涸，雨季浸溢。因地形低洼，每遇海潮，必先逆注堤河。2017年年底，境内全长12千米，流域面积80平方千米，主河道宽40米，设计排洪能力100立方米/秒。

虞河龙池段

虞河，又名“溉水”“东丹河”。发源于安丘灵山，由潍北农场入龙池境，自南向北流，在东利渔村注入渤海莱州湾。虞河属季节性河流。2017年年底，境内全长10千米，流域面积890平方千米，主河道宽300米，设计排洪能力1000立方米/秒。

虞河龙池段　　党政办公室提供

丰产河龙池段

丰产河为1954年开挖的人工河，自潍北农场入龙池境，在东利渔村北汇入虞河。2017年年底，境内全长11.8千米，流域面积450平方千米，主河道宽约100米，设计排洪能力200立方米/秒。

丰产河龙池段　　党政办公室提供

尹家河

尹家河位于龙池镇北部，主河道从瓦城起自南向北流，至国防路处与堤河合流汇入渤海莱州湾。尹家河属季节性河流，为全镇洼地排洪与排碱主河道。2017年年底，境内全长7.5千米，流域面积29平方千米，主河道宽15米，设计排洪能力20立方米/秒。

尹家河龙池段　　党政办公室提供

湾塘

龙池镇域有湾塘120余处，如凤凰湾（岱邱）、齐家河滩（齐西）、白玉溪（东白塔）、元宝河（北白塔）、玉带河（魏西）、牛栏沟（瓦城）等，龙池因有“江北百塘镇”之称。

土　壤

龙池镇土壤分3个土类、6个亚类、8个土属、27个土种。境内土壤大多为潮土。东利渔村以北地带为盐土。王家庄子、沙岭子以东地带，因常年种水稻，发展为幼年水稻土。从南至北，依次分为褐土、潮化土，分布在营子埠，面积很少，占可利用面积的1.9%。潮土亚类，分布在境内大部分地区，占可利用面积的46%。湿潮土亚类主要分布在营子洼、沙岭子以西，占可利用面积的8.4%。盐化潮土亚类主要分布在瓦城、王家庄子以北地带，其次在郭疃西南，二干渠两侧、国防路两侧，占可利用面积的37.2%。滨海潮盐土，分布在东利渔以北地带，占可利用面积的6.5%。

境内有沙壤土6593亩，占可利用面积的6.45%，主要分布在东利渔以北地带，土质疏松，易耕作，保肥保水性差，养分含量低。壤质土91853亩，（其中轻壤土6607亩，中壤土25153亩）占可利用面积的91.92%，分布于全镇27个行政村，适耕性好，通透性和保肥保水能力较好，不黏不硬，水、肥、气、热状况协调，适宜种各种作物。黏质土3705亩，占可利用面积的3.63%，境内黏质土以重壤土为主，主要分布于营子洼周围，质地黏重，保肥力强，养分含量高，有后劲，有湿黏干硬特点，固耕性不良，土壤胀缩剧烈，遇水膨胀，阻塞土壤空隙，雨季易涝，通气不良，遇干收缩龟裂，水分耗失快，易干旱，对作物生长不利。按照土地生产力分级，全镇可利用土地地级为二级、三级、四级、五级、七级。无一级地和六级地，八级地被靶场征用，不在可利用土地内。全镇实有土地237525亩，其中工矿村庄占地6323亩，沟渠路河占地29660亩，水库湾塘占地866亩，海滩占地109025亩，林地、荒地占15114亩，耕地76537亩（含东贵农场占地103亩）。潍北农场二分场占地16338亩，三分场占地14245亩，六分场占地6769亩，不在全镇实有土地面积内。

2017年龙池镇土地地级一览表

表3

级　别	代　号	面积（亩）	占可利用面积的%	分布情况
二　级	Ⅱ	2370.4	2.32	在果园村周围
三　级	Ⅲ	12203	11.95	在二干八支供销社周围，串干以北，岱邱以南，三干以西，二干八支以北及龙街周围
四　级	Ⅳ	67624	65.84	在瓦西以南，北百塔以北，三干六支周围，三干二支、五支之间和油坊以西，沙岭子以北及国防路以西，王家庄子、堤河以东等地
五　级	Ⅴ	6141	6.02	在东利渔以南和靶场内
七　级	Ⅶ	13813	13.53	在东利渔以南，丰产河与贯河之间和以北地带，多为盐荒地和海滩地

自然资源

生物资源

野生植物

曲曲菜、刘家咀、洋夹子、鞭猪芽、榆根子、扫帚菜、马齿苋、辣辣蒜、苜蓿、黄蓿、灰菜、艾蒿、薄荷、茵陈、大蓟、蒺藜、酸枣、车前、苍耳、蒲公英、决明子、白扁豆、白头翁、野菊花、接骨草、枸杞、菟丝子、蒲、苇、芦、蓬、蒿、马兰、拌马、菁便、红草、腊弓、苋菜、稷草、酸邦、提草、臭蒿芽、和尚头、野菊花、茶棵子、斜斜头、洋胡子、葛拉蔓、胖胖墩、羊角棵、墩倒驴等。

野生动物

麻雀、喜鹊、乌鸦、大雁、小燕、土燕、青壮、翅老、野鸭、斑鸠、腊嘴、黄鹰、鹞鹰、鹌鹑、苇札、札子、黄鹊、洋鸟、眵眼、杜鹃、阿兰、百灵、三梭鸡（三半斤）、啄木鸟、猫头鹰、莫古油、黄兰子、大头山、柳家蛋、唧唧梗、红下颌、叼鱼郎、哇、鸮；狐狸、獾、狸、鼬、蝙蝠、野兔、田鼠、地皮子、土猴子等。

矿物资源

龙池镇北部有石油矿藏和地下卤水资源。

油井　　党政办公室提供

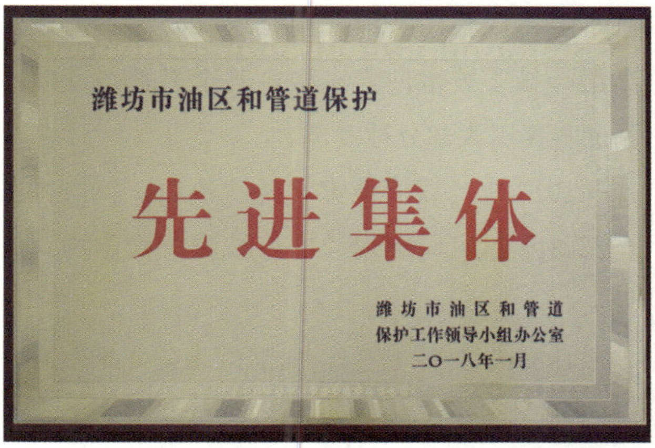

卤水埋藏深度 20 ~ 70 米，卤度每升 0.1 ~ 0.15 千克，主要用于晒盐和制溴，镇域内卤水储存量 25 亿立方米。

自然灾害

旱　灾

1916 年，大旱，粮食歉收。

1949 年，大旱。麦收后 70 多天没下雨，至 7 月，大豆始得下种。

1958 年，春旱。南至楼子，北至瓦城，165 天未降雨，导致秋季粮食大减产。

1981 年，大旱。境内全年降水 342 毫米。峡山水库无水可供，小麦播种和部分村庄生活用水困难。

1982 年，大旱。河塘干涸，人畜饮水困难，境内粮田受灾 38851 亩，有 9868 亩减产五成以上，7627 亩减产六至七成，6405 亩减产八至九成，有 14951 亩绝产。

2013 年秋至 2015 年冬，连续干旱，粮食大面积歉收。

水　灾

1912 年 7 月，潍河吴家堰决口，各村均被洪水侵入，粮田被淹，同时连续降雨和海潮，高粱、谷子被水冲走多数，其余多霉烂变质；岱邱村民房大部分被浸倒。

1914年，潍河吴家堎两次决口，境内村庄全部进水，房屋倒塌，庄稼被淹，秋作物八成受灾。

1939年7月17日，大海潮水位4米左右，潮水浸入到营子埠村，以瓦城、王家庄子、东利渔、沙岭子等村尤其严重。王家庄子3114亩土地全被淹没，造成土地碱化；177户中，被迫去东北谋生的82户，卖儿卖女的9户11人，吊死饿死的21人；东利渔村秋作物全部绝产，倒塌房屋130间。

1946年8月，潍河决口，部分村庄进水，秋作物受灾四成，洼地大豆绝产。

1949年7月26日，潍河决口21处，少数村庄进水，秋作物减产五成以上。

1950年8月，潍河决口69处，境内各村的洼地皆被洪水淹没，高粱、谷子、大豆等农作物受灾，低洼的村庄进水。

1964年4月6日，大海潮水位4米，浸至北白塔河，三日始退。东利渔村被潮水包围，王家庄子村受灾粮田2700亩，其中小麦1900亩，平地积水0.5米以上。

1969年4月23日，大海潮水位4米。东利渔、王家庄子村被潮水包围，土地被淹没。

1974年8月，风暴灾害，因风大雨急，27个大队农作物受灾26247亩，有9610亩减产二至三成，7830亩四至五成，5497亩六至七成，3310亩绝产。倒塌房屋684户，共1070间，损失粮食2250公斤，折损树木40458棵，1人受伤。

2012年6月2日，大风冰雹，镇中部损失严重。

2013年4月20日，春灌下雪，冻坏果树。

2016年2月13日，大风雪，冻坏路面和果树。

虫　灾

1917年，特大蝗灾，高粱、谷子被吃光叶子，秋作物大减产。

1919年，小红蝗发生，小麦受灾严重。

1928年7月20日，飞蝗遮天蔽日，自西南向东北飞，历时一昼夜，高粱、谷子叶子全被吃光。

1937年，龙池北洼发生严重蝗灾，蝗虫所过之处，禾苗皆无。沿海村庄庄稼，颗粒不收，群众大饥。

1943年，蝗灾发生，庄稼受害严重。

1952年8月，蝗灾发生，农作物受害严重。

1957年秋，境内8890亩麦田中，发现土蝗（每平方尺70—250头），政府随即组织专业队伍进行捕杀，减少灾情。

1958年，昌邑县成立灭蝗指挥部，对境内沿海一带蝗区进行飞机撒药灭蝗。

1965年5月，西洼发生蝗灾，组织专业队捕打和药杀，连续作战，蝗虫基本被消灭。

居民人口

中华人民共和国成立前，由于经济落后，加之战乱不断，瘟疫流行，缺医少药，境内人口呈高出生、高死亡、低增长状态。新中国成立后，人民生活水平逐渐提高，医疗条件不断改善。除1959年到1964年因自然灾害人口减少外，其余年份均大幅增长。职业结构逐渐发生变化，随扫盲工作的持续开展和大力开展普及九年义务教育，全镇具有各种文化程度的人口不断增加。实行婚姻自主，婚姻登记手续越来越简便。大家庭已不多见，家庭规模逐渐变小。通过全镇干部群众共同努力，龙池镇计划生育工作，取得显著成绩，多次受到上级表彰。

人口总量

据1954年第一次全国人口普查统计，全乡有5780户、23336人，其中男11230人、女12106人；回族4户、17人，满族1户、1人。1959年，动员境内青壮年131人迁去吉林省汪清县支援边疆建设。

据1964年第二次全国人口普查统计，全乡5896户、23300人，其中男11228人、女12072人，包括非农业人口457人；满族1户、1人。1970年11月，整修峡山水库，由安丘县迁入51户、260人，分布于22个自然村。

据1982年7月第三次全国人口普查统计，全乡7510户、26725人，其中男12885人、女13840人；回族1户、3人。

据1990年第四次全国人口普查统计，全乡8879户、27110人，其中男13196人，女13914人。据2000年第五次全国人口普查统计，全镇8613户、25526人，其中男12654人、女12872人。

据2010年第六次全国人口普查统计，全镇8054户、25923人，其中男13447人、女12476人。

2017年年底，全镇户籍人口7988户、24912人。

2017年龙池镇辖行政村户数及人口统计表

表4

村名	户数（户）	人口（人）	村名	户数（户）	人口（人）	村名	户数（户）	人口（人）
龙北	349	1169	楼子	127	376	瓦西	380	1078
龙东	130	390	马渠	1142	3170	瓦北	473	1503
龙街	230	670	石桥	221	643	姚徐邓	310	1037
齐西	148	460	孙家庄	220	643	东利渔	360	1024

续表 4

村　名	户数（户）	人口（人）	村　名	户数（户）	人口（人）	村　名	户数（户）	人口（人）
二甲庄	88	251	王范庄	246	695	岱　邱	349	1200
沙岭子	196	640	营子埠	61	151	北白塔	490	1185
王家庄子	338	1333	油　坊	165	608	西白塔	260	792
魏　西	210	650	果　园	150	480	郭　疃	556	1660
泊　子	140	354	瓦　东	325	936	东白塔	324	1037

人口构成

性别构成

1985 年，龙池乡 18963 人，其中男性 9617 人、女性 9346 人，性别比为 102。2014 年，全镇 22502 人，其中男性 11488 人、女性 11014 人，性别比为 104。2017 年，全镇 24912 人，其中男 12065 人、女 12847 人，性别比为 93。

年龄构成

1984 年，龙池乡总人口 18963 人；其中 15 岁以下 4741 人，占总人口的 25%；15 ～ 64 岁 11098 人，占总人口的 58.5%；65 岁以上 3129 人，占总人口的 16.5%。2000 年，龙池镇总人口 21102 人；其中 15 岁以下 5085 人，占总人的 24.1%；15 ～ 64 岁 12450 人，占总人口的 59%；65 岁以上 3566 人，占总人口的 16.9%。2014 年，全镇总人口 22502 人。其中 15 岁以下 4207 人，占总人口的 18.7%；15 至 64 岁 14648 人，占总人口的 65.1%；65 岁以上 3645 人，占人口总数的 16.2%。2017 年，龙池镇计生人口 24912 人。其中 15 岁以下 2914 人，占总人口的 13%；15 ～ 64 岁 14086 人，占总人口的 63%；65 岁以上 5380 人，占总人口的 64%。100 岁以上 2 人，年龄最大的 102 岁。15 岁以下人口保持平稳，15 ～ 64 岁人口增多，65 岁以上人口逐年增长，老龄化趋势明显。

职业构成

龙池历史上除少数手工业者、经商者及公职人员外，居民绝大部分从事农业生产，职业结构比较单一。1983 年起，职业结构逐步发生变化。2017 年，全镇从业人员 15076 人，占总人口的 67%，其中从事农林牧渔业 3316 人，占总从业人数 22% 左右；从事建筑、运输、商业、餐饮、厂矿企业、文教卫生、公用事业等 11759 人，占总从业人数 78% 左右。

文化构成

中华人民共和国成立后，农村兴办学校，开展扫盲活动。1985 年，龙池乡设成人教育机构，配备专职成人教育人员。开办政治夜校，成立农民技术教育中心，开展多层次、多形式的农民扫盲教育和农业技术培训。到 1990 年，境内基本扫除青壮年文盲。2000—2017 年，随着成人教育工作的持续开展和九年义务教育的普及，全镇人口受教育程度不断提高。至 2017 年年底，全镇取得各层次教育文凭的 20476 人，占总人口的 91%。其中大专以上 1571 人，占总人口的 7%；高中、中专 5396 人，占总人口的 24%；初中 12601 人，占总人口 56%；小学 1359 人，占总人口的 6%；文盲半文盲 720 人，占总人口 3.2%。

姓氏构成

明初，境内土著居民有匡、张、李、任、邢、丁、穆、赵 8 个姓氏。永乐年间，境内十村九空，官府从山西洪洞县等人口稠密地区迁入大批移民定居。明末，因清军入关，境内两次战乱，导致人口数量锐减。清初，官府从山西洪洞、北京玉田、青州府寿光等地迁民在龙池境内定居，迁民姓氏有 30 余个。中华人民共和国成立前，零星迁入或境内村庄居民分支析出来此的，有 20 多姓。2017 年年底，原住居民穆姓、丁姓人口消失。境内有于、马、王；方、尹、邓；石、田、史、付、代；邢、毕、吕、朱、乔、任、刘、齐、闫、安、孙；李、杨、肖、吴、辛、宋、迟、张、陈；范、金、周、郑、郎；赵、郝、胡、姜、宫、姚；徐、高、郭、唐；曹、戚、龚、盛、崔、阎、寇；董、韩、傅、温；满；谭、翟；魏等 61 个姓氏。

人口变动

自然变动

中华人民共和国成立前，由于经济落后，加上战乱不断，瘟疫流行，缺医少药，境内人口呈高出生、高死亡、低增长状态。中华人民共和国成立后，境内工农业生产得到迅速发展，人民生活改善，社会安定，人口出生率上升，死亡率下降，人口自然增长率逐年提高。1956—1959 年，为龙池第一个人口生育高峰期。1960—1964 年，受自然灾害影响，经济暂时困难，出现低出生、高死亡、人口负增长。1965 年以后，国民经济得到恢复，人民生活开始好转，人口出生率上升，死亡率下降，自然增长率提高。1969—1972 年，人口自然增长率超过 20‰，是龙池的第二个人口生育高峰期。1973—1990 年，实行计划生育政策，境内人口出生逐步得到控制。由于人口基数大，加之第二次生育高峰出生的女性人口在此期间进入生育期，出现第三次人口生育高峰期。1991—2010 年，随着改革开放的深入和人们思想观念的转变，人口转为低出生率、低死亡率。至 2017 年年底，全镇人口出生率 17.8‰，死亡率 5.9‰，人口自然增长率 11.9‰。

机械变动

龙池境内人口中 80% 以上为移民后裔。主要来自山西洪洞、山东寿光、北京玉田等地。民国年间，乡民为度荒或躲债避险举家外迁，其主要流向是东北三省。中华人民共和国成立后，人口变动的原因，有工作人员调动、青年服兵役、学生上学等。改革开放后，越来越多的农民工外出打工，以离土不离乡的居多。2000 年后，陆续有一些农民工在工作所在城市购房居住，常年在外地工作生活、不再回老家种地。2011 年，随着户籍制度改革，城乡一体化推进和现代化户籍管理，“农转非”、异地上学、工作迁移户口等制度逐渐废除。

婚姻家庭

婚　姻

1950 年，龙池贯彻落实《中华人民共和国婚姻法》，实行婚姻自由、一夫一妻、男女平等、保护妇女合法权益的新婚姻制度。禁止重婚、娶童养媳，早婚等现象逐渐减少。1957 年开始，国家宣传和提倡晚婚。1971 年后，晚婚青年逐年增多，城镇晚婚人口略高于农村。1980 年，境内男、女的晚婚率分别为68.1%和75.4%；1981年，境内男、女的晚婚率分别为83.2%和83.4%；1982年，境内男、女的晚婚率分别为48.7%和50.9%。1981年，落实《中华人民共和国婚姻法》规定，结婚年龄男不得早于22周岁，女不得早于20周岁，并提倡晚婚晚育。境内青年结婚年龄一般推迟到男25周岁，女23周岁。1990年，全镇晚婚率90.4%；1991年，晚婚率降至69.5%；1992年、1993年，分别为84.7%、96%，晚婚率开始提高。1994—1998年，晚婚率一直保持100%；1999年为99.2%。2000—2003年为100%。2004年为93%；2005年、2006年，分别为76.2%、79.4%；2007—2009年，分别为85.7%、66.7%和77.9%。2010年，全镇晚婚率最低，为50.9%。2011年、2012年，晚婚率分别为58.7%、77.3%。自2013年开始，镇计生站不再统计晚婚率。

家　庭

中华人民共和国成立以前，农村家庭以大为荣，多以三世同居或四世同居形式存在，一般家庭有5～6人至10人以上。中华人民共和国成立后，大家庭逐步向小家庭变化。1953年，龙池总人口23306人，5780户，户均4.03人。2000年，龙池镇总人口25526人，8613户，户均2.96人。2017年，全镇户籍7988户、24912人，户均3人。

镇村建设

1999年，成立龙池镇规划所，业务由昌邑市规划局指导，属镇政府管理。2001年3月，龙池镇成立村镇建设办公室，负责全镇村庄规划建设工作。2010年，村镇建设办公室与镇环境卫生办公室、综合治理办公室合并成立龙池镇建设综合治理办公室，负责全镇村庄改造、社区规划、环境整治、生态文明建设等各项管理指导业务。2015年，镇规划所从龙池镇建设综合治理办公室划出，恢复龙池镇规划所。2017年年底，镇规划所有工作人员3名。

镇村规划

镇域规划

1998年，开始镇域规划。2001年1月，龙池镇党委、政府委托潍坊规划设计院对全镇小城镇建设进行全面规划。3月编制《昌邑市龙池镇规划文本》。规划年限近期定为2003年，城镇化水平20%；中期定为2010年，城镇化水平达到40%，与山东省城市化水平基本一致；远景定为21世纪中叶。

2009年8月，编制《昌邑市龙池镇控制性详细规划》，规划采用“片区—街坊—地块”三级管理单元，分别进行规划控制和引导。规划范围为北至富龙街、南到南环路、西至龙河潭路、东到龙泉街，用地109.7公顷，其中规划城镇建设用地102.44公顷，水域等非建设用地7.26公顷，规划片区人口总量8000人。聘请山东省城镇规划建筑设计院编制《龙池镇龙海路商业街规划》，规划范围南起政府街、北

龙文化广场　　党政办公室提供

至油漆厂北侧支路段，总长 786 米，红线宽 30 米，建筑后退红线 7 米以上，规划控制面积 9.77 公顷。近期镇空间分为三级，一级为镇府驻地，二级为各中心村，三级为各基层村。各基层村人口随城镇化进程，逐渐向镇驻地和中心村转移。远期形成镇驻地为主体，以南北两个组团为翼的两极结构，一级为城镇驻地，1 万～1.2 万人，二级为居住组团，7500 人左右。

专项规划

昌邑市龙池镇服务业园区规划 2009 年，编制《昌邑市龙池镇服务业园区规划》。服务业园区位于龙池镇镇区的西南部，规划范围北至商业街北部河流、南至南环路南部支路、西至龙海路，东到龙泉路，用地面积 41.7 公顷。

昌邑市龙池化工园区规划 2017 年，编制《昌邑市龙池化工园区产业发展规划（2017—2030）》。近期为 2017—2020 年，远期为 2021—2030 年。同年，编制《昌邑市龙池化工园区总体发展规划》。规划范围为丰收路以东、堤河以西、规划一路以南、新海路以北，规划总用地 1293.94 公顷，其中建设用地 1274.5 公顷，非建设用地 19.44 公顷。

历史文化名村保护规划齐西村是山东省第一批省级传统村落、第三批省级历史文化名村、第一批“乡村记忆”工程试点单位，村内有第四批山东省文物保护单位“齐西民居”。齐西村传统格局和历史风貌保存较完整，传统街巷风貌保存较好，传统建筑数量众多，村落历史文化内涵丰富，具有重要的历史、科学、艺术以及社会、文化价值。为更好地保护和传承齐西村的传统资源和价值特征，科学、合理、适度地发挥传统村落及其资源赋存在未来社会、经济、文化发展中的作用，在保护的基础上促进村庄和谐发展、改善人居环境，根据传统村落保护发展的要求，2015 年，编制《昌邑市龙池镇齐西村传统村落保护发展规划》。规划范围为齐西村村域，规划用地 71.8 公顷。近期为 2015—2020 年，中期为 2021—2025 年，远期为

2026—2030年。2016年，编制《昌邑市龙池镇·齐西村历史文化名村保护规划》。核心保护区面积3.6公顷，建设控制地带19.5公顷，环境协调区48.7公顷。规划近期为2015—2018年，中期为2019—2025年，远期为2026—2030年。

镇村建设

基础设施

1980年，龙池公社驻地齐西村只有一条东西大道，宽不过10米，两侧有几家小商铺，路两侧是公社机关、卫生院、供销社、粮站等单位。2005—2006年，龙池镇不断创新融资机制，通过“土地生一点、财政挤一点、上级拨一点、向外引一点”的方式，多元化筹措资金，狠抓基础设施建设，不断完善小城镇载体功能，投资300万元，完成院校街、北海路等道路改造，形成四通八达的农村公路网络，全镇道路实现“村村通”；对境内主干道两侧和商住区进行全面绿化、美化和亮化，实现“区净、灯亮、地绿”。2009年，发展“沿路商业”，在龙海路、政府大街等主干道两侧兴建商住楼，同时在镇驻地西侧规划新建一处新的商业居住区，鼓励引导更多农村群众进镇落户、建店经商，走“以商带住、以住促商”的路子。结合新农村建设，鼓励镇驻地村和周边村，按照“紧凑、合理、适用、安全”和节约用地的原则，兴建农民公寓楼，按照社区化管理模式，逐步改变群众生产生活方式，以优美的生活环境、舒适的居住条件、和谐的社会氛围，让群众切身感受到现代生活气息，把龙池镇建成经济繁荣、功能齐全、特色鲜明、环境优美、秩序优良的“乡村城镇”2010年，投资400余万元，进行河道整治，整砌护堤、种植树木，建成龙池镇文化公园；在郭疃村建成样式新颖独特的商住楼；在魏西村建成花园式小别墅区。通过土地置换方式，盘活闲置土地，建成住宅小区，改善居民生活环境。

2011年，成立小城镇建设管理领导小组，设立社区综合服务中心，在土地、房屋、规划等方面，严把审批关、建设关、质量关，从源头上杜绝不合理开发，避免恶性循环。在物业管理和环境卫生方面，保证水电暖正常供应，成立日常保洁队伍，实行动态管理，落实责任制，促进城镇管理的稳步有序提升。改造驻地大街，拓宽到30米，沿街建成连片商住两用二层楼，有180余家商户入驻，成为全镇最繁华地段。2012年，镇政府加大投入，主街两侧铺设地板砖，建起绿化池、种植花木、安装路灯，修建供排水设施，安放垃圾桶，配备专职保洁员、花木管理人员。

超市及沿街商住楼建设（2018年）　　摄影 李 宁

2000—2015 年龙池镇镇区道路建设情况统计表

表 5

名 称	宽度（米）	长度（米）	绿化面积（平方米）	建设时间
富龙街	5 ～ 8	2000	3000	2012
政府街	14	3000	4500	2004
院校街	7	2000	3000	2005—2006
圣福街	6	500	750	2013
希望路	5	330	495	2015
龙源路	7	780	1170	2010
龙兴路	7	410	615	2005—2006
龙海路	10	1000	1500	2000
龙昌路	6	700	1050	2013

街道绿化美化　2003—2006 年，实施“村村通”工程期间，镇委、镇政府统一部署，各村修建公路的同时，做好公路绿化工作，并将此项工作列为考核验收内容。其间共栽植补植各类用材、观赏树木 1.35 万余株。2009 年，完成道路绿化 4 千米，新增绿化面积 4.6 万平方米，绿化覆盖率达到 40%；投资 1800 余万元，打通 4 条镇区道路 5.7 千米，新修柳龙路 1.5 千米、太马路 5 千米，修补镇区路面 4 千米，硬化 20 个村村内道路 40 千米；安装路灯 200 盏，覆盖镇区所有道路。2011 年，在 315 省道龙池镇驻地段，东起枣林旅游路口，西至开元东大道东首 600 米路段，两侧全部建起高标准绿化池，栽植法桐、冬青、小叶，黄杨等名贵苗木树种 1.5 万余株。镇政府大院及部门单位门前庭院种植国槐、垂柳、冬青、月季等各种绿化观赏类花木 3000 余株，配备专门绿化工作人员，及时浇水、施肥、管护，形成三季有花、四季常绿美景。新建岱邱休闲广场和东白河湿地公园。2013 年，开辟 400 亩的绿化苗木繁育基地，引进法桐、合欢、美国竹柳等国外名贵树种，培育种植垂柳、白蜡、月季、木槿等数十种花木。按照“突出风格，打造精品，建设生态园林式特色小城镇”的目标，确定“一区、一园、两组团”的空间发展模式，明确“五纵六横”路网建设规划，小城镇建设更加科学化、规范化、制度化；规划建设岱邱新村、君逸家园和圣福苑 3 个居民小区；新建垃圾中转站 1 处，安装果皮箱 40 个、垃圾箱 600 个，清除违章建筑 5000 平方米，实现垃圾处理户集、村收、镇处理；改造输电线路，实行弱电入地、强电出镇区。

2017 年，镇区街道形成三纵两横框架结构，全部达到美化、绿化、亮化、硬化、净化标准，初具现代化小城镇规模。镇驻地行政服务机构齐全，有机关、学校、医院、供销社等企事业单位 9 家，另有地税、工商、电信、邮政、保险等 10 余个派驻单位。沿街各类商铺、门店 100 余家；有农贸市场 1 处，农历四、九逢集。

龙池镇主题文化公园位于镇政府驻地。公园占地 3 万平方米，绿化面积 2.5 万平方米。

2012年3月开工建设，11月竣工投入使用。公园格局呈“葫芦”形态，挖掘整理出特别能代表龙池的10处历史文化，在文化公园内分别建设10面文化墙，展示龙池剪纸、齐西故居群、孙膑庙、陈干、白塔烈士祠、龙池由来、武进士齐恩铭、马渠书记胡同、江北百塘镇、鄑邑古城等龙池特色文化。

道路建设　1994年11月，对丰收路4200米路面由6米拓宽至10米。1994年11月，修建商业街、龙源路（二甲庄—东白塔）。1997年3月，丰收路改官靶路（柳瓦路南），铺设9米宽沥青路面。1996年，对柳瓦路岱邱至国防路段路面由9米拓宽至17米，改建二干渠1150米，建设建筑物4座。1998年3月，修建干尾路1700米，路面宽6米。2000年，柳瓦路北丰收路改官靶路，铺设7米宽沥青路面。2002年4月，修建希望路1828米。2002年7月，修建龙昌路，王庄运盐路6800米。2003年7月，修建蚕茧路、南环路、龙源路。2005年，整修一号公路铺石硬化6500米，对岱马路4000米、政府街2280米铺设为水泥路面。2006年，修建海玉运盐路4000米。2010年，对兴昌路500米、太马路1900米铺设水泥路面。2014年，东利渔土地整理项目出村路铺设水泥路面3400米。2015年，希望路1100米铺设为水泥路面。2016年，龙街出村路635米、龙东出村路650米、沙岭子路1400米铺设水泥路面，对院校街1170米进行沥青罩面，对二干渠七支路2800米、北白路（富龙街）1470米铺设水泥路面。2017年，对三瓦路1000米铺设水泥路面，对万亩高标农田串干路铺设水泥路面2900米。龙池镇农村公路养护63.77千米，其中乡道28千米；村道35.77千米，传统性养护43千米，其中水泥路12.7千米，砂石路30.3千米，季节性养护20.77千米，养护经费由镇政府财政拨款。

环境整治

2010年后，镇党委、政府先后制定《龙池镇驻地管理办法》《龙池镇关于村镇规划建设意见》《村庄综合环境整治活动方案》《关于在全镇开展生态文明建设实施意见》等文件。实现“两区同建”与保留村改貌、综合环境治理同步进行，达到城镇建设与管理由无序到有序，由脏乱差到整洁美，由随意管理到法治管理。2011年，投资360万元，兴建活动景点4处。2012年，镇驻地改装太阳能路灯，铺设花砖人行道3500平方米，栽植景观苗木2万余株，埋设地下管道1800米，沿315省道两侧安装宣传社会生活为主要内容的文化墙。2012年2月，加强镇驻地综合治理，对沿街部门、单位、经

行政街（2018年）　　摄影　杜红霞

污水净化池　　党政办公室提供

营门店落实“三包”责任制。镇综合治理办公室与各部门、单位和经营业户签订责任书，并进行定期检查监督，使“三包”责任落到实处。5月，成立75人村庄环卫队，委托昌邑康洁公司管理，镇政府投资购置环卫垃圾车3辆，设置垃圾箱455个。2013年10月，全镇设4个环卫管理区，对全镇城乡环卫实行一体化管理。2014年，镇政府投资3万元，新建村级文化广场38处，并配备健身设施210套。镇驻地及多数村庄、交通要道，全部达到硬、亮、美、净“四化标准”，被评为昌邑市生态文明建设先进单位，昌邑市“最美乡村”。

综合执法

2010年4月，昌邑市综合行政执法大队龙池中队成立，行使执法区域内市容环境管理、城乡规划管理、城市绿化管理、市政管理、环境保护管理、工商行政管理、公安交通管理、文化市场管理方面规定的全部或部分行政处罚权；执法大队统一安排的集中执法任务；在职权范围内做好驻地党委、政府安排的其他工作；协助市容中队做好市容市貌管理工作。2010—2017年，共处理各类违法案件200余起，清除各类违规广告600余块，审批各类广告牌匾300余块。至2017年年底，昌邑市综合行政执法大队龙池中队有干部职工6人，主要承担镇容镇貌管理、国土、农业、规划等方面违法查处任务。

村庄建设

住宅建设　改革开放以前，龙池镇农村居民建筑院落狭小，住房为土木结构，人均居住面积不足15平方米。院内搭建牲口棚、草料棚、堆积垃圾，村街搭猪圈、堆柴草，居住条件、环境卫生条件差。改革开放以后，随着经济条件的改善，村民建房面积扩大，标准提高。1985年始，建房改为砖瓦结构、玻璃门窗，庭院多为16米×16米，院内不再有牲口棚、垃圾堆等，多以花木、菜园取代。1986年，开始统一规划建房，统一安排宅基，统一规划布局。2009年开始，社区建设、合村并居成为趋势。社区建设以农村小康型和城镇小区型为基本模式。农村小康型，如建成沿街2层楼房，从平面布局、立体造型上，既有传统农村住房特点，又可开店经商，发展

镇区新貌　　党政办公室提供

岱邱新村建设　　党政办公室提供

分村民在庭院内打井，用压水机取水代替人工肩挑。1994年，昌邑市投资5000余万元，实施北部沿海供水工程，共铺设供水管线210多千米。二期工程于1995年11月15日开工，1996年月1月29日竣工，供水范围扩大至龙池等3个乡镇。北部沿海供水工程结束了祖祖辈辈饮用咸水和湾塘水的历史。2017年，全镇27个村实现村村通自来水，饮用自来水用户达90%。

个体经济。城镇小区型，如岱邱新村、君逸家园、圣福苑小区以“4+1”高层、一梯两户式住宅楼为主，其规划建筑设计标准不低于城市居住小区。

饮水工程　1978年以前，境内群众饮水和生活用水沿用旧式砖井，靠人力肩挑取水，家庭存水用水缸。水源水质较差，个别村庄水源含氟量超标，达不到国家饮用水标准。遇大旱年，井水供应不足，人畜饮水困难。80年代初，部

公共设施建设　1978年以前，大部分村庄无办公、会议场所，大队干部开会在支部书记家中，群众大会借用学校教室或露天召开。生产队以饲养处或场屋为开会活动地点。1980年后，部分村建有大队办公室，多为土木结构，较简陋。1990年后，全乡各村建起计划生育服务室、党员活动室、青年之家、农民夜校等活动场所。2000年后，全镇各村普遍建起村两委办公室。其中由昌邑市委组织部补助，新建高标准村两委办公室8个。同时各村兴建文化广场、图书室、阅览室等文化学习、活动场所，由镇政府投资，配备文体活动器材、健身器材。至2017年年底，全镇有村两委办公室27处，其中规范达标的10处。新建社区办公场所2处，休闲活动公园4个，村级文化广场40个。

东白塔文体广场　　党政办公室提供

公用事业

电力服务

农电管理　1971年4月，龙池公社在龙北大队茂家胡同成立农电办公室，有办公用房8间140平方米，房屋产权归龙池公社。1975年7月，经昌邑县供电所同意，龙池公社将农电办公室改为农电管理站(简称农电站)。1979年4月，农电站办公地点迁至魏西大队村南的龙池公社原办公地址，办公用房10间180平方米，共占地800平方米，农电站付给龙池公社6800元，房屋产权归农电站。1985年，在岱邱村西、龙池乡政府东邻、柳瓦路北筹建龙池供电站新办公地点，北房9间、西屋7间、南屋7间，建筑面积332平方米，共占地1500平方米，房屋产权归农电站。1997年3月，供电站拆除南屋7间、西屋2间，新建三层办公楼，保留北屋9间、西屋5间；8月，建筑面积1000平方米新农电站办公大楼建成并投入使用。2017年，龙池供电所为三星级供电所，有员工25人，其中本科5人、专科2人，党员13人。担负10千伏线路17条、191.95千米，10千伏配电变压器361台、总容量85200千伏安供电设施，26个村、63个企事业单位、11065个用电户供电用电管理和服务、维护任务。

农电体制改革　1999年8月，龙池供电所作为昌邑市农电改革试点供电所之一，实行对各村电工实行统管，用电实行“四到户”管理。村电工脱离村级管理，成为供电职工，按照350户至400户左右配备1名农电工的标准，进行定岗、定编、定责，通过择优录取的农电工，纳入供电企业统一管理、统一考核、统一签订聘用合同，实行异地管理、固定场所办公、上下班、24小时值班制度、统一发放工资、办理人身意外伤害保险等。全所共聘用农电工26人。设马渠、镇区、姚徐邓3个电工组。2002年6月，实行电费抄、核、收分离，成立抄表班。2000年，供电所创建为省级一流供电企业，2001年，创建国家一流供电企业。2002年，供电所开展以“职责到位、管理规范、工作高效、服务真诚”为目标的规范化管理建设，代表昌邑市供电公司接受潍坊供电公司的检查验收。2003年初，供电所被省集团公司命名为“2002年度规范化管理供电所”。2006年9月，按照“一人多岗、一岗多责”的原则，重新优化组合职工队伍，取消电工组，成立专业组，设1个配电组、1个营业组和1个客户室。设置所长、安全员、技术员、营销员工作岗位。2010年年底，进行集中抄表试点工作，3人调到抄表中心。

龙池供电站（2018年）　　摄影　李　宁

电网建设与改造 1971年，境内架设10千伏线路4.85千米，电源来自济南军区潍北靶场14号线；9月，瓦西大队、龙池公社农修厂各安装50千伏安变压器1台，为龙池电网供电。1980年，境内共有10千伏供电线路43千米，低压供电线路49千米，配变压器34台，容量2070千伏安，可解决电灌农田8000亩。1982年5月—7月，王范庄村、泊子村、果园村、楼子村、孙家庄村、石桥村、油坊村、马渠村，岱邱村、郭疃村、东白塔村、魏西村、齐西村、二甲庄、龙东村、龙街村、龙北村共17个大队，由潍北靶场14号线改接到昌邑110千伏变电站107号线供电；12月，昌邑县供电局将该站所有资产收归县局。1983年年底，境内高压线增至45.5千米，低压线55千米，配变43台，容量2485千伏安，电机369台，功率1015千瓦，照明5450户，电灌面积8000亩，用电村25个。1985年底，全乡拥有高压线46.2千米，低压线65千米，配变52台，容量3095千伏安，电机739台，功率1418千瓦，照明6042户，用电村26个，电灌面积8490亩。1987年，龙池乡在龙池供电站东建设35千伏变电站，占地面积3000平方米，建设资金由按用电单位人口、变压器容量、用电量分别筹集资金。1989年12月建成投运，安装主变1台，容量3150千伏安，至1991年1月先后架设01号马渠线、02号乡直线、03号瓦城线、04号靶场线、05号龙北线5条10千伏出线。全境共有35千伏线路1条5.1千米（龙池境内），导线为LGJ—70裸铝线，10千伏线路55千米，导线为LGJ—35裸铝线，低压线路67.9千米，配电变压器61台，容量5085千伏安。

1996年5月，龙池变电站新增2号主变1台，容量3150千伏安。至年底，龙池变电站共有2台主变，容量6300千伏安；5条10千伏线路63千米，配电变压器67台，容量6670千伏安。1997年，将10千伏02号乡直线、03号瓦城线（01号—30号杆）、04号靶场线（01号—30号杆）、05号龙北线主线导线更换为为LGJ—35裸铝线，将所有线路P—185瓷横担更换为铁横担和PS—15型绝缘子。1998年7月将10千伏01号马渠线导线更换为LGJ—70裸铝线。1998年底，开始农村低压电网改造的筹备工作，1999年年初，自龙北村开始，对26个统管村进行低压农网技术改造，对各村原0.4千伏以下线路重新规划，更换电杆、金具、导线、绝缘件以及下户线、进户线，统一安装电表箱，加装二级漏电保护器，至2000年底，统管村改造全面完成。

2002—2003年，进行第二次农网改造，主要对10千伏支线改造和统管村配电盘更换。到2003年，改造营子支线、王家庄支线等10千伏线路20.6千米，更换楼子村等配电盘17面。2002年12月，山东裕源集团公司在军盐变电站电源线306军盐线50号杆建设35千伏用户站，主变压器4000千伏安，产权和管理权归用户。随着用电负荷的增长，同年5月，龙池变电站2台3150千伏安的变压器更换成2台5000千伏安的变压器；同年底，军盐变电站更换主变2台，容量1万千伏安；2007年再次更换主变2台，容量2万千伏安。其间架设和改造10千伏线路4条，01号炮师线、02号盐田线、03号溴素线、04号民康线（用户专线），主线全部为LGJ—120裸铝线。2005年5月，改造35千伏龙池站03号瓦城线、04号靶场线、05号龙北线，更换

8基铁塔，22基15米电杆，4基18米电杆，55基12米电杆，主线01—18号杆为JKLGYJ—120绝缘线，18—89号杆为LGJ—120裸铝导线。2006年5月，35千伏龙源变电站投入运行，有主变1台1万千伏安，新建35千伏线路4.65千米，新建和割接10千伏线路2条，011号龙滕线、012号盛海线。昌邑市海能化学公司成立，新建自备发电厂，功率为2.5万千瓦，并配有2台2万千伏安的整流变压器。2009年上半年，配合小城镇建设，完成近3千米10千伏沿街线路的迁移改造，迁移沿街配电变压器19台，沿街高低压线路全部使用地埋电缆，实现沿街无架空高低压线路和露天配电变压器。

2010年年底，境内有龙池站、军盐站、龙源站3座35千伏变电站，主变5台，总容量4万千伏安；35千伏直供户1个4000千伏安；热电厂1处，功率2.5万千瓦。管辖35千伏线路4条13.05千米，10千伏线路11条，总长度164.1225千米，用电村26个，配电变压器331台，总容量47035千伏安。管辖高压用户106户，各类低压统管户9309户，低压线路274.59千米。2012年，实施户表改造工程统一更换电表安装电表箱加装二级漏电保护器，完成北白塔、魏西、瓦北、瓦西、孙家庄、龙东、二甲、龙街和镇区低压智能表更换，实现远程采集数据功能；实施王范庄村4.3千米、北白塔村3.9千米低压线路改造工程，并增加160千伏安变压器一台。2013年，完成剩余村庄的智能表更换工作，全部实现远程采集功能。为东白塔、瓦北、龙街、魏西4个村各增设1台200千伏安变压器；并对4个村的13.4千米高低压线路进行改造；军盐变电站溴素线农网改造升级中压工程更换240裸铝导线2.7千米，15米电杆43基，13米铁塔3基。

供电服务　1987年，供电所成为山东省农电系统“标准供电站”。1995—1997年，实施用电“文明村建设”，至1997年11月，全部用电村达到或超过“五标建设”标准要求。2002年，按照规《规范化管理考核评分细则》的考核内容，从机构和人员管理、安全生产及设备管理、营销管理、技术管理、优质服务、基础资料6个方面提升供电所的管理水平和服务质量。2003年初，龙池供电所被集团公司命名为“2002年度规范化管理供电所”；2004—2005年，对所辖统管村进行标准村建设，26个村达到标准村要求，并通过验收。2000年1月，供电所成立“彩虹工程”领导小组，成立27个监督小组，公开服务电话，通过广播和张贴标语、悬挂横幅、发放宣传材料等措施进行广泛宣传，接受社会监督，兑现各项服务承诺，供电所、电工组实行24小时值班，限定停电维修到达现场时间。2011—2014年，配网升级改造工程更换高低压线路导线，新增变压器做到了小半径多布点。2015年，龙池供电所被评为“省标杆供电所”“潍坊无投诉供电所”。

2017年，开展全能型供电所建设，开展全能型供电所建设，按照“基础保障扎实、安全管控严密、业务协同运行、人员一专多能、服务一次到位”要求，夯实管理基础，规范管理流程，强化现场管理，深化专业管理，细化客户服务，优化队伍建设，严把工作质量，完成全能型供电所建设任务。

通信服务

邮政　中华人民共和国成立前，境内邮

龙池邮政储蓄银行（2018 年）　　摄影 李　宁

政业务由柳疃邮局（四等邮局）代办，没有专门投递员。日常通信依靠私人商铺购买邮票和代收信件，不具备邮寄物品和拍打电报条件。1945 年，境内设一名投递员，常住柳疃乡，步行投递信件，并发送报纸 100 多份。1950 年，成立龙池邮政代办所，报刊发送增加到 300 多份。1954 年，龙池邮政代办所开办电报、电话业务，有电话机 3 部，邮电所实行“四到门，五不出村”的业务活动，即送信、送包、送款、送报到门，群众寄信、汇款、寄包、打电话、打电报不出村。1955 年 2 月，龙池邮政代办所改为龙池邮电所。1955—1960 年，龙池邮电所共发送报刊 3700 份、收发电报 189 封，往外汇款累计 12700 元。1960 年，龙池邮电所改为龙池邮电支局。1961 年，龙池邮电支局改为龙池公社邮电局。1963 年，恢复龙池邮电支局。1965 年，龙池邮电支局改为龙池邮电所。1973 年 10 月，龙池邮电所由龙北村迁至镇政府驻地，改为龙池邮电支局。1982 年，发送报刊 3800 多份，其中小学生《少年报》1045 份。

1995 年，在镇政府前征地 2.76 亩，建设 704 平方米邮电支局办公楼。1996 年，开办特快专递业务。1998 年 9 月，邮政、电信分营，仍称龙池邮电支局，开办高考录取通知书、法院文书送达，机动车年审、换证手续及交通违章通知书寄件业务。1999 年，龙池邮电支局迁至龙池法庭原办公楼。2007 年，开办次日通业务，实现省内特快业务次日投递，并开通邮政物流服务。2010 年，随着互联网技术的进步和高速物流业的发展，普通信件、电报业务基本消失。2017 年年底，龙池邮电支局平均每周营业 6 天、36 小时，开通印刷品、普通包裹、汇兑、报刊、储蓄、包裹快递业务，开办全部普通服务业务。

电信　1959 年，龙池邮电所安装总机一部，各生产大队先后安装磁石电话。1960 年，境内有电话总机 2 部，电话机 36 部。1981 年，电话机发展到 50 多部。1982 年，马渠村设总机 1 部。1989 年，龙池乡总机由磁石交换机改为程控交换机。1996 年，境内部门、企业、农户开始安装程控电话，并实现电话村村通。

中国联通龙池营业部中国联通龙池营业部前身是龙池邮电支局。1998 年，邮电分营设龙池电信支局，主要经营电信通信业务。1999 年 7 月，电信拆分重组，移动公司从电信局剥离，龙池电信支局主要经营固定电话业务。2000 年，龙池电信支局进行大规模电话镇建设，至年底，境内安装固定电话 7900 多部，电话普及率 70%。2002 年 5 月，设龙池网通龙池营业部。2008 年 10 月，原中国网通与原中国联通合并成立新联通，在龙池设昌邑联通龙池营业部。

2009年，发展2G业务、融合套餐业务，2G放号3409部。2010年，将固话、2G、3G、宽带业务融合为一个套餐，融合用户3160户。2012年，进行通信线路光纤改造，新建交换设备17套，宽带ADSL设备扩容9000多线。新建宽带接入EPON设备122套，当年全镇宽带用户增至4196户。新建GSM2G基站9个、3G基站6个、4G基站8个，2G信号实现全覆盖率，3G信号覆盖率明显提升。在部分网络信号弱的村庄进行补站改善GSM信号网络，整治老化电缆及设备，提高通信质量。2012年，全镇固话网络一体的用户为3160多户。到2017年年底，全镇宽带业务实现光缆入户，IPTV联通电视直播138个频道，并实现回放功能。

中国移动龙池营业部 1999年7月，移动营业厅与邮电局正式分离，在龙池镇驻地设立中国移动龙池营业厅；营业厅面积116平方米，职工3人。1989年，开始建设移动模拟电话业务。1995年，开始发展数字电话业务。2000年前后，境内移动电话开始普及。2011年，龙池镇每百户家庭移动电话拥有率99.5%。2014年1月，开始建设4G网络，并对全镇27个行政村进行规模化宽带建设。到2017年年底，全镇移动电话用户1.2万户、4G用户6000户；移动宽带覆盖27个行政村、宽带用户1500户。

政治建设

中共龙池镇地方组织

党组织发展

中共地方党组织早期活动

1932年春，中共山东省委交通科长赵鲁人到国民党昌邑县政府建设科任科员，通过李自言（建设科科员）关系，物色到进步青年齐文甫、齐介璞、齐传琴（齐西村人），李重九（郭疃村人），翟瑞符（一区东逄翟村人），隋寿三（惠昌药房经理兼医师、潍北人）在惠昌药房介绍他们加入中国共产党，并准备成立昌邑特支，直属省委领导。《山东省革命历史档案资料选编》载，山东省委胡萍舟1932年2月工作报告：昌邑新发展的特支人数10人，由于赵鲁人不久即被捕牺牲，失却联系，昌邑特支人员，并未能与省委发生联系。据山东省委1932年6月2日工作报告载："石岛、高密、昌邑三地方特支，省委还未与他们发生正式关系。"国民党昌邑县党部执委齐洛亭，是齐介璞的父亲，他看到这些青年在一起，便设法把介璞送去海圻军舰。齐传琴也相继脱党，齐文甫在周记车行，隋寿三仍在惠昌药房，以职业为掩护隐蔽活动。李重九打入县立第一小学任教员，翟瑞符回本村与翟绍先、王玉岩、翟元京等组织"互济会"，以合法身份救援被捕人员，救济遇难家属，筹划组织农民武装起义。

1945年秋末冬初昌北10名区委书记合影

1937年7月7日，昌邑县共产党员张智忠、李福泽、李重九、陈庆全、齐文甫等积极响应党中央号召，勇敢投身抗日救亡运动。在北京志诚中学搞学运工作的陈庆全回乡后，在陈家庄小学创办《抗战简报》，晚上用矿石收音机收听党中央的抗日指示和胜利消息，白天由陈庆全编写刻印后，在柳疃、城里集上向群众散发。陈庆全参加昌邑抗战干部训练班后，由齐文甫接手编印，他把"小言论"栏改为"庄户孙话"，文章短小精悍，笔锋尖锐泼辣，鞭挞日军侵华罪行，揭露贪官污吏，深受群众欢迎。

在瓦城小学以孙汉三为代表的一些

进步教师也积极组织抗日救国宣传活动。1937年10月中旬，昌邑县委军事部长李福泽到瓦城。11月，介绍孙汉三、赵立秀、刘光汉3人加入中国共产党，组建瓦城支部，并指定孙汉三任支部书记。支部又发展赵子高（后被镇压）、傅元生为党员，并逐步向白塔、郭疃、马渠开展工作，后又与翟瑞符、翟绍先等取得联系。同月，中共鲁东工委书记鹿省三（季方华）到昌邑县组织武装起义，住瓦城村孙子庙内，从此昌邑县党的活动在鲁东工委领导下进行。

1938年3月26日，国民革命军第八路军鲁东抗日游击第七支队与八支队在三区瓦城会师。4月5日成立八路军鲁东游击指挥部。鲁东工委书记季方华在瓦城主持召开会议，建立昌潍县委，书记张智忠，对外公开名义称七、八支队留守处。4月7，日季方华不幸被混进七支队的坏分子金炎刺杀。8日，张智忠在集东村召开县委会议，决定县以下设四个区委，其中瓦城区委书记为孙汉三，成员有李重九、赵立秀，并在七、八支队留守处工作。10日，第七、八支队奉命开往胶东。同年9月，四梯队又侵入马渠、白塔、瓦城等村。10月24日，中共瓦城区委书记孙汉三惨遭敌人杀害；25日，李重九将8个村12名党员名单交给魏惜珍，被迫转去胶东。党组织受到极大破坏，一时龙池革命形势处于低潮。

1939年6月27日，中共胶北特委副书记张智忠被捕。特委决定只留王炳亮代理工作，其他人都撤去胶东。同年冬，中共胶东区党委派丁明到昌邑，将胶北特委改为中共寿昌潍中心县委，昌邑设河西、河东、昌南3个工委，河西工委书记为孙传谱，成员有魏惜珍、赵仁光。后来又决定撤销3个工委，改建为一、三、四3个区委。龙池当时属中共三区委领导，区委书记魏惜珍。五支独立三营在昌北建立（也称昌邑独立营），在三区游击小组的配合下，开展镇压反革命活动，初步扭转被动局面。1939—1940年，3个区先后建立党支部6个、党小组25个，有中共党员152名。1941年，随着革命形势的发展和对敌斗争的需要，原昌邑三区，划分为西三、东三两个区，龙池境域当时为西三区。区委组织机构充实健全起来，书记魏惜珍（后陈玉章），组织委员李平，宣传委员姜毅，组建起1个镇、4个乡的党委会。中共忠诚镇镇委书记陈玉千，开河乡乡委书记陈孟先（后开除党籍）、马石乡委书记姜恒彩、龙合乡委书记齐正英、腾龙乡委书记魏锡。有农村党支部13个，党小组56个，党员321名。

1942年，西三区改称九区。九区党委遵照上级指示精神，实行“减租减息，增资留雇”政策，初步改善劳动人民的生活，提高阶级觉悟，密切党群关系。同时在党内自上而下开展整顿“三风”（党风、文风、学风）运动，提高党的战斗力。

1943年5月19日，日伪军到九区徐家庄安设据点。在此期间，党的工作重点转向搞人民武装，大力发展民兵组织，开展“反扫荡、反伪化、反奸防特”斗争。

1946年春，马渠区开始进行土地改革，经过阶级斗争的考验，把群众中的积极分子吸收到党内来，发展新党员92名。1947年，纳新党员341人，壮大阶级队伍。同时在党内通过“三查三整”，进行组织整顿与思想整顿。中华人民共和国成立后，党员发展工作由秘密转向公开，经上级党委批准，公开发展党员，全区扩展到24个支部、75个党小组，有389名共产党员，没有空白村。

中华人民共和国成立后地方党组织建设

1949年10月，成立中共马渠区委员会。1950年7月，中共马渠区委改称中共第九区委员会。1955年11月，改称中共龙池区委员会。1950—1956年，党组织领导群众进行“土地改革”“镇压反革命”“抗美援朝”“三反五反”“农业合作化”等运动，实现了由生产资料私有制到生产资料公有制、由新民主主义革命到社会主义革命的伟大转折。实行撤区并乡后，按乡建立党委，以高级社为单位建立支部。1958年2月，撤区并乡，中共龙池区委改建为中共龙池乡委员会；9月撤销龙池乡，成立先锋人民公社，同时建立中共先锋人民公社委员会。12月，中共先锋人民公社委员会改称中共龙池人民公社委员会。1966年5月“文化大革命”开始，公社党委工作还基本正常，随着“文化大革命”不断深入，各级领导干部均受到批判斗争，陷入严重混乱状态，组织活动停止。1967年3月，公社党委被新建立的“革命委员会”所取代。1969年12月，龙池公社革委党的核心领导小组成立，党组织生活逐步恢复。1971年2月，成立龙池公社党委，党的核心领导小组随之撤销。各大队、社直单位成立党支部。1983年8月，中共龙池人民公社委员会改称中共龙池乡委员会。1986年4月，建立中共昌邑县龙池乡纪律检查委员会。1997年龙池撤乡设镇，改称中共昌邑市龙池镇委员会。

2009年，龙池镇制订《村干部人事档案管理实施方案》，按照要求对各村在职“两委”干部、村后备干部、离职享受生活补助干部的档案完成信息采集和整理。2010年，在全镇各部门、企业、村开展创先争优强堡垒做先锋活动。

2016年，龙池镇投资40余万元，建设龙池镇智能综合指挥系统。系统共设33个站点，涵盖视频会议、直播频道、党建资料、安全生产监控、天网工程等多项内容，有效实现双向沟通、镇村两级实时对话，提高全镇工作效率。组建全镇机关干部、村党支部书记、村主任、镇直部门负责人、企业义工代表组成的党员义工服务队，开展“党员义工”活动。全面贯彻落实党风廉政建设责任制，始终保持预防和治理腐败行为的高压态势。共查处各类违纪违法案件9起，处分党员干部9人。

2017年，龙池镇党委扎实推进“两学一做”常态化学习和中共十九大精神系统化学习，充分发挥党性教育基地寓教于游、寓理论于现实的辅助作用，增强党建工作内生活力。通过对龙池镇机关干部的任免调整和村两委换届选举，

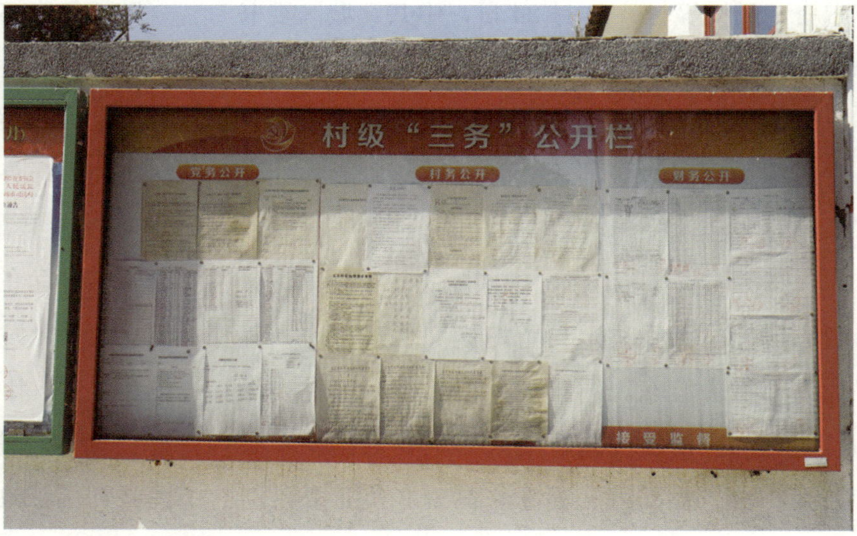

瓦东村务公开栏（2018年） 摄影 李 宁

镇、村两级干部队伍素质能力明显提高。至2017年年底，全镇有基层党组织48个，其中村党支部27个、部门支部7个、两新组织党支部共14个（其中非公企业党支部13个、社会组织党支部1个）。全镇共有党员1486名。

2018年中共龙池镇党委所辖支部及负责人一览表

表6

序　号	党支部名称	负责人
1	姚徐邓村党支部	徐伟杰
2	瓦东村党支部	赵中伟
3	瓦北村党支部	赵怀志
4	东利渔村党支部	朱言波
5	瓦西村党支部	王芝强
6	二甲村党支部	齐怀岳
7	齐西村党支部	齐明凯
8	王家庄子村党支部	孙　波
9	魏西村党支部	
10	龙东村党支部	齐百川
11	沙岭子村党支部	孙希津
12	龙街村党支部	刘忠平
13	龙北村党支部	魏永杰
14	西白塔村党支部	温钦伟
15	东白塔村党支部	陈吉涛
16	郭疃村党支部	李传明
17	北白塔村党支部	陈修成（主任主持工作）
18	岱邱村党支部	郝鲁彬
19	泊子村党支部	范忠伟
20	马渠村党总支部	魏广政
21	孙家庄村党支部	张永杰
22	石桥村党支部	魏曰辉
23	营子村党支部	齐曰泉
24	油坊村党支部	魏建弟
25	果元村党支部	王立洪
26	王范庄村党总支部	王风祥
27	楼子村党支部	范其增
28	玉海盐化有限公司党支部	于子富
29	东元连海环保科技有限公司党支部	刘　伟
30	海玉盐化有限公司党支部	孟令平
31	华腾印染织造有限公司党支部	孙连忠
32	海能化学有限公司党支部	丁振海
33	龙池镇第一联合党支部	罗盛华

续表 6

序　号	党支部名称	党支部书记
35	派出所党支部	徐晓亮
36	邮电党支部	宫海波
37	电信支局党支部	魏乐生
38	用水协会党支部	魏明庆
39	机关党支部	许丽娟
40	马渠村第二党支部	魏广政
41	龙池镇经委党支部	姚玉泉
42	返乡大学生党支部	迟晓倩
43	粮管所党支部	马春禹
44	镇卫生院党支部	刘　锐
45	龙池小学党支部	于子廷
46	龙池初中党支部	胡振江
47	龙池镇第二联合党支部	陈述安
48	昌邑民康制溴有限公司党支部	宋德之

党员代表大会

1956 年 5 月 21 日，第一届党代会召开，选举产生中共龙池区第一届委员会。从全区 828 名党员中，选出 37 名代表，参加昌邑县委召开的党代会。大会突出解决走农业合作化道路问题。

1960 年 5 月，第二届党代会召开，选举产生中共龙池公社第二届委员会。

1963 年 9 月 6—7 日，第三届党代会召开，选举产生第三届党委会。王洪章为书记，李云令、王效孔为副书记，于法祯为组织委员，徐传本为宣传委员、阎廷梅、安茂华为委员。

1970 年 12 月 29 日，第四届党代会召开，出席代表 146 名，选举产生中共龙池公社第四届委员会。王德仁为书记，齐孟书、王效孔为副书记，姜亮升为组织委员，姜维勤为宣传委员，赵学辉、傅春法、陈永诰、姚圣瑞、魏其武、齐淑杰为委员。

1972 年 11 月 27—28 日，第五届党代会召开，出席代表 163 人，选举产生中共龙池公社第五届委员会。王德仁为书记，齐孟书、赵学辉为副书记，姜亮升、韩世堂为常委，姜维勤、陈永诰、傅春法、姚圣瑞、魏其武、齐淑杰为委员。

1977 年 2 月 4—5 日，第六届党代会召开，出席代表 174 名，其中妇女代表 31 名，选举产生第六届委员会。任柏榴为书记，齐孟书、翟其金、马高三、齐武全为副书记，李金明为组织委员，徐传本为宣传委员，刘洪儒、丁从磊、李法颖、孙桂荣、郝学田、齐素英、迟东州、傅春法、魏其武、姜曰新、赵元宁为委员。

1979 年 1 月 16—17 日，第七届党代会召开，出席代表 190 名，其中妇女代表 38 名，选产生第七届委员会。姜亦健为书记，齐孟书、翟其金、傅立泮为副书记，阎景俊、李法颖、徐传本、郝学田、刘洪儒、郭效成、傅春法为委员。

1980 年 12 月 12—13 日，第八届党代会召开，出席代表150名，选举产生第八届委员会。姜亦健为书记，齐孟书、张志秋、初怀孟为副书记，李法颖为组织委员，姜恒超为宣传委员，张志瑞、徐常先为委员。

1984年12月20日，第九届党代会召开，出席代表135名，选举产生第九届委员会和出席县党代会代表。

1987年7月11日，第十届党代会召开，与会代表138名。选举产生中共龙池乡第十届委员会。刘继尧为书记，杨从安、徐政兆、孙瑞堂（挂职）为副书记，王述国、张言伟、郑瑞英、郑瑞鹏、姜同胜、郝修福、林国辉、范林贵为委员。

1990年3月18日，第十一届党代会召开，出席代表96人，选举产生中共龙池乡第十一届委员会。刘继尧为书记，王述国、尹凤来、徐政兆、刘恩忠为副书记，齐尧庆、孙宗信、郑瑞鹏、郝修福、徐秋霞为委员。

1993年1月3日，第十二届党代会召开，出席代表102人，选举产生中共龙池乡第十二届委员会。赵法功为书记，徐政兆、刘恩忠、高瑞杰为副书记，孙宗信、齐尧庆、陈春金、范林成、郝修福、徐秋霞为委员。

1996年1月17日，第十三届党代会召开，出席代表100人，选举产生中共龙池镇第十三届委员会。赵法功为书记，徐振宁、高瑞杰为副书记，张言伟、陈克忠、范林贵、徐秋霞、韩文成、魏加斌为委员。

1999年12月24日，第十四届党代会召开，出席代表105人，选举产生中共龙池镇第十四届委员会。

2002年11月23日，第十五届党代会召开，出席代表125人，选举产生中共龙池镇第十五届委员会。

2006年12月25日，第十六届党代会召开，出席代表127人，选举产生中共龙池镇第十六届委员会。潘永贵为书记，马学彦、孙执凯、孙磊为副书记，李兴业、姜美霞、贾洪柏为委员。选举产生中共龙池镇第十六届纪律检查委员。孙磊为书记，韩龙山为副书记，李世明、李照武、曹述行为委员。

2011年11月20日，第十七届党代会召开，会期半天，应到代表130名，因事因病请假6名，实到代表124名。主要议程：听取和审查中国共产党龙池镇第十六届委员会工作报告；审查中国共产党龙池镇第十六届纪律检查委员会工作报告；选举中国共产党龙池镇第十七届委员会；选举中国共产党龙池镇第十七届纪律检查委员会；选举龙池镇出席昌邑市第十三次党代表大会代表。会议选举韩文宏为书记，刘广杰、高锡鹏为副书记，马梓珺、王海东、刘培学、孙永涛为委员；选举为高锡鹏为纪委书记，王丹萍为副书记，曹述行为委员。

2016年12月23日，第十八届党代会召开，会期半天，应到代表130名，因事因病请假7名，实到代表123名。主要议程：听取和审查中共龙池镇第十七届委员会工作报告；审查中国共产党龙池镇第十七届纪律检查委员会工作报告；选举中共龙池镇第十八届委员会；选举中共龙池镇第十八届纪律检查委员会；选举龙池镇出席昌邑市第十四次党代表大会代表。会议选举朱永红为书记，杨启乐、刘岩为副书记，王丹萍、孙永涛、温贵平、夏海涛为委员；选举王丹萍为纪委书记，许丽娟、徐晓亮为委员。

1932—2019年中共龙池镇（区、公社、乡、镇）党组织主要负责人一览表

表7

单　位	党组织职务	姓　名	任职时间
中共昌邑特支（一、三区支部）	主要负责人	赵鲁人	1932.2—1932年冬
中共瓦城区（沿海区）委员会	书　记	孙汉三	1938.4—1938.12
中共昌邑河西区工作委员会	书　记	孙传普	1938.12—1939.10
中共昌邑三区委员会	书　记	魏惜珍	1939.10—1941.6
中共昌邑西三区委员会	书　记	陈玉章	1941.6—1945.12
中共昌邑九区委员会	书　记	陈玉章	—
中共昌北县马渠区委员会	书　记	张云逸	1945.12—1949.10
中共昌邑县马渠区委员会	书　记	陈　鸣	1949.10—1950.3
中共昌邑县马渠区委员会	书　记	赵建辉	1950.3—1950.7
中共昌邑县第九区委员会	书　记	赵建辉	19507—1952.6
中共昌邑县第九区委员会	书　记	傅志岫	1952.6—1953.5
中共昌邑县第九区委员会	书　记	张中兴	1953.5—1956.3
中共昌邑县龙池区委员会	书　记	高恩盛	1956.3—1958.9
中共先锋人民公社委员会	书　记	高恩盛	1958.9—1958.12
中共龙池公社委员会	第一书记	高恩盛	1958.12—1959.10
中共龙池公社委员会	第一书记	王洪章	1959.10—1960.4
中共龙池公社委员会	第一书记	李云令	1960.4—1963.2
中共龙池公社委员会	书　记	王洪章	1963.2.—1969.12
中共龙池人民公社革委领导小组	组　长	王德仁	1969.12—1971.2
中共龙池公社委员会	书　记	王德仁	1971.2—1975.5
中共龙池公社委员会	书　记	任柏榴	1975.5—1977.12
中共龙池公社委员会	书　记	姜亦健	1977.12—1983.8
中共龙池乡委员会	书　记	常学程	1983.8—1984.4
中共龙池乡委员会	书　记	韩俊生	1984.4—1987.3
中共龙池乡委员会	书　记	刘继尧	1987.3—1992.10
中共龙池乡委员会	书　记	赵法功	1992.10—1993.7
中共龙池镇委员会	书　记	赵法功	1993.7—1996.12
中共龙池镇委员会	书　记	徐振宁	1996.12—1998.12
中共龙池镇委员会	书　记	肖好文	1998.12—2001.5
中共龙池镇委员会	书　记	徐增法	2001.5—2001.12
中共龙池镇委员会	书　记	孙孝工	2001.12—2004.6
中共龙池镇委员会	书　记	车建平	2004.6—2006.12
中共龙池镇委员会	书　记	潘永贵	2006.12—2007.8
中共龙池镇委员会	书　记	夏麦香（女）	2007.8—2009.1

续表 7

单 位	党组织职务	姓 名	任职时间
中共龙池镇委员会	书 记	邹 霞（女）	2009.1—2010.8
中共龙池镇委员会	书 记	刘艳芳（女）	2010.8—2011.11
中共龙池镇委员会	书 记	韩文宏	2011.11—2015.2
中共龙池镇委员会	书 记	许增贤	2015.2—2016.12
中共龙池镇委员会	书 记	朱永红（女）	2016.12—

2018 年中共龙池镇委、龙池镇政府副科级以上干部一览表

表 8

姓 名	性 别	职 务	籍 贯
朱永红	女	昌邑滨海（下营）经济开发区党工委委员、龙池镇党委书记	烟台市
杨启乐	男	龙池镇党委副书记、镇长	昌邑市
王 冰	男	龙池镇人大主席	昌邑市
朱东国	男	龙池镇党委副书记	蒙阴县
陈 铭	男	龙池镇党委副书记（挂职）	昌邑市
王丹萍	女	龙池镇纪委书记	平度市
孙永涛	男	龙池镇党委委员、副镇长	昌邑市
王海洋	男	龙池镇人大副主席	昌乐县
耿慧丽	女	龙池镇副镇长、白塔社区书记	诸城市
李佰胜	男	龙池镇副镇长	昌邑市
温贵平	男	龙池镇副镇长、马渠社区书记	昌邑市
夏海涛	男	龙池镇党委委员武装部部长	昌邑市
许丽娟	女	龙池镇组织宣传统战委员	昌邑市
徐鹏涛	男	龙池工业园区管理办公室副主任	昌邑市
齐新礼	男	龙池工业园区管理办公室副主任	昌邑市
李 冰	男	龙池镇乡村规划建设监督管理办公室副主任	寿光市
王志华	女	龙池镇经济发展办公室副主任、瓦城社区书记	昌邑市

纪检监察

组织沿革

1986 年 6 月，中共龙池乡纪律检查委员会成立。1993 年 7 月，更名为龙池镇纪律检查委员会。龙池镇纪律检查委员会的主要职责是：维护党的章程和其他重要的规章制度，监督检查本镇党组织和党员贯彻执行党的路线、方针、政策和决议的情况。协助党委抓好党风廉政建设和反腐败工作，健全完善党风廉政建设规章制度；对党员领导干部行使权力进行监督；参与党员干部的评议、考核、考察工作。同有关部门，结合实际，采取多种形式，经常对党员进行党性、党风、党纪教育，筑牢党员干部拒腐防变思想防线。受理本镇基层组织和群众对党风党纪问题的检举、控告、申诉和建议等，检查、处理党组织和党员干部违反党章、党纪和国家法律法规的案件。协助镇党委、政府抓好党务、政务、村务、财务公开工作，协同有关部门加强村级财务管理。负责对党的纪检监察工作理论及有关问题进行调查研究，指导镇所属党组织的纪检工作，加强纪检干部队伍建设。承办上级纪检监察机关和镇党委交办的其他工作。

执纪监察

镇纪律检查委员会成立后，不断建立和完善《龙池镇纪委纪检干部岗位责任制度》《龙池镇纪委干部理论业务学习制度》《龙池镇纪委干部服务承诺制度》《龙池镇纪委工作例会制度》等，保障纪委工作规范化、制度化运行。镇纪委每年都制订党风廉政教育活动计划、措施，大力开展廉政教育。通过“三会一课”、周一学习日等形式，组织党员干部认真学习中央、省、市、县纪委全会会议精神和《中国共产党纪律处分条例》《中国共产党廉洁自律准则》《行政监察法》等党纪政纪和法律法规。每年组织由镇机关干部和农村党员干部参加的廉政报告会。组织人大代表、政协委员及社会各界群众代表对领导班子及成员的党风廉政建设情况进行民主评议，对党员领导干部的廉政情况进行考察。组织开展党员干部德廉知识测试，提高党员干部廉政知识水平。

1986—2006年，对49名违纪党员给予相应的纪律处分。2017年，镇纪委围绕党委中心工作，全面落实党风廉政建设监督责任，抓干部作风建设，严格执纪监督，查处违纪违法问题，发挥协调作用，促进全镇各项工作顺利开展。抓主业，做到职能聚焦、履职有力。把落实党风廉政建设监督责任摆在工作首位，专职抓党风廉政建设。把对主体责任落实情况的监督作为履行监督责任的切入点和关键点，每月向县纪委汇报党风廉政建设责任制落实情况。对镇上的项目建设、低保年审、招投标等重大事项进行监督。镇党委班子成员每半年向镇纪委汇报一次个人廉洁自律情况，加强廉政风险防控。对财务运行及“三公经费”监管，完善管理制度。抓督导，严格执纪守法，实现督导常态化。发挥职能作用，坚决查办违纪违法案件，共查处违纪案件13起，给予14名党员纪律处分。对机关干部和基层“庸懒散浮”专项治理，对作风疲沓、办事拖拉、推诿扯皮、消极懈怠等工作作风及效能低下问题进行查处，对12名机关工作人员进行批评教育等处理。对重点领域、重点项目的专项整治，配合上级部门对土地复垦项目等容易滋生损害群众利益方面的问题进行清理清查，给予1名党支部书记开除党籍处分。做好群众信访的处理、查办和整改落实监督工作，对所有15起信访案件一律实施信访处理反馈。

组织工作

党员发展

1927年，昌邑县在进步农民、青年学生中发展党员。1948年5月，中共马渠分区委建立。至此，龙池镇境内党建工作全面展开。

2001年以来，按照《中国共产党章程》和《中国共产党发展党员工作细则（试行）》要求，严格遵循“坚持标准，保证质量，改善结构，慎重发展”的方针，党员发展质量明显提高。全面推行“四唯一选一公示”办法和回避制度，采取“三级包干培养责任制”，加强对入党积极分子的教育培养。注重突出发展重点，重点在生产、工作一线发展党员，特别是把党员老化村、4年以上未发展党员村、妇女党员空白村、企业党员空白单位作为发展党员重点，下大力改善党员队伍结构。根据全镇的实际情况制订合理的党员发展工作计划。坚持做到积极分子考察材料百分之百预审，发展对象百分之百的座谈考察，新党员百分之百谈心谈话，保证发展质量。

1937—2017年中共龙池镇党委所辖支部及党员数量统计表

表9　　单位：人

年　份	支部（个）	党员变动情况			
		新发展数	转入数	转出数	实有数
1937	1	10	0		10
1938	1	5	0	5	10
1939	8	57	0	6	61
1940	6	108	1	18	152
1941	13	209	1	41	321
1942	17	61	6	33	355
1943	20	37	20	59	353
1944	20	34	6	29	364
1945	24	65	18	48	389
1946	24	92	19	65	435
1947	26	341	24	61	739
1948	26	21	17	58	719
1949	27	26	17	22	740
1950	24	27	7	25	772
1951	24	2	8	14	768
1952	24	2	21	65	726
1953	24	10	5	26	715
1954	24	3	15	11	722
1955	24	14	10	10	736
1956	27	7	17	6	754
1957	24	10	17	19	762
1958	24	14	33	53	756
1959	24	48	31	44	791
1960	29	64	2	39	818

续表 9

年　份	支部（个）	党员变动情况			
		新发展数	转入数	转出数	实有数
1961	33	4	94	11	905
1962	—	—	—	—	972
1963	36	—	41	29	984
1964	—	—	15	26	973
1965	35	17	36	75	951
1971	34	—	—	73	1120
1972	36	35	14	36	1136
1973	36	21	34	21	1170
1974	36	27	48	22	1209
1978	47	1	69	69	1398
1979	49	26	56	55	1436
1981	50	22	—	20	1504
1982	48	19	45	37	1531
1985	47	24	38	32	1552
1987	45	20	16	42	1546
1988	46	14	8	35	1533
1990	45	11	6	25	1525
1993	43	8	3	15	1521
1995	42	8	4	22	1511
1998	42	9	2	14	1508
2002	40	15	8	32	1499
2003	41	6	2	15	1492
2005	40	12	7	25	1486
2007	39	16	8	20	1490
2010	39	18	7	21	1494
2012	38	28	5	24	1503
2013	38	11	4	6	1504
2014	39	5	7	4	1512
2015	39	33	3	25	1517
2016	39	16	4	18	1519
2017	48	18	6	57	1486

党员教育

日常教育　党员大会、支部委员会、党小组生活会和党课学习是党员日常教育的主要形式。“三会”除组织党员学习上级有关政策、指示，推进党的工作外，还采取批评和自我批评的方式，随时纠正党员的错误思想倾向，维护党的团结，巩固党的统一，提高党的战斗力。党员日常教育内容有4个方面：全心全意为人民服务宗旨的教育；共产主义远大理想教育；纪律和法制观念教育；根据不同时期的形式和要求进行党的路线、方针政策教育。党课着眼于理论辅导，除选派辅导员讲课外，党委书记还亲自讲课，以提高党员的理论水平和思想水平。1986年1月起，按照县委指示，每月15日为镇党政机关及企事业单位党员活动日，16日为农民党员活动日，将“三会一课”教育集中到同一天进行，保证学习时间，便于掌握和辅导。

龙池镇结合党在不同时期的中心任务，经常举办党员干部培训班，以提高他们的理论水平和领导能力。多是举办短期培训班，以《中国共产党章程》《关于党内政治生活的若干准则》《邓小平文选》等为基本教材。

中共十一届三中全会后，随着改革开放的不断深入，在党员教育方面，重点加强对邓小平理论、“三个代表”重要思想、市场经济知识、科技知识和法律知识的教育培训。在农村党员中，推行目标化管理，开展党员“十带头”活动；在镇机关和企事业单位党员中，组织开展以学习理论、学习业务、学习技术、争当岗位标兵、争做技术能手、争创一流业绩为主题的实践活动。

1991年以后，党员电化教育工作按照“系统网络化、管理档案化、播看制度化、效益社会化”的要求，取得了突破性进展。党员电教网络逐步形成，镇基层组织和各党总支，配备电视机、录像机、电教室。党员、电教队伍不断壮大。镇党委和各支部配备1～2名专兼职结合的电教管理员，播放收看工作扎实而有效。建立健全电教片播放收看制度，并搞好电教片播放、讨论登记簿等“三簿一册”的记录，使播放收看工作逐步走上制度化、规范化的轨道。

2003年，按照中央关于发展农村党员干部现代远程教育的部署，龙池镇建设远程教育接收站1处，农村远程教育终端接收站27个查点（每村1个），共投资50万元，初步建成覆盖全镇的农村党员干部现代远程教育网络。原龙池镇远程教育接收站设在镇党委，配套有600平方米播放室和投影仪、大屏幕等先进设备，配备专兼职工作人员4名。同时，每个农村接收点配备一台电脑、一台电视机、一台卫星数字电视接收机和卫星接收电视天线，镇村分别建立健全教育教学、目标管理和考核评价等远程教育管理制度，保证远程教育工作有序运行。

专题教育　1983—1984年，主要针对“文化大革命”中有些党员执行错误路线，对党员进行再学习教育，保持党员队伍纯洁和思想纯洁，学习方式是以支部为单位，深刻检查自己在“文化大革命”中的思想行为表现。

1992年，学习邓小平南方谈话，进一步解放思想，全面实行改革开放。活动期间乡镇党委成员分工包片深入到各支部，进行辅导，学习有关文件，写出心得，做出笔记，交流心得，共同提高认识。

1996—2000年，开展“讲学习、讲政治、讲正气”三讲教育。“讲学习”，主要是学理论、学知识、学科技。具体是学习邓小平建设有中国特色社会主义理论，学习社会主义市场经济理论，学习社会主义市场经济智识、现代科技知识、法律知识、历史知识等。“讲政治”，包括政治方向、政治立场、政治观点、政治纪律、政治鉴别力和政治敏锐性，学会从政治上观察问题，分析问题和处理问题。“讲正气”，是要继承和发扬党在长期革命和建设事业中形成的好传统、好作风。坚持真理、坚持原则，坚持同一切歪风邪气和各种腐败现象作斗争，保证党永不变色。学习活动历时4年，最后上级党委深入各支部验收。

2005年1月—2006年6月，组织开展以实践“三个代表”重要思想为主要内容的保持共产党员先进性教育活动。

2008年9月—2010年2月，分批开展深入学习实践科学发展观活动。2010年5月—2012年7月，开展“创先争优”活动，创建先进基层党组织、争做优秀共产党员。镇党委成员带头创先争优，做到联系实际，注重实效；调动和发挥党员的积极性和主动性；健全制度，坚持经常。党员争当优秀党员，做到有坚定的共产主义信念和理想，坚持党的基本路线，思想上，政治上同党中央保持高度一致。投身改革，求实奋进，完成党组织交给的各项任务。

2014年1月—2014年10月，镇党委召开群众路线教育实践活动工作会议，动员全体党员干部切实将思想与行动统一到上级党委部署要求上来。全镇围绕“为民务实清廉”主题先后安排6次集体学习，达到学习主体、内容、形式、时间的“全覆盖”。听取意见“全方位”，先后组织5场专题座谈会、每月1次前往联系点，通过“坐下谈、上门听、面对面”征求到意见32条。

2015年，全面贯彻习近平总书记系列重要讲话精神，坚持以问题为导向、教育惩处并重、标本兼治的原则，教育引导党员干部切实增强危机意识和责任意识，着力增强践行“三严三实”（严以修身、严以用权、严以律己、谋事要实、创业要实、做人要实）的思想自觉和行动自觉，努力建设“讲政治、重公道、业务精、作风好”的模范部门，打造“忠诚、公道、严谨、务实”的过硬队伍。

2016年，龙池镇开展“两学一做”（学党章党规、学系列讲话，做合格党员）学习教育活动，到2017年底，先后投资680多万元，建成1600平方米的党员教育培训基地，为45个基层党组织统一制作版面、宣传栏，为每名党员统一购买和印刷30多种学习资料，选派45名党员干部担任联系指导员。每月20日集中学习前，定期召开指导员培训会，将学习内容、讨论主题以及相关文件逐项传达；集中学习当天，由副书记、纪委书记、组织委员带队，分三个督导组对所有党组织学习教育情况进行现场督导。严格落实党员积分制管理，对无故不参学超过三次的党员实行“一票否决”，年终成绩以零分计算。制定《推行党员末位帮扶制进一步强化积分制管理的实施意见》，对连续三个月不参加学习的党员，除扣分外，由党员大会选出表现最差的1—2名党员转入镇级帮教党支部进行重点管理。

老干部工作

1982 年 10 月，龙池公社党委建立老干部组织，由党委领导班子一名成员分管老干部工作。同年成立老干部协会。2001 年 3 月，龙池镇成立老干部党总支。2015 年，镇党委在社区综合办公楼配套建设老年活动中心，活动设施和器具有棋牌室、健身室、乒乓球室、书画创作室、文艺娱乐室、休息室等。落实老干部的各项活动经费、生活经费。老干部党总支及 3 个基层党支部定期开会研究，重点抓好老有所为、发挥余热、回报社会等工作。发动老干部力所能及地配合党委中心工作，多做一些宣传动员、调解纠纷、化解矛盾工作，收到良好效果。2015 年度，龙池镇老干部党总支被中共潍坊市委授予“五好”党总支称号。2017 年，全镇有离退休干部 138 人，其中离休 11 人、退休 127 人。

宣传工作

社会宣传

1986 年，在全镇开展普及法律常识教育活动。1989 年，组织全体机关干部党员学习《人民日报》社论以及党和国家领导人的重要讲话，统一思想，与中共中央保持高度一致。1991 年，进行农村社会主义教育，共举办各种报告会 30 余场，受教育者达 1 万余人次。1999 年，积极响应昌邑市委、市政府号召，开展爱国主义教育，宣传民族团结等。2000 年，为响应昌邑市委、市政府号召，积极开展招商引资，提出“工业立镇、工业强镇”口号。2001 年，组织建党 80 周年庆祝活动，认真学习宣传中共十五届六中全会精神，采取多种形式宣传“三个代表”重要思想和江泽民“致富思源、富而思进”重要讲话精神。2003 年，组织开展“人口计划生育宣传月”“纪念邓小平诞辰 100 周年”等活动。2005—2011 年，围绕工业立镇、工业强镇战略，积极搞好镇域内工业、农业的宣传报道，向外界展示不断发展变化的龙池，积极开展招商引资宣传工作。2012—2017 年，针对全镇重点工作搞好宣传，特别是全镇工业经济、道路建设、精准扶贫等工作，积极向县级及以上媒体提供新闻素材，多篇新闻被市级及以上媒体采用。2015 年 1 月，出版《龙池年俗》一书，详细介绍龙池民俗的历史渊源。

理论教育

1986 年，举办《马克思主义概论》学习班，全乡党员机关干部参与学习，考试及格率 100%。1991—1993 年，重点开展《马克思主义哲学学习纲要》和《关于社会主义若干问题学习纲要》的学习。1994—1995 年，举办《邓小平文选》学习班、全镇机关干部参与学习，培训 200 多人次。1997 年，组织全镇党员开展讲学习、讲政治、讲正气的“三讲”教育知识竞赛，全镇党员积极参加，2000 年，全镇开展学习“三个代表”重要思想活动。2003—2006 年，全镇党员干部积极参加全市开展的“学习中共十六大精神和‘三个代表’重要思想答题竞赛”活动、中共十六届三中全会精神集中教育活动、中共十六届六中全会精神集中教育活动、落实科学发展观和社会主义荣辱观等学习教育活动。2007 年，利用现代远程教育网络，组织全镇党员干部收看十七大精神高层专家辅导报告会。

2008—2012年，坚持以邓小平理论和“三个代表”重要思想为指导，贯彻落实中共十七大、十七届三中、四中、五中、六中全会精神，牢固树立和全面落实科学发展观，坚持“工业立镇、工业强镇”战略，进一步解放思想，开拓创新，克服困难，真抓实干，以加快发展为主线，创新工作思路和方法，把握大局，突出重点，狠抓各项工作的落实，实现全镇经济的持续、快速、健康发展和社会的全面进步。2013—2017年，深入推进学习型党组织建设。建立和完善党委中心组理论学习计划，认真组织学习中共十八大、十九大精神、新党章、“中国梦”等专题内容，扎实开展党的群众路线教育实践活动，积极开展党员干部读书月活动，开展向党员干部推荐优秀图书活动，形成全民阅读的良好氛围。

思想政治工作

1987年，为响应县委、县政府号召，加强领导骨干学习型建设，召开以基本国情和基本路线为中心的企业青工政治轮训。1992年，重点进行全乡深化企业改革、转换经营机制等内容的专题教育。2000年，召开全镇思想政治工作会议，学习贯彻中央、省、市、县思想政治工作会议精神。2003年，开展以“全方位找差距”为重点的解放思想大讨论活动，举办“解放思想，加快发展”征文大赛活动。2006—2011年，全镇把发展作为第一要务，以经济建设为中心，团结带领全镇各级党组织和干部群众，一心一意谋发展，聚精会神搞建设，召开思想政治工作专题会议，成立以镇党委书记为组长，副书记为副组长的思想政治工作领导小组。建立思想政治工作监督检查机制，由镇领导小组定期或不定期地对全镇上下的思想政治工作进行分析、总结、部署和指导。完成年度计划确定的主要发展目标，全乡经济持续快速增长，党的建设和精神文明、政治文明建设取得新的成绩，社会各项事业蓬勃发展。2013—2017年，组织机关人员参加思想政治宣传教育活动，并写出心得体会，在全镇开展中共十八大、十九大精神讨论活动，宣传弘扬“和谐包容、智慧诚信、务实创新”的精神。加强先进典型人物的宣传工作，认真开展送“科技、文化、法律、卫生”四下乡活动。全年为农民群众放映电影600余次。

新闻宣传

2007—2015年，镇宣传办把握导向，加强社会舆论宣传，及时做好新闻报道工作，加强与《潍坊日报》《潍坊农村大众报》、新华网、齐鲁网、昌邑传媒网、《昌邑报》的合作，及时投递镇新闻材料，全镇向各部门和媒体每年累计投稿300余篇。镇宣传办开通镇政府微信公众号（龙池民生），坚持每周一更新，进一步加大对外宣传力度。调整充实信息员队伍，为提高通讯员公文写作水平，邀请专家对通讯员培训，召开全镇通讯员工作会议，部署信息工作重点，收集信息源，强调信息上报的及时性。做好重大突发事件的报告及新闻记者采访报道的协调和服务工作，增强舆论引导的调控能力，加强对突发事件的防范与应对，积极主动与新闻媒体沟通，释疑解惑，做好舆论引导。2015年12月邀请潍坊日报社总编室主任张学启到镇召开以“新闻与新闻写作”为主题的通讯员专题培训会。讲解新闻写作要领，部署新闻工作重点，培训会上强调新闻上报的及时性。宣传办围绕镇党委政府的中心工作，广泛开展“工业立镇、工业强镇、魅力龙池、生态龙池、幸福龙池”宣传，推动龙池镇生态旅游事业的发展。

信访工作

龙池信访工作先后由政府文书、民政助理兼管，重要的信访案件提交党委、政府研究处理。1984年5月，成立人民来信来访接待室，由一名副科级领导干部兼任信访办主任。2005年5月始，设专职信访助理员，不再由副科级领导干部兼任信访办主任，由专职信访助理员负责受理镇内群众来信来访工作和上级机关交办的信访案件。

镇党委、政府每天安排一名副科级领导干部到人民来信来访接待室公开接访。接访人员热情接待，不摆架子；态度和蔼，不动辄训斥；耐心说服，不简单急躁；因事而导，不空洞说服；关心疾苦，不一推了事；高度负责，不敷衍搪塞；一视同仁，不以感情代替政策；坚持原则，按党的政策办事，不无原则迁就。对来访群众进行党的政策教育、法制教育、形势教育和社会主义教育。收到群众来信来访后，逐一详阅、详细登记，然后按照国家法律法规、政策研究处理意见，在规定的期限内妥善处理，并将处理结果告知信访人，结案后立卷归档。工作中，认真体察民情，坚持分工负责、归口办理的原则。对涉及的部门和情况比较复杂的问题，党委、政府主要负责人亲自接待，并且组织有关单位参加研究处理。每周对各社区的不稳定因素进行拉网式排查并汇总，发现问题后及时汇报给分管领导，并根据法律法规及时跟上解决、整理归档；认真处理接访工作，认真接待来访人员，耐心听其讲述信访事由，并做好相关记录及时汇报分管领导，与所涉及单位负责人沟通案情；严格按程序办理各类信访案件，及时办结上级有关单位交办的信访案件；协助昌邑市纪检、监察等部门入村下户查案办案。镇党委、政府对人民群众来信来访非常重视，处理及时得当，每年的信访案件处结率在96%以上。

地方权力机构

人大工作机构

1981年前，龙池公社没有人民代表大会机构及工作人员。1981—1987年，龙池乡党委有一名成员分管乡人大工作。1987年2月，设立龙池乡人民代表大会工作办公室，副科级规格。1990年4月，设立龙池乡人民代表大会主席团，升格为正科级。1993年7月，改称龙池镇人民代表大会主席团。镇人大办公室主要负责人民代表大会闭会期间的日常工作，联系组织代表学习、视察等活动，监督政府及职能部门对各项法律法规的执行情况及代表建议的落实情况，筹备组织下次人代会的有关事宜。1995年年底，增设1名副主席。2001年年底，镇不再设副主席职务。2003年，镇党委书记兼任镇人大主席职务，镇人民代表大会每届任期3年。2004年，镇人民代表大会每届任期5年。2015年，镇党委书记不再兼任镇人大主席职务。2016年年底，镇人大办公室配备1名副主席。

龙池镇第十一届至第十九届人民代表大会主任（副主任）主席（副主席）任职一览表

表10

届　次	职务名称	姓　名	任职时间
第十一届（1987.04—1990.03）	人大工作办公室主任	魏传奇	1987.04—1990.03
第十二届（1990.03—1993.03）	人大主席团专职常务主席	魏传奇	1990.03—1993.03
第十三届（1993.03—1996.02）	人大主席团专职常务主席	姚洪连	1993.03—1996.02
第十四届（1996.02—1999.03）	人大主席	孙宝山	1996.02—1999.03
第十五届（1999.03—2002.03）	人大主席	孙宝山	2001.03离职
	人大主席	张锡全	2001.03—2001.12
	人大主席	董建斌	2001.12—
第十六届（2002.02—2007.11）	人大主席	董建斌	2003.08离职
	人大主席	孙孝工	2003.08—2004.07
	人大主席	车建平	2004.07—2007.01
	人大主席	王丽霞	2007.01—2007.11
	人大副主席	韩文成	2004.02—2007.01
第十七届（2007.11—2011.12）	人大主席	徐学利	2007.11—2009.02
	人大主席	刘英凯	2009.02—2010.09
	人大主席	杨启乐	2010.09—
第十八届（2011.12—2016.12）	人大主席	韩文宏	2011.12—2015.03
	人大主席	许增贤	2015.3—2016.5
	人大主席	杨启乐	2016.5—2016.12
	人大专职副主席	杨启乐	2011.12—2016.5
第十九届（2016.12—）	人大主席	王　冰	2016.12—2019.1

人大代表选举

每次人代会前，镇里成立选举委员会，具体负责选举工作。按各行政村或生产单位、工作单位划分选区。以选区为单位，根据选民资格逐个登记，并张榜公布，经选举委员会确认后发给选民证。经各选区选民和各人民团体推荐，再经选民小组反复酝酿协商，根据多数选民的意见确定代表候选人，并在选举前张榜公示。首届人民代表大会至1979年实行等额选举。自1979年开始实行差额选举。代表选举方式是，以选区为单位召开选民大会，采用无记名投票选举的方式，选出出席乡（镇）人代会代表。上述各项工作完成后，便召开乡（镇）人民代表大会。自1979年7月1日第五届全国人民代表大会第二次会议通过《中华人民共和国选举法》和1980年5月28日山东省第五届人民代表大会常务委员会第三次会议通过《选举实施细则》后，龙池镇选举地方各级代表大会代表皆按《中华人民共和国选举法》和《实施细则》办理。

人大代表构成

1953年12月，昌邑县成立县乡选举委员会，并进行普选试点。乡人大代表由选民直接选举产生，代表中，工人、农民、干部、民兵、手工业者、知识分子、民主人士，以及社会各界各占一定比例。1954—1966年，先后进行6次选举，选出了公社、县人大代表。以村为单位进行无记名投票等额选举第一至六届人民大会代表。“文化大革命”期间，选举制度遭到破坏，普选无法正常进行。1978年1月，龙池公社成立选举委员会。1980年11月，龙池公社根据《中华人民共和国选举法》《中华人民共和国地方组织法》，改等额选举为差额直接选举，正式代表候选人名额多于应选代表总数的二分之一到一倍，选举产生县人大代表和基层人大代表。第十一届至十九届乡镇按多于应选代表总数的三分之一到一倍，确定乡级正式代表候选人。龙池乡（镇）代表中由干部、工人、农民、妇女、专业技术人员、民主党派和无党派人士、少数民族等社会各界的代表人物组成，充分体现人民代表大会的广泛性。

龙池镇第十一届至第十九届人大代表结构统计表

表11

届次	召开时间	代表总数	代表结构											
			性别		民族		党派			职业或身份				
			男	女	汉族	少数民族	中共党员	民主党派	无党派	工人	农民	干部	知识分子	其他
第十一届	1987.04	67	48	19	67	41	26	7	44	7	9	7	9	0
第十二届	1990.03	66	45	21	66	39	27	6	44	8	0	8	0	0
第十三届	1993.03	63	45	18	63	38	25	6	42	8	7	8	7	0
第十四届	1996.02	61	46	15	61	36	25	6	41	7	7	7	7	0
第十五届	1999.03	59	44	15	59	35	24	5	41	6	7	6	7	0
第十六届	2002.02	53	40	13	53	32	21	5	35	7	6	7	6	0
第十七届	2007.11	59	45	14	59	37	22	4	41	7	7	7	7	0
第十八届	2011.12	56	42	14	56	42	14	4	39	8	5	8	5	0
第十九届	2016.12	57	36	21	57	45	12	2	40	10	5	10	5	0

人民代表大会

1954年3月，第一届人民代表大会召开。第九区各乡政府进行普选，选举产生各乡乡长。

1956年12月，第二届人民代表大会召开。龙池区各乡进行普选，选举产生各乡乡长。

1958年4月，第三届人民代表大会召开。选举产生龙池乡正、副乡长。

1961年，第四届人民代表大会召开。选举龙池公社管理委员会。

1963年4月23日，第五届人民代表大会在公社驻地龙北村召开。选举公社管理委员会成员。

1965年12月9日，第六届人民代表大会在公社驻地龙北村召开。历时一天，出席代表204人，选举龙池人民公社第六届管理委员会成员15名，检查委员会成员7名。

1968年4月30日，全社社员代表大会（即七届人代会）召开。建立龙池人民公社革命委员会，选出革命委员会成员17人。王德仁为主任，于步顺、王永振为副主任，赵学辉、李法颖、傅春法、陈贵光为常委，齐武全、魏淑芹、孙瑞忠、魏振春、刘汉寓、陈永宽、陈乃英、于敦贞、赵西高、侯双台为委员，增补王洪章、郝洪斌为委员。

1978年5月17日，第八届人民代表大会召开。出席会议代表256名。选举产生龙池公社革命委员会成员。姜亦健为主任，翟其金为副主任，齐武会、刘洪儒、肖立华等委员13人。选举齐良田、魏信庭为人民陪审员。

1980年11月25日，第九届人民代表大会召开。出席代表121名，列席代表58名，特邀代表4名。选举产生龙池人民公社管理委员会成员9名。齐孟书为主任，张志瑞、明日孝、徐玉圣、范西智为副主任，陈国英、徐传木、郝洪斌、胡廷仁为委员。

1984年5月，第十届人民代表大会召开。选举产生第十届龙池乡人民代表大会主席、龙池乡政府领导成员，选举乡长1名，副乡长3名。

1987年4月23日，第十一届人民代表大会第一次会议召开。应出席代表67名，实到代表66名，选举龙池乡人民政府乡长1名、副乡长1名。

1990年3月21日，第十二届人民代表大会第一次会议召开。应出席代表66名，实到代表62名，会议选举龙池乡人大主席团专职常务主席1名、乡长1名、副乡长1名。

1993年3月20日，第十三届人民代表大会第一次会议召开。应出席代表63名，实到代表57名，会议选举龙池乡人大主席团专职常务主

龙池镇第十九届人民代表大会第三次会议　　党政办公室提供

席 1 名。

1996 年 2 月 27 日，第十四届人民代表大会第一次会议召开。应出席代表 61 名，实到代表 55 名，会议选举龙池镇人大主席 1 名、镇长 1 名。

1999 年 3 月 1 日，第十五届人民代表大会第一次会议召开。应出席代表 59 名，实到代表 55 名，会议选举龙池镇人大主席 1 名、镇长 1 名。

2002 年 2 月 11 日，第十六届人民代表大会第一次会议召开。应出席代表 53 名，实到代表 49 名，会议选举龙池镇人大主席 1 名、镇长 1 名。

2007 年 11 月 25 日，第十七届人民代表大会第一次会议召开。应出席代表 59 名，实到代表 57 名，会议选举龙池镇人大主席 1 名、镇长 1 名、副镇长 3 名。

2011 年 12 月 21 日，第十八届人民代表大会第一次会议召开。应出席代表 56 名，实到代表 52 名，会议选举龙池镇人大主席 1 名、人大专职副主席 1 名、镇长 1 名、副镇长 3 名。

2016 年 12 月 16 日，第十九届人民代表大会第一次会议召开。应出席代表 57 名，实到代表 53 名，会议选举龙池镇人大主席 1 名、人大专职副主席 1 名、镇长 1 名、副镇长 3 名。

地方行政机构

1941 年 2 月，全县各界代表在瓦城开会成立参议会，选举产生抗日民主政权——昌邑县政府。昌邑县委在瓦城成立县参议会，选举产生昌邑县民主政府三区联合办事处，过渡成为三区区公所。1950 年 7 月，改为第九区。1955 年 11 月，第九区改为龙池区。1958 年 2 月，撤销龙池区公所成立龙池乡人民委员会；9 月，撤销龙池乡人民委员会，成立龙池乡先锋人民公社管理委员会；12 月，先锋人民公社管理委员会改为龙池人民公社管理委员会。1967 年 4 月，成立龙池人民公社革命委员会，设民政、财政、文教、公安、人武等职能部门；公社所辖 23 个大队分别成立革命委员会。1980 年 9 月，改为龙池公社管理委员会。1983 年 8 月，撤销龙池公社，成立龙池乡。乡政府设正副乡长，民政、司法、财政、文教卫生、计划生育、生产建设等办事机构。1988 年，昌邑县直部门将设在乡镇的 24 个分支机构分两个层次进行简政放权，人财物全部下放，卫生院、教育组、文化站、交通运输管理站、水利站、林业站、食品站、农机管理站、土地管理站、农业技术推广站、广播站、计划生育办公室、农经站、统计站 15 个分支机构改变隶属关系，下放给乡镇管理，乡政府对其负有领导和管理责任，但单位性质不变，县直部门在业务上仍有指导、协调、监督、检查职能；“条条为主，条块结合”有公安派出所、粮所、信用社、供销社、银行营业所、邮电支局、工商所、税务所、法庭、农电站 10 个单位实行双重领导，要定期向乡镇党委、政府汇报工作，在上级主管部门和乡镇党委、政府的领导下开展工作。1993 年 7 月，龙池撤乡设镇，其行政区域和隶属关系不变，撤乡设镇后，原乡政府职能部门相应改为镇政府职能部门。2002 年 2 月，昌邑市乡镇机构改革，龙池镇委、镇政府内设党政办公室、社会事务办公室（挂社会治安综合治理办公室、计划生育办公室牌子）、经济发展办公室、财税办公室；设农林站、经管统计站、文化广播站、土地矿产管理所、计划生育服务站6个财政拨款事业单位；龙池镇政府所属单位有办公室、财政所、民政所、司法所、信访办公室、计划生育办公室、计划生育服务站、土地矿产管理所、统计站、农业技术推广站、农业机械管理站、林果站、水利站、畜牧兽医站、农村经济管理站、卫生院、教育管理办公室等。2017年，驻龙池镇上属部门单位有派出所、农商行、邮政支局、供电所、地税分局。

1940—2019年龙池行政机构主要负责人一览表

表12

行政机构名称	职　务	主要负责人	任职时间
昌邑县第三区联合办事处	主　任	于　海	1940.12
三区区公所	区　长	于　海	1941.01
西三区	区　长	陈玉堂	1941.06—1942年夏
第九区	区　长	陈冠三	1942年夏—1945.06
马渠区	区　长	魏德州	1945.07—1948.01
马渠区	区　长	陈永年	1948.01—1949.01
马渠区区公所	区　长	姜维玉	1949.01—1950.03
第九区区公所	区　长	迟万宗	1950.04—1952.05
第九区区公所	区　长	张忠兴	1952.06—1953.04
第九区区公所	区　长	张作德	1953.04—1954.08
第九区区公所	区　长	刘恩帮	1954.08—1956.04
昌邑县龙池区公所	区　长	孙瑞鹏	1956.04—1958.02
昌邑县龙池乡人民委员会	乡　长	倪以忠	1958.02—1958.09
龙池乡先锋入民公社管理委员会	社　长	孙恩芬	1958.09—1959.06
龙池人民公社管理委员会	主　任	倪以忠	1959.06—1960.02
龙池人民公社	社　长	李忠堂	1960.02—1963.02
龙池人民公社	社　长	阎廷梅	1963.02—1965.03
龙池人民公社	社　长	赵学辉	1965.03—1968.03
龙池人民公社革命委员会	主　任	王德仁	1968.03—1969.03
龙池人民公社革命委员会	主　任	王永振	1969.03—1975.05
龙池人民公社革命委员会	主　任	任柏榴	1975.05—1977.12
龙池人民公社革命委员会	主　任	姜亦健	1977.12—1980.12
龙池人民公社管理委员会	主　任	齐孟书	1980.12—1983.08
龙池乡人民政府	乡　长	张德元	1983.08—1986.05
龙池乡人民政府	乡　长	刘继尧	1986.05—1987.03
龙池乡人民政府	乡　长	杨从安	1987.03—1989.10

续表 12

行政机构名称	职　务	主要负责人	任职时间
龙池乡（镇）人民政府	乡（镇）长	徐政兆	1989.10—1995.11
龙池镇人民政府	镇　长	徐振宁	1995.11—1997.02
龙池镇人民政府	镇　长	张言伟	1997.02—1998.12
龙池镇人民政府	镇　长	范林贵	1998.12—2001.05
龙池镇人民政府	镇　长	孙孝工	2001.05—2001.12
龙池镇人民政府	镇　长	车建平	2001.12—2004.06
龙池镇人民政府	镇　长	王铁楼	2004.06—2006.12
龙池镇人民政府	镇　长	马学彦	2006.12—2009.01
龙池镇人民政府	镇　长	孙　磊	2009.01—2010.01
龙池镇人民政府	镇　长	董明明	2010.01—2011.08
龙池镇人民政府	镇　长	刘广杰	2011.08—2016.01
龙池镇人民政府	镇　长	朱永红	2016.05—2016.12
龙池镇人民政府	镇　长	杨启乐	2016.12—2018.12
龙池镇人民政府	镇　长	王　冰	2019.01—

政协工作联络委员会

组织机构

1991年4月，设龙池乡统战政协工作办公室；1993年7月，改称龙池镇统战政协工作办公室。1993年11月，乡镇机构改革，乡镇统战政协工作办公室撤销，1994年12月恢复。1997年2月，改称龙池镇政协工作联络委员会。2002年1月，县乡机构改革，乡镇不再设政协机构，乡镇政协工作由分管党务的副书记负责。

主要工作

政协联络委员会任务是组织政协委员和联委成员学习上级有关文件和党的路线、方针、政策，在党委的统一领导下，积极参加物质文明和精神文明建设；组织政协委员和联委成员，有计划地搞好参观、考察和社会调查，并将其情况及时向领导反映，搞好参政议政方面的工

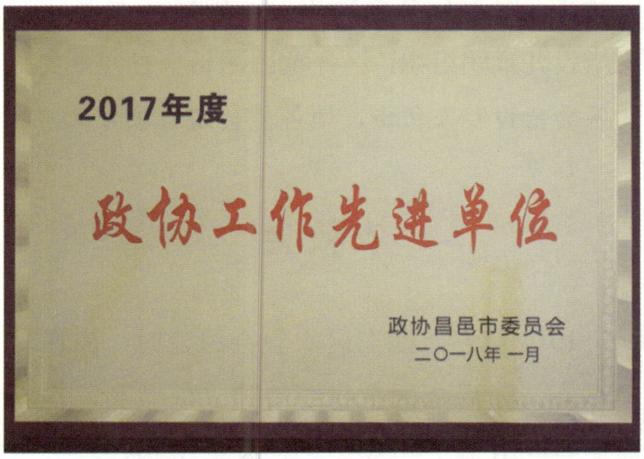

作；搞好三胞联谊和探亲同胞的接待工作，发现问题及时解决，充分调动三胞及其眷属热爱祖国、热爱社会主义的积极性；交流经济信息，搞好科技咨询，为发展农村经济牵线搭桥搞好服务；宣传党的政策，做好民族、宗教和知识分子方面工作；密切联系各方面的人士，反映他们的意见和要求；认真做好市政协交办的各项工作。镇政协组织的建立，对于认真贯彻党的“长期共存、互相监督、肝胆相照、荣辱与共”的统战工作方针和充分发挥人民政协“政治协商、民主监督”的职能作用，对于稳定政治局面和发展农村经济形势起积极作用。政协联络工作委员会每年召开一次例会，对镇政府的工作报告以及财政预算进行充分的讨论和协商，提出意见和建议，特别是用提案的形式参政议政，以利镇党委和政府斟酌损益，作出调整补充，使其各项工作决策更切合龙池镇实际。

群团组织

早期群众组织

1941年1月，在昌邑县民主政府诞生的同时，县、区、乡、村各级普遍建立各界抗日救国联合会（简称“各救会”，后改为抗日救国联合会，简称“抗联”）。辖青救会、农救会、妇救会、职工会4个群众组织，又称“四部门”。西三区各救会会长李松山、青救会会长李子彦、农救会会长陈方签、职工会会长徐清政（后肖子谦）、妇救会会长魏志贤。1941年下半年，又增设儿童团组织，区儿童团团长李春九。乡、村各会皆设专人负责，属各救会统一领导。

农救会

1941年春，西三区农救会组建时，先在马渠试点，随后全区各村纷纷建立农救会，在农民中宣传农救会组织条例，发展会员，壮大组织，对巩固民主政权、发展生产，发挥重大作用。1942年，实行减租减息时，农救会员在斗争中更加认识到组织力量的强大。1946年，土地改革时，农救会的主要任务是斗地主，打恶霸，没收地主的土地财产，分配给贫雇农。当时农救会是巩固农村政权的支柱，支援解放战争、保卫胜利果实的骨干力量。

贫下中农协会

1964年9月，成立贫下中农协会。1967年，贫下中农协会改称贫代会。1970年，恢复贫下中农协会。1977—1978年，开展从中农中划出下中农，扩大阶级队伍斗争，于1978年6月工作结束。全社6567户中，贫农3231户，下中农1394户，中农1366户，富裕中农247户，富农210户，地主66户。贫农、下中农共4625户，占总户数的70.6%。同时发展贫协会员4923人。1979年10月，龙池公社贫下中农协会撤销。

工　会

1941年春，西三区成立职工抗日救国会，简称“职工会”。抗日战争和解放战争时期，职工会在雇农中发展会员，巩固组织，宣传抗战与民主改革，配合党的中心工作。1942年，党领导增资留雇运动，职工会为主力先锋。按党的增资留雇政策，对地主进行说理斗争，取得胜利。1946年，土地改革职工会会员分得土地，成为自耕农。1950年，职工会撤销。

2008年，龙池镇总工会成立。主要职责是：监督检查基层工会的工作部署并进行考核；承担工会会议的组织协调，对外联系和服务工作；承担有关文稿的起草和审核工作；负责工会的文秘、档案、保密、信息、信访、统计、管理工作；负责政治、业务学习记录；负责工会财务工作，做好工会经费的收、管、用；负责领导交办的其他工作任务。

2015年，龙池镇总工会设主席1名，社会化工会工作者1名。根据工作需要，镇总工会单独或配合相关部门相继成立各专业机构，负责领导各项工作的开展。镇总工会以“强基础，突重点，办实事，求特色”为目标，加强工会组织建设，规范工会运行机制，发挥工会组织作用，探索新时期乡镇总工会工作新路子。发挥党联系职工群众的桥梁纽带，实现工会工作创新与发展，在加强基层工会规范化建设，协调劳动关系、维护职工合法权益、实施送温暖工程、提高职工队伍素质和加强工会自身建设等方面取得新进展。随着改革开放的不断深化，工会组织也不断向新经济组织发展，个体私营企业蓬勃发展，成为社会主义建设的生力军，成为工人阶级的新成员。按照全国总工会“最大限度地把职工组织到工会中来”的要求，发动个体私营企业职工加入工会组织。2017年，全镇有基层工会36家，其中单建工会31家。建会职工总数2200人，会员2095名。

共青团

1941年春，成立西三区青救会，区、乡、村皆设青救会长。青救会的主要任务是开展抗日活动、参军参战、支援战争、发展民兵、巩固革命根据地。1945—1947年，三次大参军运动中，青年们均踊跃报名参军，仅马渠村在1945年一次参军50人，1947年，一次参军115人。1949年，青救会的工作重点从一切服务于战争，转向和平建设；同年，马渠区新民主主义青年团成立，青年工作改由青年团负责。1953年5月—1957年5月，青年团的任务是为逐步实现国家工业化和逐步过度到社会主义而奋斗。到1960年，有127名团员加入中国共产党。1957年5月，龙池区新民主主义青年团改称龙池区共产主义青年团。

2018年4月4日，龙池镇召开青年干部座谈会　　党政办公室提供

2009年，龙池镇团委获昌邑市“五四红旗团委”称号。2010年，全国关心下一代工作委员会主任顾秀莲到龙池镇检查关工委工作，给予高度评价。2011年，龙池镇团委获昌邑市“五四红旗团委”称号。2012—2016年，龙池镇团委重视青年干部的思想道德建设，团结带领广大团员青年求真务实、开拓创新，积极发挥青年主力军的作用，以农村团工作为基础，以社区团工作为重点，开展青年志愿者行动。推进青年志愿者行动，完善社区、农村、企业、学校四志愿者服务体系，成立4个社区志愿者服务站；以志愿者服务站为载体，招募志愿者充实到志愿者服务队中，同时召集辖区内各单位团组织同创共建，开展青年志愿者服务活动，开展“一助一”尊老助老、拥军优属、关爱特殊困难群体等活动，实施青年志愿者文化助残工程，围绕全镇重点工作，组织青年志愿者开展社会公益服务活动。在全镇重点行业建立专业青年志愿者服务队，利用学习雷锋纪念日、五四青年节、国庆节、元旦等节假日开展集中性服务。在农村集中开展一些便民服务项目，在学校招募一批教师、学生志愿者，形成有力的志愿者服务体系，开展扶贫助学、政策宣传等公益活动。

至2017年年底，全镇建有团支部28个，团员260名。

妇　联

1941年春，西三区妇女救国会成立，简称“妇救会”。妇救会依照组织条例，在中青年妇女中发展会员，其中最活跃的青年妇女称“青妇小队”。他们宣传抗日、动员青年参军参战、救护伤员、做军鞋、磨军粮，为军属代耕、支援抗日战争、站岗放哨、传送情报、巩固抗日根据地，为抗日战争胜利做出了积极贡献。1945年，抗战胜利后，妇救会改称妇女联合会，简称“妇联”。区、乡、村设妇联主任。马渠区妇联主任温志卿，领导全区妇女积极投人各项改革和斗地主、打恶霸的斗争。中华人民共和国成立后，妇联提倡男女平等，提高妇女地位，积极参加学习、生产和科学实验，成为生产的主力军。1958年公社化后，大队设妇女主任，生产队设妇女队长，领导广大妇女参加生产管理、科学实验，不断改进生产技术，对农业丰收起到很大作用。

1962年，龙池镇第一届第一次妇女代表大会，选举庞荣华为妇联主席。2017年底，全镇基层妇女组织网络健全，共建村级妇代会64个，村“两委”成员中女性成员有74人，女性进村“两

2018 年 3 月 8 日，龙池镇庆祝三八妇女节文艺演出　党政办公室提供

委”达 100%。

妇女工作

抗日战争和解放战争时期，妇联组织妇女缝军衣、做军鞋，送子、送郎参军，扭秧歌、唱革命小调，上街宣传，上识字班学文化，并投入土地改革和大生产运动。

中华人民共和国成立后，妇联是党和政府联系妇女群众的桥梁和纽带，妇联与各部门配合，广泛开展宣传，批判封建包办婚姻，争取婚姻自主。60 年代开始计划生育后，妇联承担大量的思想发动和组织动员工作。1979 年开始组织开展“五好家庭”创建活动。活动以家庭为主体，按照“爱国守法，思想品德好、学习进取，爱岗敬业好”等评选条件，通过民主推荐、村级评议、乡审核等程序，实行公平公正公开评选。全乡评出“五好家庭”80 户。广大妇女在争创“五好家庭”活动中，充分发挥妻子、母亲和家庭主妇的特殊作用，以社会主义的新思想、新道德、新风尚处理恋爱、婚姻、家庭关系，为建立文明、健康、科学的生活方式发挥重要作用。

80 年代，妇联把搞好民事调解、解决家庭纠纷、维护妇女儿童的合法权益作为经常性工作，把培养教育儿童列为工作重点之一，配备专职托幼干部，配合乡团委、学校、各村委开拓发展幼儿教育。1989 年 9 月，境内各妇女组织，分别建立“双学双比”竞赛活动协调小组。开展“学文化、学技术、比成绩、比贡献”（简称“双学双比”）的竞赛活动。活动中，分别举办玉米、小麦、花生管理培训和种植、养殖技术培训。1996—2000 年，608 名乡、村企业女职工参加各类技术操作比赛，300 名女职工通过等级考核。1991 年，在全镇开展岗位建功、岗位成才、努力创优质、创高产、创效益、创最佳服务、创一流水平的“巾帼建功”竞赛活动。1993—1994 年，开展“增千创万元”“三边经济开发”等竞赛活动。1996 年，开展农村妇女“实用技术培训”活动，评出“双学双比”女能手 6 名。镇、村妇联与有关部门配合举办各类培训班 26 期。

维护妇女儿童权益

1986 年起，以发动妇女学法、懂法、守法、用法为维权工作重点，通过举办普法培训班、召开座谈会等形式，广泛宣传《中华人民共和国宪法》《中华人民共和国婚姻法》《中华人民共和国妇女权益保障法》《中华人民共和国继承法》等法律法规。2006—2015 年，妇联联合政法部门开展“送法进村入户”活动，带动广大妇女学法用法，增强家庭成员依法维权的意识。2007年，镇妇联被县妇联表彰为昌邑县普法先进集体。2013年，开展“贫困母亲救助”活动，动员社会各界捐赠钱物6万元，救助贫困母亲25名。1996年始，实施“春蕾计划”帮扶活动，2015年，全镇共救助贫困儿童55名。

家庭文明建设

1986年起，妇联组织全镇妇女先后开展“家庭细胞工程”、“三青一少”法制教育、“家庭读书”、“巾帼文明队”等家庭文明建设活动。2001年11月，在农村开展“三化四改”（居室庭院净化、绿化、美化；改水、改厕、改灶、改圈）活动。2003—2005年，开展“学习型家庭”“科技致富型家庭”创建，争创“美在家庭”示范户、“五好文明家庭”、“幸福大家庭”、“敬老好儿女”评选等一系列活动。2013年8月，龙池镇妇联被潍坊市妇联评为潍坊市家庭教育宣传工作先进单位。

公安 司法

龙池派出所

1941年，西三区公所设民政助理员1人。1942年，第九区公所设调解委员会。1948年，马渠区政府设公安员1人，并由1名区委副书记兼管这项工作。1957年，龙池区政府设公安员1名，各村成立治保委员会。1965年，昌邑县公安局在龙池公社设派出所。1968年底，昌邑县公安局龙池派出所撤销。1969年，龙池人民公社改设昌邑县公安局特派员1人。1982年，昌邑县公安局在龙池公社设派出所。1987年5月，

龙池派出所（2018年）　　摄影 李　宁

派出所招聘合同制民警4名。1989年3月，成立昌邑县第一家由12人组成的专职治安联防队。1991年，龙池派出所在柳瓦路乡府南修建占地2330多平方米、建筑面积600余平方米的办公及宿舍等设施，同年7月28日迁入。2003年9月，龙池派出所全体人员在龙池海裕盐场参加抗击风暴潮战斗，救出29名盐场工人。2005年10月，参与“和平使命—2005”中俄军演安全保卫工作。11月，换发第二代居民身份证。2009年4月，昌邑市公安局，龙池镇委、镇政府帮助筹建龙池派出所办公楼，占地面积1500平方米，建筑面积1000平方米，总投资200万元。2011年10月，迁入新办公楼。

1991年5月，被潍坊市公安局授予“农村先进派出所”称号。1992年3月，被潍坊市公安局记集体三等功一次。1993年4月，被潍坊市公安局授予“公安系统文明单位”称号。1995年12月，被山东省公安厅记集体二等功一次。2014年2月，被潍坊市公安局授予“全市优秀基层单位”。2016年3月，被潍坊市公安局授予“三级公安派出所”称号。

禁烟　禁娼　禁赌

新中国成立初期，按上级部署，开展“三禁”活动，主要手段为宣传教育，但对那些屡教不改、影响极坏者给予坚决打击。境内种植、贩卖毒品者、吸毒者及嫖娼者基本绝迹。

改造“四类分子”

“文化大革命”期间，公安机关受到冲击，但仍坚持开展工作，工作重点是对“四类分子”（地主、富农、反革命、坏分子）实行专政，组织各村治保主任对“四类分子”进行整治监督、劳动改造，不定期召开批斗大会。经教育改造，大多数“四类分子”能改过自新，重新做人。1979年1月，中共中央下发《关于地主、富农分子及子女成分问题的决定》，龙池公社经群众评议、报上级审批，给所有地主富农分子摘帽，不再接受监督改造，享受社员待遇，个人成分定为社员。

打击刑事犯罪

1983年8月，按照中共中央《关于严厉打击刑事犯罪活动的决定》要求，派出所干警统一行动，抓捕犯罪嫌疑人，打击刑事犯罪活动。到1985年年底，境内进行了2次集中活动，抓捕人犯10多名。

2017年先后利用视频侦察手段快速破获了4.03某超市门口电动三轮被盗案、7.30泊子村村东树木被破坏案等一系列案件。共抓获各类犯罪嫌疑人15名，抓获逃犯6名。

治安维稳

龙池镇派出所根据境内治安形势复杂的实际情况，以“保一方平安、创良好环境、促经济发展”为目标开展工作。1984年开始，历次参加全县“严打”专项斗争，配合县公安局或独立侦破重大案件多起。1995年，对鞭炮生产作坊进行了重点监管。严格申报审批手续。1999年，实行严查严控，对不办手续私开鞭炮作坊者从严惩处，至2000年，辖区内所有生产作坊全部关停。2001年，对辖区内民间收藏的枪支和爆炸品进行收缴。2010年，先后开展打击和防范“两抢一盗”、诈骗、盗窃等危害社会的治安活动。2012年，在学校、重点企业、社区设立警务室，派驻民警，组织巡逻队，实施天网工程，加大视频侦查和巡逻力度。2010—2014年，调解处置各类矛盾纠纷652起。2014年，接警713起，有效警情572起，全部及时处置到位。其中刑事拘留转取保候审9人、起诉11人、治安拘留75人、罚款处理84人，调解治安案件156起、化解各类矛盾纠纷357起、接受群众求助106次。2017年建成镇区、村庄主辅道路监控探头118个，车牌识别监控探头3个，实现了对进出龙池3横3纵主干道的无缝隙覆盖；6个村庄，3个企事业单位的视频监控设备全部并网管理，开辟了龙池派出所“空中巡逻”的新模式，拓宽了巡逻渠道，扩大了巡逻范围，节省了警力，震慑了犯罪，提高了民警办案效率。

户籍管理

1983年起，户籍由民政管理转归派出所管理，其间专设户籍民警，制定健全户籍管理制度。1988年，建立暂住人口登记制度；同年，开始颁发第一代居民身份证。2005年，全镇农村户口全部转为居民户口，核发户口簿，居民信息资料录入微机，实现了户籍管理的标准化正规化。11月，换发第二代居民身份证。2017年，龙池派出所创建了微信二维码。户籍民警在收到的二代证后，第一时间通过微信、短信的方式，提醒办证群众及时到派出所领取。

消防管理

早期境内发生火灾均靠人力扑救，用土、水灭火。集体生产时期，每逢夏收季节各生产大队在场院设水桶、水缸等灭火工具。公安人员配合社队干部下村巡查，宣传消防知识，要求不许在场院吸烟，拖拉机打场必须带防火罩。1986年后，贯彻“预防为主、防治结合”方针，按《中华人民共和国消防法》和公安部《消防监督检查规定》，对防区重点单位进行防火宣传教育和安全生产检查，督促整改火险隐患，

龙池消防站　　党政办公室提供

落实防火安全措施。监管重点有木材加工、木制品生产企业、化工产品企业、中小学校等10余个单位。这些单位按要求都配备了专职责任人和灭火装备器材。由于重视消防工作监管得力，境内多年未发生重大火灾事故。

龙池边防派出所

2002年9月，设立龙池镇边防派出所，隶属潍坊边防支队，正级职单位，编制干部5人。2005年，被公安部边防管理局记三等功一次。2007年，被山东省公安厅评为二级公安派出所。2008年，被山东公安边防总队授予“基层建设先进单位”称号。至2017年年底，边防派出

边防派出所民警入户走访调查

党政办公室提供

所主要负责龙池镇北部沿海地区边防、治安、反走私、反偷渡、打击贩毒等任务，承担龙池镇东利渔、王家庄子2个村常住人口781户、2366人的户口管理、治安维稳。

龙池司法所

1990年，成立龙池镇司法所（以下简称司法所）。2002年，司法所被省司法厅评为“山东省规范化司法所”。2005年，司法所归昌邑市司法局管理。2017年，司法所在编2人。

普　法

1986—1990年，龙池司法所在“一五”普法期间，通过对中华人民共和国宪法、民族区域自治法、刑法、刑事诉讼法、民法通则、民事诉讼法（试行）、婚姻法、继承法、经济合同法、兵役法、治安管理处罚条例的普及宣传，境内各行业劳动者和城镇居民中一切有接受教育能力的公民增强法制观念，知法、守法，养成依法办事的习惯。对党政机关、学校、企事业单位的干部职工进行必要的辅导报告和集体讨论交流。村民由包村干部、辅导员组织，按农民读本内容，边读边讲解和给予必要辅导，以便加深理解。在校学生由学校领导、教师负责进行。在学习读本的同时，充分发挥广播站、文化站、法律服务站和调解委员会、治保会的作用，开展法律咨询、法律知识竞赛。“一五”普法期间，普法宣传活动参与群众2000人以上。

1991—1995年，龙池司法所在“二五”普法期间，以学习中华人民共和国宪法、行政诉讼法、义务教育法、集会游行示威法、国旗法以及其他专业法为主，对执法人员、司法人员、行政执法人员、青少年以及学校在校生进行普法宣传，有计划、有步骤、分层次、分部门地学习专业法律知识，促进各项事业的依法管理。“二五”普法期间，镇党政干部参加《中华人民共和国宪法讲话》和《社会主义法律建设若干问题讲话》两本书的学习。全镇共举办普法宣传月活动2次，参与群众2000人以上，发放宣传材料1000余份。

1996—2000年，龙池司法所在“三五”普法期间，在副科级以上领导干部、司法人员、行政执法人员、企业经营管理人员、青少年中开展宪法知识和与公民工作、生活密切相关的基本法律知识以及与维护社会稳定有关的法律知识教育。全镇普法宣传活动参与群众3000人以上，发放宣传材料2000余份。

2001—2005年，龙池司法所在“四五”普法期间，对各级领导干部、青少年学生、企业经营管理人员中宣传学习邓小平关于社会主义民主与法制建设理论；宣传宪法和国家基本法律，以及与维护社会稳定有关的法律知识等。“四五”普法期间，全镇普法宣传活动参与群众4000人以上，发放宣传材料3000余份。

2006—2010年，龙池司法所在“五五”普法期间，通过开展法律进机关、进乡村、进社区、进学校、进企业、进单位活动和法治城市、法治县（市、区）创建活动，以及法治文化建设，全面提升法制宣传教育的文化品位和社会法治化管理水平。“五五”普法期间，普法宣传活动参与群众4500人以上，发放宣传材料3000余份。

2011—2015年，龙池司法所在“六五”普法期间，以学习宣传宪法和中国特色社会主义法律体系等国家基本法律，开展社会主义法治理念教育，学习宣传促进经济发展的法律法规等。领导干部、公务员、青少年、企事业经营管理人员和农民，领导干部和青少年是重中之重。“六五”普法期间，全镇通过张贴宣传页、“村村通”广播、包村干部入户、微信公众号及微信群等宣传方式，普法宣传活动参与群众4500人以上，发放宣传材料3000余份。

2016—2017年，龙池司法所在“六五”普法前期，健全普法宣传教育机制，增强法治宣传教育实效性，深化依法治理，全民法治观念和全体党员党章党规意识增强，全社会厉行法治的积极性和主动性提高，形成守法光荣、违法可耻的社会氛围。

民事调解

1990—2017年，龙池司法所共调解民事纠纷千余件，解答群众法律咨询5000余条，代理法律事务文书2500余件，协助办理公证事项300余项，开展法制宣传教育和协助其他有关法律服务事项150余件。调解范围主要在婚姻关系纠纷、相邻关系纠纷、赡养纠纷、损害赔偿纠纷、债务纠纷、合同纠纷、劳动纠纷、土地承包经营纠纷等。2011—2015年，龙池镇司法所所长曹述行先后被司法部、山东省司法厅评为“全国人民调解能手”“全省人民调解能手”“司法行政荣誉勋章”。

安置帮教

2013年，司法所开始履行刑满解人员安置帮教职能。2017年，全镇有刑释解教人员19名，全部安置。在确定各村主任为第一职责人、调委会主任为直接责任人的基础上，由村一级的安置帮教小组落实责任田，让刑释解教人员有地耕种。

社区矫正

2013年，司法所开始履行刑满释放人员社区矫正职能，全年接收矫正人员13名。2017年，接收社区矫正人员75名，解除社区矫正人员50名。至2017年年底，累计接收服刑人员81人，解除社区服刑人员62名，仍在册人员19名，其中男性18人，女性1人；18～35岁14人，36～45岁1人，46～60岁2人，61岁以上2人。

人民武装

1945年8月，设立马渠人民武装部，1952年6月马渠改为九区，1955年1月九区改为龙池区，1958年成立人民公社，1983年8月社改乡成立龙池乡，1993年7月龙池乡撤乡建镇，几经变动都随之设立人民武装部。龙池人民武装部在战争年代和社会主义建设时期发挥重要作用，它是民兵基层工作的领导机构，在同级党委政府和上级军事部门的领导下，负责境内民兵、预备役、征兵和战时动员工作。平时组织民兵参加社会主义物质文明和精神文明建设，担负战和治安勤务；战时组织民兵参军参战配合部队作战，保卫后方，支援前线。2017年，在清明节、“七一”、“八一”等重大节日期间，组织对党员干部群众、团员青年、中小学生进行革命传统教育、爱国主义教育。2017年，先后承接河北、潍坊、昌邑等地现场教学活动400

多期、2 万余人。同时，组织开展了“爱心献功臣”、“听老革命讲那过去的故事”等系列国防教育活动。

征　兵

1937—1945 年，境内有青年参军者 528 人，群众与民兵 1361 人参战，支前民工 2080 人。1946—1949 年，境内有青年参军者 680 人，群众民兵 850 人参战，支前民工 3087 人。

1955 年，国家由原来的志愿兵役制，改为义务兵役制。以人武部为主成立征集委员会，负责征集新兵工作。各大队都先后召开党、团支部会议及男女青年民兵大会和群众大会，同时运用标语、黑板报、宣传画等形式，广泛进行宣传教育，提高群众对加强国防、保卫祖国的思想觉悟和对实行义务兵役制的正确认识。由于宣传发动工作做得较为深入细致，每次征集，适龄青年莫不踊跃报名。对应征对象进行政审与体检，经过上级批准后，公布实征人员名单，按规定时间、地点入伍。兵役期满复员回家生产。2017 年，全镇有 35 名适龄青年报名参军，有 10 人应征入伍。

民　兵

龙池是较早的抗日根据地之一，1937 年开始，即有“民先”大队的活动。“民先”编入

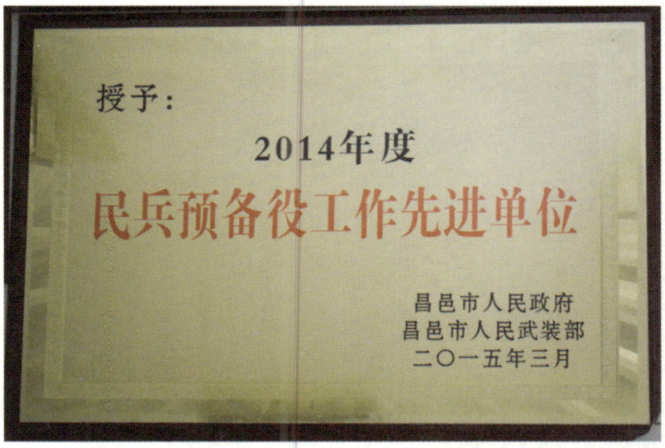

七支队去胶东后，1940 年，各村都组建了民兵队伍。一般分为基干民兵与普通民兵。任务是站岗放哨、破袭、抬担架、反奸防特，就地坚持对敌斗争，坚壁清野，改造地形，保卫自己家乡田园，有时也配合县、区武装参加战斗。马渠一个村就有基干民兵 100 余人，虽只有一些土造枪支和手榴弹，但凭着地形熟悉、战术灵活，给敌人造成了极大的威胁。1946 年，在昌北县武装部的统一领导下，马渠区所属各村，都从基干民兵中选拔优秀分子组成“人民子弟兵”连或排班。仍然以劳武结合保卫地方为主，随时听从区、县调遣，配合地方部队作战。国民党军队占领昌城时，有的参加了西海独立团，有的编入县、区武工队。新中国成立后，设人民武装部，有正部长 1 人，副部长 1 人，干事 2 人，共 4 名专职人员。2017 年，全镇共编应急维稳排 1 个、40 人，侦察连 1 个、95 人，岛岸观察哨分队 1 个、15 人。

经济建设

农林牧渔业

龙池镇是传统农业乡镇，自古以农耕为主，是昌邑西北粮棉主产区。中华人民共和国成立前，因长期受封建土地所有制束缚，生产力得不到解放，加上农业技术和生产工具落后，无力抵御各种自然灾害侵袭，农业生产发展缓慢。中华人民共和国成立后，实现耕者有其田，不断调整农业产业结构，改善农业生产条件，增强抗拒自然灾害的能力。1965 年，龙池公社有耕地 5.6 万亩，粮食总产量 3387.75 吨。80 年代后，在稳定粮食产量前提下，农业产业结构不断得到调整和优化。1985 年，龙池乡有耕地 5.77 万亩，农业总产值 1777 万元，粮食总产量 7600 吨。进入 21 世纪，龙池镇以农业增产、农民增收为目标，促进农业生产向专业化、商品化和现代化转化，农民由温饱向小康迈进。2004 年，全镇耕地面积 5.8 万亩，粮食总产量 4.21 万吨。2017 年，耕地面积 6.48 万亩，粮食总产 5.23 万吨。

生产关系

中华人民共和国成立前，境内沿袭几千年来封建土地所有制关系，耕地占有不均，少地农民靠给地主扛活，当长工或者讨饭要食维持生计。牲畜、大车等大型生产资料，也绝大多数集中在地主、富农手中。地主、富农把地租给少地无地农民耕种，收获的粮食按五五分，出租者给出肥料、种子、耕畜、农具，收获按三七或二八开。不论丰歉，地主、富农如数收取约定的粮食或实物。承佃形式，多为口头契约，也有书面契约，签订承租合同，均有中间人作保。雇工有伙计、长工、短工三种。伙计、长工多是无地农民，报酬多以谷子或高粱计算。月长工价粮一般 150 千克～ 200 千克。短工一般是地少的农民、青壮年在农忙季节充当，劳动时间较长，月工价粮一般 200 千克～ 300 千克。典田欠债农民被迫向债主典田抵押。抵押期间，耕种良田使用权和全部收入归债主。典田有现地和期限两种。现地典押，以“麦不过立春，地不过寒食”为期，准许还债回赎。期限抵押，按期赎地还债，过期另议。延期或以地抵债，两种典田均有保人，并立典契为据。富户放贷、借粮进行高利剥削。借粮食者借一还二、还三，借粗还细等，即春借一斗，秋返二斗、三斗，春借一斤谷，夏还一斤二两麦。

初级社时期，分配原则为“土地与劳动力按比例分配”“多是地五劳五”或“地四劳六”。扣分比例的原则是“少扣多分”。一般扣公积金 5.7%，公益金 1% ～ 2%，以实际需求扣工本费和扩大再生产的费用，总扣留不得超过总收入的 40%，其余按土地和劳动分配给社员，粮食实物按人口分配，对少数的户给予适当照顾，对烈军属、荣残军人及鳏寡孤独老人，从公益金中给予补贴。

1956 年 2 月，境内开始办高级社，取消土地分红，统一经营，全乡由 98 处初级社并为 23 处高级社。高级社实行干部带头参加劳动，社员实行“包工定额”“四小管理”（即小段计划、小组作业、小段包工、小段检查验收），社员参加劳动按男整劳力、男半劳力、女整劳力、女半劳力划分四个标准，实行评定计分制分配制度，实行“按劳分配加照顾”政策。具体分配形式是“三包四固定”（即包工、包产、包成本、固定土地、劳力、牲畜、农具）超产奖励，现金总扣留不超过总收入的 40%，60% 按劳动工分分配，柴草分配实行柴随粮走。

中共十一届三中全会后，多数生产条件较差的大队，实行统分结合（即出工统一，口粮田、责任田相结合），按人口分口粮田，按劳动力分责任田，向集体缴纳提留。1982 年，境内各生产队普遍推行家庭联产承包责任制。集体土地分到户耕种管理，所获产品交上国家的和集体提留后，全归自己。1983 年，实行集体土地全部承包到户。1990 年，为完善家庭联产承包责任制，进行土地调整，实行“承包期 30 年不变”的土地承包政策，1994 年，由村委会出面与农户协商、签订合同。1999 年，在核实土地基础上，与农户签订第二轮土地承包合同，将合同期限延长至 30 年。2013 年，龙池镇开展土地确权工作，巩固家庭联产承包责任制成果。2017 年，龙池镇在第二轮土地承包合同到期后继续延长 30 年。

随着农村劳动力进城务工、年轻人大学毕业后很少回乡务农，务农人员年龄偏大，多在 50 岁以上，农村劳动力减少，农业单位面积经济效益较低，影响农民种田积极性，促使大批土地的流转。随着科学种田水平提高和大型配套农业机械推广，农田耕作机械化程度大大提高，各种化学除草技术的普及，集约化程度不断增强，规模效益提高，开始出现种粮大户和家庭农场。2010 年起，土地逐步向大户集中。2012 年，全镇有 1 户种植 119 亩小麦的种粮大户。2013 年，分别有 156 亩、160 亩 2 户。到 2014 年，全镇 50 亩规模以上粮食大户有 23 户，共流转土地 2332 亩。2015 年，发展到 45 户，共流转土地 4713 亩。2016 年，增加到 86 户，共流转土地 7965 亩。到 2017 年，全镇粮食种植大户增加到 137 户，共流转土地 13824 亩。

1955 年龙池乡所辖村人口与耕地统计表

表 13

村　名	户数（户）	人口（人）	耕地（亩）	其中粮田（亩）
营　子	21	130	284	280
果　园	111	430	1153	1134
孙家庄	164	729	1783	1639
楼　子	80	262	749	728
油　坊	109	502	1254	1212
石　桥	149	581	1274	1259
泊　子	95	316	986	937
王范庄	156	634	1834	1808

续表 13

村　名	户数（户）	人口（人）	耕地（亩）	其中粮田（亩）
马　一	113	480	1173	1163
马　二	123	474	1489	1379
马　三	152	606	1341	1341
马　四	174	690	1487	1412
马　五	130	501	1244	1228
马　六	69	300	717	715
岱　邱	387	1360	3548	3480
郭　疃	403	1251	3495	3435
龙　东	139	640	1630	1495
二甲庄	70	284	610	602
齐　西	144	636	1272	1243
东白塔	262	865	1960	1960
西白塔	206	735	1826	1800
北白塔	269	1103	1994	1918
龙　北	304	1146	2979	2865
龙　街	177	728	1867	1831
魏　西	133	541	1320	1303
王家庄子	224	830	4258	4234
沙岭子	115	556	1934	1881
姚徐邓	252	875	2234	2233
瓦　西	320	1120	2845	2817
瓦　东	266	985	2788	2650
瓦　北	333	1225	3188	3176
东利渔	159	686	1843	1843

1964—1982 年龙池乡水田、旱田变动统计表

表 14

年　份	总耕地	水　田	旱　田	年　份	总耕地	水　田	旱　田
1964	49856	1500	48356	1974	57487	20553	36964
1965	56039	11397	44642	1975	54590	25766	28824
1966	66214	26745	39469	1976	56925	26457	30468
1967	58138	22665	35473	1977	56925	19159	37766
1968	60515	21445	39070	1978	56202	19159	37043
1969	57836	13247	44589	1979	56144	9000	47144
1970	57836	2991	54845	1980	56100	6789	49311
1971	58157	22486	35671	1981	56137	10118	46019
1972	58687	24325	34362	1982	56137	回旱	56137
1973	56953	16863	40092	\	\	\	\

2017 年龙池镇所辖行政村人口及农作物播种面积统计表

表 15　　　　单位：人、亩

村　名	人　口	播种面积	村　名	人　口	播种面积	村　名	人　口	播种面积
龙　北	1169	4696	楼　子	376	650	瓦　西	1078	5100
龙　东	390	1900	马　渠	3170	12030	瓦　北	1503	5604
龙　街	670	3450	石　桥	643	1560	姚徐邓	1037	4530
齐　西	460	1450	孙家庄	643	4560	东利渔	1024	7960
二甲庄	251	943	王范庄	695	1480	岱　邱	1200	5665
沙岭子	640	3800	营子埠	151	1790	北白塔	1185	4550
王家庄子	1333	8300	油　坊	608	3680	西白塔	792	3500
魏　西	650	2400	果　园	480	1200	郭　疃	1660	6800
泊　子	354	1087	瓦　东	936	5200	东白塔	1037	3952

农业综合开发

20 世纪 60 年代，境内进行挖沟改碱、修台田、挖条田，抗旱排涝、治碱改壤。80 年代，对农田进行全面规划，分期治理，建成能灌能排高产稳产田 1 万多亩。1988 年，由国家财政资金支持，实施大规模农业综合开发改造中、低产田，扶持农产品基地建设。到 2000 年，全镇改造中、低产田 5900 亩。农业综合开发区达到旱能浇、涝能排、田成方、林成网、路相通、沟相连，桥、涵、闸、井、泵配套齐全。

1991—1992 年，实施三干东、柳瓦路北、新沙路南共 5500 亩、投资 36.1 万元黄淮海农业综合开发项目。1993 年，实施白塔村前面积 4000 亩、投资 28.1 万元黄淮海开发项目。1997 年 11 月，在瓦北建成上粮下渔工程，面积 500 亩。1999—2001 年，实施新沙路北、2 号路东、王家庄子以西、战备路以南，面积 1 万亩，投资 250 万元综合开发项目。2004 年，实施营子洼土地整理项目。2005—2006 年，实施白塔片土地整理项目。实施东至二干、西至官靶路、北至郭疃马渠界沟、南至奎聚街道交界，面积 8800 亩、投资 1100 多万元的营子洼土地整理项目，沟、渠、路、林、井全部配套整齐。2010 年，白塔土地整理项目完工，整理土地 6000 亩，共投资 720 万元。2011 年 12 月，利渔盐田复垦项目完工，复垦 530 亩，共投资 160 万元。2012 年，小农水工程南部高效节水工程完工，农田受益 6000 亩，共投资 700 万元。2013—2014 年，完成东利渔以西土地整理项目竣工，整理土地 5000 亩，共投资 650 万元。优质棉生产基地综合治理项目完工，整理棉田 7000 亩，共投资 570 万元。小农水末级渠系工程竣工，粮田受益 5000 亩，共投资 600 万元。2015—2016 年，东利渔以东土地治理项目（龙池片）竣工，治理 3500 亩，共投资 450 万元。2017 年 5 月，王家庄子高标准农田项目完工，综合治理粮田 4000 亩，共投资 480 万元。2016—2018 年，三干东马渠片高标准农田建设项目竣工，综合治理 1 万亩，共投资 1600 万元。

龙池镇农业综合服务中心

2002年4月，龙池镇农技站、农机站、林业站合并，成立龙池镇农业综合服务中心，全额公益性事业单位，编制9人，在职事业人员19人，其中原农技站12人、农机站4人、林业站3人。2005年5月，在职事业人员16人，其中农技站11人、农机站2人、林业站3人。2008年5月，水利站并入龙池镇农业综合服务中心（水利站独立挂牌）中心编制5人，设主任1人，副主任1人，在职事业人员12人。2017年12月，编制11人，主任1人，副主任1人，在职事业人员10人。

1996—2017年，连续被昌邑市农业局授予农技推广先进单位等；2005年3月，被昌邑市委、市政府授予全市宣传思想工作先进单位；2005—2017年，连续13年昌邑市林业局授予统植树造林、林业资源管理、有害生物防控等先进单位；2006年3月，被山东省农业厅授予全省农技推广系统先进集体；2007年1月，被潍坊市人事局、潍坊市农机局授予潍坊市农机化工作先进集体；2009年11月，被山东省科学技术协会授予山东省优秀科普活动站；2010年1月，被潍坊市棉花生产办公室授予全市棉花生产工作先进集体；2017年，被潍坊市农业局授予潍坊市农技推广先进集体。

粮棉生产

1942年春，境内实行减租减息和增资留雇运动，粮食亩产仅百余斤。同年，实行土地改革后，农民生产积极性提高，精耕细作，改良耕作方法，合理施肥，选用良种。1949年，粮食亩产85公斤。1951年，南白塔温朝太带头组织成立互助组，实行记工算账。到1952年底，全区共有互助组279个，参加户数占总数的85%。当年单产104公斤以上。

1955年，粮食亩产增至127公斤。1956年2月，兴办高级农业合作社后，开始打井灌溉，全面推广间作套种，开展沤绿肥，挖湾泥运动，粮食亩产达132.5公斤。社员由1949年每人每年平均收入15元，增长到每人每年平均收入40元，占有粮食由190公斤增长到270公斤。

1958年12月，人民公社化之后，推行农业“八字宪法”（水、肥、土、种、密、保、工、管）增产措施，实施水利建设，改造碱洼地1万亩，

棉花种植（2018年）　　摄影　王兆军

当年粮食平均亩产111公斤。1959年，亩产增至118.5公斤。1960年，由于自然灾害的影响，亩产量下降到92.5公斤，到1965年亩产增至142.5公斤，1966年亩产增到158.5公斤。中共十一届三中全会后，境内推行多种形式的生产责任制，落实按劳分配政策，社员的生产积极性明显提高，粮棉生产和各种副业全面发展。

到1978年，粮食亩产达到288.5公斤，1979年亩产388.5公斤，向国家交售任务612.5万公斤，每人平均贡献粮食307公斤；棉花由1976年平均亩产43.5公斤，到1981年增至166斤，社员口粮构成比例发生改变，小麦、玉米已成主食粮。

1980年，全公社耕地5.61万亩，粮田4.58万亩，占总耕地面积的82%；总播种面积为96345亩，其中粮食播种面积为89156亩，占总播种面积的92.5%；经济作物播种面积为6358亩，占总播种面积的6.6%；蔬菜播种面积为831亩，占总播种面积的0.9%。1982年秋，龙池公社全面推行家庭承包责任制，不断改革耕作制度，实行科学种田，粮棉年年增产。

1983年大包干以后，农民的种粮积极性空前高涨，受自然条件、栽培条件和价格等因素的影响，种地效益的变化，棉花和大豆种植面积逐年减少，小麦和玉米面积逐年增多。

2017年，全镇小麦种植面积56865亩，总产19.99万吨；玉米种植面积46785亩，总产1.87万吨；棉花种植面积2925亩，总产370吨；蔬菜种植面积100亩，总产321吨。

1955年龙池农业生产基本情况统计表

表16

村名	户数	人口（人）	耕地面积（亩）	粮田面积（亩）	大家畜（头）				毛猪
					小计	牛	驴	骡马	
合计	5809	22201	58359	57001	2642	2557	38	47	404
营子	21	130	284	280	18	18	0	0	0
果园	111	430	1153	1134	40	40	0	0	0
孙家庄	164	729	1783	1639	74	74	0	0	0
楼子	80	262	749	728	35	29	6	0	0
油坊	109	502	1254	1212	45	45	0	0	0
石桥	149	581	1274	1259	71	68	2	1	28
泊子	95	316	986	937	38	38	0	0	0
王范庄	156	634	1834	1808	92	92	0	0	26
马一	113	480	1173	1163	51	51	0	0	30
马二	123	474	1489	1379	63	63	0	0	36
马三	152	606	1341	1341	69	69	0	0	41
马四	174	690	1487	1412	84	84	0	0	49
马五	130	501	1244	1228	59	59	0	0	35
马六	69	300	717	715	38	38	0	0	22

续表 16

村名	户数	人口（人）	耕地面积（亩）	粮田面积（亩）	大家畜（头）				毛猪
					小计	牛	驴	骡马	
岱邱	387	1360	3548	3480	154	151	1	2	39
郭疃	403	1251	3495	3435	170	170	0	0	0
龙东	139	640	1630	1495	61	55	4	2	0
二甲庄	70	284	610	602	37	34	2	1	0
齐西	144	363	1272	1243	56	52	3	1	10
东白	262	865	1960	1960	98	93	2	3	58
西白	206	735	1826	1800	84	80	1	3	30
北白	269	865	1960	1960	98	93	2	3	58
龙北	304	1146	2979	2865	136	136	0	0	0
龙街	177	728	1867	1831	76	73	8	0	0
魏西	133	541	1320	1303	64	64	0	0	0
王家庄子	224	830	4258	4234	150	150	0	0	0
沙岭子	115	556	1934	1881	63	63	0	0	0
姚徐邓	252	875	2234	2232	86	83	3	0	0
瓦西	320	1120	2845	2817	152	147	4	1	0
瓦东	266	985	2788	2650	156	154	2		0
瓦北	333	1225	3188	3176	122	119	3		0
东利渔	159	686	1843	1843	119	86	0	33	0

小　麦

解放前，境内小麦耕作习惯未加改变，仍是二年三作。而且还有一年一作的老麦茬。中华人民共和国成立初期，小麦播种面积仅占52%，一年两作的小麦成为主要粮食品种。

1958年，郭疃大队青年技术队小麦亩产达到532公斤，获得山东省政府奖励。瓦城青年技术队8.63亩小麦，亩产351公斤。1965年，境内小麦播种面积已占总耕地面积的77.4%。1980年，境内小麦平均亩产增至180公斤，比1949年的52.5公斤增加2.42倍，产量占粮食总产的45%。

1998年，龙池镇27个行政村，小麦收获面积3.29万亩，总产9610吨，亩产292公斤。2004年，全镇小麦收获面积2.67万亩，总产9581吨，平均亩产359公斤。2005年，小麦收获3.04万亩，总产1.15万吨，亩产379公斤。2007年，龙池镇全年小麦收获面积3.02万亩。2010年，小麦收获面积3.88万亩。2011年，小麦收获面积4.01万亩。2012—2013年，全镇小麦收获面积保持在4.1万亩左右。2014年，全镇小麦收获面积4.27万亩。2015年，小麦收获面积5.14万亩，较上年收获面积增加1万亩左右。2016年，收获面积有所下降，为4.75万亩。2017年，全镇小麦收获面积5.29万亩，比上年增加5000多亩。

1998—2017 年部分年份龙池镇所辖行政村小麦种植面积统计表

表 17　　　　单位：亩

村名 \ 面积 \ 年份	1998	2004	2005	2007	2010	2011	2012	2013	2014	2015	2016	2017
王范庄	700	285	380	754	959	119	814	788	763	777	722	742
果　园	500	600	650	705	876	121	662	698	703	180	826	830
楼　子	300	300	390	402	479	79	491	31	110	554	160	155
泊　子	400	350	411	458	566	97	631	521	538	1712	531	530
孙家庄	600	600	600	891	1051	175	1388	964	1065	6942	1946	2138
马　渠	4000	5120	5428	5395	6047	924	6228	5972	6707	1846	6991	7062
油　坊	600	500	600	650	1058	160	1225	1088	1255	1368	1814	1874
石　桥	850	570	638	690	1083	192	1151	1126	1308	482	1344	1428
营子埠	200	150	150	149	188	33	213	215	353	2639	637	707
岱　邱	2200	2000	2050	2324	2551	433	2376	2460	2313	3907	2425	2806
郭　疃	2500	2000	2050	2077	2689	480	3028	3347	3678	1995	2574	3544
东白塔	1500	1316	1400	1254	1476	295	1700	1962	1717	1926	1664	1512
西白塔	1200	1400	1200	1201	1427	208	1437	1368	1429	2472	1381	1812
北白塔	1400	1200	1350	1425	1695	301	1851	2109	2254	2375	2516	2745
龙　北	2200	1900	2200	2373	2388	299	2394	2010	2115	1185	1995	2194
魏　西	1000	680	1000	977	1155	159	1170	1176	1140	1661	1003	1048
龙　街	1350	1050	1300	1396	1577	174	1567	1554	1561	793	1522	1574
齐　西	700	650	600	677	739	114	711	740	771	768	793	726
龙　东	800	500	600	592	694	107	749	697	737	482	770	901
二甲庄	400	400	480	471	482	66	478	470	450	1893	475	484
沙　岭	1000	1000	1000	851	1294	181	1447	1724	1820	3774	1870	1887
王家庄子	1840	950	950	1042	2812	302	2829	3200	3266	2098	3378	4077
姚徐邓	1400	810	1029	1134	1290	226	1326	1315	1498	2005	2050	2203
瓦　东	1300	1300	1900	781	1217	216	1376	1434	1627	2001	1884	2140
瓦　西	1500	450	1000	397	1090	240	1574	1773	1260	3573	1475	1786
瓦　北	1650	600	950	1064	1741	313	2062	2341	2230	1285	3143	2873
东利渔	800	14	65	56	196	9	123	303	0	0	1601	3074

玉米

20 世纪 50 年代初，境内开始种玉米。1952 年，玉米年均亩产 105.5 公斤。1965 年，境内玉米占粮食种植面积的 30.6%。1980 年，玉米亩产增至 271.5 公斤，占粮食总产量的 28%。

2004 年，全镇种植玉米 2.76 万亩，总产 1.19 万吨，年均亩产 433 公斤。2005 年，国家实施玉米良种补贴，农民种田积极性有所提高，境内玉米种植面积较上年有所增加，为 3.35 万亩，全年总产 1.3 万吨，年均亩产较上年有所下降，为 389 公斤。

2010—2011 年，玉米种植面积保持在 4.4 万亩左右。2012 年，全镇玉米种植 4.63 万亩。2013 年，玉米种植 4.89 万亩。2014 年，播种面积有所增加，为 5.61 万亩。2015—2016 年，播种面积保持在 5.7 万亩左右。2017 年，全镇玉米播种面积为 5.29 万亩，较上年有所下降。

2004—2017 年部分年份龙池镇所辖行政村玉米种植面积统计表

表 18　　单位：亩

年份 面积 村名	2004	2005	2010	2011	2012	2013	2014	2015	2016	2017
王范庄	285	688	1008	927	835	818	783	638	668	742
果　园	670	710	943	684	720	727	732	836	858	830
楼　子	400	400	575	587	511	101	137	177	159	155
泊　子	400	481	631	621	678	587	569	561	540	530
孙家庄	600	600	1157	1219	1170	1157	1481	2055	2219	2138
马　渠	3800	5728	6122	6143	6331	6100	6785	7101	7163	7062
油　坊	500	600	1351	1233	1296	1173	1631	1886	1880	1874
石　桥	570	638	1154	1137	1167	1181	1295	1146	1538	1428
营　子	200	200	179	188	206	234	391	526	640	707
岱　邱	2000	2050	2774	2493	2529	2679	2675	2788	2741	2806
郭　疃	2000	2200	3203	3271	3602	4010	3987	3931	3797	3544
东白塔	1340	1416	1600	1548	1759	1888	1905	1993	1823	1512
西白塔	1400	1200	1582	1566	1663	1722	1736	1995	1606	1812
北白塔	1600	1573	2041	2097	2368	2589	2859	2857	2966	2745
龙　北	1960	2320	2355	2452	2168	2198	2189	2434	2284	2194
魏　西	750	1100	1221	1163	1177	1176	1192	1198	1161	1048
龙　街	1150	1380	1886	1701	1661	1640	1560	1625	1513	1574
齐　西	600	712	848	776	809	820	846	845	794	726
龙　东	700	900	958	901	903	890	901	914	934	901
二甲庄	500	480	492	492	486	480	465	480	490	484
沙　岭	1200	1500	1659	1727	1771	1852	1869	1914	1571	1887
王家庄子	1350	1250	2888	3744	3617	3999	4561	4523	4263	4077
姚徐邓	1000	1150	1847	1637	1792	1780	2243	2275	2292	2203
瓦　东	800	1700	1682	1694	1985	2223	2564	2781	2802	2140

续表 18

村名 \ 面积 \ 年份	2004	2005	2010	2011	2012	2013	2014	2015	2016	2017
瓦　西	1350	1150	1495	1667	1945	2261	2836	2517	2532	1786
瓦　北	400	300	2296	2301	3039	3485	4301	5015	4273	2873
东利渔	35	1050	196	51	123	1106	3635	3619	2789	3074

水　稻

1965 年，境内因地制宜改洼地种水稻，当年增加水田面积 1.34 万亩，占耕地面积 20.3%，并获得丰收，高粱和地瓜种植逐渐减少，水稻成为主要粮食品种。到 1975 年，全公社水稻种植面积 1.96 万亩，占到耕地面积的 35.8%。1980 年，因水库无水部分水田回旱，水稻种植面积下降至 6789 亩，耕地比例相应降至 12.1%。1981 年以后，境内不再种植水稻。

棉　花

1949 年，境内棉花种植 122 亩，亩产 6.6 公斤。中华人民共和国成立后，中央号召以农为主发展多种经营，经济作物逐年发展，经济收入逐年增加。

1956 年，棉花种植面积快速增长至 733 亩，占到耕地面积的 1.2%，单产增至 9.8 公斤。1965 年，种植面积下滑，境内仅有 103 亩，但亩产增加到 61 斤。1971 年春，龙池公社成立棉花领导小组。1975 年春，设立棉花办公室，由革委会副主任负责棉花生产。1974 年，全公社棉花亩产过百斤的村有 11 个，其中果园村最高为 69.5 公斤，龙街、二甲庄 2 个村为 50 公斤。到 1975 年，种植面积已增加到 2076 亩，是 1965 年的 20 多倍，所占耕地比例为 3.8%，单产也增至 49.5 公斤，棉农收入增加。

中共十一届三中全会以后，由单一的粮食种植变为多种经营，棉麻生产迅速发展，集体和社员收入增加。

1980 年，全公社棉花种植 3833 亩，亩产增至 131 斤，与 1949 年相比，种植面积增加 3711 亩，粮棉比例增加 0.6%，单产增加 58.5 公斤。1982 年，全公社棉花种植面积 1.15 万亩，总产 67.85 万公斤，亩产 118 斤。21 世纪以后，龙池镇棉花种植面积、总产量逐年减少。2010 年，种植面积 2.82 万亩，种棉户 2116 户。2014 年，种植面积 1.08 万亩，种植户 653 户。至 2017 年，全镇棉花种植面积 2052 亩，种植户 178 户，种植村由 2011 年的 27 个减少到 14 个。

2004—2017 年龙池镇所辖行政村棉花种植面积统计表

表 19　　单位：亩

村名 \ 面积 \ 年份	2004	2005	2010	2011	2012	2013	2014	2015	2016	2017
王范庄	200	160	209	105	0	0	0	0	0	0
果　园	100	70	279	277	206	188	171	62	19	34
楼　子	180	140	113	111	111	123	123	0	0	0

续表 19

年份 面积 村名	2004	2005	2010	2011	2012	2013	2014	2015	2016	2017
泊　子	241	16	57	67	20	4	0	0	0	0
孙家庄	300	300	1343	1310	980	1413	1001	539	400	260
马　渠	1000	920	976	999	804	501	141	45	0	0
油　坊	600	600	491	597	445	767	293	56	83	0
石　桥	587	559	396	411	281	410	257	123	109	33
营　子	300	300	878	861	846	825	690	538	438	356
岱　邱	1215	751	167	260	177	32	0	0	0	0
郭　疃	1000	1000	1300	1262	887	475	220	130	168	111
东白塔	280	250	588	613	280	116	48	209	144	25
西白塔	340	400	928	927	699	354	313	130	333	192
北白塔	782	900	792	861	532	349	73	83	34	14
龙　北	540	200	121	39	67	272	173	32	0	0
魏　西	483	100	10	31	20	16	0	0	0	0
龙　街	690	540	24	24	17	12	0	0	2	0
齐　西	209	210	68	102	51	26	3	0	0	0
龙　东	500	300	81	107	8	55	31	0	0	0
二甲庄	100	80	12	7	6	6	8	0	0	0
沙　岭	675	600	461	377	182	119	41	23	23	0
王家庄子	2418	1468	2577	1552	1326	990	421	338	238	196
姚徐邓	950	800	805	745	541	633	114	117	73	23
瓦　东	1000	800	2220	2209	1828	1315	805	322	132	154
瓦　西	1509	1800	2280	2176	1685	1554	1052	598	390	351
瓦　北	2096	1223	4576	4653	4012	3626	1986	1500	213	264
东利渔	4118	2250	6432	6359	6080	4035	2845	1555	110	40

红　麻

1965 年，境内开始有红麻种植，当年种植面积 72 亩，仅占耕地面积的 0.13%，亩产仅为 7.9 公斤。1971 年，红麻种植面积降至 22 亩，亩产增至 45.5 公斤。1974—1975 年，境内红麻种植面积保持在 1100 亩左右，平均亩产 66.5 公斤。1976 年，红麻种植面积增加到 2092 亩，单产增至 170.5 公斤，总产 35.67 万公斤。1977 年，种植 2422 亩，亩产 221 公斤，较上年有所上升，总产 53.46 万公斤。1978 年，种植 2322 亩，亩产降至 146 公斤，总产 33.84 万公斤。1979 年，种植面积增至 3410 亩，亩产也增至 227.5 公斤，总产 77.5 万公斤。1980 年，种植面积和亩产均比上年下降，分别为 2524 亩、131 公斤。1981 年，境内红麻种植锐减至 700 亩，产量降至 114.5 公斤。1982 年以后，境内红麻不再种植。

大　豆

1958 年，白塔种植大豆 323 亩，亩产 79 公斤。1965 年，境内大豆面积占耕地的 36%。1966 年以后，因大豆平均亩产量低于 150 公斤，价格低于每公斤 3.5 元，经济效益较差，仅有零星种植。2017 年，大豆种植面积 300 多亩，市场价格略高。

其他作物

20 世纪 50 年代，境内开始种植地瓜，但种植规模不大。至 2017 年，全镇仅有零星种植。1980 年，蔬菜播种面积为 831 亩，占总播种面积的 0.9%，种植规模较小。至 2017 年，种植面积 100 亩左右。

耕作制度

建国初期的耕作制度，多为二年三作和一年一作，生产水平很低。农业集体化后，农民开始科学种田，耕作制度逐渐变化。一年二作面积不断扩大，复种指数随之提高。1980 年，以小麦、玉米、大豆、水稻为主的主要粮食作物一年二作的耕作面积扩大，占总耕地面积 73.1%，复种指数达 172%，粮食产量增加。

1949—1980 年部分年份龙池耕作制度演变情况表

表 20　　单位：亩

作期＼面积＼年份	1949		1952		1956		1965		1975		1980	
	播种面积	占耕地 %	播种面积	占耕地 %	播种面积	占耕地 %	播种面积	占耕地 %	播种面积	占耕地 %	播种面积	占耕地 %
一年二作	—	—	—	—	2500	4.4	21028	37.5	28767	52.7	42365	75.5
二年三作	27287	47.6	22731	39.6	27161	47.3	16229	29	18125	3.3	4077	7.31
一年一作	9999	17.4	6305	11	3276	5.8	6580	11.9	2076	4.1	3833	6.8
复种指数 %	152.8	—	148.9	—	142.4	—	163.2	—	172.4	—	172	—

1949—1980 年部分年份龙池复种指数演变情况表

表 21　　单位：亩

年　份	耕地面积	播种面积	复种指数(%)	粮田面积	粮食播种面积	粮田复种指数（%）
1949	57324	87605	152.8	56620	87055	153.8
1952	57388	85432	148.9	55778	84664	151.8
1956	57390	81794	142.4	56474	80503	142.5
1965	56039	91595	163.2	55446	91002	164.1
1975	54590	87496	172.4	47031	82382	175.2
1980	56100	96345	172	45758	89156	178.2

农业科技

农业技术推广站

1957年，龙池区设农业技术员，指导科学种田。1964年10月，龙池公社成立农业技术推广站。1965—1980年，有专职人员2人。1982年，公社农技站有事业人员5人、临时工3人。1986年，有事业人员5人、临时工5人。1996年，有事业人员7人、临时工2人。2002年，有事业人员12人、临时工2人。2002年4月，农技站撤销，并入龙池镇农业综合服务中心。

良种普及

中华人民共和国成立初期，境内小麦以“青面麦”为主。50年代，推广种植“齐大195”、黄县大粒半芒；50年代末，以“碧玛1号”与“碧玛4号”为主；60年代初，推广“济南2号”“北京7号、8号”“钱交麦”。“济南2号”单产500斤以上，“北京8号”单产570斤以上；60年代末，推广“济南4号、9号”；70年代中期，更换为“泰山1号、5号”“泽丰1号”“昌乐5号”。

50年代种植玉米品种为“小槽棒子”；60年代，推广“双交种”“新双1号”“金皇后”；70年代种，种植“三交种”“单交种”，主要有“鲁三9号”“丹育六号”“中单2号”“鲁原单4号”等高产品种。

50年代末60年代初，大豆品种有绿、黄豆茶豆，60年代有“铁角青”“谷理混”“满场滚”；70年代，推广种植“向阳1号”“丰收黄”等品种。

中华人民共和国成立初期，境内高粱以“香高粱”“六月红”为主；50年代推广“歪脖扭”“竹叶青”；60年代，推广“鹿邑歪头”“抗蚜2号”“熊岳253”。以后随生产水平和人民生活水平需要，高粱种植逐年减少；70年代初，推广“两杂一蛋”种植杂交高粱，由于食用价值低，不适应群众生活要求，1973年后境内不再种植。

60年代初，主要棉花种植品种为“岱字棉”“徐州1818”。2017年，以“鲁棉1号”“86—1”为主。

80年代，小麦、棉花、大豆常规种子大部分农户自选自用，参差不齐，玉米已经普及杂交种。龙池镇为解决小麦品种多乱杂和田间纯度整齐度，1996年开始小麦统一以粮换种，农民交夏粮订购任务时交种子粮，每1.5斤种子粮（小麦）兑换1斤小麦良种，当年秋种的小麦良种鲁麦21号普及率达到90%以上，这办法连续使用了7年，对龙池镇小麦良种的普及起到决定性作用。2006—2017年，国家政策补贴每亩10元给供种企业（昌邑市种子公司），供种企业供应平价小麦种给农户，主要品种济麦22和邯郸6172等，大大提高良种普及率。同时又试验示范山农27、28、32等。大豆种推广鲁豆4号、11号、潍豆6号等；花生品种有花28、鲁花37等。棉花品种有鲁研棉37等。玉米品种，郑单958、登海605、浚单20等。

20 世纪 50—80 年代龙池主要农作物种植品种一览表

表 22

时间 作物名称	50 年代	60 年代	70 年代		80 年代
			前　期	中后期	
小　麦	当地红、白秃顶、齐大 195、大红芒、碧玛 1 号、四号、扁穗	碧玛 1 号、4 号、钱交麦、黄县大粒半芒，蚰子穗、北京八号	济南 2 号，济矮六号，红、白蚰包济南 7 号	泰山 1 号、泰山 1 号昌乐 5 号、济南 13 号	泰山 1 号、5 号、济南 13、昌乐 5 号、辅 63
玉　米	大粒红、小粒红、金皇后、小槽棒	双交种、坊杂 2 号、双跃 3 号、双跃 4 号、双跃 35 号、双跃 150 号、新双 1 号、	群单 105 号、鲁玉 9 号、郑单 2 号	鲁玉 9 号、丹玉 6 号、中单 2 号、鲁原单 4 号、鲁单 33 号、36 号	中单 2 号、鲁原单 4 号、昌单 4 号、聊玉 5 号、丰单 1 号
水　稻		银坊、黄壳早、南特、农垦 39	农垦 57、农民 36、反修 1 号	南粳 15、农垦 57	农垦 57、喜峰、南粳 57
大　豆	大茶豆、黄豆、早熟小黑豆、黄豆、连毛僧	绿黄豆、谷粒混、铁角青、满场滚平顶黄	丰收黄、向阳 1 号	丰收黄、向阳 1 号	丰收黄、向阳 1 号、文丰 5 号、昌农 3 号
高　粱	打锣锤、竹叶青、歪脖扭	熊岳 253、杭蚜 2 号	杂交高粱	鹿邑歪头	鹿邑歪头
谷　子	老虎尾、金线子、绳子头	六十日还仓	诸幅 1 号、昌潍 69、柳条青	诸幅 1 号、昌潍 69、柳条青	诸幅 1 号、昌潍 69、柳条青
地　瓜	胜利百号	52—54 胜利百号	696 胜利百号	青农 2 号、8 号、济薯 1 号、丰收白	青农 2 号、徐州 18 号、济薯 1 号、烟薯 1 号
棉　花	斯字棉 5A	岱子 15、高密 933	徐州 1818	鲁棉 1 号 86—1	鲁棉 1 号 86—1

农田施肥

20 世纪 80 年代，以碳铵、硫铵、尿素为主，配合有机土杂肥；90 年代以尿素和磷酸二铵配合为主；2000 年后，以复合肥为主；2010 年以后推广缓释长效肥料，成品有机肥在大田少量使用。2017 年，全镇长效缓释肥使用面积占 40% 左右，微生物有机肥开始试用。农用化肥施用量（折纯）3292 吨。

1965—1980 年部分年份龙池公社农田施肥统计表

表 23

年份	土杂肥斤／亩	化肥斤／亩	其中		化肥投资		备注
			氮肥	磷肥	每生产一斤粮需款（元）	每生产一斤棉需款（元）	
1965	7000	24.3	24.3		0.011	0.056	使用化肥总量按碳铵计算
1975	7000	37.5	37.5	20	0.009	0.165	
1980	6700	132.6	102.6	30	0.024	0.10	

1974—1982 年部分年份龙池公社农田化肥使用量统计表

表 24

年份	化肥使用总量（吨）	平均每亩使用量（公斤）	年份	化肥使用总量（吨）	平均每亩使用量（公斤）
1974	542	9.4	1979	4107	20.5（折纯）
1976	163.68	2.9（折纯）	1980	1416	25.25
1977	1870	41	1981	4590	82
1978	2525.5	45	1982	3410	60.5

秸秆还田

1996 年前，每到三夏和三秋，群众习惯焚烧秸秆，处处点火，到处冒烟。1996 年起，开始推广秸秆还田，政府采取“围追堵截”及农技部门采取试验示范和明白纸的办法，禁止农民焚烧秸秆。到 2000 年，农民基本认识秸秆还田的好处。2007 年，普及秸秆还田技术，基本杜绝焚烧秸秆现象。到 2010 年，秸秆还田全部被农民所接受。

免耕栽培

2003—2006 年，在马渠村、果园村进行小麦、玉米免耕保护性耕作试验示范。选用 90 马力拖拉机、后选用 100 马力以上，农哈哈 8 行免耕播种机，前茬秸秆还田后，开沟、施肥、播种、镇压一次完成，省工省力、增产增效。2003 年，试验 300 亩。2006 年，免耕栽培增加到 3000 亩。随着大型机械的推广，到 2010 年，全镇 5 万亩小麦、玉米全部采用免耕栽培技术。2016 年秋种，全镇土地实施深耕项目。到 2017 年，全镇所有土地实行免耕保护性耕作播种技术。

种子包衣

70—80 年代，龙池开始推广药剂拌种，主要是用有机磷类杀虫剂，防治蛴螬、蝼蛄、金针虫等。到 90 年代，开始使用种子包衣剂，主要含杀虫杀菌剂。2000 年以后，试验示范吡虫啉 + 杀菌药 + 调节剂的长效多效种衣剂，效果明显。2013 年，开始大面积使用。2012 年以后，玉米二点委夜蛾大发生，包衣剂对治虫、保苗起到了决定性的作用。2017 年，小麦、玉米全部实行种子包衣。

化学除草

自 1986 年大豆田开始试验示范乙草胺、盖草能等除草剂。1990 年，麦田开始使用苯磺隆等防治麦蒿等。1996 年，开始试验示范玉米苗前除草剂乙莠水。2006年，玉米开始使用苗后除草剂。2008年，小麦使用野麦子药等。2009年以后，林地除草技术得到应用。至2010年，化学除草技术在小麦、玉米、棉花、大豆、花生、高粱、林木四荒等方面陆续得到全面普及。到2015年，化学除草使用面积100%。

植物保护

80年代，境内植保器具主要是背负式机械喷雾器、喷粉器；90年代为背负式机动喷雾器。2000年以后，小拖拉机喷雾、背负式电动喷雾器开始使用。2010年以后，大拖拉机喷雾器、自走式喷雾器开始服务农业生产。2016年以后，无人植保飞机开始应用。2017年，全镇玉米统一用中型飞机进行喷药，并起到了“一喷双减”的效果，即一次性防治，达到玉米生长后期减少害虫基数和减轻病害危害程度的目的，确保玉米增产增收。

其他技术

1996年开始，小麦玉米精量半精量播种、小麦一喷三防、玉米一增四改、一喷双增、配方施肥、玉米晚收技术等逐步得以推广应用，到2017年得到普及。2015年，开始玉米粒收试验示范。2017年，全镇玉米粒收面积达到10%左右，并逐步被农民所接受。

农业机械

传统农具

1983年前，境内传统农具大都是乡村木匠、铁匠制造，其结构简陋、原始，操作费力，使用效率低。耕作农具主要有木犁、木耙、铁锨、铁镐等。播种农具主要有木耧；灌溉农具主要有辘轳、水车；收获农具主要有镰刀、小镢、三齿、大镢、削谷刀等；脱粒农具主要有碌碡、木锨、木耙、木杈、铡刀等；运输农具主要有担杖、木独轮手推车、胶独轮手推车、地排车、条筐、驮篓等；加工工具主要有石磨、碾、纺线车、织布机等。到90年代中期，随着农业机械化的提高，传统家具逐步淘汰。

传统耕种　　党政办公室提供

木犁又称“犁犋”，传统耕种的主要农具。用较坚实的木料做成。由犁辕、犁把、犁肩、犁托、犁底、木铲、铲头组成，以人畜为动力翻土耕种。其中畜力拉动日耕地2～3亩。随着农业机械化的提高，到90年中期，已经被淘汰。

耙整平土地工具。硬木做成长5尺、宽2尺许的长方形框架，框架上装有铁制耙齿17个，其中前排7个，后排8个，左右两端各1个。平整土地时，牵动耙绳，借畜力拉动，将耕翻地中坷垃破碎，使耕地平整，利于保墒、播种。

耧系条播农具。由耧架、耧斗、耧腿、耧角构成。按行矩分“大垄耧”“四垄耕”两种。

按耧体结构分“单腿耧”和“双腿耧”两种。人畜力牵引播种小麦、谷子、高粱等。

碌碡用较硬石头加工而成，长约60厘米，直径约40厘米圆柱形，整体凿成带垄沟槽，两端各留一个榫眼，使用时，安装木框（碌夹巴），用绳索牵引，畜力或人力拉动，为小麦谷类作物碾压脱粒。

砘子用硬石打磨而成，表面光滑，中间有空，用木轴将两个串联，外侧固定木框，用绳索牵引：用来压实刚播种的小麦，可保摘防透风，减少水分蒸发。

辘轳旧时汲水工具。在井上设三角固定支架，上装可用手柄摇动的转轴，转轴上缠绳索，一端系水桶，摇动手柄，使水桶起落从井中汲水。

水车铁制，有手柄、拉力两种。为“人民公社”时期主要提水工具。落实生产责任制后，由压水井、抽水机取代，不再使用。

耕作机具

1956年，合作社生产时期引进铁制七寸步犁。1958年，引进双轮单铧犁和双轮双铧犁，这种犁可深耕达25厘米，但犁体笨重，需要强壮牲畜牵引，未能普遍推广。1960年，龙池公社建拖拉机站，购进“东方红”履带式拖拉机3台，巡回为各大队深耕土地。1975年，条件较好的大队购买“24”“50”型拖拉机，引进拖拉机牵引犁和圆盘耙，耕翻土地。1985年，部分农户购置“12马力、24马力”拖拉机用于耕作，除自用外，开始对外有偿服务。1990年，全乡有小、中型拖拉机300台、4000马力，全部由农户和民营单位经营。机引耕地开始向旋耕型耕作转变。2000年以后，机引耕作机具全部退出农田作业。旋耕、播种、施底肥一体模式成为主流。

播种机具

1958年，境内推广使用密播三角耧。1965年，引进马拉播种机，效率提高3—5倍。1975年，境内开始使用12马力拖拉机或24马拖拉机，配套牵引9角、12角耧，播种效率提高明显。1990年后，农户联合播种，全乡机播率达100%。旧式播种形式、机具全部淘汰。2010年以后，100马力以上的大型免耕播种机械在境内推广普及。

灌溉机具

1958年，境内引进解放式水车，利用人畜推拉提水；手摇式水车，两人手摇提水。1970年开始，各生产队购置以“195”型12马力柴油机为主的动力机械带动离心式水泵提水。已通电的村实现电力灌溉，轴流泵、深井泵、潜水泵相继推广使用。实行土地承包责任制以后，农户开始使用机带压水机，6马力柴油机带三寸水泵，12马拖拉机带4—6寸水泵等小型动力机械，以电动机带水泵等灌溉形式。2014年，全镇有扬水站1座，农业排灌机械1500台套，1万马力；节水灌溉管道6000千米，全部实现旱能浇、涝能排，旱涝保丰收。

收获机具

70年代，各生产队使用脱粒机械打麦。实行生产责任制以后，各农户使用小型收割机收麦，脱粒机打麦。到90年代，开始有外地联合收割机在麦收时进入境域内收获作业，实现收打一体化。2000年，境内农作物收获基本上实现机械化作业。对粮间作区农机难以作业的零星地块，仍用镰刀收获，或用小型、简易机械收获。2010年以后，小麦、玉米、大豆、谷子、花生、高粱收获全部实行了机械化。2016年，境内开始推广玉米粒收技术。2017年，全镇有自走式小麦联合收割机106台，玉米联合收获机52台。

运输机具

80年代集体生产时期，农业运输工具主要是手推车、地排车、畜力车；手推车主要用于运送土杂肥，水利工程施工等。地排车、畜力车主要用于拉运庄稼；后期经济条件较好的生产队购置了小型拖拉机，农忙用于农业生产，农闲时对外运送货物，为集体增加少量收入。20世纪90年代，全镇有12马力拖拉机6200台，用于播种、浇水、农资运输和农产品运输等，到21世纪初，12马力拖拉机逐步被50马力以上运输拖拉机代替。2000年后，农用运输车占主导地位。到2017年，粮食收获、运输农资仍靠大中拖拉机和农用车，中远途粮食运输主要靠汽车等。

机收小麦（2018年）　　摄影　王兆军

农机管理

龙池镇农机管理站

1972年，龙池公社开始设农业机械管理机构，有1名管理人员。1975年，成立农业机械管理站，由公社1名副主任兼任站长，管理员4名（供销社、拖拉机站、农修厂、水利站各1名）。1980年，设专职站长1名，管理员2名。2002年4月，镇农机站撤销，并入龙池镇农业综合服务中心。

农机装备

20世纪70年代农业机械较少；80年代后期，12马力小拖拉机较多，农民担心机械压地，小拖拉机收割小麦没有普及。

1980年已做到大修不出社、中修不出队、小修机手办。改进拖拉机组合油环技术节约柴油。1981年，推广农机管理责任制，实行大包干和小段包工，部分大队统一管理，按劳计酬。

联产承包责任制以后，农户开始自购小型拖拉机，逐步发展到大型拖拉机、农用三轮车、农用汽车等运输工具。除用于农业生产外，更多为跑运输，部分农户成为运输专业户。到1990年，小麦多用机械脱粒机脱粒。90年代，开始出现50马力—60马力拖拉机。2000年以后，90马力大拖拉机开始普及。2015年以后，90马力拖拉机逐步被120马力—180马力大拖拉机代替，加上综合配套机械，农业机械化水平有较大提高，农田综合作业效率增强。2016年，龙池5.5万亩秋种麦田用国家地力保护项目—翻转犁深耕一次。玉米开始推广使用收获籽粒联合收割机。

到2017年，龙池镇农业机械总动力91690千瓦，机耕面积35190亩，机播面积117390亩，机收面积 113490 亩。

农机培训

随着农业机械的发展，龙池乡农机队伍也相应建立起来。1975 年，公社建立农业机械管理站，各大队设机务队，队长 1 人，会计 1 人，保管员 1 人。1974 年开始，公社农机站开始培训拖拉机驾驶员，至 1982 年，共培训拖拉机手 654 人次。每个生产大队都有农机队伍，全公社农机队伍发展到 300 人，其中拖拉机驾驶员 238 人，管理人员 52 人，修理工 20 人。1983 年以后，主要培训各户农机手。2000—2017 年，大多采用以会代训的形式，每年都利用三秋或三夏，召开现场会，组织农机户参加各种各级农业机械展销会等，一边推广新机具、一边培训农机手。

农田水利

中华人民共和国成立前，农业靠天吃饭，粮田旱不能灌，涝不能排。中华人民共和国成立后，“以排为主，修桥铺路”，疏通河道，新修排水沟和淋碱沟，基本上解除洼地积水成灾的威胁。有条件的村开展群众性的打井运动。1956 年秋到 1958 年春，建设第一干渠（西干渠）与第二干渠（东干渠）引潍水灌溉农田。1958 年，县委号召开展“耕地园田化、灌溉渠道化、提水风力化、机井标准化”的农田四化运动。1958 年后，贯彻“以蓄为主、社办为主、小型为主”的三主治水方针。峡山水库建成后，建设水利配套工程，引水种稻，粮食增产。1978 年春，公社依据水利分布情况，把总耕地划为五个大方。全社灌排系统，以主体工程二干、三干、三分干为基础，按照机耕、灌、排、交通四便利原则，统一规划，全面安排。在五大方内，以支（渠）划中方，以斗（渠）划小方，以农（渠） 搞条田。土地成方，沟渠成网，道路畅通，树木成行，基本实现大地园田化。

管理机构

1960 年，境内相继建立社队两级水利管理队伍，采取公社管理与生产大队管理相结合的方式，管理农田水利。由 1 名公社管委会副主任分工负责全公社水利建设。1969 年，参加根治海河大会战时，组建龙池水利施工营，承担大型水利施工任务。1978 年，公社配备专职水利助理员，具体负责全公社水利工作。工程营长、后勤营长各 1 名，由公社干部、部门负责人担任，设连指挥员、连长 6 ～ 12 名，由生产大队党支部书记或大队长兼任，设营施工员 1 人、连施工员 4 ～ 5 人，设后勤人员 5 人（除后勤营长为脱产干部外，其余为从农村选用），保卫、医务、宣传人员各 1 名，分别从派出所、医院、教育部门选拔，施工营主要工作人员常驻水利组、水利粮库及重要水利物资储存水利组专用仓库。1984 年，成立龙池乡水利站，受昌邑市水利局和龙池镇政府双重领导，编制 5 名。2008 年 6 月，镇水利站撤销，合并至龙池镇农业综合服务中心履行相关职能，但仍单独挂牌办公。

灌溉工程

龙池镇位于峡山灌区下游。1964 年，境内建设两条主要干渠：三干渠自虫埠闸接水口至新海路，全长 12.1 千米，建筑物 55 座，分有 12 条支渠，三分干自 12 支沿新海路向西 5.7 千米，建筑物 31 座，整个三干渠控制灌溉面积 3.2 万亩。二干渠自果元村闸至老国防路，全长 8.1 千米，建筑物 46 座。修建干尾渠，自新海路至战备路，全长1.7千米，建筑物7座。1974—1975年重新改建，途中分有12条支渠。二分干自郭疃村拐点闸向西至潍北农场，全长1.5千米，建筑物5座，整个二干渠控制灌溉面积1.8万亩。串干渠连接二干至三干，全长1.2千米，建筑物5座。干渠与支渠、斗渠、农渠、毛渠组成配套的灌溉网络，可控制灌溉面积5万亩。干渠由水利站管理，支渠以下由各村委管理。1982年后，各村土地除留机动地外，全部分到村民手中，原有的毛渠被整平为耕地，自流灌溉不再使用，村民相继购置了提水机械设备。至2017年，田间灌溉采用干渠引水到排水沟提水灌溉方式。

机井　龙池镇南部为浅层宜井区，地下水位41米，机井井深60～80米，出水量一般在30～50立方米／小时。中西部为深层淡水，地下水位73米，井深200～300米，出水量一般在50～60立方米／小时。到2017年，全镇有农灌井56眼，高效节水井97眼，农电灌溉台区机井41眼，共计194眼，主要分布在镇南部和西北部。

防渗渠道　2014年，东利渔土地整理项目建成衬砌防渗渠道1900米、小农水末级渠系完成防渗渠道7600米。2016年，建成防渗渠道1600米。2017年，王家庄子高标准农田项目完成防渗渠道5000米。

蓄水池　80—90年代，龙池利用涝洼地、废旧湾塘大挖蓄水池，加大蓄水面积。到2017年，全镇主要分布在镇中西蓄水池97个，总蓄水量达300万立方米，控制灌溉面积20000亩。

排水工程

龙池镇北临莱州湾，排水系统主要依靠虞河、丰产河、堤河、尹家河4条河流，其次还有大道河、新开河、牛栏沟、马虎沟等。均由南向北注入渤海。其次还有二干八支排、二干七支排、羊胡同口、三干东界排、长欠沟、三干东辛沙路排等排水系统。镇村内围村河流和湾塘，多用做蓄水、养鱼、植藕等。

1976年，堤河清淤疏浚。1989年，丰产河清淤5875米引黄河水（引黄济青），丰产河进行清淤疏浚。1990年，龙池、青乡两乡镇友谊沟清淤，龙池段1775米；维修丰产河24孔桥建闸。1991年，在丰产河修建姚徐邓桥。1996年10月，辛沙路以北堤河清淤，有9个乡镇参加。1997年8月，三干、二干渠进行全面清淤改造。1998年12月，在新、老丰产河修过河路桥2座。2003年，在8万亩盐场修建防潮大闸，在尹家河上修建交通桥2座。2005年，修建尹家河防潮闸、大道河防潮闸。1986—2006年，在干渠修建生产桥14座；修建进水闸24座。2009年，堤河柳龙路至国防路段清淤疏浚10千米。2011年4月，昌邑北部水网南一横工程建成。2014年，丰产河北部疏浚，自三分厂界至东利渔桥工程完工。2015年，堤河湿地（五支）闸附桥建成。2016年，三干八支渠交通桥改建工程完工，堤河（六支）节制闸工程建成。

抗旱防汛

中华人民共和国成立初期，水源水具条件差，完全是依靠打砖井、修旧井和拦截河沟、深挖抗塘扩大水源。利用水车、辘轳和水桶、盆罐，人力与畜力结合，搞“人海战术”进行抗旱。中华人民共和国成立后，党和政府十分重视抗旱防汛，视为国计民生大事。采取群抗群防，尽量减轻受灾程度。50—60年代初期，抗旱防汛水利设施较差，仅能控制一般水旱灾害。70年代以后，成立抗旱防汛指挥机构，由公社党政一把手和有关部门负责人任正副指挥和成员。遇旱全镇人民投入抗旱。汛期设防汛指挥部，领导部署全境的防汛、排涝、抢险工作。各村、队根据镇（公社、乡）的部署，建立相应的抗旱防汛组织和队伍。组织电业、商业、供销、农业、财政、金融等有关部门，以粮、牧、油、电、物资大力支援抗旱斗争。

道路绿化（2018年） 摄影 李 宁

80年代初，随着河道开挖治理和动力机械引进推广，水利条件改善，主要采取河渠、水井和新旧排灌机具结合的办法进行抗旱。1985年后，有机井、电灌站、扬水站和引黄灌溉等抗旱设施。1996年，镇政府组织50人的民兵应急分队，各村落实常备队、抢险队等后备队组织，划分防区，明确防守范围和职责。至2017年，境内多次遭大暴雨袭击，均未发生严重灾情。

林果生产

1971年10月，龙池公社成立林业站。2002年4月，林业站撤销，并入龙池镇农业综合服务中心。

林木资源

1946年冬，国民党军队进攻解放区，将马渠、郭疃等村树木伐尽，境内林木资源遭到严重破坏。中华人民共和国成立前，龙池村庄房前屋后尚有一些零星树木，龙池村以北的村庄因土地碱化，只有零星树木存活，村外、河边、路旁树木更是少见。白塔村西、瓦城村北的大片滩涂树木极少。中华人民共和国成立后，贯彻落实林业政策和植树造林活动，龙池境内开始在河边、路旁、房前、屋后植树，林业资源渐好。1971年，公社成立林业站后，林业政策得到落实，龙池乡的林业生产恢复活力。棉槐繁殖最为突出，育苗造林面积不断扩大。沟、渠、路、房前屋后植树逐年增加。树种主要有泡桐、箭杆杨、北京杨等新品种，基本实现沟渠绿林化，植树造林初见成效。1981年，龙池公社林业总收入39万元。全乡建房除门窗料外，基本上是就地取材。1982年，全公社林木蓄积量为1.35万立方米。

1983年，土地大包干以后，农民受重耕轻林思想影响，境内70年代建成的农田林网还原为耕地。2002年，龙池镇落实植树造林政策，每年造林一片、责任落实一片、保存一片，至2013年，境内农田林网全部得以恢复，并创造山东省平原绿化典范乡镇。2010年，实行集体林权制度改革，大部分树木确权到人，全民植树护树积极性提高，促进龙池林业健康发展。2017年，龙池镇共有林地面积1.94万亩（含北部靶场），林木总蓄积6.63万立方米。其中乔木林9023亩，林木蓄积量为1.85万立方米；灌木林1495亩；防护林1.52万亩，林木蓄积5.93万立方米；一般用材林2214亩，林木蓄积6288立方米。

植树造林

1971年，龙池镇林业站成立后，林业政策得到落实，并加大对林业投入，境内林业得到发展。1976年，依据土质特点和峡山灌区的总体规划，龙池公社对沟渠路林实行统一规划，综合治理，逐步形成农田林网化。栽植的树木品种主要有加拿大杨、柳树和榆树。改革开放以来，龙池乡政府协同各村，对林网建设改造、淘劣选优、补植残缺，引进了耐寒耐碱的毛白蜡、毛白杨、刺槐等树种。三干、二干、串干两侧和丰产河北白塔到东利渔段已成片成林。

1983年，丰产河绿化以刺槐为主。1986年起，乡党委、政府加强林木保护力度，出台有关政策。由乡林业站牵头，完善镇村两级林木管理体制，全乡组建林业大队，各村设立护林员，明确林木权属和管理职责。防风林和主要公路、乡属权树木由乡统一管理，农田林网由村管理，责任落实到人，并与经济效益挂钩。派出所配合护林大队夜间巡逻，对盗伐林木者从快从严查处，保护绿化成果。1991年3月和1996年，在战备路（军民桥至堤河）北侧，建设长1600米、宽50米的一号防风林带，栽种毛白蜡和刺槐，建成的一号防风林宽100米，共240.3亩，在龙池北部滩涂上形成第一道绿色屏障。

2001年，在新海路两侧种植长6.5千米、宽30米的二号防风林带，2004年又加宽到100米。2002年，龙池镇加大植树造林力度，在做好苗木建设、新海路高速路等林带建设，堤河、丰产河、虞河绿化的同时，主要建设农田林网。到2005年，全镇防风林带共4213亩，形成多道绿色屏障，发挥抵御沿海风沙、调节区域内小气候、维护生态平衡的作用。2008年，对境内荣乌高速段两侧7千米进行高标准绿化，南侧林带宽50米，北侧100米，主要栽植107速生杨，并确权到人。在对9.2千米堤河全面拓宽和清淤的基础上，2010年，对两堤作为林地发包15年，各承包户高标准栽植107速生杨。在虞河清淤的基础上，2010年，对虞河东堤2.3千米进行绿化，主要栽植榆树。2015年春，丰产河清淤后，对新海路以南的3.5千米东堤进行绿化，主要栽植榆树、白蜡、葡萄等。2006—2013年，对白塔前二干渠林带、一号林带、二号林内枯老、长势弱的树木进行分期更新改造；王范庄、楼子、果园等村建立苗木生产基地，种植绿化苗木近2000亩。2015年，开始对荣乌高速路林带逐步更新，除龙街段外其余全部改造完成。2017年，开始对全镇林网有计划进行分期分批分段更新改造；齐西村获山东省森林村居称号。

农田林网

1976—1978年，结合峡山灌区总体规划，逐步建成农田林网化。栽植树木品种主要有加拿大杨、柳树和榆树。1978—1981年，对林网建设改造、淘劣选优、补植残缺，引进耐寒耐碱的毛白蜡、毛白杨、刺槐等树种。1984—

龙池林网一角（三千东）　　党政办公室提供

2002年，土地承包到户，受重粮轻林影响，农田林网逐渐遭到破坏。2002年，龙池镇加大植树造林力度。2006年，制定农田林网恢复计划和采取有效措施，结合农田改造、小农水建设土地整理、高标准农田等项目，每年新建农田林网几千亩。采取大苗大穴大水等措施，保证植树成活率。通过承包确权到户，镇成立护林大队，加强镇、村管护责任落实等，保证林网保存率。主要品种有107速生杨、原生腊、速生蜡、榆树等以及各种绿化树种。完成营子洼（马渠西）林网。2007—2014年，完成白塔前林网、龙池东林网、马渠东林网、白塔西林网、海能南林网、海能西林网、王家庄子东林网、东利渔前林网建设，2016年，完成东利渔东林网。2013年，山东省林业厅在龙池镇召开全省平原绿化现场会。至2017年年底，龙池镇农田林网覆盖66390亩，林网保有率97%以上，成为山东省平原绿化的典范乡镇。

果品生产

中华人民共和国成立前，龙池乡果品生产，只有农户家庭种植的桃、梨、枣等，种植数量少、产量低，不能满足当地群众生活需要，以季节性水果为主。中华人民共和国成立后，开始重视果业生产。到1971年，果品年产3500多公斤。1980年，全公社有6个大队建果园182亩，年产水果5.75万公斤。近海王家庄子村，建果园60亩，分别种植苹果30亩、梨15亩、桃15亩，年收入1.13万元。境内因受自然条件制约，果业发展缓慢。1984年，郭疃大队开始建果园，马渠、王家庄子等大队相继陆续建园，开始种苹果、葡萄、桃等。1987—1988年，调整种植结构，果园面积增加到344.5亩，其中东白塔发展鸭梨近百亩，并引进柿子、山楂等果树品种。1998年，王范庄发展千亩冬枣，但因气候和技术等原因，无经济效益，2000年退果还粮。2017年底，全镇果园面积351亩，果品产量1015吨。

古树名木

2017年年底，龙池镇有古树10株，其中有国槐8株、楸树1株、椿树1株。树龄最长为700多年，最短为100年左右。

美国白蛾防治

2006年，境内发现美国白蛾。2009年，美国白蛾大面积爆发，主要危害白蜡、榆树、杨树、桑树等，新海路林带、高速路林带、工业园区等发生偏重。自2006年开始，镇党委、政府组织综合防治，由镇农业综合服务中心组织专业队，及时治早治小，采取放周氏啮小蜂、灯光诱蛾、高枝剪网幕、高压喷雾器喷药、烟雾机喷药等防治办法，全镇防治美国白蛾每年投入近20万元。2009年，龙池镇政府被潍坊市人民政府授予潍坊市有害生物防控先进镇街。2010—2011年，昌邑市林业局统一组织对所有树木进行飞机防治，并兼治杨扇舟蛾、杨小舟蛾等。2013 年，省林业厅在龙池召开全省有害生物防控现场会。2013 年、2014 年、2016 年，龙池镇政府每年拨款 9 万元，市林业局统一组织飞机防治。

畜禽养殖

龙池境内有广阔草洼，素有放牧牲畜传统。1947 年，境内大牲畜 2308 头，其中牛 1994 头、驴 22 头、骡马 292 匹。1959 年 11 月，公社成立兽医站，各大队配备兽医员，大牲畜防疫注射率为 70%，猪为 90%。1966—1968 年，公社兽医站连续 3 年被评为县防疫工作先进单位。1974 年，公社成立配种站，引进哈白杂交猪、苏中完杂交马、海伏特牛、西门塔尔牛、利木赞牛、鲁西牛优良牲畜品种，推广人工授精技术，为大牲畜配种。马、驴配种 572 头，牛 259 头。1977 年，全社毛猪存栏 16389 头，户平均 2.5 头，折合人均收入 33 元。1980 年，全公社交售鲜蛋 10.83 万公斤；年人均食肉 25.3 斤。1982 年，全社家禽存栏 30.42 万只，其中鸡 2.86 万只、鹅 2085 只、鸭 3430 只。

2017 年，全镇共出栏家禽 415 万只、生猪 2.71 万头、肉羊 4100 只、狐狸 2.55 万只，年末肉禽存栏 44.5 万只、蛋鸡 1 万只、生猪 1.88 万头，其中母猪存栏 1956 头、羊 5700 头、狐狸 7200 只。

管理机构

1959 年，成立龙池公社兽医站，主要负责为全公社大牲畜进行常规化验、诊断检查以及一般的外科手术，并担负着对全乡耕牛和生猪的常年防疫工作。1974 年，成立龙池公社配种站。2004 年，龙池镇兽医站划归昌邑市畜牧局垂直管理，人事、工资、经费统归昌邑畜牧局。2005 年，昌邑畜牧局在龙池镇设“龙池镇动物卫生监督分所”，主要职能为动物防疫、动物产品检疫和动物卫生监督。2017 年，龙池畜牧站编制 8 人，为财政全额拨款事业单位，主要承担辖区内动物防疫、动物及其动物产品的检疫、畜牧兽医技术推广和疫病防疫职责，负责畜牧生产统计，负责辖区内畜产品质量安全监管管理。

龙池镇奶牛养殖基地　　党政办公室提供

畜禽防疫

20 世纪 70 年代，由公社兽医站组织主要对猪和大牲畜的疫病防治，农村兽医防疫员参加，每年两次对猪瘟、猪丹毒二联苗进行防疫注射，每年春节专门对大牲畜炭疽、破伤风防疫注射。1983 年，乡畜牧站和大队兽医防疫员组成两级防疫体系，开展春、秋两级防疫注射，主要预防猪瘟、猪丹毒、猪口蹄疫、鸡瘟、禽霍乱、破伤风等。1984年，开始使用免疫疫苗。1986年后，乡兽医站每年组织一次集中防疫，推行畜禽防疫技术承包责任制，实现免疫程序化，免疫率达95%以上，畜禽死亡率控制在10%以下，防疫逐步规范。

1996年开始，实行生猪定点屠宰，统一检疫。1999年，成立动物检疫检验分所，负责全镇的畜禽防疫、检疫及动物产品的检疫，乡不漏村、村不漏户进行防疫，全乡禽畜防疫率100%，有效避免疫病发生和传播。兽医站设门诊一所，24小时值班，随叫随到。全镇共有防疫技术人员3名、检疫员3名、村级防疫员27名，每年春、秋两次集中防疫，对指定烈性传染病进行重点普查。2013年，全镇共防疫猪3.5万头、羊1.2万只、禽286万只，防疫密度100%。

规模饲养

改革开放后，龙池镇畜牧业得到快速的发展，畜牧养殖业出现东利渔养羊专业村，瓦北养鸭专业村，东白塔、西白塔、二甲庄养猪专业村和养猪、养鸡、养鸭大户。2013年，全镇共出栏生猪2.98万头，鸡鸭248万只，畜牧业总产值9842万元，成为农民增收重要途径。2017年，单批规模在8000只左右的标准化鸡舍12栋，4000只左右的10栋，正规规模化猪场5处；潍坊盛合牧业有限公司投资兴建的奶牛养殖项目建成投产，并引进奶牛500余头。

渔业生产

龙池镇北濒渤海，河流湾塘纵横，鱼虾贝类资源丰富。1961年开始，境内利用自然湾塘淡水养殖，有鱼塘84亩，年产10多万公斤。1974年，全公社渔业收入20.3万元。1977年，公社重视副业生产，北部生产队组织男女劳力挖蛤蜊，年产500余吨。主要在当地集市销售外，其余往胶东、青岛出售。1981年，全公社海产收入为19.5万元。1980年后，连年干旱大部湾塘干涸，淡水养鱼逐渐衰退。

对虾养殖　　党政办公室提供

库塘养殖

1971年，龙池人民公社就在北部滩涂，利用海水修池养虾，由于经验不足，被海水污染，以失败告终。80年代初期，为解决人畜吃水和灌溉用水，借用湾塘和低洼地带修建蓄水池和小型水库，素有“百塘镇”之称，养殖的主要品种有鲫鱼、鲢鱼、草鱼、鲤鱼、鲶鱼、黑鱼、螃蟹等，养殖水面4000多亩。80年代中期，养殖户引进外地养殖技术和品种，生产效益大幅度提高，对虾养殖增长迅速，大面积滩涂建成虾池。主要养殖品种有中国对虾、草虾、日本对虾、南美白对虾。90年代，对虾养殖逐渐衰退，大批虾池闲置。2002年，东白塔村陈吉弟、郭疃村赵焕林、岱邱村唐延田3人，引进外地咸水养殖技术，开始利用当地的地下水养虾，并获得成功。到2013年，龙池养虾专业户有44家，养殖面积850亩。

大棚养殖

90年代后期，随着海水养殖技术的推进，海水大棚养殖逐步发展。养殖品种主要有大菱鲆（多宝鱼）、半滑舌鳎、黑鲷、对虾等。来自海城、葫芦岛以及莱州、烟台等地的技术人员，为境内海水养殖起到推动作用。2010年以后，受地下水和市场因素影响，养殖成本增加，收入降低。2015年，东皇农场、镇农场、济南军区盐场、沙岭子西、王家庄子北等养殖区大部养殖户停产，养殖大棚闲置荒废。

近海捕捞

龙池辖区内有两处入海口，没有码头，从事海水捕捞的渔船有9艘，大部分是2001—2005年购置的木质船，属下营渔政站管辖。主机功率大部分是17.6千瓦，长度8～10米，宽度2～2.5米，只能在近海岸进行养殖类的捕捞作业。

工业企业

中华人民共和国成立前，龙池工业基础薄弱，境内只有一些个体手工业作坊。中华人民共和国成立后，工业逐步发展。80年代，开始兴办乡村企业，引导农民摆脱土地束缚，发展工、商、贸、种养加工多种经营生产。进入21世纪，发挥本地优势，招商引资与盘活闲置资金、优化产业结构、提升综合竞争力结合，调整原有经济结构转型并轨，形成创收增效、全民致富新一轮经济发展形势。2017年，龙池镇规模以上工业企业22家；工业总产值（当年价格）85.38亿元，总资产32.29亿元，利税8.1亿元；产品销售率98.8%；从业人员3037人。

管理体制

管理机构

1956年，境内手工业生产，属昌邑县手管局管理。1975年，公社设副业办公室，组织领导全社副业生产。1977年，公社成立工交办公室，业务直属县第二轻工业局领导，办公室具体负责全社的工业、手工业（包括农修厂、被服厂、塑料厂、盐场、建筑社）业务、利润上缴和报表等业务。1985年，改称企业管理办公室，具体管理乡办、村办、联办、个体四级所有制企业。1986年，改称乡经济委员会（简称经委）设主任1人，会计、统计、出纳各1人。

经营体制

1958年，成立龙池铁木社，属集体企业。村中铁匠铺、木匠铺、油坊、弹花、织布、磨面、豆腐作坊均属大队集体所有。1982年，联合体、个体企业开始出现，形成乡办、村办、联办、个体办四种工业体制。1994年，乡镇企业分期、分批进行股份制产权制度改革。1998—2017年，新办工业、企业，其性质分别为中外合资、私营、股份制等形式。

工业门类

纺织业

龙池民间丝绸历史悠久。清末民初，丝绸业受到柳疃丝绸业的带动，逐步发展壮大。1907—1921年，在瓦东、瓦西、南白塔有复兴店、利盛斋、锦盛茂3个大户，各自雇佣工人织绸，有木质织机20余台，逐步从手撂梭发展到手拉梭。郭疃、白塔、马渠、龙池等村出现专业织机工人或兼业织机工人在当地以及外地织绸，借此谋生。抗日战争爆发后，在中国共产党的领导下，境内军民自力更生开展大生产运动。成立龙池丝绸厂，有工人230多人；魏西、龙北、岱邱的工人集中在岱邱为第一车间；西白塔、东白塔、北白塔、郭疃集中在郭疃为第二车间；姚徐邓、王家庄子、沙岭子、瓦东集中在瓦东为第三车间。1943年，龙北村成立胜利鞋厂，有70多人，主要制作土布鞋供应部队。中华人民共和国成立后，丝绸业仍以分散形式在各村中。1956年，成立孙家庄、郭疃、岱邱、白塔、瓦城、王家庄子、沙岭子等村丝绸小组，共有木机100余台。农业合作社化运动后，丝绸小组变为丝绸大组。1957年，龙池的丝绸厂加工丝绸和白布。1959年，岱邱、郭疃、瓦东三个车间到岱邱合并，共有铁机10台，木机105台，职工207人。1960年4月，下放了一批职工到农业，其他于12月合并到柳疃丝绸合作加工厂。1968年，全乡有24个大队有副业生产，多为刷机等较为简单的岗位。1977年7月，龙池重建丝绸厂，有厂房60间，织布主机中32台、副机4台，并配有40千瓦的动力设备一部，1978年底投产，日产丝绸2000米，主要生产彩旗绸、印花坯、真丝提花、桑提花等产品，职工91人，平均年产值41万元。1979年12月，因原料短缺停产。1982年，改为塑料厂。职工106人，分为拔丝、准备、力织3个车间，生产丝绸改为生产塑料布，成品销售于辛店、潍坊等地，年产量20万米，年产值70万元。

织布厂车间　　党政办公室提供

1986年以后，出现大批个体纺织专业户。织机少的3～4张，多的十几张，各自招收工人，自产自销。一批人在自己家里安装一台织机，农闲时织布，自己不设计样品，只能照样加工。90年代中期，织布专业户扩大再生产，增加织机数量，多的30～40张。龙北昌龙集团、王范庄纺织厂和姚徐邓集团有织机数百台、十几个车间，数百名工人。有的专业户不仅可以为客户加工，还可自己根据市场需要设计式样，开拓了新的门路。并出现布匹买卖经纪人，利用熟识的关系，为客户和加工户拉关系，解决部分加工户找不到买家，客户找不到卖家问题。

1990年后，龙池乡加大技改投入，淘汰老式织机，引进剑杆、喷水等无梭织机，提升产品档次；引进先进印染流水线，结束龙池境内无印染企业的历史，开始由传统型向科技型转化。纺织印染成逐步为龙池乡支柱产业。1994年，山东姚徐邓集团被农业部授予“全国最佳经济效益乡镇企业”，1996年，被农业部命名为“全国大型二档企业”；1997—1999年，企业共上缴税金1380万元，职工980人，资产6866万元，产值8050万元，连续6年被省农业银行评为“AAA”级信用企业。

2000年以后，纺织大户织机数量从几十台织机到上百台织机，工人数量从十几人到上百人。并运用先进技术，由劳动密集型向集约型过度，由每人负责3～4张织机，增加到5～6张，最多可1人可负责8张。集体办的纺织厂开始改制，个人成为承包商，变身为民营企业。2011年，受环境因素制约，大部分纺织民营企业迁至李家埠、柳疃棉纺城一带，龙池的纺织企业锐减。

盐溴业

利渔盐场　位于龙池乡东利渔村北。1958年，由农村生产队联合兴建的，称龙池乡盐场，1960年1月划归昌邑县盐场一工区，1962年改为昌邑县利渔盐业合作社，1975年组建为昌邑县利渔盐场。所产原盐，1981年获省优质产品称号。1988年，共产原盐2.8万吨；工业总产值260.4万元，利润27.3万元，被省一轻工业厅命名为全省盐业先进单位。1988年，获省一轻厅优良产品称号。2017年有职工116人，盐田1845亩，年产能力为2万吨左右。1961年，社办盐场交县盐务局管理，改名为昌邑县利渔盐场。1975年，重新筹建龙池公社盐场，盐田2公顷。1979年，北部的王家庄子、龙北、东利渔、瓦北等村办起各村盐场。1981年，全公社共有盐场5.4公顷，年产原盐6000吨，产值14万元。2003年10月，利渔盐场改制为昌邑市利渔盐化有限公司，开始生产溴素。2008年，盐田整合后，原盐生产归昌邑市龙池盐化有限公司。

昌邑市青碱制盐有限公司　2008年，山东省潍北盐场、昌邑市青碱制盐有限公司2家企业开始合并，2009年完成合并，成立昌邑市青碱制盐有限公司。有盐田净水面积622公顷。合并后，公司产权归属中国人民解放军东部战区某部。

山东省昌邑市玉海盐化有限公司　2008年，昌邑市潍北盐场、昌邑市龙杯盐场、昌邑市昌北盐场、昌邑市泰瑞恒制盐有限公司4家企业开始合并，2009年完成，成立山东省昌邑市玉海盐化有限公司。有盐田净水面积703公顷。合并后，公司产权归属中国人民解放军东部战区某部。

山东省昌邑市龙池盐化有限公司　2008年，现代盐化（潍坊）有限公司、昌邑市盛海盐化有限公司、昌邑市王家庄子盐场、昌邑市龙池丰利盐场、昌邑市瓦城盐场，昌邑市利渔盐化有限公司和昌邑市海玉盐化有限公司的盐田，共7家企业开始合并，2009年完成，成立山东省昌邑市龙池盐化有限公司，有盐田净水面积1377公顷。合并后，产权归属各股东单位。

昌邑市利渔盐化有限公司 2003年10月成立，前身为昌邑市利渔盐场。2008年，盐田与昌邑市龙池盐化有限公司整合，保留溴生产机组。2017年，企业有2套溴生产机组，年生产能力1000吨。

昌邑市海玉盐化工有限公司 2004年10月成立。2008年，盐田与昌邑市龙池盐化有限公司整合，保留溴生产机组。2017年，企业有2套溴生产机组，年生产能力1000吨。

昌邑市利源溴素厂 2006年3月成立。2017年，企业有2套溴生产机组，年生产能力1000吨。

昌邑市昊龙盐业有限公司 2004年6月成立。2017年，企业有2套溴生产机组，年生产能力1000吨。

昌邑市大海溴业有限公司 2004年4月成立，为镇内招商企业。2017年，企业有1套溴生产机组，年生产能力500吨。

昌邑市天龙盐化工有限公司 2004年4月成立，为镇内招商企业。2017年，企业有1套溴生产机组，年生产能力500吨。

昌邑市民康制溴有限公司 2003年6月成立，为镇内招商企业。2017年，企业有4套溴生产机组，年生产能力2000吨。

山东裕源集团有限公司昌邑第二化工厂 2004年12月成立，为镇内招商企业。2017年，企业有2套溴生产机组，年生产能力1000吨。

昌邑市曙光化工厂 2011年9月成立，为镇内招商企业。2017年，企业有1套溴生产机组，年生产能力500吨。

昌邑市龙信化工有限公司 2012年8月成立，为镇内招商企业。2017年，企业有1套溴生产机组，年生产能力500吨。

制盐工艺

境内制盐历史悠久，早在春秋战国时期，盐民以火煎日晒，化卤为盐，世代以盐业为生。自夏开始采取淋卤、煮熬的制盐方法。春秋时期用青铜锅煮熬，汉代改用铁锅。清初，盐民采用“日晒盐”工艺。在秋天打卤水井，翌年春天晒盐。打井一般都在滩井子（水池子）周

盐业生产　　党政办公室提供

围，最大的滩井子有70多亩。滩井子都建在西面，然后依次往东用池堰子（池埂）圈起4个制卤圈（每个圈约3—7亩），地势西高东低。到春天晒盐时，人们在天亮前就要从井里打水到滩井子里，每天滩井子里都要保持约6厘米水深。再将滩井子里的水依次放到4个制卤圈里，靠太阳的蒸晒成盐。检验滩井子里的水是否成卤，人们多数将莲蓬子丢进去，莲蓬子漂上来便是成卤了。清乾隆十九年（1754），境内制盐形式有煎有晒，产量增加，并开始挖井晒盐。据《中国盐政实像》记载：清乾隆年间，在瓦城村北建有富国盐场，为官办的十二盐场之一。1951—1955年，盐业生产方式沿用老方法。1958年，盐田归公社所有，盐场改为社办企业。共有33副盐滩，每副盐滩年产原盐125吨。1957—1958年，境内原盐产量1400吨。1981年，盐场原盐生产半机械化，用压池机、拖拉机、打坨机等机械进行盐业生产。并开始用砖护池坝、用无纺布护池埂、用塑苫覆盖结晶池。2005年，结晶池塑苫化达到100%。

园区建设

2013年5月，昌邑市政府批准设立龙池工业园。园区东至堤河，西至丰收路，南至新海路，北至国防路，规划面积120平方千米；2015年7月，获批潍坊市循环经济示范园区。园区产业发展定位为提升现有产业技术，重点发展化工产业，辅以发展机械、纺织、新能源、新材料等产业，大力发展现代物流业，建设连接潍坊滨海开发区与昌邑滨海开发区的工业园区。2017年，园区内有企业16家，行业涉及化工、纺织、机械、建材等，主要产品20余种，产品与原料之间实现循环利用，企业之间实现抱团发展，综合产业组团初步形成。园区基础设施配套完善。龙池工业区现在已经完成基础设施投入1.1亿元，配套面积2.6平方千米。园区建成道路“两纵两横”5.2千米，日可供电1.6万伏安、供水1.2万立方米、供气1000吨、处理污水1万吨。作为加快滨海开发的重要载体，龙池工业园以海能化学18万吨离子膜烧碱项目为基础规划建设，占地120平方千米，已落户总投资60多亿元的海能化学、三力本诺等项目16个。2016年10月，被批准为潍坊市首批化工园区。2017年，龙池镇推进园区北拓工程，调储土地5000余亩，建设四纵六横道路10条、2.6万米，并配套建设供水、供电、生活污水管道等基础设施。

园区招商

2000年6月，龙池镇开始有组织地开展招商引资活动和经济园区建设。2001年，昌邑市委、市政府下发《关于进一步深入开展招商引资的意见》。12月，成立龙池镇招商引资办公室，初步建立起投资服务、工作领导、考核奖惩等招商引资工作机制。2002年，开展“百日招商”“招商突击月”活动。2005年，组织专业招商队伍，定期对专业从事招商人员进行培训，培训内容主要是国家有关政策、法律、法规，市、街道制定的优惠政策，商贸知识，具体招商运作方式等。龙池镇注重以商招商，真诚地关心帮助投资商，以情动人，并通过他们引进更多的资金和商家。龙池镇每年邀请境内在外地工作的人员举行“老乡联谊会”，动员街道脱产干部和村干部给自己在外工作的亲友写一封信，让他们了解家乡的发展变化和优惠政策、招商环境，借助亲情关系，扩大招商渠道。根据反馈信息提供招商线索。市委、市政府号召全党抓经济，全民招商，龙池镇党委办事处对副科以上干部和街道部门下达引进资金和项目的任务。鼓励全街道机关干部、村干部和广大群众积极参与，形成“人人找项目，个个能招商”的氛围。2014年，共招商引资项目38个，引进资金15.5亿元。其中过亿项目有“百枣纲目”“江山国际学校”等3个。这些项目的落户，为龙池镇提供就业岗位1800多个，完成税收1500万元。2015—2017年，全镇引进项目46个，总投资59.06亿元。

园区企业简介

山东昌邑海能化学有限责任公司

位于昌邑市龙池镇工业园区，占地面积1000亩，注册资金3.045亿元，公司下设离子膜烧碱分公司、双氧水分公司、热电分公司、检修分公司及专业职能部室。2017年，公司有职工400人。主要生产液氯、32%离子膜烧碱、48%氢氧化钾、次氯酸钠、27.5%双氧水及系列附属化工产品，产品广泛应用于制造染料、药品、消毒剂土壤稳定剂、混凝土调质剂、化学试剂等领域基础化工原料，全年实现销售收入6亿元，税收3000余万元。

潍坊三力本诺化学工业有限公司

位于昌邑市龙池镇龙池工业园区，2011年11月注册成立，现有各类专业技术人员60余人，

潍坊三力本诺化学工业有限公司

主要工业产品为氯化亚砜、酰氯、对苯二胺等，是目前国内先进的酰氯类产品生产基地，同时又是山东省重点扶持发展的新材料项目。

山东大地兴鲁化工有限公司项目

位于昌邑市龙池镇工业园区，占地110亩，总投资5.4亿元。2017年5月，年产3万吨偏二氯乙烯项目建成投产。项目全部投产后可实现年产值10亿元、利润2.1亿元。

潍坊东元连海化工有限公司

位于昌邑市龙池镇工业园区，2013年3月开工建设。2014年5月，苦卤回收再利用项目总投资为2.2亿元，占地面积70亩投产。项目主要安装购置生产及配套设备129台（套），年销售收入2.5亿元，实现利税5000万元。

潍坊东元连海化工有限公司

潍坊鸢华化学工业有限公司

位于昌邑市龙池镇工业园区，2012年，无机盐物流项目开工建设，项目占地60亩，总投资2.6亿元，于2014年底投产。公司是绿色环保大型化工企业，主要业务为化工产品的生产与销售，在潍坊地区盐化工业中占重要的主导地位。年销售收入达3亿元。公司连年被评为“全国重质量守信用（品牌）单位”和“山东省消费者满意品牌”及“11315全国企业征信立信单位”。

昌邑市大安精细化工有限公司

位于昌邑市龙池镇工业园区，是一家民营独资企业，主要以生产环己烷、甲基环己烷、乙基环己烷和三氯化铁、液体三氯化铁的专业厂家，占地面积86.77亩，固定资产2800万元，是集生产、经营、储运于一体的化工企业。公司紧临新沙路，距荣乌高速公路仅2千米，距大莱龙铁路3千米，交通十分便利。2017年，公司有职工60余人，其中各专业技术人员15人，环己烷年生产能力1万吨，甲基环己烷年生产能力3万吨，乙基环己烷年生产能力5000吨，三氯化铁年生产能力2万吨，液体三氯化铁年产量1万吨。

潍坊迪蒙化工有限公司

位于昌邑市龙池镇工业园区，2009年6月注册，占地45亩。专业从事塑料助剂，增塑剂产品的研究、开发、生产和销售，是集科技、工业、贸易于一体的民营股份制企业。从事生产销售环保增塑剂柠檬酸酯以及邻苯二甲酸二甲酯、二乙酯、二丁酯、二辛酯等多元酯类增塑剂产品。

潍坊迪蒙化工有限公司

潍坊瑞众化工科技有限公司

位于昌邑市龙池镇工业园区，于2011年6月21日注册成立，注册资金200万元，公司经营范围为生产销售环保型涂料添加剂（氯化橡胶），总建设规模为6000t/a氯化橡胶项目，总投资5100万元。项目定员共计25人，其中生产人员18人、工程技术及管理人员5人、安全环保管理2人。

潍坊泰兴生物化工有限责任公司

位于昌邑市龙池镇海能项目区，2011年7月注册成立，注册资金1000万元，公司占地面积39960平方米，厂房办公面积约30000平方米，主要生产销售环保涂料氯化橡胶、高氯化聚乙烯漆、对苯醌、碳酸锰、硫酸锰等产品，拥有

潍坊泰兴生物化工有限责任公司

10 吨 314L 不锈钢反应罐 6 套，10 吨陶瓷反应罐 6 套，其他反应罐 8 套，雷蒙机 1 套，烘干床和气流干燥机 3 套，进口冰机 2 套，锥形烘干箱 1 套，硫磺炉和吸收塔 5 套其他附属设备 8 套。年生产氯化橡胶、高氯化聚乙烯漆能力能力 1000 吨，产品主要销售给全国各大油漆厂作为特种防腐油漆的主要添加原料。年产对苯醌 500 吨，主要销售全国各地的医药厂和化工厂。

山东明兴化学有限公司

位于昌邑龙池工业园区，于 2013 年注册成立，注册资金 1500 万元，经营范围生产和销售氯化石蜡—52，以及 31% 盐酸与次氯酸钠等化工产品，建设规模为年产 3 万吨氯化石蜡—52 项目。属石油化工项目。

潍坊威森格化工有限公司

位于昌邑市龙池镇工业园区，该公司为集研究开发、生产、销售危化品于一体的综合型股份制企业，注册资本 188 万元，拥有资产总值 1800 万元。现有职工 43 人，各类专业技术人才 12 人，安全生产管理人员 5 人。公司占地 45 亩，建筑面积 3000 平方米，主要设备 80 台套。主要产品及产能为：氢溴酸 500 吨，溴化氢醋酸溶液 1500 吨，溴化氢 500 吨，氯化氢 1000 吨。生产技术居国内同行业先进水平。

潍坊威森格化工有限公司

东汇鑫新材料有限公司

位于昌邑市龙池镇工业园区，占地面积 137.52 亩，总投资 3.8 亿元，其中 2017 年投资 3000 万元，新建部分生产车间、仓库、罐区、及其他公用辅助设施等，总建筑面积 1 万平方米。项目建成后，年可生产 3 万吨蒽醌、10 万吨硫酸镁、6 万吨无水三氯化铝、10 万吨聚合氯化铝、0.5 万吨 1—氨基蒽醌、5 万吨偏硅酸钠、3 万吨氰尿酸、5 万吨三氯异氰尿酸、6 万吨硫酸铵等产品，年销售收入 17.3 亿元，税收 8000 万元。

潍坊昌海化学有限公司

位于昌邑市龙池镇工业园区，2014 年 8 月开工建设，2015 年 6 月投产，项目总投资 1.5 亿元。产品利用氯气、高密度聚乙烯生产氯化聚乙烯，主要用于型材改性，替代天然橡胶、氯丁胶、丁苯胶等橡胶。投产后年产量 8 万吨，实现销售收入 10 亿元，利税 2.5 亿元。

昌邑市佳禾糖业有限公司

位于昌邑市龙池镇工业园区，占地 140 亩，由上海蓝海缘食品科技有限公司与山东昌邑富兴水泥集团公司共同投资 5000 万，主要以玉米芯为原料，年产 5000 吨木糖及木糖衍生品、人造板材、生物质燃料等一系列产品，每年销售收入 1 亿元，产品主要销往日本、韩国、欧美等国家和地区。

潍坊华腾印染织造有限公司

位于昌邑市龙池镇工业园区，2006 年注册成立，占地约 500 亩。属华腾集团旗下，有员工 500 人左右。主要生产各种全涤、涤棉及全棉的印花和染色布，产品销往中东、非洲、东南亚、俄罗斯等多个地区和国家，营业收入 3 亿元。

商贸流通

中华人民共和国成立前，龙池境内商贸流通主要通过集市、庙会交易，流动商贩入村串巷叫卖叫买，兼有少量私营店铺出售日常生活用品，个别坐地商户收购当特产品行销外地。1953年，国家以积极发展、巩固合作商业为主，私营商业逐步减少。1956年，对私营商业的社会主义改造基本完成，私营商户过渡到合作社或小组。到70年代，私营商业逐步消失，境内商贸流通以国营、集体商业为主体。全国实行三级批发，零售供应价格统一计划供给。90年代，随着商业体制改革步伐加大，所有商品取消计划供应，商品经营完全放开，境内个体民营商业迅速发展，逐步成为商贸流通主体。2017年，龙池镇个体商业发展到50余个门类，50多个门市、摊点。其中超市、百货零售商店10余家。有4个限额以上社会消费品销售额2696万元，零售额2696万元。

龙池供销社

龙池过去地瘠民贫，交通不便，群众购买力低，境内并无正经市场，亦无象样的商号。当地农民购买生活用品或出售农副产品，均依靠白塔（一、六）、瓦城（二、七）、龙池（四、九）、马渠（五、十）4个集日来进行交易。买卖牲畜和添置生产资料，都在瓦城与马渠两处山会上进行交易。中华人民共和国成立前，全乡有28家个体商业户，多数是集日出摊，家中设铺，经营的主要商品是油、盐、酱、醋、烟、酒、糖、茶小百货副食品等，其中较大的有龙东村“同聚兴”兼营生熟药材，马渠村京广杂货铺。全乡有230多人，身背包袱，到外地贩卖布绸。近者行销外省各地，远者跑遍东南亚各国，俗称他们为“包袱商”。1948年7月，在马渠和岱邱两村，发动群众每户投大豆3升，集股建设油坊，共计950股；投谷10625斤，进行粮油加工兼营部分小商品供应。1949年，昌邑县推进社先后在龙街、白塔、岱邱、马渠组建4处村社。

1952年，4处村社合并为龙池、马渠两处联村社。1953年，两处联村社合并，成立昌邑县第九区供销合作社，有资金4.6万元，群众股金1.66万元，利润2.9万元，年销售额30.6万元，经营品种820个，周转天数为35天。1957年，昌邑县第九区供销合作社改称龙池区供销社。1968年，又改称龙池供销社，粮油经营划归粮管所，供销社增加煤炭、五金陶瓷器、鞋帽、成衣等商品。1970年，增设旅馆、饭店、调味、水产等单位，经营品种2700多个，资金339万元。龙池商业网以龙池供销社为中心，在乡驻地西柳瓦路北侧，设有布匹、百货、生产资料两个门市部及旅馆饭店各1处；南侧设有煤场、照像馆、副食品门市部和采购站；下设3个零售商店：马渠零售店，距乡驻地7里，在马渠街的十字街口，有门市部9间、仓库6间；龙池零售店，距乡驻地1.5千米，原为供销社旧址，总社搬迁后，改为零售店，占有房屋25间、门市部16间；瓦城零售店，距乡驻地4千米，设在瓦东村，建有门市部9间。在各村设有代购代销点21处。代购、代销点的人员属生产队，资金属供销社，由供销社负责业务管理。

龙池集贸市场（2018年） 摄影 李 宁

90年代，市场规模扩大，个体私营业户增多且迅速发展，供销社经营受到冲击。为适应新的发展需求，供销社全面推行责任制和岗位责任制，把职工的利益和企业发展紧密结合起来，调动干部职工的积极性。人事任用竞争机制，能者上、庸者下，竞争上岗；分配上完全按照职工对企业的贡献大小决定收入高低。经营上的自主权和灵活性增强，供销社经营主渠道地位得到巩固，经营业务进一步发展。2000年后，明晰企业产权关系，继续加大改革力度，实行抽本经营，将职工推向市场，未参入承包的职工进行分流，自谋职业；对行政管理机构实行减负增效，转岗分流，撤掉不必要的科室。2003年年底，供销社进行股份制改造，供销社的集体性质发生改变。

商贸街

1999年10月，实施以“龙池大道”（行政街）为轴线，3000米经济长廊同步开发，多套商业楼交付使用。经过几年不断发展，行政街逐渐形成龙池商业经济长廊。2007年以来，先后对政府街等街道两侧商业网点进行配套完善，又建成4路、4条商贸街。至2017年年底，辖区内共有各类工商企业193家、个体工商户904户、农民专业合作社83家。

农村集市

镇内的集市设置明代即有记载。明万历十二年（1584），全镇共有白塔、瓦城、龙池、马渠4处集市。中华人民共和国成立后，昌邑县人民政府加强集市的管理，对全县的集市设置重新进行调整。1957年，全镇仍保留集市5处。1958年“大跃进”时期，集市贸易全部被国营商业代替，所有集市均被取消。1960年，国务院提出“有计划地恢复农村集市”，龙池公社的集市贸易逐步恢复。1966年“文化大革命”开始，全镇仅保留3处集市；1968年，全公社统一在农历初五、十为集日，让贫下中农代表管理集市。1975年，又将集日统改为农历一、六，限制赶集人数和上市品种，人为地抑制贸易活动，不少商品只有在暗中交易。1978年，中共十一届三中全会之后，对集市实行“管而不死，活而不乱”的原则，贯彻支持生产、促进流通、活跃市场、方便群众的方针，促进流通区域的扩大，缩小地区间物资差价，传统集日逐步得到恢复。1989 年起，开始对集贸市场实行规范化管理和文明建设，全部实行划行归市、编号定位、对号入市。至2017年年底，全镇共有马渠、龙池、白塔、瓦城 4 处集市。

粮食经营管理

清末及民国时期，粮油均为私人经营。1945 年 9 月，县政府开始在各区征收公粮。中华人民共和国成立初期，国家为稳定粮食市场，采用“吞吐”的方法平抑粮价。1953 年 12 月起，执行粮油统购统销。1963 年，粮食议购议销，价格变动随行就市，是统购统销的补充；但在 1978 年以前，议购业务量较小。1978 年以后，市场开始活跃，熟食业、副食业逐渐增多，粮油需求量也相继增加；1979 年，增加油脂油料的议购议销业务；1980 年，粮食部下达《关于粮食和食用油脂、油料议购议销试行办法》，粮油议购任务逐年扩大；1985 年 5 月起，粮、油统购改为合同订购；1989 年起，由于国家不再下达粮、油议购任务，合同订购任务又相对增加。1990 年，龙池粮食油料调拨管理仍执行国家指令性计划。1992 年，为适应市场经济和企业改革要求，企业实行承包责任制。1993 年 4 月，根据国务院《关于加快粮食流通体制改革的通知》要求，昌邑县粮食系统转换经营体制，粮食价格和市场逐步放开，实行 40 年的城镇居民粮食供应制度取消。1994 年，深化粮食企业改革，加快经营机制转换，龙池乡粮管所实行“双包制”（承包利润、承包费用）。1995 年，全市粮食实行统收购、统一销售、统一调拨、统一库存管理模式。1996 年，粮食流通体制改革实行实行政企分开、储备与经营分开、中央及地方责任分开、新旧粮食财务挂账分开政策和完善粮食价格机制。至 1998 年年底，粮食购销政策仍实行政府订购和随行就市的议购“双轨制”政策。2000 年后，随着粮食价格和市场的进一步放开，龙池粮所处于半停滞状态。2004 年 5 月 26 日，《粮食流通管理条例》实施，赋予粮食行政管理部管理全社会粮食流通和对市场主体准入资格审查的职能。2005 年 7—12 月，昌邑市国有粮食购销企业进行全面改革，龙池粮所与职工解除劳动合同。

传统服务业

餐　饮

清末，龙池的饮食业主要有馍馍房、烧饼

龙乡人家农家乐（2018 年）　　摄影 李　宁

铺、包子铺、馃子铺等，多由农家兼营，品种单一，平时串乡叫卖，集日或赶会时搭棚设灶，并设简易餐桌。中华人民共和国建立后，玉皇庙饮食业发展较快，饭菜趋向大众化、多样化。1965年，龙池供销社开设饭店，以经营汤菜、馒头、包子、油条、面条为主。中共十一届三中全会以后，龙池饮食业迅速兴起，饮食网点主要集中在政府机关周边。1984年，实行开放搞活，国营与集体的饮食业相对减少，个体饮食业迅速增长，烧饼、炉包、油条等传统饮食恢复，代办酒席、送菜上门的饭店也越来越多，面食操作大多用机械代替手工，菜肴制作提倡色、香、味、形皆备，开始向精制细做发展。90年代，餐饮、娱乐、住宿多样化发展。2000年以后，随着人们生活需求的不同，又向精细化分工发展。

理　发

俗称剃头。清末、民国初期，境内从事理发业者皆肩批担子，赶集搭帐或走街串巷为顾客服务，工具以刀子为主，剃光头居多。中华人民共和国建立后，理发业有所发展，所用剃头刀子逐渐被单手推剪代替。1962年，龙池供销合作社建立合作理发店1处，老年人仍以剃光头为主，青年大多改推平头。1979年，境内第一家私人理发店开业。80年代，个体理发业逐年增多，集体合作理发店则相继停业，理发工具以电推剪为主，配合使用剪子、刀子、电吹风等工具，男子多留分头，女子时兴短发、烫发。理发经营者由原来的男性为主逐步发展变为女性居多。

维　修

1976年，龙池街出现第一家修车铺，群众凭票买自行车。修车铺负责将散装的自行车零件进行组装，并负责后期的维修。1980年，龙池开设第一家维修手表、钟表、收音机等小型电器店。除固定的维修店铺以外，每逢集日，流动的维修摊点日益增多。而随着农业现代化的深入推进，机械化、规模化种植基本普及，农机维修店铺随之减少。2000年后，随着手机的普及和家电的换代，各种家用电器、电子产品维修被生产厂家的售后服务网点所代替。

经济管理

财政收支

1986年5月，成立龙池乡财政所。1995年率先实行电算化记账。2008年5月，根据市委、市政府关于龙池镇机构改革实施方案的批复，更名为昌邑市龙池镇财政经管统计服务中心。2010年3月，与镇政府同地办公，负责龙池财政预算、预算外资金管理、农业税征管、支农资金的发放和回收、农村经济、农业承包合同管理、农村财务审计、农民负担监督、统计普查服务工作。财政经管统计服务中心定编8人，设主任1名、副主任2名、工作人员5人。

2005年，全镇完成地方财政收入932.5万元；民营企业实现销售收入 21.33 亿元；其中限额以上企业实现销售收入 11.58 亿元；实现利税 1.08 亿元；固定资产投资 7.39 亿元。

2007 年，龙池镇完成地方财政收入 1422.8 万元。2008 年，完成地方财政收入 1898.1 万元，实现工业销售收入 21.2 亿元，利税 2.2 亿元，第三产业增加值 6960 万元，农民人均纯收入 7017 元。

2009 年，完成地区生产总值 18.1 亿元，地方财政收入 2412 万元，实现工业销售收入 77.5 亿元，利税 4.4 亿元，第三产业增加值 8532 万元，农民人均纯收入 7942 元。

2010 年，财政拨款收入 5518 万元。年度支出 5518 万元，其中一般公共服务支出 512 万元，教育支出 3018 万元，文化教育支出 18 万元，社会保障就业支出 218 万元，医疗卫生和计划生育指出 183 万元，农林水支出 837 万元，住房保障支出 707 万元，城乡社区支出 25 万元。完成地方财政收入 2995.6 万元；民营企业实现销售收入 126.1 亿元，其中限额以上企业实现销售收入 44.3 亿元，实现利税 4.5 亿元，实现固定资产投资 15.5 亿元，农民人均纯收入 8412 元。

2011 年，全镇财政拨款收入 4064 万元。年度支出 4064 万元，其中一般公共服务支出 547 万元，教育支出 2428 万元，文化体育传媒支出 5 万元，社会保障就业支出 110 万元，医疗卫生和计划生育支出 17 万元，农林水支出 365 万元，住房保障支出 45 万元，城乡社区支出 547 万元。全镇年度收入任务 3534.8 万元，完成 4650.9 万元，农民人均纯收入 9680 元。

2012 年，全镇财政拨款收入 3219.05 万元。年度支出 32190.5 万元，完成固定资产投资 12.1 亿元，地方财政收入 4854.1 万元。

2013 年，全镇财政拨款收入 3226.33 万元。年度支出 3226.33 万元，其中一般公共服务支出 619.59 万元，教育支出 119.82 万元，文化体育和传媒支出 2.81 万元，社会保障和就业支出 87.57 万元，医疗卫生和计划生育指出 25.49 万元，农林水支出 215.26 万元。住房保障支出 51.19 万元，城乡社区支出 2104.60 万元。实现财政总收入 1.78 亿元，其中公共财产预算收入 5974.4 万元。

2014 年，全镇财政拨款收入 753 万元。年度支出总计 753 万元，其中一般公共服务支出 230 万元，教育支出 70 万元，社会保障和就业支出 73 万元，医疗卫生和计划生育支出 85 万元，农林水支出 241 万元，住房保障支出 54 万元。税收收入任务 3271.3 万元，主要为增值税和企业所得税，完成 3321.4 万元。

2015 年，全镇财政拨款收入 3636.91 万元。年度支出 3636.91 万元，其中一般公共服务支出 361.85 万元，教育支出 107.27 万元，文化体育和传媒支出 2.4 万元，社会保障和就业支出 86.92 万元，医疗卫生和计划生育支出 94.58 万元，农林水支出 346.73 万元，资源勘探信息支出 7.26 万元，住房保障支出 50.87 万元，城乡社区支出 2579.03 万元。财税任务 7831.2 万元，其中国税部分任务为 2878.4 万元，地税部分任务为 4952.8 万元。

2016 年，全镇财政拨款 1756.80 万元。年度支出 1756.80 万元，其中一般公共服务支出 608.62 万元，教育支出 548.14 万元，文化体育和传媒支出 8.56 万元，社会保障和就业支出

81.42万元，医疗卫生和计划生育支出106.03万元，农林水支出280.75万元，资源勘探信息支出11.89万元，住房保障支出111.39万元。全年税收任务为8536.2万元，共完成公共财政预算收入6068.9万元，国税1896.8万元，地税4172.1万元。

2017年，全镇财政拨款收入800万元。年度支出800万元，其中一般公共服务支出291万元，教育支出37万元，文化体育传媒支出9万元，社会保障和就业支出46万元，医疗卫生和计划生育支出87万元，农林水支出198万元，资源勘探信息等支出13万元，住房保障支出119万元。税收任务7261.4万元，其中国税2541.5万元、地税4719.9万元。

惠农政策

粮食补贴

2004年，按照国家政策，境内按照小麦种植面积开始发放农业种粮补贴，并逐年增加补助金额。2004年和2005年小麦直补（农民种粮直接补贴）每亩13元，直接发放现金；2006年直补14元、综合补贴14.2元，发放银行存单；2007年直补14元、综合补贴30.5元，2007—2017年直接打在农村信用银行农户的一本通账号上；2008年直补14元、综合补贴72.78元；2009年直补14元、综合补贴69.97元；2010年直补14元、综合补贴69.15元；2011年直补14元、综合补贴84.45元；2012年直补14元、综合补贴86元；2013年和2014年直补14元、综合补贴111元；2015年起，将种粮农民直接补贴、农作物良种补贴和农资综合补贴合并为农业支持保护补贴，每亩小麦补贴125元；

种粮大户奖励补贴

种植小麦50亩以上的种粮大户进行奖补，2009—2013年每亩小麦奖补10元、2014年每亩40元，按种粮大户购买农资发票给予定额补贴；2015年和2016年每亩60元，大户补贴最高限额每户1.2万元，直接打在农村信用银行农户的一本通账号上。2017年，按种粮大户每亩23.25元的标准发放生物有机肥。

农业税

2006年1月1日起，全国取消农业税、牧业税、农林特产税。

良种补贴

2006—2011年，执行国家实行小麦良种补贴政策，2012—2017年，延续小麦良种补贴政策，每亩按10元补给种子中标企业——昌邑市种业有限责任公司，由中标企业按高出商品小麦每斤0.2～0.3元的价格供应到户；2011—2013年国家棉花良种补贴每亩15元，由中标企业免费向棉农供应棉花良种，2014年后停止棉花良种补贴。

农业机械购置补贴

2005年开始至2017年，实施农业机械购置补贴，补贴比例一般为所购机械总值的30%左右，实行机具定额补助。

棉花目标价格补贴

2014年实行棉花目标价格补贴每亩235元；2015—2017年，每亩补贴150元，补贴款直接存入农户卡。

农业政策性保险

2012年域内开始实施农业政策性保险，由中国人民财产保险股份有限公司承保。2012—

2014 年小麦、玉米每亩总保费 10 元，农户交 2 元，2015 至 2017 年小麦、玉米每亩总保费 15 元，农户交 3 元；2012—2014 年棉花每亩总保费 18 元，农户交 3.6 元，2015 至 2017 年棉花每亩总保费 30 元，农户交 6 元。政策性保险负担比例：政府财政负担总保费的 80%，农户交总保费的 20%。

金融服务

1952 年 8 月，境内设立人民银行龙池营业所。1954 年 2 月，成立龙池信用部。4 月，石油、马渠、双合、龙池、白塔、姚瓦、瓦城 7 处乡信用社合并至龙池信用社，有 4 名工作人员，主要负责储蓄、信贷、救济等业务。至 1982 年有职工 17 人。为方便群众存款，在西白塔、瓦东、龙街、马渠设立 4 个社。至 1957 年放款高额为 6000 元，集体存款为 3000 元，社员储蓄 1.8 万元。1964—1968 年共计放款 12 万元，集体存款 40 万元，社员储蓄 21 万元。1981 年放款 65 万元，集体存款 196 万元，社员储蓄518万元，平均每人存款210元。龙北村每户平均存款 530 元，北白塔村平均存款 550 元，沙岭子村平均存款 320 元。龙池乡千元以上的存款户 2150 户，万元以上的 3 户。

农村信用社

1954年春，龙池区成立龙池、龙合、马渠、石油、白塔、姚瓦、瓦城、双合 8 个乡信用社。 1956 年 4 月，龙池区 8 个乡信用社重组。石桥油坊信用社合并至马渠信用社；从马渠信用析出成立楼子信用社；龙合信用社合并至龙池信用社；姚瓦信用社合并至瓦城信用社。1958 年 12 月，境内有龙池、双合、白塔、马渠、楼子、瓦城等 6 家信用社。1972 年 9 月，昌邑县龙池人民公社信用合作社成立，是独立经营核算的法人单位，有业务员 7 人。将 6 个信用社调整为龙池、白塔、马渠、瓦城 4 个服务点、业务片。 1976 年 7 月，龙池公社信用社在距离较远、人口多、经济基础好、社员收入高的大队建立信用代办站 5 处。次年信用站发展到 15 处。

1978 年 12 月，龙池信用社与人民银行龙池营业所合署办公。1983 年 7 月，龙池信用社改革，撤销原有业务点片，成立龙池信用社马渠分社、龙池信用社瓦城分社。 1994 年 4 月，农业银行龙池营业所、信用社分开办公，信用社留在原处。2001 年 10 月，龙池农村信用社降格，并更名为柳疃农村信用社龙池分社，马渠分社、瓦城分社相应归属柳疃信用社。2006 年 1 月，实行联

昌邑农村商业银行龙池支行（2018 年）　　摄影 李　宁

合信用社一级法人制度，成立昌邑市农村信用合作联社龙池信用社，属联社派出机构，非法人单位，代管昌邑市农村信用合作联社的马渠分社和瓦城分社。2012年12月，昌邑联合信用社改制，称山东昌邑农村商业银行股份有限公司，龙池信用社改为山东昌邑农村商业银行龙池支行，代管山东昌邑农村商业银行的马渠支行和瓦城支行。2017年，龙池支行有工作人员18人，其中行长1名、副行长2名。

存款　建社初期，境内农村经济薄弱，群众收入低，储蓄存款增长滞缓。1960年，楼子信用社存款不足6000元。1965年，峡山水库灌区输水工程建成后，龙池北部通过挖沟排碱、引水灌溉，改种水稻获得丰收，农业生产出现转机，粮、棉、林、蒲、苇、渔全面发展，信用社在支持生产队粮棉种植、增产丰收的前提下，利用当地资源开展多种经营，增加农民收入，扩大储蓄来源。1972年，龙池信用社存款104.8万元，贷款5.28万元。

1972年，龙池信用社把存款业务放在首位，组织各业务片人员实行定点加流动服务模式，一人在服务点开门营业，一人走村串户为大队、生产队、农户办理存取款业务。作好马渠、龙池、白塔、瓦城等集市服务，逢集日延长工作时间，保证储户存取款方便。1973年，信用社存款增至155万元，是昌潍地区户均存款过200元的信用社之一，被人民银行昌潍地区中心支行评为“储蓄先进社”，并在地、县金融工作会议上做典型发言。1972年起，连续十年存款余额和人均存款在昌邑县农金系统名列前茅。1983年，通过“信改”，信用社开办华侨人民币储蓄、保值储蓄、有奖储蓄等，年底各项存款292.3万元，龙池乡人均存款114元，是昌邑县第一个人均存款过百元的信用社。1993年12月，龙池信用社各项存款3120万元，是1978年合署办公时的13.5倍。

1994年，成立农业银行龙池营业所，与农龙池信用在分离，龙池信用社在做好传统存款工作的基础上，保持存款的稳定增长。龙池镇是昌邑市主要粮食种产地，在棉花等农副产品收购旺季，信用社与收购站点等单位联系，安排专人帮助结算，吸收农户大量储蓄，至年底，各项存款3850万元，当年增加存款700余万元。

2000年年底，各项存款7675万元，当年增长1889万元，存款增长计划完成位列昌邑农信第一名。

2006年，联合信用社实行一级法人制后，龙池信用社制定《存款考核专项办法》，当年日均存款余额1.83亿元，占计划108.6%，存款增长超计划440万元，人均增长225万元。2008年，各项存款2.936亿元，比年初增加7606万元，职工人均存款1272万元。

贷款信用社初期，主要是发放贫困农户贷款、贫农合作基金贷款、农业贷款，将小型农具（锨、锄等）贷款、国家口粮贷款和救济款发放到贫困群众手中，解决社员群众生产、生活需求。1956年，马渠乡信用社发放农户贷款近3000元，为社员群众帮贫解困发挥较大作用。

人民公社成立以后，龙池公社各信用社支持农村大队、生产队发展集体经济，对集体经济组织农业生产中的资金需求给与扶助，发放农业生产费用贷款、农业生产设备贷款、专项农业贷款等，代理国家银行发放无息农业贷款、贴息农业贷款、低息农业贷款，帮助生产队购买种子、化肥、柴油、农机用具等生产资料。

中共十一届三中全会以后，农村改革开放，实行土地联产承包责任制，龙池信用社贷款重心转移，由单纯的支持农业生产发展发放农业贷款为主，转向贷款支持“两户一体”、乡村企业为主。发放贷款的方式基本上是信用贷款，逐步改为保证担保贷款。1981 年，发放贷款 162 万元。1986 年，乡村企业贷款 511 万元，支持乡办企业发展到 11 个村办企业、27 个从事农机制造、晒盐、织布、建筑、冷藏、印染等乡村企业。

1994 年，龙池信用社改进贷款方式，对原存量中的信用贷款，补办保证担保或财产抵押担保手续；新增贷款全部实行企业担保或财产抵押，企业担保由“1 ＋ 1”改为“1 ＋ 2”模式。1994 年，乡村企业贷款余额 1520 万元。2000 年，保证担保、抵押担保贷款余额占比 82.7%，其中财产抵押贷款占 33.1%。2002 年 3 月，龙池信用社开展农户贷款“一查双推”活动，组织客户经理、信贷员深入村户调查农户当年贷款需求、推广使用贷款证、推广贷款上柜台，把贷前调查、审查的程序提前做好，贷户持证直接到营业室专柜办理贷款。在 21 个村发放贷款证 1836 户，合同贷款 2745 万元，实际使用贷款 1107 万元。4 月，信用社推行全员营销贷款，全体员工每月分配贷款营销任务，贷款放出、收回、利息收入与工资挂钩，按月考核兑现。2005 年 3 月，龙池信用社推行“信用村”“信用户”农户信用评定制度，简化贷款手续。全镇 4 个村被评为“信用村”，2401 户被评为“信用户”，组建贷款小组 336 个，通过柜台发放贷款 2322 万元。 2007 年 3 月，龙池信用社对符合条件的 23 个村评定出 1968 个信用户，联户联保小组 98 个，授信总额 5673 万元。2009 年 1 月，龙池信用社加强支农营销网络建设，推出贷款支农新产品—乡村“2+1”贷款模式（村委和农户 + 信用社），组建农业专业合作社。昌邑市茂盛种猪养殖专业合作社成立于 2009 年 5 月，主要为养殖户提供特种猪繁殖、养殖、销售及兽药、饲料等服务，有成员户 31 个，多为信用户，授信额度 1660 万元，实际使用贷款 640 万元。

2010 年，龙池信用社深入辖内工业园区、沿街商户及 27 个村，开展农村信用工程建设活动，组建“三大信用联盟”。信用联盟企业、商户具备有市场、有规模、有技术和管理好、效益好、信誉好等基本条件。联盟商户享受贷款优先、利率优惠的待遇。“龙池盐业商户信用联盟”和“龙池纺织企业信用联盟”共 39 个商户，授信总额 2180 万元，贷款总额 1130 万元；选择 2 个村开展乡村“2+1”评定活动，新增授信额 688 万元，年末用信额增加 102 万元。2011 年，龙池信用社开展“农村信用扩评工程”，组织信贷人员走访社区、农村和企业，对纺织印染、溴盐化工、商户的发展前景、资金需求进行调查摸底。扩大信用评比范围，发展新联盟，增加授信额度。经过考察认证，组建龙池镇纺织企业信用联盟、龙池镇盐业商户信用联盟、龙池镇沿街商户信用联盟、昌邑市北部沿海盐业商户信用联盟等 4 个联盟，入盟企业 95 个，授信 5603 万元，发放贷款 3082 万元。

结算与中间业务　1994 年 8 月，龙池信用社应用计算机处理会计业务。1995 年 2 月，龙池信用社获准办理县辖联行及签发县辖汇票业务；5月，经省农行批准，开办代签农业银行省内银行汇票业务。 1997年7月，龙池信用社开通省辖电子汇兑、办理银行汇票结算业务。 10月21日，停止参加农行省辖电子汇兑系统和代签农行省内银行汇票业务。

2001年3月，大社营业室综合业务计算机网络系统联网成功，实现综合业务潍坊市通存通兑。6月，马渠分社、瓦城分社综合业务计算机网络系统联网成功并运转。2002年3月，龙池信用社开始办理“信通卡”业务，信用卡结算逐渐成为继支票结算、汇票结算之后的新结算方式；参与潍坊同城票据交换业务，开办“电话银行”、代发工资业务；4月，代收联通公司手机话费、寻呼费业务开通；9月，代收太保人寿续期保费、人寿红利来首期保费业务开通。2003年4月，龙池信用社代收地税税款业务开通；7月，代收移动公司手机话费；9月，营业室、分社业务微机全省联网，实现省辖通存通兑。2004年3月，龙池信用社代收烟草专卖局烟草销售款。7月，营业室综合业务柜员制试行，于12月正常运转。2005年7月，龙池信用社开办代收地税分局现金税款征收业务。 2006年4月，龙池信用社开通“齐鲁惠农一本（卡）通”业务，代理财政部门发放种粮补贴、农业柴油化肥补贴、农机补贴、种畜（猪）补贴等，为全镇7548个农户办理“一本（卡）通”，代发补贴772万元；8月，正式开办银联卡柜台一卡通（农民工卡、无名卡）业务。2007年11月，“农信银”全国（7省市）个人账户实现通存通兑。2008年5月，龙池信用社代理电力营业厅业务（6601）开通；同年，给镇域部分企业和财政、教育、医院等行政事业单位代发工资、代发各种财政补贴，代收新农合保险金等，全年办理业务4.16万笔、金额合计8250万元。 2009年6月，龙池信用社利用电子网络系统创新业务品种，陆续开办代理销售实物黄金白银产品、金融理财、投资分红保险；7月，新一代核心业务系统上线运行；代收网通公司固定电话费业务开通。

2010年1月，马渠分社、瓦城分社实现综合业务柜员制；10月，龙池信用社代理新农保资金收付工作，开立新农保账户13586个，代理新农保资金1508万元。2011年2月，龙池信用社开办手机银行（短信版）业务，单笔交易限额30万元，日累计限额100万元；3月，网上银行开通；4月，手机银行（财富在手卡）开通。到2011年年底，有外汇结算账户1个，结算金额30万美元；代理实物金银产品1702克；银行卡有效卡2054张，银行卡收入1.61万元，手机银行（财富在手卡）开立197户；分红保险完成33.08万元，代理保险收入13.86万元；中间业务收入13.27万元；完成银联商户2个，电话社内商户10个。

1953—2011 年龙池农村信用社主要业务数据统计表

表 25

单位：万元

年　份	各项存款余额	各项贷款余额	损益金额 （ ＋ －）
1977	197	130	10
1978	231	175	10
1979	241	196	11
1980	252	156	12
1981	265	162	13
1982	278	187	13
1983	292	203	14
1984	602	227	15
1985	913	375	16
1986	1250	511	17
1987	1681	632	18
1988	2080	702	19
1989	2413	761	21
1990	2784	863	25
1991	2986	1075	26
1992	3138	1268	17
1993	3437	1720	13
1994	3850	2183	1
1995	4274	2525	1
1996	4513	2990	-106. 2
1997	4746	3368	-198. 4
1998	5068	3388	-193. 1
1999	5790	3600	-147. 3
2000	7675	4235	-43
2001	10220	5247	66
2002	11070	6124	35
2003	12825	5885	43
2004	15472	5734	63
2005	17290	4184	195
2006	21430	3962	201
2007	25956	4494	271
2008	30742	4976	342
2009	34527	6217	574
2010	49719	8386	232
2011	48059	10087	66

农　行

1994年7月，成立中国农业银行昌邑支行龙池营业所（以下简称营业所），与龙池信社用分离，营业所注册资本1万元，有员工6人；下设村代办站14处。2000年，撤销辖区内代办站。2003年，营业所更名为昌邑支行龙池分理处（以下简称分理处），有员工7人。至2017年年底，龙池分理处有员工7人，其中主任1名。

农业银行龙池分理处（2018年）　　摄影　李　宁

1994年，营业所各项存款余额658万元，各项贷款余额96万元。1995年以后，各项存款、贷款余额逐年增长。2006年，分理处贷款余额980万元，是自分理处成立以来各项贷款余额最高年份。2009年，分理处各项存款余额首次过亿元。2011年以后，每年各项存款余额均过亿元，而贷款余额却逐年递减。2017年，龙池分理处各项存款余额1.53亿元，贷款余额仅为109万元，为1996年以后，龙池分理处各项贷款余额最低年份。

1994—2017年中国农业银行昌邑支行龙池分理处各项存、贷款余额统计表

表26　　单位：万元

年　份	各项存款余额	各项贷款余额	年　份	各项存款余额	各项贷款余额
1994	658	96	2006	7700	980
1995	1100	102	2007	8765	330
1996	1500	166	2008	9075	540
1997	1980	185	2009	10087	750
1998	2530	256	2010	9802	492
1999	2850	325	2011	10896	404
2000	3502	445	2012	10983	415
2001	4075	580	2013	12330	282
2002	4806	675	2014	13485	240
2003	5500	475	2015	14704	130
2004	6505	756	2016	15542	127
2005	7102	865	2017	15307	109

邮政储蓄银行

1989年12月，设立龙池邮政储蓄所，由中国人民银行代办。1991年，改为邮政局自办。1996年底，除不能办理公款存贮外，其它业务全部开放办理。1997年，实现县内通存通兑。2007年3月，更名为邮政储蓄银行，属国有商业银行，主要服务社区、“三农”、中小企业。至2017年年底，龙池镇邮政储蓄银行储蓄余额1.31亿元。

国土管理

2017年，龙池镇辖区土地总面积3.75万公顷，其中农用地1.09万公顷，建设用地1.85万公顷，未利用地0.18万公顷。

地籍管理

中华人民共和国成立后，根据昌邑县委指示，境内开展统一土地面积、评定产量标准等项工作，各村成立村籍发证小组，开展土地、房籍登记和发放土地证，编制土地清册工作。1953年，进行“查田、定产、计征”，对土地改革进行复查。1984年，全面实施农村体制改革，推行家庭联产农业生产承包责任制，原生产队土地，按村民家庭人口和劳力状况，以户为单位分配口粮田和责任田，并签订土地承包合同15年不变。1991年，乡土管所配合乡政府在全乡开展农村地籍调查和土地申报登记工作，在此基础上，全面建立地籍档案。1995年，在全面完成地籍调查、核实的基础上，为5188户村民确权发放宅基地证。2007年，为560户村民换发新宅基地证。2011—2017年，对全镇9600余户农村宅基地重新测量，整理土地确权材料，为不动产登记做准备工作；为27个村边界重新确权认定。

土地管理

1988年前，境内农村宅基地使用无审批手续，群众建房用地由生产大队确定，超标占地、抢占宅基可耕地建房现象时有发生。1988年开始，农村宅基地和乡村工业用地，必须向乡土地管理部门提出申请，报上级主管部门审批，未经批准占地的不予确权登记并给予处罚。经批准用地的，一次性向乡政府缴纳土地使用费500～800元；为符合土地审批条件的400户村民办理宅基地审批。1989—2001年，为全镇1100户村民办理宅基地审批；其中，1992年，龙池乡人民政府下发《关于实行宅基地有偿使用的规定》，开征宅基地有偿使用费，收费标准为每平方米0.15元，超标准使用面积每平方米缴费2元。至2017年，龙池土地管理所主要负责土地执法检查和为全镇企业征地业务服务。

基本农田保护

据国务院《基本农田保护条例》要求，基本农田保护规划保护对象是：粮、棉和名、特，优新农产品生产基地；粮食亩大于450公斤的高产稳产耕地；进行吨粮田示范的耕地；水利条件良好的耕地；其它需求特殊保护的耕地。2017年，基本农田保护责任纳入政府任期目标考核内容，实行奖惩制度。昌邑市政府与龙池镇、镇与村委会签订“基本农田保护目标责任书”，落实耕地保护责任目标，耕地保有量不低于市政府下达的6.64万亩。确保基本农田数量不减少，质量不降低，基本农田保护面积不低于市政府下达的6.73万亩。

市场监管

管理机构

中华人民共和国成立初期，境内工商业由区供销合作社代行管理。人民公社时期，城关公社设市场管理所，隶属昌邑县市场管理委员会。1975 年，昌邑县设立工商行政管理局，下设 13 个工商行政管理所，境内工商管理业务由城关工商所派员管理，主要管理境内工商业户、登记、办证、收缴管理费等工作。1978 年，实行“一社一所”工商管理体制，成立龙池公社工商行政管理所。主要行使维护集市秩序、环境卫生等服务职能。2012 年，龙池镇工商管理所撤销，由工商行政管理、质量技术监督、食品药品监督 3 家职能单位，合并成立龙池镇食品药品管理所。至 2017 年，龙池镇食品药品管理所配备所长、书记、副所长各 1 名；办事员 3 人。

集市管理

50 年代初至 1952 年底，市场管理重点是打击投机倒把、打击哄抬物价、囤积居奇商贩，打击粮商贩及猪贩子、银贩子活动。“文化大革命”期间，油料、棉布、粮食等直接关系群众生活的交易市场都被关闭。中共十一届三中全会以后，工商管理部门对集市实行“管而不死，活而不乱”的原则，贯彻支持生产，促进流通，活跃市场、方便群众的方针，促进流通区域的扩大，缩小了地区间物资差价。90 年代后，龙池工商所在集市管理中，取缔无证经营，打击哄抬物价、欺行霸市行为，开展打假清劣活动，对缺斤少两、掺假使假、以次充好、假冒伪劣、价格欺诈等违法行为依法从重处理。同时对农业生产资料市场、音像市场、食品市场等进行专项整治，规范业户经营行为，积极创造公平有序、合法竞争的集市贸易环境，维护消费者的合法权益，和集市公平交易秩序。

企业登记管理

1978 年，龙池工商管理所建立后，对境内工商业户进行核查登记、换发新证。1982 年，根据国家工商行政管理局的要求，工商所对农村“油坊、粉坊、豆腐坊、磨坊”四坊和枣制品加工等属多种经营副业类项目不再进行登记，对特种行业不再控制发展，允许多渠道经营。1984 年，对工商企业的登记发证，取消每日固定审批，实行随报随批，缩短时间，简化手续，并根据实际情况，对社会需要，产供销有出路，有经济效益的企业上门考察从速审批发放营业执照，促进了工商企业的发展。1985 年，境内工商管理业务分别由城关工商所、朱集工商所受理。1998 年，办理注册有限公司 11 个。2003 年，开通企业注册登记网上审批业务，负责办理辖区内企业开业、变更、注销等业务。2017 年，龙池镇登记各类工商企业 66 家，其中民营企业 58 家，个体工商业户 726 家。

经济合同管理

中华人民共和国成立前，民间工商业活动也有契约订立，但无专职机构受理，只能靠工商业户之间诚实守信，自觉履行。中华人民共和国成立后，从恢复国民经济时期出现合同形式，主要是在一些私营工商业者、农民和供销社、国营单位之间进行。如委托、加工、运输、租赁经营、合伙经营等，必须签订合同。境内供销社、私营工商业之间在开展经销、代销、加工订货、代购托运等业务，都实行经济合同制度。

1958年至1976年期间，由于受“大跃进”和极“左”思想影响，合同签订、合同管理形同虚设，合同制度基本废止。1982年7月1日《经济合同法》实施后，工商管理部门恢复了合同签证工作。随着经济合同的大量增加，合同管理任务加重。1985年，经济合同管理又有了新规定，对国营与集体、个体，集体与个体，个体之间签订的合同金额在10万元以上的，一律由工商行政管理部门把关签证，其范围包括法人之间，法人与个体经营户、农户、专业户之间以及个体经营户、专业户之间签订的购销、建设工程承包，加工订货、货物运输、财产租赁、仓库保管、借款、财产保险、科技协作、联合经营等合同。1990年以后，随着市场经济的发展，工商行政管理部门不再指令要求进行合同鉴证，合同签订后，即具有法律效力，如遇纠纷，双方协商解决，或由法院裁判。工商行政机关在合同管理中，着重开展打击欺诈等违法犯罪行为，维护良好的经济秩序。至2000年，境内鉴证经济合同46份，标的金额1350万元，有4家企业被命名为市级“重合同，守信用”单位，8家被命名为市级（或省级）“重合同，守信用”单位。

农村经济管理

村级财务“双代管”

1999年，境内开始实行乡村“两级管账、一级管钱”的“双代管”管理办法。各村按会计制度设立账目，资金由乡经营站专人专户管理，收入按规定纳入经管站代管，支出实行审批制。每月初由村会计（文书）持上月有关开支凭证到乡经管站审计报账，经审核后记入各村账簿，不符合规定的不予报销。2011年，镇政府成立村级事务代理中心，对村级财务进行管理。2015年起，全镇农村财务实行电算化管理，由代管中心聘任的会计为专职记账员。至2017年，农村财务“双代管”，内部审计民主监督等制度更为规范，积压的旧账逐步得到清理。

财务公开

1997年12月，境内第一次实行村级账务统一公开，各村统一张榜公布。1998年开始，各村设立村务公开栏建立民主理财小组，定期审核凭证。村民委员会换届选举后，由村民大会或村民代表会议选举产生3～7人的民主理财小组。民主理财小组享有对本村财务活动的民主监督权利，参与制定本村的财务计划和各项财务管理制度。参与重大财务事项的决策，有权检查审核财务账目，有权否决不合理的开支。2000年，全镇开始实行村级财务公开“四统一”，即统一内容、统一形式、统一程序、统一时间。统一时间的规定是：开启统一公布日；每月8日为统一公布日。对集体资产资源承包、基建工程招投标等时效性较强的事项进行及时公开，及时接受群众的监督。至2017年，村级财务公开已形成制度化。

农民负担监督

1976年，成立龙池人民公社农村经济管理指导站。1996年，龙池乡建立农村合作经济审计站，分别在全乡开展“三化四统一”活动（记账规范化、管理制度化、账表标准化、统一记账方式、统一会计科目、统一账表据薄、统一财务管理制度），各村都建立财务管理组织，由村会计、村主任和村民代表组成。记账、审批出纳相互制约，管钱的不管账，管账的不管钱。

从根本上纠正大权一人揽”的财务混乱的局面。除财务审计外，开展农民负担审计、干部离任审计和工程建设，承包合同审计等。通过财务审计，有效制止不合理开支，完善各类经济合同，解答群众质疑，化解干群矛盾。1997年，全镇进行第一轮土地延包，重点对各村集体所留机动地、四荒地、干部报酬补贴地进行审计核实，在此基础上颁发土地承包经营权证书。

农村税费管理

20世纪90年代初，农村“两工”（劳动积累工、义务工）逐步实行以资代劳。村征收（公积金、公益金、管理费）、乡（镇）征收“五统”（乡村两村办学、计划生育优抚、民兵训练、乡村道路等统筹费），收费较高，农民负担相对过重。1993年，龙池乡成立农民负担监督管理领导小组，落实昌邑市委、市政府制定下发的《关于开展减轻农民负担“四清理、三整顿”工作的通知》，具体负责本乡减负工作政策落实。当年，废止不合理涉及农民负担文件8份，取消村级加码土政策7项，使农民直接承担的“三提五统”和“两工”都严格控制在规定的范围内。农民人均减少负担20～30元。1997年，龙池镇按市委市政府《关于进一步做好减轻农民负担工作的决定》，将本年“三提五统”严格控制在1995年人均纯收入的5%以内。各村收取“三提五统”时，一律使用省农民负担监督管理部门印制的专用收据，并以村为单位，由村委会与农户签订《山东省农民负担卡》，夏秋两季一律凭《山东省农民负担卡》收取各种款项，超收部分农民有权拒缴。2000年，龙池镇贯彻市委、市政府《关于进一步做好减轻农民负担工作的意见》，继续坚持农民合理负担一定三年不变，严禁向农民乱收费。乱集资、乱摊派，不搞不切实际的达标升级活动。2001年，对农村“两工”实行限额制，规定农村每个劳动力每年承担“两工”数量不得超过20个。2002年，进行税费改革，取消“三提五统”。2004年取消农业特产税，农业税率降低3个百分点。2004年，为鼓励农民种粮，国家出台了一系列惠农政策，对种地农民进行直接补贴。补贴标准为每亩14元。2006年，根据国家有关政策，农业税全面取消。2014—2017年，支持地力保护补贴每亩125元，棉花补贴每亩20元。镇经管站统一为农户办理一卡通，补贴款由农村信用社代发。

统计管理

1986年，设立龙池镇统计站，具体负责统计整理国民经济统计资料，开展统计服务和统计监督。至2017年年底，统计站有工作人员2名。

人口普查 1953年7月，进行所属行政区域乡镇第一次人口普查，对家庭人口，家庭状况、职业构成等指标进行统计。1964年7月，进行所属行政区域乡镇第二次人口普查。1982年，分乡镇进行所属行政区域乡镇第三次人口普查，普查内容包括年龄、职业、文化程度、健康状况、婚龄、生育等指标。1990年，分乡镇进行所属行政区域乡镇第四次人口普查，普查内容包括年龄、性别、民族、文化程度、职业、户口性质、婚姻生育情况、出生死亡情况、迁移流动状况等项目。2000年，分乡镇进行第五次人口普查。普查内容包括人口数量、地区分布、民族构成、文化程度、住房等项目。2010年，进行第六次人口普查。此次人口普查标准时点为11月1日零时，人口普查主要调查人口和住户的基本情况，内容包括：性别、年龄、民族、受教育程度、行业、职业、迁移流动、社会保障、婚姻生育、死亡、住房情况等。2017年，全镇总户数8412户，人口24899人。

农业普查　1996年，分乡镇进行第一次农业普查，普查对象是所有农村住户，非农业住户类的农业生产经营单位、行政村、乡镇和乡镇企业。1997年，分乡镇进行首次基本单位普查。2006年，分乡镇进行第二次农业普查。普查对象是所有的农村住户、城镇农业生产经营户和农村生产经营户。普查的行业范围包括农作物种植业、林业、畜牧业、渔业和农林牧渔服务业。时点指标时间是2006年12月31日，时期指标时间是2006年1月1日至12月31日。2016年，进行第三次全国农业普查，普查对象是：辖区内的农村住户（包括农村农业生产经营户和其它住户）、城镇农业生产经营户、农业生产经营单位、村民委员会、镇政府。行业范围包括农作物种植业、林业、畜牧业、渔业和农林牧渔服务业。普查的标准时点为2016年12月31日，时期资料为2016年度。

经济普查　2004年，分乡镇进行第一次全国经济普查，境内从事第二、第三产业的法人单位164个、产业活动单位11个、个体经营户754个。2008年12月31日，进行第二次全国经济普查，全镇从事第二产业和第三产业的全部法人单位187个、产业活动单位17全、个体经营户1083个。普查的标准时点是2008年12月31日，时期资料为2008年度。2013年，进行第三次全国经济普查，从事第二产业和第三产业的全部法人单位202个、产业活动单位22个、个体经营户893个。普查的标准时点是2013年12月31日，时期资料为2013年度。2014年，分乡镇进行第三次工业普查，实施普查登记。普查主要内容包括基本经济指标、财务状况、劳动情况、工业产品生产量、技术经济指标、工业产品生产能力、原材料及能源消耗、科技活动情况和生产设备及新旧程度、产品质量状况。

农产品质量安全监管

2011年，成立龙池镇农产品质量安全监督管理办公室，有工作人员3人，其中主任1名。2011—2017年，管理办公室承担农民质量安全知识培训、质量安全监控技术推广、生产环节质量安全的日常巡视、监管措施督促落实。主要是通过悬挂宣传画、横幅、电子屏等形式对食品安全知识、法律法规进行宣传；对辖区内食品流通企业、餐饮店、食品加工企业、种养大户摸底调查；对餐饮行业产生废料监督处置。至2017年，管理办公室每年组织4次专项查检。

安全监察

2004年，成立龙池镇安全生产监督管理所。2008年6月，定为事业编制。2017年撤销安监所，成立龙池镇安全生产和环境保护监督管理办公室，行政编制。负责宣传安全生产方针和监督本镇生产经营单位执行安全生产法律、法规、规章和国家标准、行业标准的实施情况。负责落实上级安全生产会议、文件的贯彻执行，拟定本地安全监管工作情况档案。建立安全生产工作责任制和各项安全生产监督管理制度，建立安全监管工作情况档案。督促本镇辖区内生产经营单位开展安全教育培训，了解生产经营单位负责人安全管理资格和特种作业人员持证上岗情况。对严重违反安全生产法律法规的生产经营单位和有关工作人员报告市人民政府安全生产监督管理部门，由市人民政府安全生产监督管理部门依法对其处理。对辖区内生产经营单位安全生产事故隐患进行检查，对不具备基本安全生产条件的生产经营单位，报上级安全生产监督管理部门依法处理。配合市人民政府有关部门开展安全生产监督管理工作，按规定统计、上报本地安全生产情况。2015 年，开展各类安全培训 9 次，累计检查复查企业 346 家次，发现整改隐患 900 余条。2016 年，开展各类安全培训 8 次，累计检查企业 110 家次，个体工商户 217 家次，发现整改隐患 800 余条。2017 年，开展各类安全培训 8 次，检查企业 127 家次，发现隐患 724 条；复查企业 143 家次，整改隐患 695 条。

文化 旅游

龍池

文　化

文化机构

龙池镇文化站

1959年，龙池人民公社文化站成立，有专职人员2人。随着文化事业的发展，文化站的人员设置时有变动。主要职责是负责龙池文化活动的组织领导，包括放电影的安排，组织各村的文化娱乐活动，建设村文化室、图书馆。组织群众文娱队伍的表演、比赛，培训村里文艺骨干等。2017年，龙池镇文化站有工作人员4人，其中站长1人。

龙池镇广播电视管理站

2004年，龙池镇广播电视管理站成立；2008年，改属山东广电网络有限公司昌邑分公司，编制为3人。主要职责是管理本镇的有线电视网络的正常播放，负责收缴管理费、修理有线电视网，为群众调试机顶盒等。

山东广电网络有限公司昌邑分公司龙池营业部

2002年以前，龙池有线电视一直由龙池镇广播站负责安装维护及收费。2008年，成立山东宏远有线电视网络中心龙池管理处，隶属昌邑有线网络中心，有线电视用户6000多户，每个终端每月收费9元。2010年，全镇实现有线电视村村通。2011年4月，全镇更换数字电视机顶盒6380户，每月收费26元。2013年，有线电视业务由省公司垂直管理，更名为山东广电网络有限公司昌邑分公司龙池营业部。2014年，全镇实现光纤全覆盖，安装广电宽带用户1100户。至2017年，营业部承接智慧龙池、龙池天网、龙池初中视频监控和宽带专线、可视会议、三务公开、医院接种门诊监控等工程。

龙池镇图书馆

2011年，投资500余万元兴建镇图书馆，总面积600多平方米，设有图书室、多媒体教室、电子阅览室、书刊阅览室、少儿阅览室和低幼儿活动室。图书馆藏书量3万册，电子音箱资料100余盒，其中农民群众用书1万册、学生用书8000册、幼儿用书2000册、机关干部用书1万册、书刊种类30余种，60多个阅读座席，

龙池镇图书馆（2018年）　　摄影　李　宁

基本满足全镇广大干部群众的精神文化需求。2017 年，镇图书馆有专职管理人员 4 人，其中 1 人为研究生学历，3 人全日制本科学历，全部经过培训上岗。

文化团体

昌邑文山诗书社龙池北海分社

2002 年 4 月成立，成立之初仅有社员十几人，2017 年发展到 54 人。先后自办诗词类报纸《北海文苑》十期，受到诗词爱好者的好评；年年举办诗书画展览。

龙池镇老年学校

2004 年 7 月成立，校址在龙池敬老院内。老年学校设立校长、副校长和教导主任以及校务委员。下设书画班、诗词班、京剧班、秧歌舞蹈班等。教师来源于镇内有专长的人员和外地有经验的老师。2018 年，有学员 231 人。学员根据自己的爱好，自选班级学习。教学设施由镇政府出资购置，老年学校有 6 间教室，配备电视机、DVD 机、标准课桌 10 张、木椅 40 把、写字台 4 张，以及书橱、档案橱等教学配套设备，投资近 10 万元。

昌邑市民间艺术家协会龙池分会（2018 年）

摄影 李 宁

昌邑市民间文艺家协会龙池分会

2015 年 5 月成立于，在镇委、镇政府的领导下，组织参加了大量民间文化活动，为宣传龙池镇文化事业做出贡献。2017 年，有会员 136 人。

昌邑市书法家协会龙池工作站

2014 年成立。多次参加全国、省、市书法展并获奖。2017 年，工作站有省级会员 1 人、潍坊市级会员 4 人、昌邑市级会员 16 人。

群众文化

龙池历史悠久，文化底蕴深厚。龙池文化娱乐活动，以民间传统形式为主，如耍龙灯、狮子舞、跑旱船、打花鼓、踩高跷等。龙灯、狮子舞以翻江倒海的动作见长。旱船、高跷连跑带唱，亦颇有趣。每逢夏夜，便有说书的艺人到此，以《包公案》《大八义》《水浒传》等话本为题材，弹弦、打鼓演唱，村人围坐倾听。戏剧方面，既有外地的“四喜班”，也有当地的乡土戏班，如瓦城、岱邱、马渠等村的业余戏团，群众称之为“子弟耍”。剧团的服装、道具齐全，表演符和老百姓的口味，很受群众的欢迎。传统的剧目有：《打彩楼》《桑园会》《武家坡》《捉放曹》《空城计》《战宛城》《大保国》等。

抗日战争时期，龙池的群众文娱活动，从内容到形式都进行了革新，注意服务于政治，配合中心工作，如在群众中教唱《流亡三部曲》《跟着共产党走》《八路军军歌》《送郎参军》等歌曲。有时还创作新编现代剧，为群众演出。不拘一格的群众文娱活动，如快板、活报剧等

2016年7月2日，第一届龙乡文化节　党政办公室提供

形式也搞得轰轰烈烈。中华人民共和国成立后，自编自演的节目越来越多。戏剧、故事、快板、相声等，及时宣传党的方针政策。每逢节日，群众喜闻乐见的传统节目，涌向街头，龙腾虎跃，热闹非凡。文娱活动经历了“看电影”“看电视”“自己表演”几个阶段。先是电影普及，村村有电影队，经常放映新老各个时期的片子，其他形式成了辅助成分；进而由于电视机的普及，村民可以不出房门就能观看到新闻、各类文娱节目，村民可以嗑着瓜子、看着电视节目、聊着天；其后政府开始建设有线网络，增加节目数量和质量，提高群众的文化欣赏力和水平；2013年以来，群众文娱活动变为举办各种文娱表演、演唱会，展示农民的气度和风采；组织秧歌队、舞蹈队、京剧演唱会等多种形式，自编自导自演，抒发快乐的心情。

电影电视

1974年，公社建立电影队，有固定人员3人。其待遇是社办公助。巡回到各村放映，每年放映300余天，放片约八九百次。1975年，马渠村、王家庄子村办起电影队，至少每周放映一次。1982年，有17个大队购买彩色电视机，社员群众也相继购买电视机。90年代末，部分村成立电影队，由镇电影站负责发片，村放映队负责本村电影放映。2006年左右，镇电影站撤销。

广　播

1958年秋，由县广播站向龙池直线广播。1964年，设管理广播人员1人。1969年建立广播放大站，人员4人，有250瓦扩大机、柴油机、发电机各1台。1971年又添设550瓦扩大机、录音机，除转播县的节目外，还增加了公社范围内的自办节目。1972年夏，增设750瓦扩大机1台。1978年再增设扩大机1部，录音机1部。1974年，设广播专线。1975年，又把原来的木电线杆换成水泥电线杆。到1979年，先后换水泥电线杆283根，基本上实行广播线路水泥杆化。全乡共有广播线路40余千米，村村都有喇叭，全乡有舌簧喇叭6500多只。

书　画

龙池乡从事书法绘画的人物自古有之。自清末以来，比较出色的书画有陈锡命，东白塔村人，字怀三，号鹅溪，清咸丰五年（1855）贡生。他善画花卉、山水、井擅长书法，他的隶书与掖县翟云升齐名，至今民间藏有他的遗作。陈锡周，东白塔人，字施廷，号梅庄，清咸丰三年（1853）举人。曾任章县教谕，善行书，民间藏有遗作。陈洪祺，东白塔人，字肖梅，善画花卉、草、虫，有《绿草堂画集》。孙焕文，

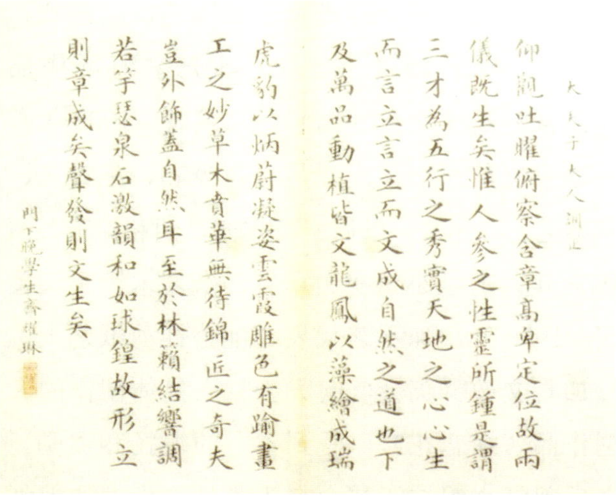

齐西村进士齐耀林书法作品

瓦北村人，善书法，所书碑碣，牌匾颇多，今已无存。齐思海，字星南，齐西村人，善书篆隶。齐恩周，齐西村人，又名文甫，号庄户孙，擅长行书。魏照坤，龙北村人，善书法，真草俱佳，系山东省书法家协会会员，作品曾在 1983 年《山东师大学报》上发表。温朝能，西白塔村人，又名石痴，工诗文，善书法。1981 年起，连续 3 年在昌邑县和潍坊市书法展获奖。陈孝泮，东白塔人，善楷书，1945 年，书写烈士碑上英名录。

京　剧

唱京剧是龙池人的传统。过去瓦城、岱邱、王家庄子等村都有人搞起“庄户耍”（业余剧团），在地方上小有名气。现在爱好京剧的戏迷、票友、京剧爱好者更多。他们组成了松散的组织，利用业余时间，坚持常年活动，在一起交流经验，切磋技艺。岱邱村村民郝能洲，痴迷京剧，自己出钱购置乐器、文场、武场的行头，腾出房子，并且摆上香烟茶水，让戏迷来此聚会。他们演唱的多是选段，也有折子戏；拉的、弹的、弹拨月琴的，还有掌板敲锣鼓的，虽然有些庄户气，但却挺正规的。来聚会的除了唱的、还有捧场的，非常热闹。龙池镇有三个较大的戏迷活动地：王范庄、龙池、瓦城。活动时间，王范庄每周日下午，龙池和瓦城每集下午。较小的村庄除力所能及的在本村搞活动外，还经常到附近较大的活动点去。柳疃、都昌，甚至更远处的戏迷也经常到这里欢聚。过年过节，或消夏晚会，他们经常前去奉献上一场好看的文艺演唱专场。有的人家有喜事，也邀请他们助兴。昌邑电视台、潍坊电视台、潍坊晚报等多家新闻媒体给予多次报道。

秧歌　广场舞

扭秧歌是群众最喜欢参与的一项文化娱乐活动，形式简单，参加的人数不限，道具可有可无，活动地点大小都可。一般的秧歌，参加者都是打扮的好看些，穿红着绿。有的装扮成小丑，打扮成八戒、丑婆傻公等模样，为的是惹人一笑为快。动作没有特殊要求，只要扭得和锣鼓点就行。为了表现出活泼，经常要两行、四行，交叉相串。过去人们在劳动过后扭扭秧歌，不仅能松松筋骨解除些疲劳，而且可以起到散心的作用。每逢节日，秧歌队的演出更增加了节日的喜庆气氛。2018 年有龙池、郭疃、王家庄子、油坊、西白、瓦北、利渔 7 支秧歌队，广场舞舞蹈队有利渔 2 支、瓦北 1 支，龙池 1 支、王家庄子 1 支。龙池的舞蹈队往往利用夏季的夜晚集中练习，到春节、正月十五他们就走村串户为群众表演。

非物质文化遗产

2017 年，龙池镇有昌邑市级以上非物质文化遗产项目 4 项，分别为：龙池剪纸、传统制盐（第一批），刘述松剪纸、龙北年俗（第二批）。

其中，龙池剪纸，2007年评为潍坊市首批非遗项目，当时申报名称为昌邑剪纸。传统制盐工艺，2011年评为第三批潍坊市级非遗项目。龙池大秧歌和温陈大拜年列入第五批昌邑市级非遗项目。龙池小学（剪纸）被评为首批潍坊市非物质文化遗产传承教育基地。2018年，在第三届山东省文化创新奖成果推广应用交流会上，昌邑市作典型发言，山东省各地代表100余人到昌邑现场观摩龙池示范点（齐西）。

龙池剪纸

龙池民间剪纸，历史悠久，源远流长，见诸文字记载已有400多年历史。作品以窗花为多，惯在春节贴用。棚花、壁花、盒花、刺绣花样等，也普遍应用在广大农村日常生活中。作品大都出自农家妇女之手。新中国成立前，年轻妇女绣鞋上，儿童衣帽上，新婚夫妇枕头上，也都绣有各种花卉图案。这些花样，都是由剪纸艺人先用剪刀铰成纸样，然后绣到布、绸上。另外，贴在花灯、礼物、喜车、冥具车马上的剪纸图案，种类繁多，不胜枚举。

1953年，由陈光宗倡议，成立第九区业余剪纸小组，成员有陈光宗、王锡芝、赵秉和、陈丕芝4人。1954年7月，陈光宗剪纸作品《读报》在《儿童时代》杂志发表。1956年，龙池成立剪纸小组，成员有赵秉和、王锡芝、陈丕芝、陈光宗，以后又吸收傅显朗和徐玉芳；1958年，剪纸小组在山东省群众艺术馆正式备案。1959年，陈丕芝代表龙池公社剪纸艺人，参加省文教群英会，向大会献上集体创作的大型作品《蝶恋花》，受到省委的表扬和奖励。之后剪纸小组被正式命名为“昌邑县龙池剪纸小组”。1960年，山东省剪纸创作研究组成立，吸收昌邑文化馆陈光宗等人参加。1962年，陈光宗剪纸新作《赶鸭》首次由新华社发全国报刊和东欧国家报刊发表，昌邑剪纸开始走出国门。陈光宗的《放鸭》《葡萄河》等作品，先后由《人民日报》《人民画报》《山东文学》刊登，《葡萄河》被《大众日报》转发。王锡芝作品《新的里程》也在全国美术展览会上展出。陈光宗的《放鸭》、郝玉桂和王锡芝合作的《小老鼠上灯台》在全国七省一市的剪纸联展中应邀参展。1979年春节，龙池文化站举办龙池公社农民剪纸展览，展出近百名作者的369件作品。同年，在昌潍地区召开的群众文化工作会议上，公社文化站长陈同亮作典型发言，并受到地区表扬和奖励。省剪纸协会吸收王锡芝为协会会员并当选为理事。1981年3月，山东省剪纸学会成立，召集全省主要剪纸作者在济南举行成立大会，陈光宗、王锡芝被吸收为会员。特邀陈光宗参加1982年11月在省工业系统召开的民间工

剪纸　　党政办公室提供

艺美术座谈会作大会发言。1984年，潍坊首届职工美展，陈光宗作作品—《吉庆有余》剪纸门画获一等奖。同年，《赶鸭》选去日本展览。1985年，陈光宗、王锡芝被吸收为中国剪纸学会会员。1991年，在第八届潍坊国际风筝会上，编排的剪纸姑娘大型舞蹈精彩节目，受到中外来宾赞赏。1994年，昌邑、潍坊、山东、中央等电视台相继专题采访并联合录制《山东昌邑民间剪纸》。1995年，联合国第四届妇女大会在北京召开之际，国家举办《华联杯国际妇女书法美术作品大展赛》，陈光宗剪纸作品《和平万岁》获铜牌奖。刘述松长卷剪纸作品—《十二生肖剪纸作品》，是龙池剪纸作品的巅峰代表作，在国内外屡获好评。2006年，龙池剪纸入选潍坊市非物质文化遗产名录，王锡芝被确定为项目传承人。2012年，成立"非物质文化遗产保护中心"，修建主题公园、非物质文化遗产展示厅、数据库等保护和传承传统文化。2017年，龙池镇被评为山东省民间文化艺术之乡。

昌邑龙池民间剪纸集胶东剪纸秀美精巧、玲珑剔透和鲁西剪纸天真质朴、稚拙憨厚之特点于一身，具有表现形式丰富、装饰趣味浓厚、造型概括朴实等特点。主要工具有剪刀、刻刀、垫板及磨石等。

剪刀是剪纸的主要工具，民间妇女惯用剪刀，使用方便，较易获取。不过与普通使用的剪刀有所区别，剪尖要细长锋利，剪口松紧要调整适度。民间艺人惯用刻刀，刻层张数多，效率高。择刀种类有斜口刀、平口刀、半圆刀、圆孔刀等多种，每种大小要多备几把，以适应多种镂空需要。垫板是放在刻制的层纸之下，衬垫使用的薄板，三合板、橡胶垫、硬纸卡，都能使用。民间艺人还使用一种特制的蜡盘，是先做出一块木板，长30厘米、宽20厘米，厚2厘、周边留出1厘米的边框，再下挖1厘米深的木槽，即成一个木槽盘。槽内的蜡液，按蜂蜡、葫芦灰2∶1，放入小铁锅内熔化成液，搅匀迅速倒入木槽内，趁热按平，凝固后即能使用。蜡液配料的比例，可根据气候冷暖的变化和使用硬软的情况加以增减，蜡多便软，灰多便硬。夏天垫用时可擦点滑石粉，以免粘附刻纸。磨石，刻刀在使用时，要边刻边磨，保持锋利。磨石粗细各备一块。

用纸，因创作的种类不同，故用纸也有选择。窗花用纸，一般用各地产的毛边大红，或宣纸大红。这些纸质薄而柔韧没有浮光，显得浓郁。印刷色纸也较好用。如果色相不全，市面上买不到时，还可用宣纸自行染制。创作彩色剪纸，用色要全，各种色纸都要备制一些。染色剪纸要用上等宣纸，剪刻出白胎，再行点染。随着科学技术的发展，颜色鲜艳、质量上乘，规格品种齐全的纸张新材料不断出现，为剪纸艺术的发展，开辟了广阔的天地。

龙池的农村妇女，都不先起画稿，而是胸有成竹的腹稿。有的拿起色纸仅用指甲或剪尖，在色纸上大体划个位置，就开始下剪。纸层一般2—4层。用左手的拇指、食指、中指持纸，右手握剪。先从物体轮廓动态姿势着手，再分割出结构部位，由下到上进剪，由内到外镂空，眼手配合，剪随脑思，精心运剪。

龙池民间工匠惯用刀刻。先按画稿裁好多层色纸，30至40克的纸可刻出20多张，用装订针钉牢，放在蜡板或木板上，用刻刀镂刻。程序是由内到外，先左后右，先上后下，先刻复杂部位，后刻简单部位。这样操作时顺利，免得损伤已刻出的结构部位。

在形式上，龙池民间剪纸主要有窗花、彩灯、喜花、盒花、门笺、冥具车马等。在题材上，昌邑龙池民间剪纸多以吉祥如意、荣华富贵、益寿延年、吉庆丰收为主要内容，并常常采用象征、谐音的方法进行创作。在技巧上，昌邑龙池民间剪纸的突出特点是“连”。为使剪纸便于流传和使用，剪刻出来的物像在线与线、面与面之间，必须结合紧密而连贯。剪完后要提得起，贴得上，只有剪去的部分才相互隔断所以从构图到造型都要求单纯、概括、传神。

龙池民间剪纸技艺传承人王锡芝，龙池镇瓦东村人，1955 年 6 月，在《儿童时代》杂志发表处女作《不要损害树》。此后作品多次参加镇市省各种展览，并在报刊上发表。2010 年，王锡芝被评为潍坊市首批民间艺术大师。

2006 年，瓦城小学成立剪纸兴趣班，王锡芝受聘做辅导员；2007 年，龙池小学设立剪纸课程。2012 年 1 月，龙池小学《剪纸艺术》被评为潍坊市第二届小学活动育人精品课程，并获得山东省教育科学研究所教育科研优秀成果一等奖。2012 年 5 月，学校被中国教育会确定为“全国特色学校文化建设研究基地”。2012 年 11 月，学校被命名为“昌邑市非物质文化遗产（剪纸）传习所”。2013 年 7 月，学校被命名为“潍坊市非物质文化遗产传承教育基地”。2018 年，龙池小学昌邑剪纸传习所有昌邑市剪纸项目传承人王锡芝，王锡芝剪纸艺术传承人王冬雪、王百胜 3 人。

传统制盐工艺

龙池镇制盐历史悠久，东利渔遗址群发现西周、东周、宋元时期遗址 42 处。2011 年评为第三批潍坊市级非遗项目。

工艺流程 自夏代至明代，昌邑龙池制盐一直采取淋卤、煮熬的方法。春秋时期用青铜锅煮熬，汉代改用铁锅，因工艺落后，产量一直较低。清朝初年，采用“日晒盐”新工艺，秋天打好卤水井，来年春天晒盐。井一般打在滩井子（水池子）周围，最大的滩井子有 70 多亩。滩井子在西面，然后依次往东用池堰子（池埂）圈起 4 个制卤圈（每个圈约 3 ～ 7 亩），地势西高东低。春天晒盐时，盐民凌晨 3 点就要从井里打水到滩井子里，每天滩井子里都要保持一砖水（约 6 厘米）。再把滩井子里的水依次放到 4 个制卤圈里，靠太阳蒸晒成盐。当时没有钟表，人们便把当地的一种比麻雀稍大，叫声像画眉，总是在黎明前 3 点左右开始啼叫的“啊拉鸟”当成闹钟。检验滩井子里的水是否成卤，人们多将莲蓬子丢进水里，莲蓬子上漂便成卤。

制盐 党政办公室提供

把头（即今领头技术员）最关心天气的变化，一旦被雨淋就要重新制卤。把头则是依靠观察当地的一种叫“叮当”的蜘蛛判断天气，一旦发现“叮当”用泥蛋子堵住窝，把头便指挥人们赶紧抢盐，将盐池中的盐提前捞出。抢盐时人们用的是杏木锨，因为杏木硬，而且抗腐烂，有韧劲。龙池盐民靠天晒盐，至清乾隆十九年（1754），龙池制盐有煎有晒，产量大增。

主要特征　昌邑原盐采用地下卤水为原料，经滩晒制成。其地下水质好，钠镁比值高，土质含锰离子较多，因此，所产原盐含纯高，粒大方正，晶体规则，清明透亮，质地坚硬，咸味浓厚。平均含纯达 96.5% 以上，优一级品率 100%。用于民食，调味鲜美，腌渍肉食，不霉不烂，清香可口；用于工业，可增加化工产品的提取率，减少消耗，降低成本。

传承谱系　1738 年开始，由付成清担任第一代制盐把头。1769—1808 年间，于春祥担任第二代制盐把头。1808—1845 年间，于泽富担任第三代制盐把头。1845—1875 年间，于春元担任第四代制盐把头。1875—1912 年间，付正彦担任第五代制盐把头。1912—1946 年间，付文竹担任第六代制盐把头。1946—1978 年间，付良度担任第七代制盐把头。1979 年，赵怀志担任第八代制盐把头。赵怀志，1956 年 10 月出生，第八代传承人。30 多年来精心发掘、研究和整理昌邑传统制盐的发展历史，组织撰写传统制盐历史资料，并以传统工艺嫁接现代科学技艺，使龙池传统制盐技艺不断丰富和完善。

龙池年俗

龙池历史悠久，为鄑城故地，居民多是明代自全国各地迁来，其年俗融合东西南北四方韵味，同时也形成自己的特色。基本内容有过腊八、赶年集、磨面碾米、糊灯笼、扫屋、辞灶、蒸年饭、贴春联、贴窗花、挂年画、净庙堂、悬族影、钉泥墩子、捞陈饭、悬家堂、闺女出门、请“老头子”、包馉馇、剃年头、撒陈草、团圆饭、饽饽压锅、发马子、接财神、守岁、年夜饭、压岁钱、大拜年、温陈两族大拜年、祭烈士、看媳妇、走年亲、圆年、咬春、五马日、人日节、耍正月、赶庙、演旨、进旨、闹元宵、烤百病、馇巧巧饭、沾石头、二月二等。2014 年，龙池年俗入选潍坊市第四批非物质文化遗产名录。

龙池魏记香油传统制作技艺

魏记小磨香油已有百年历史，经过几代艺人的不断探索，形成魏记小磨香油独特的配方和工艺。魏记小磨香油早期用人推磨，产量较低。后改用牲口拉磨，但仍没能规模化生产。第六代传承人使用电磨和半自动炒芝麻炉，产量不断增加。2017 年，龙池魏记香油传统制作技艺已传至六代，并被列入潍坊市第五批非物质文化遗产名录。

工艺流程　用筛子筛去原料中的杂物，去除尘土，用盆或缸加足清水，倒入芝麻用清水浮洗，并搅拌 15 分钟，漂掉秕粒和其它杂物，捞出芝麻放在密眼筛子上沥干水份，待 30 分钟后烘炒。

用木柴生火烘炒，炒炉均匀转动，炒至芝麻手捏碎后芝麻仁成枣红色，立即取出芝麻倒入簸箕内，迅速摊放到自制晒席上降温。将炒好的芝麻再次用筛子进行筛选，将杂质筛除后装入大缸备用。

将芝麻坯放进铁锅内，加入开水不断搅拌，加水量要靠经验掌握，分 2—3 次加入。第一次加全部水量的87%左右，翻搅均匀后第二次加水，直至用木棍挑出稀释的浆料呈现细蜂窝状，周围有较多油分时即停止加水，放慢速度搅拌一段时间，直到表层大量浮出油分为止。

传承谱系　第一代魏元修，第二代魏振乾，第三代魏增海，第四代魏兴唐，第五代魏含臣，第六代魏沿孟。

孙膑崇拜

相传孙膑总是坐着由一头凶猛高大、威力无比的独角牛拉的车，指挥大军破敌制胜。正月十四是孙膑诞辰日，为纪念孙膑，龙池自明万历年间起便将每年正月十四日定为庙会，并年年扎制一头独角大黄牛焚烧祭祀，香火旺盛。孙子庙碑文载：清咸丰年间，有流寇至此，烧杀抢掠，无恶不作。村人聚集到庙宇，奋起反抗，坚守围墙，敌久攻不下，改用火攻，火烧烟呛，老幼垂危，几乎放弃抵抗。危急关头，天起大风，烟火反向敌方，敌大败。人和庙得以保全。民众一致认为是孙膑保佑了一方平安，由是，民众对孙膑更加崇拜。

每年正月初六，人们怀着虔诚心，自愿捐款捐物，艺人出工出力，用当地产的竹子、棉槐条、葵花秆、高粱秸等开始细心扎制黄牛骨架。正月十二，心灵手巧的妇女们开始用黄色彩纸剪制牛毛，并用各色彩纸剪制成花、牛鞍、大刀、铃铛等饰品，精心粘贴到牛身上。大牛身高5米，长10米，独角长1.8米，威武壮观。整个扎制过程需140多道工序。

烧大牛的头一天晚上，孙子庙前鼓乐齐鸣，焰火遍放，祭拜孙膑的人们络绎不绝。正月十四日，孙子庙周围村庄秧歌队、龙灯队、高跷队一大早便围绕大牛表演拿手好戏。上午8时，在领头老善人指挥下，20多个身强力壮男子将牛身庄重而谨慎地抬起，顿时鞭炮齐鸣、锣鼓喧天，龙灯、高跷队在前开路，绕村一周后前往孙子庙。牛身抬到孙子庙广场，头冲南，尾朝北，并安装牛腿。广场上，万人围聚，香纸供品堆积如山。人们争先恐后上前摸大牛，祈求神牛保佑。临近中午，领头善人带领信众按程序祭拜，祈求孙膑保佑四方平安，祈求神牛将病灾带走。最后一声“发”，早已准备好的善人们上前点火，顿时大牛火光冲天。烧大牛完毕，人们各自赶庙会后散去。

400多年来，龙池用烧大牛的方式，向世人宣讲着对古代军事家孙膑的功绩，表达对孙膑的崇拜和对美好生活的追求。2016年3月22日，山东省人民政府公布，“孙膑崇拜”入选“山东省第四批省级非物质文化遗产代表性项目名录”。

文物古迹

古遗址

东利渔村盐业遗址群　位于龙池镇东利渔村东北滩涂上。已发现西周、东周、宋元时期遗址41处。西周时期遗存仅采集到少量的盔形器残片。东周时期遗存分为两类：一类为多功能遗址，数量少，面积大，文化层堆积厚，遗迹多样，生活用陶器和制盐用具比较丰富；另一类为单一功能的生产遗址。这类遗址数量多，面积小，文化层堆积薄。陶器残片绝大多数为制盐用盔形器，生活用器皿较少。代表性遗址有2号遗址，位于东利渔村东北现代盐田边。东西长约120米，南北宽约100米，面积约1.2

东利渔村盐业遗址群

万平方米，地表散布大量陶器残片和贝壳，采集有西周时期盔形器，东周时期盔形器、豆、盂、盆、甑、罐等，保存较好。4号遗址，位于东利渔村东北现代盐田边。东西长约20米，南北宽约300米，面积约6000平方米。地表散布大量陶器残片和贝壳，采集有西周时期盔形器，东周时期盔形器、鬲、豆、盆、甑、罐等，保存较好。40号遗址，位于东利渔村东北。东西长约70米，南北宽约50米，面积约3500平方米，地表发现有两个灶。遗址上散布少量陶、瓷器残片等，保存较好。

营子埠村遗址　位于龙池镇营子埠村北土埠上。东西长约300米，南北宽约100米，面积约3万平方米。曾出土周代铜箭簇，汉代扁壶、陶罐等文物，采集有周代盔形器及汉代陶器残

营子埠村遗址

片。西侧断崖暴露出3座汉代砖室墓，保存较好。

鄑邑故城遗址　位于龙池镇东利渔村东南约2千米。南北宽约200米，东西长约300米，面积约6万平方米。遗址比周围地面高出1米多。被东利渔村村民拓为耕地。鄑邑原属纪国。《春秋》庄公元年（前693）有“齐师迁纪鄑”的记载。齐灭纪后，鄑邑归齐，属齐之都昌。据乾隆本《昌邑县志》记载：战国时，齐威王赐鄑地为孙膑采地。宋代以来筑有孙子庙。遗址上分布

鄑邑故城遗址与出土瓦当

着大量周—汉代的陶片。遗址北端还发现古井、古墓遗迹。2009年，在其周边发现大量周代盐业生产遗址，保存较好。已公布为昌邑市文物保护单位。

瓦城孙膑庙遗址　位于龙池镇瓦城社区。南北长约150米，东西宽约50米，占地约7500平方米。始建于北宋初年，历代多次重修。至民国时期形成庙基占地30余亩，有正殿、寝殿、山门等大小建筑共30余间规模。1938年，为防日本侵略军在此安设据点，共产党组织群众将其拆除。中华人民共和国成立后，在庙址上建有学校。

瓦城孙膑庙遗址

古建筑

岱邱村郝家大井　位于龙池镇岱邱村南。砖石结构，井口6边形，井筒圆形，内径1.5米，青石砌就，井筒上端嵌有清代重修铭文砖3块。保存较好。

岱邱村郝家大井

东白塔村陈氏家庙　位于龙池镇东白塔村

陈氏家庙

内，砖木结构，院落东西宽17.3米，南北长27.4米，占地474平方米。始建于清雍正三年（1726），雍正五年（1728）竣工。现存正厅3间、大门1座、耳房2间。正厅坐北朝南，东西长8.8米，南北宽4.9米，硬山，顶覆灰瓦，画檐出厦，明柱4根，上方封头方木分别刻“俎、豆、千、秋”4字，正厅门口上方原有段祺瑞手书“有妫其昌”横匾（遗失）。正梁上有清光绪二十三年（1897）四月重修墨书题记。东山内墙南侧嵌有雍正五年（1728）“新修宗祠记”石刻；西山内墙南侧嵌有徐树铮书“陈氏族谱原序”石刻。大门东向，长3.8米，宽2.3米，门楣上方有成多禄书“陈氏家庙”匾额。左右耳房各2间，南北长均为3.5米，东西宽均为2.1米。正厅山墙外东西两侧各有石碑一幢，西边为祝椿年书陈干与王正廷“论青岛土地权书”及陈干“威案函电”碑（原碑存昌邑市博物馆），东边为陈干撰、万其谊书“陈氏宗祠碑”。院内冲大门西墙下有康有为、章太炎为陈干题词碑1幢（复制，原碑存昌邑市博物馆），近年修缮，保存较好。已公布为潍坊市文物保护单位。

古碑刻

孙子庙碑刻　瓦城孙子庙现存古碑有顺

治二年立重修碑，载明衡王重修孙子庙碑记；康熙三十一年正月立，修孙子庙碑记；嘉庆二十五年二月立，修孙子庙碑记；道光二十五年五月立，修孙子庙碑记；道光二十五年六月立，独角牛歌碑，吴克思撰。光绪十一年六月，赵连聘等立，修孙子庙碑记；光绪十二年四月太保庄王继三等立，功德碑；光绪二十三年七月，陈洪敖等立，修孙子庙碑记；光绪三十三年四月，修孙子庙碑记。民国七年六月，神马歌碑，孙际凤撰文，徐培琪书；民国八年六月，奇槐碑，孙际凤文，徐培琪书。

油坊村陈氏节孝碑 位于龙池镇油坊村磨坊内。青石质，原有雕龙碑头，已遗失。碑身长 1.67 米，宽 0.81 米。碑阴向上，周饰回纹，有碑文，首题“节孝陈氏碑”，下款为“邑庠生姻愚晚范钦斋顿首拜撰，邑庠生表愚孙魏百魁顿首拜书。阖学：张春岩，陈述典，陈镜海，迟口鉴仝拜”。碑阳向下，不详。保存较好。

油坊村魏养本门生碑 位于龙池镇油坊村磨坊内。青石质，碑身残长 0.6 米，宽 0.6 米。碑阴向上，周饰回纹，尚存部分碑文。碑阳向下，不详。魏养本，油坊村人。善诗文，教授生徒，多所成就。曾参修乾隆本《昌邑县志》。

油坊村陈氏节孝碑

油坊村魏养本门生碑

油坊村魏文江墓碑 位于龙池镇油坊村东北侧。青石质，方首。仅存上段，残长 0.87 米，宽 0.61 米，厚 0.15 米。碑阳向上，边饰花草纹，

油坊村魏文江墓碑

中题“皇清处士讳文江字华三魏...”，上款题“义行详载邑志”，下款题“乾隆三十七年七月十九日，孝子学书……”碑阴向下，不详。保存较差。

东白塔村陈文惠墓碑 位于龙池镇东白塔村陈氏家庙院内。白石质，圆首。碑身长 1.83 米，宽 0.74 米，厚 0.2 米。碑阳向上，额饰双龙戏珠纹，中题“明敕授文林郎、历任四川

东白塔村陈文惠墓碑

珙县、山西安邑县知县文慧陈公之墓”，上款题“生于万历十五年十一月”，下款题“卒于顺治十四年十二月一十一日未时；大清龙飞乾隆三十七年岁次壬辰复月二十七日戊午复长吉旦立石”。碑阴向下，不详。保存较好。

东白塔村碑刻　位于龙池镇东白塔村陈氏家庙南侧。其一位于路西水渠上，共有2幢，

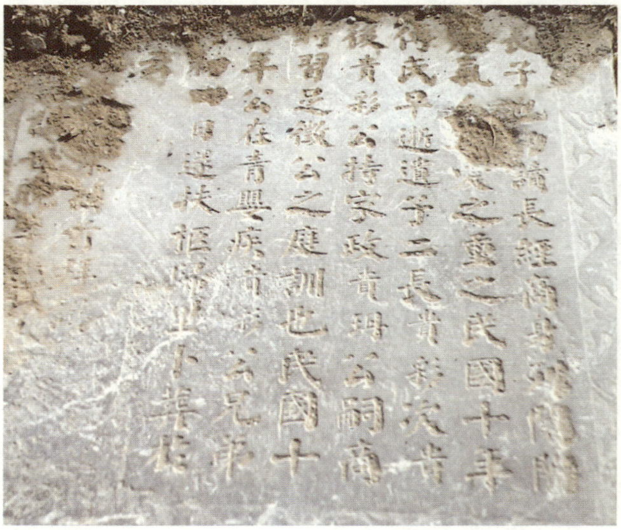

东白塔村碑刻

分别为：举人陈锡周墓碑、陈述卿墓碑，均残断。其二位于路东屋基上，有靳云鹏、康有为等为陈干先人题碑多幢。保存一般。

岱邱村迟氏祖茔碑　位于龙池镇岱邱村南300米。青石质，方首，南向。碑身高1.66米，宽0.69米，厚0.2米。碑阳上方横题“光前裕后”，中刻“迟氏祖茔”4个大字，上款题“清乾隆三十五年三月吉旦”，下款题“第九代孙庠生廷基立”。碑阴有碑文，记载迟氏家族历史及茔地状况，尾署“阖族仝立”。近年重立，保存较好。

岱邱村迟氏祖茔碑

岱邱村迟元升暨配杨氏墓碑　位于龙池镇岱邱村东南水塘西。青石质，圆首。碑身长1.85米，宽0.72米，厚0.25米。碑阳额及边饰双龙戏珠纹，中题“皇清邑增生元升迟公配杨氏之墓”，上款题“咸丰四年岁次甲寅二月十七日谷旦，丁山癸向”。碑阴空白。保存较好。

岱邱村迟元升暨配杨氏墓碑

岱邱村碑刻　位于龙池镇岱邱村东北20米水塘北端。有残碑1段及碑座3块、石构件1块，散落在东西长10米、南北宽20米范围内。残碑碑阳向上，内容涉及柳疃银子市场，已大部磨损。保存较差。

岱邱村碑刻

岱邱村郝君惠墓碑　位于龙池镇岱邱村东南水塘西侧。青石质。碑身长1.8米，宽0.71米，厚0.21米。碑阴向上，周饰回纹，有碑文，款

岱邱村郝君惠墓碑

题“口晚邑增生魏恒伦顿首拜撰，愚孙婿魏增璿顿首拜书”。碑阳向下，不详。保存一般。

果园村王氏祖茔碑 位于龙池镇果园村东20米南北路西侧。青石质，圆首，东向。碑身高1.6米，宽0.64米，厚0.16米。碑阳额饰双龙戏珠纹，边饰回纹，中题“王氏祖茔”4个大字，上款题“光绪三十二年三月谷旦”，下款题“阖族仝立”。碑阴空白。2002年，王氏后裔于原址重立。保存较好。

王家庄子村低河石桥碑 位于龙池镇王家庄子村东北。青石质，方首，东向。碑身高1.1米，宽0.7米，厚0.2米。碑阳上方横题“低河石桥碑”，有碑文，广东陵水县令邑人韩名汉撰书。碑阴为捐款姓氏。保存较好。

王范庄村王三杰暨配郝氏墓碑 位于龙池镇王范庄村西南150米公墓西侧。青石质，圆首，东北向。碑身高1.45米，宽0.64米，厚0.16米。碑阳额及两边饰龙纹，中题“皇清处士三杰王公暨配郝氏节孝之墓”，上款题“辛酉科拔贡祝正辞，阖学：黄口式、魏恒伦、陈锡命、姜正则、魏文会仝立”，下款题“道光十五年三月谷旦，男：恭思，孙：希孔奉祀”。碑阴空白。近年新址重立。保存较好。

王范庄村节孝董氏墓碑 位于龙池镇王范庄村西南150米公墓内。青石质，圆首，东北向。碑身高1.72米，宽0.69米，厚0.2米。碑阳额及两边饰双龙戏珠纹，中题“皇清敕旌节孝董安人之碑”，上款题“光绪二十二年十月谷旦，处士张继参之妻”，下款题“男：口暨孙：鸿祥、瑞，曾孙：若周立石”。碑阴空白。近年新址重立。保存较好。

果园村王氏祖茔碑

王家庄子村低河石桥碑

王范庄村王三杰暨配郝氏墓碑

王范庄村节孝董氏墓碑

楼子村范宗尧暨配杨氏墓碑 位于龙池镇楼子村东20米南北路东侧。青石质，圆首，南向。碑身高1.8米，宽0.71米，厚0.23米。碑阳额及两边饰龙纹，下边饰海水纹，中题“皇清恩荣耆德范公讳宗尧字希唐暨配杨氏之墓”，上款题“咸丰七年岁次丁巳三月谷旦”，下款为立石子孙题名。碑阴周饰回纹，有碑文，下款题“元孙：监生述道、立道谨识”。近年重立。保存较好。

王范庄村张继英暨配韩、温、刘氏墓碑 位于龙池镇王范庄村西南150米公墓内。青石质，圆首，东北向。碑身高1.75米，宽0.71米，厚0.21米。碑阳额及两边饰双龙戏珠纹，中题“皇清乡饮介宾、太学生伟堂张公讳继英元、继、继配韩、温、刘孺人之墓”，上款题“宣统四年四月谷旦”，下款题“男：和口、光，孙：鸿烈、道，曾孙：日望立石”。碑阴空白。近年新址重立。保存较好。

楼子村范宗尧暨杨氏墓碑

王范庄村张继英暨配韩、温、刘氏墓碑

王范庄村张经元暨配刘、董、刘氏墓碑 位于龙池镇王范庄村西南150米公墓内。青石质，圆首，东北向。碑身高1.66米，宽0.68米，

王范庄村张经元暨配刘、董、刘氏墓碑

王范庄村张美壁暨配刘氏墓碑

厚0.22米。碑阳上下端残损，两边饰龙纹，中题“皇清处士仲权张公讳经元元、继、继配刘、董、刘……”上款题“光绪元年口月谷旦”，下款为立石子孙题名。碑阴空白。近年新址重立。保存较差。

王范庄村张美壁暨配刘氏墓碑 位于龙池镇王范庄村西南150米公墓内。青石质，圆首，东北向。碑身高1.7米，宽0.69米，厚0.21米。碑阳额及两边饰双龙戏珠纹，中题“皇清例授修职郎、乡饮耆宾美璧张公暨配刘氏之墓”，上款题“道光八年三月十一日谷旦”，下款题“男：敬宾、干宾、墨宾、焕宾、寅宾，孙：绰纲、经纲、钦续、维梃、宏缨、绅统，曾孙：继尧、继曾、口口立石”。碑阴空白。近年新址重立。保存较好。

龙北村魏氏祖茔 碑位于龙池镇龙北村西北侧。青石质，方首，西向。碑身高1.73米，宽0.68米，厚0.19米。碑阳周饰回纹，中题“魏氏祖茔”4个大字，上款题“民国十四年岁次乙丑闰四月中浣建石”。碑阴有碑文，首题“魏氏重建碑记”，尾署“族人百魁沐手书识”。近年重立。保存较好。

王范庄村张允恭暨配王氏墓碑 位于龙池

龙北村魏氏祖茔碑

王范庄村张允恭暨配王氏墓碑

镇王范庄村西南150米公墓内。青石质，方首，东北向。碑身下部残损，高1.27米，宽0.69米，厚0.15米。碑阳边饰回纹，中题“皇清敕旌节孝允恭张公原配……”上款题“同治五年四月谷旦”，下款为立碑子孙题名。碑阴空白。近年新址重立。保存一般。

齐西村齐梦弼墓碑　位于龙池镇齐西村南100米公墓内。青石质，圆首，西南向。碑身高1.75米，宽0.68米，厚0.25米。碑阳额饰双龙戏珠纹，两边饰八仙人物纹，中题“皇清恩荣耆德殿卿齐公之墓”，上款题“同治十三年六月谷旦”，下款题“孙：增履，曾孙：唯堂、振孔、颜，元孙：恩深、澍、渥、涛、澜立石”。碑阴额饰瑞鸟祥云纹，两边饰缠枝莲纹，有碑文，首题“齐殿卿公墓志”，下署“壬午恩科举人世晚吴绰顿首拜撰，郡庠优廪膳生世再晚孟广名顿首”。近年重立。保存较好。

齐西村齐恩铭墓道碑　位于龙池镇齐西村南100米公墓内。青石质，西北向。碑头高0.7米，宽0.75米，厚0.25米。雕双龙戏珠，中刻“圣旨”2字。碑身高1.75米，宽0.75米，

齐西村齐梦弼墓碑

齐西村齐恩铭墓道碑

厚0.25米。中题“清诰授昭武都尉、钦点头等侍卫、乾清门行走勋臣齐公墓道碑”，上款题“中华民国四年阴历一月吉日”。阴有碑文，尾署“清庚子、辛丑并科举人世愚弟宋逵升顿首拜撰并书”。近年重立。保存较好。

孙家庄村孙纯嘏暨配魏氏墓碑　位于龙池镇孙家庄村内东侧。青石质，圆首。碑身长1.75米，宽0.7米，厚0.19米。碑阴向上，额饰凤凰牡丹纹，边饰回纹，有碑文，尾署“阖学：范钦口、王口瑞……碑阳向下，不详。保存较差。

孙家庄村孙德杰暨配徐氏墓碑　位于龙池

孙家庄村孙德杰暨配徐氏墓碑

孙家庄村孙纯嘏暨配魏氏墓碑

镇孙家庄村内。青石质，方首。碑身上端断裂，长1.45米，宽0.64米。碑阳向上，边饰龙纹，中题“皇清处士讳提字德杰孙公原配徐氏节孝之碑”，下款题“子：立统，孙：式口、式古、式燕奉祀”。碑阴向下，不详。保存较差。

瓦西村徐氏节孝碑　位于龙池镇瓦西村北湾塘边。青石质，圆首。碑身长1.74米，宽0.72米，厚0.19米。碑阳向上，额及边饰龙纹，中题“贞心不朽”4个大字，上款题“采访待旌节孝徐孺人墓口”。碑阴向下，不详。保存较差。

瓦西村徐氏节孝碑

瓦西村赵英华暨配孙、王氏墓碑　位于龙池镇瓦西村北湾塘边。青石质，圆首。碑身长1.76米，宽0.71米，厚0.2米。碑阳向上，额及两边饰双龙戏珠纹，中题“皇清处士英华赵公暨元、继配孙、王氏之墓”，上款题“咸丰五年二月十九日谷旦”，下款题“男：治业，孙：好礼、学、信立石”。碑阴向下，不详。保存较好。

马渠村魏协朋墓碑　位于龙池镇马渠村西北500米。青石质，圆首。碑身高1.47米，宽0.64米，厚0.17米。碑阳额饰双龙戏珠纹，中题“皇清处士魏公讳协朋字含信墓”，上款题“嘉庆二十年岁次已卯陆月三日吉旦”及立碑后裔署名。碑阴空白。近年重立。保存一般。

马渠村魏协朋墓碑

石桥村翟承烈暨配魏氏墓碑

石桥村翟承烈暨配魏氏墓碑　位于龙池镇石桥村东150米公墓西侧。青石质，圆首。碑身高1.85米，宽0.73米，厚0.22米。碑阳额饰双龙戏珠纹，左右饰八仙人物纹，中题“皇清乡饮介宾承烈翟公元配魏孺人之墓”，上款题“光绪十四年三月谷旦”，下款题“男：元魁、忠、明、标、利，暨孙：乐颜、舜、尧、贤、圣、汤、公、闵、孟，曾孙：延年、龄”。碑阴空白。近年重立。保存较好。

近现代重要史迹及代表性建筑

马渠村魏惜珍故居【民国】　位于龙池镇马渠村赁铺胡同。砖木结构。现存北屋7间，长19米，宽4.8米。保存较好。魏惜珍，原名魏振贵，

马渠村魏惜珍故居

马渠村人。曾任中共昌邑龙池区委书记、昌北县委宣传部长、昌北县委书记、潍坊市委书记等职。

马渠村八路军七支队联络处旧址【民国】 位于龙池镇马渠村赁铺胡同。砖木结构。现存北屋5间，东西长8.85米，宽4.8米；南屋5间，东西长8.85米，南北宽4.4米。保存较差。

马渠村八路军七支队联络处旧址

北白塔村民居【清～民国】 位于龙池镇北白塔村内。共有8处，均为砖木结构。代表性的有1号民居，现存北屋5间，东西长14.2米，南北宽4.8米；东厢房5间，长12.5米，宽3.7米；东门1间，长3.8米，宽3.7米；大门1座，宽1.27米。2号民居，现存北屋5间，东西长13.8米，南北宽5.3米。屋顶正脊与边脊工艺繁复，亭阁造型的烟囱尤具特色。3号民居，现存北屋4间，东西长11米，南北宽4.8米。正面梁头自右至左雕刻有“寿、禧、福、禄”4字，檐下饰有砖雕。保存较好。

北白塔村民居

马渠村魏坚毅故居【民国】 位于龙池镇马渠村赁铺胡同。砖木结构。现存北屋5间，东西长13.2米，南北宽4.2米；南屋5间，东西长13.2米，南北宽4米；大门宽2米。保存较好。魏坚毅（1923—1992），原名魏增健，马渠村人。曾任中共昌南县委书记、潍坊市委书记、济南市委书记、山东省顾问委员会秘书长等职。

马渠村魏坚毅故居

东白塔村陈干故居【民国】 位于龙池镇东

陈干故居

白塔村内。砖木结构。为中国同盟会会员、旧民主主义革命家、陆军中将陈干故居。原为多进院落组成的建筑群。现存北屋带大门6间，东西长18米，南北宽5米。保存较好。

东白塔村陈希孟故居【民国】 位于龙池东白塔村内。砖木结构。是同盟会会员陈希孟故宅。

东白塔村陈希孟故居

现存北屋7间，东西长18米，南北宽5米；南屋带大门7间，东西长18米，南北宽4.8米。保存较好。

东白塔村陈干墓【现代】 位于龙池镇东白塔村东500米。墓园东西宽13米，南北长48米，占地624平方米。甬道长35米，两边栽植杨树及松柏。墓冢用方石垒砌。1927年7月，陈干被李宗仁杀害，后归葬故里。20世纪60年代，墓

陈干墓（2018年） 摄影 李 宁

葬毁坏。1986年，由国家拨专款重建。同年，陈干夫人山西省文史馆馆员、太原市政协常委杨紫霞去世，合葬墓中。保存完好。墓园中有陈干撰“白塔桥记”碑及陈干外祖父李富贵墓碑，均为近年新址重立。已公布为昌邑市文物保护单位。

东白塔村万里桥【民国】 位于龙池镇东白塔村东北侧新开河河面上。1923年，陈干回到故乡，看到家乡老百姓吃水困难，非常痛心，遂开渠引泥河、虞河水，取名“新开河”。同时，又在河上建桥，取名“万里桥”，请康有为题写桥名，并刊石（已残，存昌邑市博物馆）。桥长5米，宽3.6米。桥面由长条青石铺成，3孔，下有4座桥墩支撑。保存较好。

东白塔村万里桥

东白塔村“阜盛茂”故宅【民国】 位于龙池镇东白塔村内。共有8处，均为砖木结构，是清末民国时期“昌邑茧绸”老字号“阜盛茂”旧宅。代表性的有1号院，现存北屋55间，东西长13.2米，南北宽4.6米；南屋东西长13.2米，南北宽4.6米。4号院，现存北屋5间，东西长13.2米，南北宽4.6米；南屋东西长13.2米，南北宽4.6米。7号院，现存北屋7间，东西长16米，南北宽4.8米。8号院，现存北屋7间，

东白塔村“阜盛茂”故宅

东西长17.6米，南北宽4.8米。保存较好。

齐西村民居【清~民国】 位于龙池镇齐西村。共有52处（齐西村44处，龙东村8处），均为砖木结构。这批民居，大部分为齐氏家族商业老字号的老宅，也有部分齐氏名人故居，以及庙宇、家祠等，分布较为集中，彼此互为邻居，较好地保留了古村落原貌。保存较好。

瓦北村民居【民国】 位于龙池镇瓦北村。共有6处，均为砖木结构。代表性的有1号民居，现存北屋8间，东西长20.4米，南北宽4.6米；南屋2间，东西长5.4米，南北宽3.5米；东厢房2间，南北长5.8米，东西宽3.8米；大门1座，长3.2米，宽3.8米。2号民居，现存北屋8间，东西长20.4米，南北宽4.6米。

齐西村民居

瓦北村民居

保存较好。

岱邱村张明照故居【民国】 位于龙池镇岱邱村中。砖木结构。是知名“昌邑茧绸”商人张明照故居。现存北屋附带大门6间，东西长15.65米，南北宽4.8米；西屋3间，南北长8.9米，东西宽4米。保存较好。

岱邱村民居【民国】 位于龙池镇岱邱村中。

岱邱村张明照故居

岱邱村民居

砖木结构。现存北屋5间，东西长15.65米，南北宽4.7米；东屋附带大门2间，南北长6.35米。保存较好。

旅　游

龙池镇文化底蕴深厚，旅游资源丰富，古为著名军事家孙膑封地。齐西古村为第四批国家级传统村落，山东省历史文化名村。龙池镇是山东民间文化艺术之乡，龙池剪纸已有400多年的历史传承。全镇拥有东利渔村盐业遗址群、鄑邑故城遗址、东白塔陈氏家庙、抗日殉国烈士祠、陈干故居、齐西民居等省级重点文物保护单位。龙池作为融传统文化、红色基因、美丽乡村“三位一体”特色魅力小镇，依托生态文化资源，深度整合文化、生态、旅游资源，以文化振兴拉动旅游发展，建成“龙乡水韵·千年古村”文化旅游景区，打造以“齐国盐都、孙膑采地、齐西古村、红色马渠”为主要内容的全域旅游新名片，龙池“红色旅游+乡村旅游+党性教育”旅游品牌影响力与日俱增。

瓦城景区

瓦城景区景点有：鄑邑故城遗址、东利渔古代盐业遗址群、孙子庙、瓦北古民居、双庙、北部盐田风光等。原徐家庄后有一座双庙子，相传建于唐朝贞观初年，历史上多次经历火灾、水灾等灾害，多次修复。1944年初，日寇曾在此地修建据点，战斗中双庙子被战火摧毁。1996年，重新修复双庙子，并确定每年农历三月二十八日为庙会。

白塔景区

白塔景区景点有：“渤海走廊”革命斗争陈列馆、抗日殉国烈士祠、陈氏家庙、陈干墓、陈干故居、陈干将军生平陈列馆、陈希孟故居、阜盛茂故宅、万里桥等。

抗日殉国烈士祠　　党政办公室提供

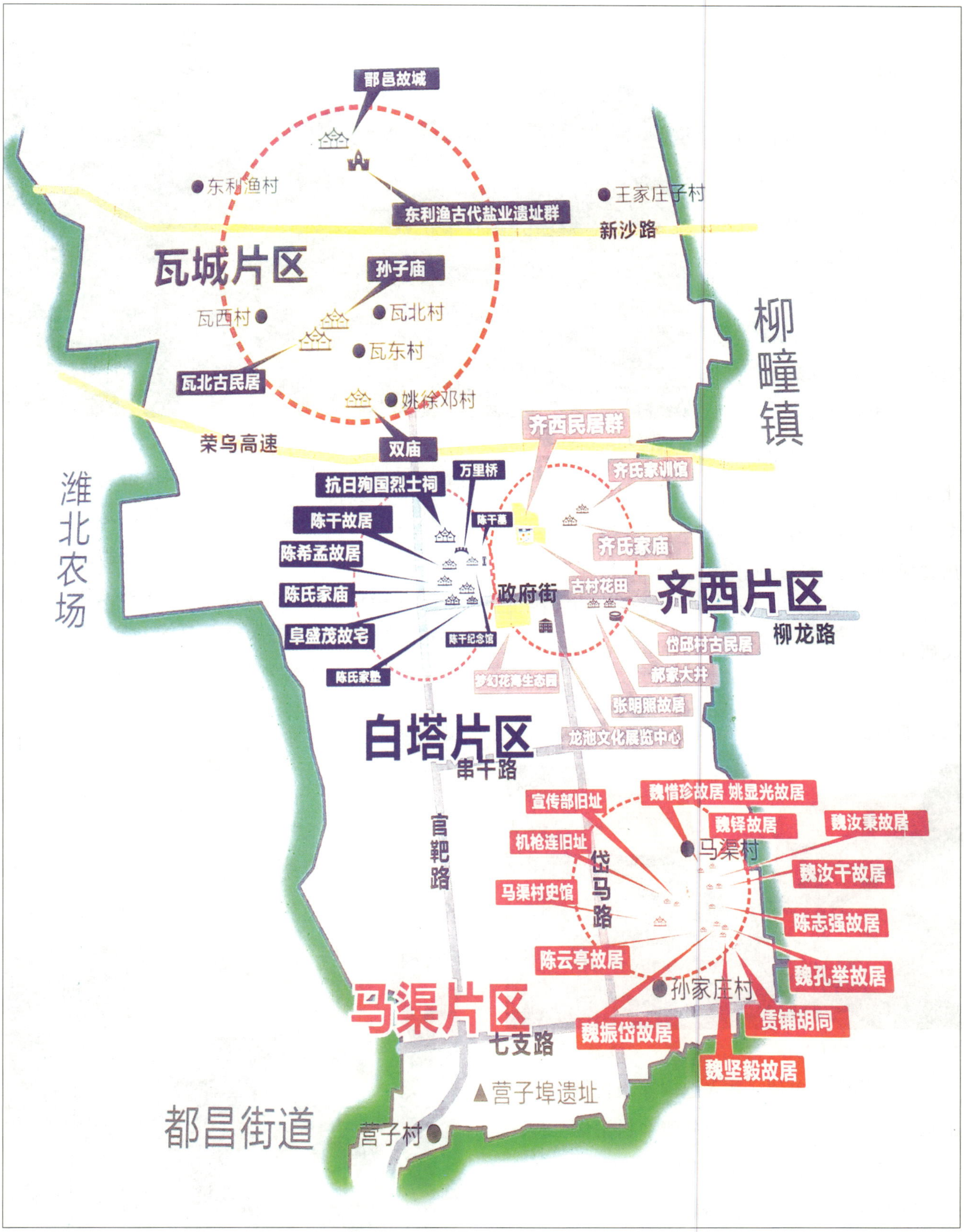

龙池镇旅游景点分布图　　　　党政办公室提供

齐西景区

齐西景区以齐西古村为核心，有梦幻花海生态观光园、龙池文化展览中心、龙文化观光园、古村花田、齐氏家庙、齐氏家训馆、岱邱村古民居、张明照故居等旅游景点。

梦幻花海农业生态观光园（2018 年）　　摄影 高子会

齐西古村落

齐西村位于龙池镇东北端，共有 148 户，470 口人。齐西古村历史悠久，文化璀璨，名人辈出。1420 年，齐氏祖先自四川省成都府金堂县迁此定居，世代沿袭近 600 年，现有族人 8000 多人。村内有保存完好的清代古民居 52 处，建筑精良，风格古雅，布局集中，设有齐氏家风家训馆、齐西村村史馆、进士胡同、非遗文化展示中心、私塾巷子等景点，是

齐西古民居（2018 年）　　摄影 李　宁

山东省文物保护单位，并入选国家级传统村落、山东省历史文化名村、首批省级乡村记忆工程。

梦幻花海农业生态观光园

2017 年建设，梦幻花海农业生态观光园项目占地面积 500 余亩，分花田观赏景区、特色水果采摘园、水产品养殖区和休闲娱乐区四大板块，配套建设龙乡水韵大酒店，是集生态观光、休闲娱乐、绿色采摘于一体的新型农业生态观光园。作为乡村旅游节暨龙乡文化节主会场，活动期间将举办节会开幕式、龙乡美食节、灯会展、唱响昌邑文艺演出等众多文化活动

马渠景区

以“红色马渠”为主线，利用名人故居分布集中优势，对现存故居进行保护性修缮，建设展示马渠红色村史、先模人物事迹的“马渠

马渠村史馆（2018 年）　　摄影 李　宁

村史馆”。景点有：魏坚毅故居、魏惜珍故居、魏振岱故居、魏孔举故居、陈志强故居、魏汝干故居、魏汝秉故居、魏铎故居、陈云亭故居、机枪连旧址、宣传部旧址等，是感受和品味龙池红色文化的好去处。

龙乡文化节

昌邑市首届乡村旅游节暨第一届龙乡文化节

2016 年 7 月 2 日开幕。此次盛会分为故村花田、齐西古村、龙文化观光园、抗战纪念馆、龙池文化展览中心五大板块，集中展示前进·龙池、王全武个人收藏博物馆、书画展馆、军旅文化馆、绸乡酒地、齐西村史馆、元宝大道、进士胡同、年俗馆、剪纸馆、制盐馆、龙池抗战纪念馆、陈干墓等几十处人文景点。活动期间举办摄影展、书法展、庆祝建党 95 周年老干部文艺演出、“爱在当夏相约龙乡”相亲大会、王全武个人收藏博物馆开馆仪式、“龙乡水韵红色龙池”青年骑行、烧烤节等多项活动。

首届乡村旅游节暨第一届龙乡文化节开幕仪式

党政办公室提供

昌邑市第二届乡村旅游节暨第二届龙乡文化节

2017 年 6 月 23 日，龙池镇委、镇政府承办的“2017 年昌邑市第二届乡村旅游节暨第二届龙乡文化节”开幕式在梦幻花海农业生态观光园盛大举行。该届乡村旅游节暨龙乡文化节、设两个会场，主会场设在梦幻花海农业生态观光园，分会场设置在齐西古村大舞台。其间，开展摄影比赛、主题征文比赛、书画笔会、民俗文化活动、群众文艺汇演、广场舞大赛、龙乡美食节、旗袍秀等 20 多项丰富多彩的文化活动。第二届乡村旅游节暨第二届龙乡文化节，来自中央电视台 CCTV—7 农业频道的《美丽中

第二届龙乡文化节　　党政办公室提供

国乡村行》走进了龙池进行文艺演出。“大衣哥”朱之文、著名歌唱家李光曦、西单女孩任月丽、歌手孙凡雅等明星登台亮相，参加《越战越勇》一举成名的龙池快递小哥姜亚弟也为父老乡亲倾情献唱。

昌邑市第三届乡村旅游节暨第三届龙乡文化节

2018 年 5 月 7 日，昌邑市第三届乡村旅游节暨第三届龙乡文化节新闻发布会在人民大会

第三届龙乡文化节（2018 年） 摄影 宋贺斌

堂重庆厅举办，著名相声演员、主持人牛群，昌邑市委常委、宣传部部长刘世海，昌邑市政府副市长赵海龙，昌邑市龙池镇党委书记朱永红，昌邑市文广新局局长李志国，昌邑市旅游局局长马坤堂，昌邑市广播影视中心主任张术叁，山东龙乡文化旅游发展有限公司总经理鞠振宝参与会。会上，刘世海推介昌邑市历史文化情况，朱永红推介龙乡文化节，牛群发表致辞，赵海龙、李志国、马坤堂、鞠振宝分别回答问题。5 月 19 日，昌邑市第三届乡村旅游节暨第三届龙乡文化节在龙池镇梦幻花海开幕，著名相声表演艺术家牛群回到家乡，为龙乡文化节助力，星光大道冠军王二妮、陆海涛、潘倩倩等演艺界人士登台亮相。该届昌邑市乡村旅游节暨龙乡文化节共有两个会场，主会场设在梦幻花海农业生态观光园，分会场设在齐西古村大舞台。文化节期间，开展了摄影比赛、红色文化研讨会、书画笔会、民俗文化活动、群众文艺汇演、梦幻灯会展、锣鼓邀请赛、龙乡美食节、红色京剧票友会、旗袍秀等 20 多项丰富多彩的文化活动。

红色龙池

抗日武装

龙池革命历史悠久，红色印记众多。昌邑第一支抗日武装在龙池诞生，八路军鲁东游击第七支队在此组建，昌邑县第一届人民政府在这里成立，龙池有昌邑“小延安”之称。

龙池“中华民族解放先锋队”

1937年10月，李福泽从延安回到昌邑，与昌潍联合县委书记张智忠接头，领导抗日救亡活动，组建抗日武装，开展游击战争。10月底，李福泽到瓦城小学，找到进步青年校长赵立秀、教导主任孙汉三等，研究抗日救亡工作和组织武装暴动。11月，李福泽介绍赵立秀、孙汉三、刘光汉三人加入中国共产党，并成立中共瓦城支部，孙汉三任支部书记。在党支部领导下，很快在瓦城小学召开动员大会，组建“中华民族解放先锋队”（简称“民先”）。后瓦城“民先”发展到白塔、马渠、郭疃村一带，并与东逄翟村翟绍先领导的民先组织取得联系。12月，瓦城、逄翟两处“民先”负责人在瓦城召开会议，成立统一的“民先”队部。领导人有张智忠、李福泽、孙汉三、翟绍先、赵立秀、翟瑞符等，统一领导潍河以西、昌邑城以北的民先组织。会议还决定翟绍先打入国民党昌邑第一区队任军需，齐文甫打入国民党昌邑第三区队任指导员，争取其转向抗日和筹集武器弹药，为建立人民抗日武装作准备。

八路军鲁东游击队第七支队

1937年12月29日，寿光县委组织发动牛头镇起义，正式宣布成立八路军鲁东游击队第八支队。同时，鲁东工委在鹿省三领导下，积极准备潍（县）北起义。12月底，鹿省三在潍北华疃村召开潍北武装起义领导人会议。会议决定在日军侵入昌潍地区、国民党溃退之际，举行抗日武装起义。起义部队的番号为八路军鲁东游击队第七支队。1938年1月9日，日军侵占潍县城，国民党地方政府纷纷逃散。在形势急速变化之际，1月24日，鹿省三等在华疃小学召开会议，确定于1月27日在潍县蔡家栏子村举行武装起义。

1月27日拂晓，参加起义的人员约400人先后赶到蔡家栏子村集结，正式建立八路军鲁东游击队第七支队，王培汉任支队长，鹿省三任政治委员，王翼之任政治部主任。起义人员编为3个中队。2月14日，鲁东工委和昌邑县委领导的100余人在昌北瓦城镇举行起义。次日，起义部队与第七支队会合，编为第七支队的两个中队。

八路军鲁东游击指挥部

1938 年 3 月 26 日，鹿省三、马保三、张文通、韩明柱等率领八支队 1500 余人，由寿光经潍县到达昌邑，在瓦城与七支队会师。4 月 5 日，鲁东工委为加强第七、八支队的统一领导，决定成立八路军鲁东游击指挥部，马保三任指挥，鹿省三任政治委员，韩明柱任副指挥，李福泽任参谋长，翟绍先任供给部主任，王义亭任卫生部主任。第七支队由张鸿礼任支队长，鹿省三兼任政治委员；第八支队由王云生任支队长，李汉卿任政治委员。4 月 7 日，鹿省三在瓦城孙子庙被混入八路军内部的敌对分子金炎（又名金洪恩，张鸿礼部下）杀害。之后，张文通任鲁东游击指挥部政治委员，刘光汉接任第七支队支队长。10 日，第七、八支队在马保三、张文通、韩明柱率领下，由昌邑（瓦城）开往胶东。在胶东期间，鲁东游击指挥部所属第七、第八支队的装备供给大大改善，迅速发展到 4000 余人。

昌北游击小组

1938 年 8 月，顽军四梯队乘八路军东进的空隙，杨秀清派大队长袁维清与副大队长史树德率顽军 500 多人，窜入白塔、瓦城一带安据点。表面上高喊着国共合作的口号，背地里制造摩擦。10 月 24 日，派特务偷袭瓦城，将孙汉三绑到瓦城村北付家坡大石碑旁，进行种种威胁利诱，让他交出党员名单，受到孙汉三痛斥，他们将孙汉三杀害。孙汉三牺牲后，白色恐怖笼罩全区，革命暂时处于低潮。为巩固昌北革命根据地，胶东区党组织从部队抽调十几名干练人员，组成游击小组。1939 年春，派到昌北一带活动，命名“昌北游击小组”，先后由管锦堂、陈乃忠任组长。经一系列调查与准备，开始镇压活动。首先除掉叛乱首恶刘怀信、魏振龙，继而除掉地方恶霸齐恩龙、敌特分子张五凤和国民党员齐恩湛。地方安定以后，游击小组又向柳疃据点里死不改悔的汉奸开刀。经过周密计划和改装打扮，派人混入据点，击毙汉奸杨新元，得驳壳枪一支，抓出罪恶累累的王德昌等三人。不久，游击小组化装成赶集的老百姓，在闹市上击毙了投敌分子韩士杰。派人打入敌人内部，伺机除掉了叛变投敌分子韩溪升。1940 年秋，三区伪维持会会长徐文润带一个中队伪军到昌邑开会，游击小组化装成割豆子的农民，埋伏在昌柳公路两侧，准备除掉徐文润。狡猾的徐文润没有跟随同行，只将伪中队长乔福祥击毙。后经过反复侦查，游击小组乘徐文润在南高家庄高文堂家吸食鸦片之际，将其击毙。人民群众称赞游击小组为“锄奸组”。

胶北特委指挥部

1938 年 10 月底，原七支队三大队队长陈龙带领两个中队，从临淄一带返回昌邑。随后，原八路军鲁东游击队指挥部参谋长刘光汉、三大队政委翟瑞符等为动员陈龙飞返回部队，也回到昌邑。后经请示，胶东区党委同意该部队暂时留在昌邑，开展抗日工作。12 月，张智忠等在大院村组建“昌邑北海大队”。1939 年 1 月，经胶东区党委批准，成立胶北特委指挥部，刘光汉任总指挥，陈龙飞任副指挥，梁辑卿兼任政委，统一指挥陈龙飞部和昌邑北海大队。2月底，胶东区党委命胶北特委指挥部所属部队升级去胶东，编为五支队二十一旅六十四团。陈龙飞任团长，翟瑞符任政委。

昌潍独立营

胶北特委指挥部升级东进后，日、伪、顽再次乘虚而入，昌北根据地大部变为敌占区。中共胶北特委又把组建地方抗日武装作为中心任务。1939年5月，胶东区党委发给2000块银元和部分枪弹，由张智忠、王炳亮、赵立秀等人负责购置枪支，组织武装。不久，成立百余人的独立连（又称胶北特委警卫连），连长董从书。独立连成立后的第一次行动，即除掉6个伪镇长。同年春，管锦堂在胶东学习后回到昌邑，在瓦城一带组建抗日游击小组，不久又在灶户拉起一支武装。同年夏，根据胶东区党委指示，将胶北特委警卫连和潍河以西的抗日武装合编为胶北特委独立营，并进行整编和短期训练。胶东区党委派徐子安担任营长，车学藻任政委。1940年春，胶北特委独立营改称昌潍独立营，由中共昌潍中心县委直接领导，县委军事部长徐子安兼任营长，褚秋风任政委，后管锦堂任政委。昌潍独立营不断发展壮大，很快发展为拥有编制3个连、指战员300余人的抗日武装。1940年4月19日，根据胶东区党委指示，昌潍独立营升级编为八路军山东纵队第五支队去胶东。

昌潍游击大队

1940年7月，昌潍中心县委着手组织武装，先从东冢街、西董村、火道村动员了30余名青年，不久即发展到100多人。胶东区党委发给了100多支长枪和部分子弹，命名为“昌潍游击大队”。林瑞伍任大队长，于光华任副政委，下辖两个中队。1941年1月，昌潍中心县委撤销后，改名为昌邑县大队，下辖两个连。

1941年11月，县大队改名为昌邑县独立营，营长林瑞伍，政委于光华（后李力超任营长，宫愚公任政委）。1942年8月，县独立营又改名为县大队。1943年秋，县大队又改称县独立营。1944年5月，昌邑、潍县合并，改称昌潍独立营。1944年冬，发展到600多人，壮大了武装力量。1945年6月，昌潍县分为昌邑、潍县后，复改称昌邑县独立营。1945年8月，昌邑县分为昌北、昌南两县，昌邑县独立营改为昌北县独立营。8月底，宫愚公带领该营升级去渤海军区第五军分区。以后，由各区中队再次组建昌北独立营，营长杨显尧，政委马骏。1948年底又升级去胶东。

抗日烽火

抗日战争时期，龙池作为昌邑北部沿海地区，素有“渤海走廊”之称，是中共中央、山东分局连结胶东抗日根据地的红色交通线，凡来往干部、传送机密情报以及黄金、药品、枪支弹药等重要军需物资，必经此地。1938年12月，日军第二次侵占昌城后，纠集大批伪军，在昌邑北部安设据点，强迫民夫挖沟开壕，并不断进行疯狂“扫荡”，妄图切断这条交通线，国民党地方武装也不断进行骚扰。1939年2月23日拂晓，昌邑县城日军队长小川率敌伪500余名，进犯八路军驻地龙池，遭八路军打击，伤亡惨重。下午便增兵报复，窜进龙池村，逢人便刺，杀伤群众72人，并纵火烧毁民房300余间。在敌强我弱的情况下，龙池人民在中共昌邑县委领导下，团结一致，艰苦斗争，经过无数次的大小战斗，使“渤海走廊”越辟越宽。

龙池战斗

1939年2月，胶东区党委派部队来昌邑接陈龙飞去胶东，与胶北特区指挥部驻在白塔、龙池、瓦城一带。22日获悉昌城日伪军来偷袭，当即做了战斗准备。部队分别埋伏在南白塔村、齐西、龙街，指挥部设在瓦城。23日，昌城日伪军500余名，在酋益小川率领下，一股从龙池东进犯龙池街，另一股从郭疃进攻南白塔。日伪军在重机枪掩护下逼近围墙，胶北特区指挥部的战士在王排长带领下，英勇还击，一连击毙敌机枪手3人，阻住敌人的进攻。进犯龙池的敌人，同样遭沉重打击，死20余名。酋益小川令其中队长金板，带10余人绕至左侧，妄图用机枪进行射击，结果金板被击毙。整个战斗从拂晓持续到下午3点，八路军部队主动撤离阵地。

白塔伏击战

1943年8月，徐家庄据点日伪军，乘昌邑县大队在潍河东与4纵队作战之机，经常肆无忌惮外出抢东西，人民群众生命财产受到很大威胁。县大队研究决定，以奔袭战法，打击敌人嚣张气焰。通过走内线，搞准情报后，宫愚公带一个加强排，晚饭后从河东姜泊出发，秘密行军到南白塔村设埋伏，在村东南角埋伏一个班，其余在村内大街两旁。第二天早饭后，汉奸一个中队从西北角入村，至中街时遭加强排伏击，即向村东南逃跑，又被加强排伏击。战斗不足半小时，共打伤日伪军十几人，得军马两匹。

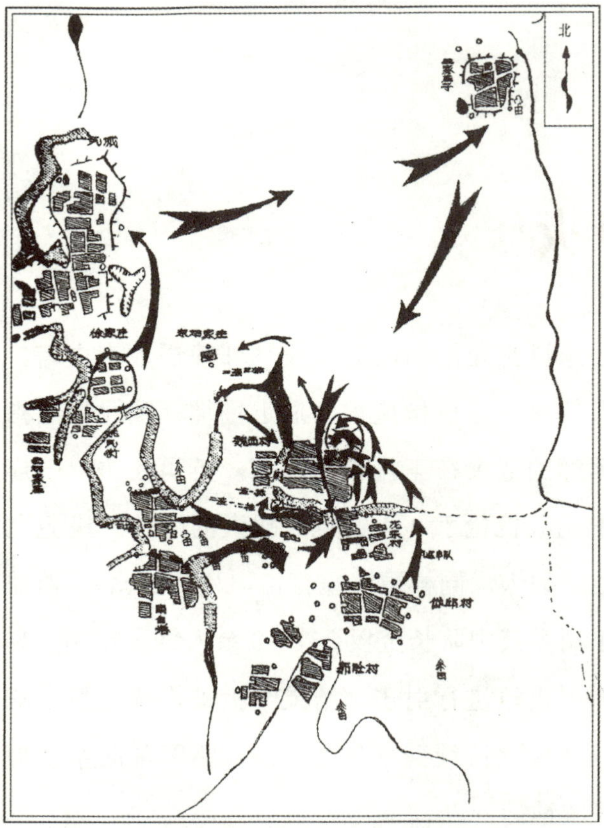

龙池镇伏击战战斗经过要图

龙池伏击战

1943年8月15日，徐家庄据点日伪军要到马渠一带抢掠。昌邑县大队罗平、宫愚公等当即研究，决定于敌去马渠的路上进行伏击。县大队2连、1连1排、9区中队和龙池一带的民兵参战。2连1、2排由宫愚公、连长郑汉林带领在北白塔设埋伏，正面伏击敌人；3排守龙池西北的马家河小桥，担任断敌后路和打援任务；1连1排由罗平、1连副连长吴永德带领在龙池南门外龙东村西北角设埋伏，担任截击和打援任务；9区中队在岱邱策应；龙池民兵在村内埋伏。8月15日上午，徐家庄据点日军10余名，伪军近百名，在龙池村南门外小桥下遭伏击，不知所措，抱头鼠窜。埋伏在北白塔的2连1、2排听到龙池枪声大作，随即改变原战斗方案，跑步向龙池参加战斗。县大队参战部队当即分兵追击，1连1排战士生擒日军龙达和青山岗森。整个战斗半个多小时胜利结束，活捉日军3名，打死伪军10多名，俘虏80多名，缴获六〇迫击炮1门，轻机枪1挺，长短枪100余支。

盐民生擒侵华日军飞行员

1943年9月，驻青岛日本侵略军一架教练机，由青岛飞往天津途中发生故障，迫降在昌邑县境内虞河边上，被东利渔村盐民发现，立即报告党支部。该村党支部书记孙法年，带民兵13人赶到现场，将飞机驾驶员生擒，并报告渤海军分区司令部。司令员赵寄舟带一连部队赶到，将日本飞机与驾驶员一并抓获。

渤海军区指挥员押解着被俘的山田井马

马渠战斗

1945 年 1 月 22 日，山东挺进军第 15 纵队（原鲁苏战区游击第 4 纵队）的先遣支队 1500 余人，由衣完斋、姚庆耘、王宗江驱赶，侵犯昌北抗日根据地，在马渠村设了据点。渤海第五军分区副司令员石啸江带领军分区一、四连，罗平率领县独立营，在二、九区中队的配合下，1 月 24 日夜晚包围了马渠，与敌军展开激战，至凌晨 4 点攻敌不克，便改用纵敌外逃而后击之的策略，立即做了追敌逃窜的战斗部署。同时在油坊、孙家庄、营子一带设了埋伏。天微明，敌人向西南逃窜，遭到伏击，激战 30 分钟，歼敌千余人。

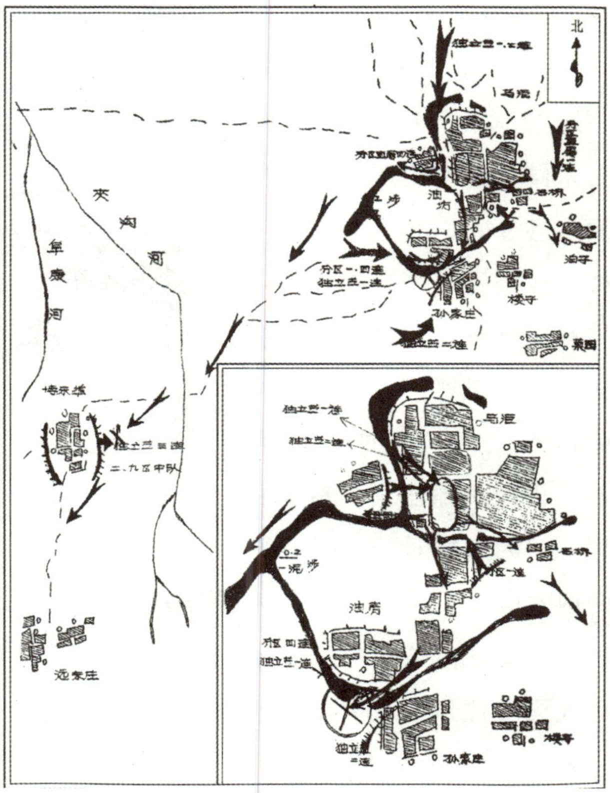

马渠进攻战斗经过要图

红色传承

2015 年，龙池镇以发展全域旅游为契机，大力发展红色文旅，打造以“渤海走廊”革命斗争陈列馆为核心，整合周边红色文化展览中心、昌邑县抗日殉国烈士祠、龙池抗日战争纪念馆、红色马渠政德政风教育基地、瓦东村过硬支部村史馆及陈干将军生平陈列馆等教育基地，形成半径 3 千米的教育基地聚集圈，构建起融党史党性、政德政风、家风家训“三位一体”的红色综合体。2018 年，龙池镇被《农民日报》评为建馆修志全国典型。

抗日殉国烈士祠

抗日殉国烈士祠位于北白塔村内，东南距

抗日殉国烈士祠　　党政办公室提供

龙池镇政府驻地1.5千米。1945年2月奠基，7月竣工，占地15.8亩。祠堂坐北朝南，砖木结构，有正厅5间、东西厢房各5间、大门1间附带戏楼，戏楼屋顶为卷棚式，大门口有三级石阶。整个祠堂采用传统建筑风格，布局严谨，屋檐四角及门楣皆饰以精美砖雕。正厅画檐出厦，有明柱6根。门为双扇对开，门旁各有两扇木格纹窗。祠堂正厅有木质雕花大神龛3座，内供烈士灵牌527个。北墙悬挂卢志英、王锐、陈龙飞三位烈士遗像及多幅绸布挽帐。1946年4月，中共昌北县委、县政府，建国会、独立营合立"昌邑县抗战殉国烈士纪念碑"，碑阳为原昌北县委书记马骏亲笔题"浩气参天"4个大字，碑阴镌刻寿光、昌邑、潍县抗日殉国烈士英名391位。昌邑抗日殉国烈士祠是民国时期祠庙建筑的代表，也是山东省现存为数不多的中华人民共和国成立前建成的抗日烈士专祠。2013年10月，被山东省人民政府公布为"省级重点文物保护单位"。2015年以来，每逢清明节、"八一"建军节等节日，机关、学校及社会各界纷纷到抗日殉国烈士祠，缅怀革命先烈，接受爱国主义和革命传统教育。

龙池抗日战争纪念馆　　党政办公室提供

龙池抗日战争纪念馆

2015年9月1日，龙池镇依托抗日殉国烈士祠，建成国内首家乡镇级抗日战争纪念馆。纪念馆主要分为两部分：第一展室以"红色龙池，革命热土""日军入侵，罪恶累累"为主线，讲述龙池抗战团体发展历程及日军入侵的种种罪恶；第二展室以"生死与共，浴血奋战""彪炳千秋，永载史册"为主线，讲述英勇的昌邑人民特别是龙池人民在抗日战争中的突出表现。纪念馆全景式展示龙池人民的抗战历程，图文并茂，配以实物，与烈士祠相结合，成为抗战历史教育的重要基地。

龙池文化展览中心

龙池文化展览中心位于龙池镇白塔社区，总投资1300万元，面积3000平方米。该展览中心主要包括镇史馆、王全武私人收藏博物馆、军旅文化馆、书画展馆、廉政文化馆，采用图片文字记叙和实物真实展示的方式，把龙池历史文化、时代变革、人民生活的变化直观地展示出来。其中，王全武私人收藏博物馆收藏的主要是毛主席及红色文化专题收藏品，涉及文献史料、书报刊物、领袖人物塑像类、党史资料、党章、勋章、像章、领袖画像塑像、军用品、漫画系列、毛主席瓷器等三十余个门类。

藏品所展现的内容涵盖了中国共产党建党、红军长征、抗日战争、解放战争、抗美援朝、新中国建设等历史阶段，具有很高的历史文化价值。这里蕴含着各种红色文化经典，处处体现着革命传统教育，激励新时代的我们不忘初心、砥砺前行。

“红色马渠”政德政风教育基地

1938 年，马渠村成立党支部。1942 年，中共昌邑县委和昌邑县抗日民主政府迁到马渠。马渠长期作为昌邑县委驻地，是保卫通往延安“红色交通线”的指挥中心，在革命战争年代，为保卫县委、县政府和“渤海走廊”做出卓越贡献。先后有 41 名革命先烈，忠义为国，血洒疆场。马渠村也称为“革命干部的摇篮”和“红色莫斯科”。2017 年，龙池镇对马渠村红色文化和名人文化进行挖掘整理，2018 年 5 月 17 日开馆，建成集中展现马渠红色历史的马渠村史馆，设“坚定信仰、宣传发动、武装斗争、一心为民、水乳交融、胸怀理想”6 个专题，全面展示马渠军民在党的领导下，浴血奋战，争取民族独立和解放的生动经历，传承弘扬“爱党爱国，百折不挠的坚定信念；不怕牺牲，顽强战斗的英雄气概；团结协作，共克时艰的宝贵品质；胸怀宽广，理想远大的使命情怀”马渠精神。并对昌北县委宣传部旧址、陈挺旧居、魏坚毅故居等进行保护性修缮和开放，打造“红色马渠”政德政风教育基地。

2018 年 5 月 17 日，龙池镇马渠村史馆揭牌仪式　　党政办公室提供

渤海走廊革命斗争陈列馆

昌邑、潍县、寿光北部，地处昌潍平原与渤海莱州湾结合部，自古有“胶潍走廊”之称。全面抗战期间，中国共产党在这里发动武装斗争、建立抗日根据地，开辟东起胶莱河、西至原寿光县东北部榆树园子村为主体昌潍根据地，中心在昌北的“渤海走廊”，成为连接胶东、清河和鲁中抗日根据地的重要纽带，在最艰苦的时期发挥了护送过往干部、协助跨区调兵、密运战略物资三大历史作用。在保卫“渤海走廊”的伟大斗争中，三地军民在中国共产党领导下，同仇敌忾、不怕牺牲，与日伪顽浴血奋战，用鲜血和生命保证了“渤海走廊”的安全畅通，谱写了可歌可泣的壮丽史诗，铸就了“对

渤海走廊革命斗争陈列馆揭牌　党政办公室提供

党忠诚、信念坚定，勇于担当、不辱使命，百折不挠、敢打必胜，同心同德、无私奉献”的“渤海走廊精神”。

“渤海走廊”革命斗争陈列馆项目位于龙池镇岱邱村内，规划用地面积 10 亩，规划总建筑面积约 2650 平方米，总投资 1820 万元。该项目属于潍坊市委“使命担当”主题教育重点工程，2019 年 6 月 29 日开馆迎客。陈列馆运用数字媒体提升服务、大屏沙盘联动系统、异形投影演绎系统等多媒体科技，根据有关历史照片、文献资料、口述回忆等相关资料，综合运用板面说明、实物展陈、视频播放、场景还原等多种形式，全面展示抗日战争时期，昌邑、潍县、寿光三县党政军民浴血奋战，用生命和鲜血保卫“渤海走廊”的战斗历程。展厅第一部分“艰难岁月使命重托”。从历史概况、全面抗战时的局势，再现为确保胶东、清河和鲁中根据地联系沟通，开辟形成“渤海走廊”的过程。展厅第二部分“坚强核心中流砥柱”。从昌邑、潍县、寿光三县党组织的早期诞生到抗战期间三县党组织的发展壮大以及思想作风建设，再现三县党组织的发展历程。展厅第三部分“赴汤蹈火浴血奋战”。再现面对尖锐复杂斗争形势，广大军民在党的坚强领导下，开展形式多样的游击战争。展厅第四部分“民众奋起铜墙铁壁”。着重再现人民群众在保卫“渤海走廊”斗争中做出的巨大贡献。展厅第五部分“背负期望为国担当”。运用护送过往干部、协助跨区调兵、密送战略物资等图片，反映在民族危亡、国难当头紧急时刻，“渤海走廊”发挥的历史作用。展厅第六部分“初心永恒礼赞英雄”。硝烟已经散去，英雄当以礼赞。为“渤海走廊”安全畅通而与反动统治和侵略势力英勇斗争的人们都是民族英雄和国家荣光。他们的事迹和精神永远是激励人们前行的强大力量。

瓦东村村史馆

瓦东村历史悠久，是鄑邑故城文化和昌北革命斗争红色文化的交汇地。2017 年，在昌邑

瓦东村村史馆（2018 年）　摄影 李　宁

市委组织部指导下，龙池镇建设瓦东村过硬支部村史馆。村使馆分村情发展史和党组织建设史两大部分，以图文和实物相结合的形式，全面展现瓦东村在革命建设和改革开放不同时期历史沿革、组织建设、传统文化、村情民俗等，做到以古鉴今、存史育人。

陈干将军生平陈列馆

陈干将军生平陈列馆建于2016年，总投资约20多万元，由龙池镇委镇政府投资建设。陈列馆一个大展厅，二十个板块，从陈干少年时代远赴关外，到其投笔从戎，参加同盟会，创办公学，率淮泗讨虏军转战两淮，再到其办理“鲁案”、“威案”，回故里开河挖渠、造福桑梓，直至军阀派系之争等一系列重大事件，全景式得展现了陈干先生传奇的一生。

社会事业

教　育

中华人民共和国成立后，龙池历届党委、政府不断加大教育投入，特别经过1995—1997年基本普及九年义务教育，教学设施得到根本改善，教育资源进一步优化组合，形成布局合理的教育网络。2014年，龙池镇有初级中学1所，在校生835人；有小学1所，在校生4123人。2017年，有小学1所，在校生540人，教职工50人；有初中1所，在校生467名，教职工48人。

管理体制

晚清，龙池的私塾和书院，分别由学董和院董会进行管理。塾师和教习的辞退和聘用、经费的筹支，均由学董和院董会裁定。民国初，私塾逐渐改为小学堂。抗战期间，日伪统治区部分村庄再办私塾。抗日战争胜利后，私塾停办。后学堂建立，分官立和私立两种，官立小学堂的人事权及财权，皆由县管理。私立小学堂人、财两权由办学单位掌握，但必须向县备案核准。抗日民主政府始设文教科，后改为教育科，设专职人员管理指导农村教育工作。1958年，人民公社成立，公社设文教助理，管理全乡教育，直属公社党委领导。1966年，“文化大革命”开始后，学校教学秩序被打乱，学生停课，师生外出串联。1968年冬，公办小学下放到生产大队办，公办教师回本村教学，工资口粮一律停发，实行工分价值加补贴。小学将“四二制”改为“五年一贯制”，全社27个大队，村村设点，队队办学，有7处小学“戴帽”设初中班。学生升学，废除考试制，实行“推荐选拔”办法。

1970年，龙池公社革命委员会设教育组，负责人称组长。按上级要求，实行贫下中农管理学校，各村小学由贫协主任管理。“文化大革命”后期，公社成立教育革命领导小组，协同文教助理管理公社的教育工作。1978年，公社教育革命领导小组改为教育组。1984年，社

校车　　龙池小学提供

改乡后，设教育委员会，简称教委。全乡小学设孙家庄学区（包括马渠及南部8村小学）、白塔学区（包括三白、岱邱、郭疃小学）龙池中心学区（包括龙池、沙岭子、王家庄小学）瓦城学区（包括姚徐邓、三瓦、东利渔小学）4大学区。1993年，撤乡建镇，乡教委改称镇教委，编制4人。2000年，镇教育委员会撤销，设立龙池镇教育管理办公室，编制4人。2017年，龙池镇教育管理办公室在编9人。

私　塾

宣统二年（1910），全乡的32个自然村有私塾38处、塾师38人、学生500人左右。学生中富家子弟居多，也有少数贫寒子女。私塾儒童入学年龄不限，既有5～6岁读《三字经》的蒙童，又有10～20岁读“五经”的青少年，其中以12～13岁以下的居多。学生少则1～2人，多则达30～40人。私塾无学制年限和教学计划，塾师授业因材施教、因人而异。一般先学《三字经》《百家姓》《千字文》《神童诗》《庄农日用杂字》，再学“四书”“五经”，还穿插学《古文观止》《千家诗》等。民国初期，私塾教育体制逐渐被现代小学堂代替。

学前教育

20世纪50年代，境内有托儿所24所、幼儿园27所，入托、入园儿童2732人。1959—1962年，群众生活困难，幼儿教育名存实亡。1963—1966年，幼儿教育时断时续。1966年，“文化大革命”开始，幼儿教育处于停顿状态。1971年，王家庄村党支部办起王家庄子育红班，设专门教室，并配备教师，本村60多名4～6岁儿童进入育红班学习。1978年，公社妇联安排一名干事负责全社学前教育，推广王家庄育红班办班经验，鼓励各村办“育红班”，到年底，全社有19个大队办起23个育红班，其中4～5周岁小班2个，6～7周岁大班21个，共有幼儿767名。大班开设语文、算术、文艺、绘画、体育等课程。1980年，育红班增设公桌、公凳，购置卫生用具，部分还增添脚踏琴、手风琴等乐器。1981年，全社有20个大队办起育红班。1988年，全乡23处村办育红班改为幼儿园。共有38个班，有教师39人，在园幼儿1106名。

1990年，学前教育移交乡教育办公室管理，实行乡、村分级管理。1992年，对全乡幼儿园进行验收登记注册，全乡有幼儿园27所、45个班，教师45人，在园幼儿1425人。1999—2003年，龙池镇优化幼儿教育资源，对幼儿园进行改造，分期分批对幼儿园进行合并。到2006年，全镇

龙池中心幼儿园（2017年）　　摄影 李　宁

有王家庄、马渠、王范庄、姚徐邓、瓦城、白塔、龙北、郭疃、龙池中心幼儿园（园址在岱邱）9所集体办幼儿园，朝霞幼儿园、晨光幼儿园2个个体幼儿园。其中潍坊市级一类幼儿园3所、教师25人、在园幼儿556人，有潍坊市级优秀幼儿教师2人，昌邑市级优秀幼儿教师5人。2008年，镇政府投资160万元，在敬老院东邻建成龙池镇中心幼儿园，将岱邱村中心幼儿园迁入镇中心幼儿园。2010年，龙北、郭疃幼儿园并入镇中心幼儿园，王范庄幼儿园并入马渠幼儿园，姚徐邓幼儿园并入瓦城幼儿园，个体朝霞幼儿园并入白塔幼儿园。2011年，个体晨光幼儿园并入镇中心幼儿园。到2013年，全镇有龙池幼儿园、马渠幼儿园、白塔幼儿园、瓦城幼儿园、王家庄幼儿园5所登记注册幼儿园，在园幼儿430人，幼儿教师29人。龙池幼儿园被授予“山东省规范化幼儿园”“潍坊市一类幼儿园”称号。其他幼儿园均达到“县级示范园”标准。

2008年8月，龙池镇政府投资160万元、占地4980平方米、主楼建筑1925平方米、户外活动场地3000平米的龙池镇中心幼儿园投入使用。共有6个教学班，设多功能室、图书阅览室、科学发现室、卫生保健室、教具资料室、厨房及各种功能房。每个教学班都包括55平方米活动室，50平方米的休息室，15平方米的幼儿厕所和10平方米的盥洗室各1处。各班均配有空调、电钢琴、电视机、DVD、图书架、开放式玩具柜等教育教学设施。一楼的西面是100平方米的大伙房和125平方米的音体活动室。伙房用铝合金或塑钢材料间隔成炒菜间和面食间等，内有一个6平方米的小储藏室。多功能室除幼儿园正常活动安排外，还可以组织大型的家长会、家长开放日等活动，并为全镇幼儿教师提供教研、研讨等活动，场地为幼儿家长参与亲子共成长活动提供便利。2017年，全园有16名教师，其中有4名教师被评为潍坊市级和昌邑市级先进教师，龙池幼儿园获“山东省规范化幼儿园”“潍坊市一类幼儿园”“潍坊市教育基地”称号。

2017年，龙池镇政府投资60余万元，改造马渠幼儿园，新建标准教室10间，占地面积360平方米，设3个标准教室和1个办公室，可容纳幼儿90人，每个教室设有盥洗室、厕所，夏天降温，冬季取暖全部改用空调，幼儿学习环境得到改善。

小学教育

1919年，在同盟会会员陈干支持下，龙池创办齐西育才小学、南白塔小学。1931年，境

昌邑市龙池小学（2018年）　　摄影 李 宁

2018 年龙池小学六一儿童节少先队授旗仪式　　龙池小学提供

内豪绅赵元臣创办忠诚小学，3 处小学均为县立小学，分别称昌邑县第 21、22、23 国民小学。1936 年，忠诚小学更名为中山小学。1938 年，日军侵占昌城，国民小学名存实亡。1938 年下半年开始，在中国共产党领导下，大部分村庄以不同形式兴办教育，把国民小学办成抗日小学。1941 年，昌邑抗日民主政府成立后，加强对抗日小学的领导。1942 年，昌潍抗日民主政府在境内建立第一个高级小学——昌邑县立第一小学。1945 年，昌邑县立第一小学迁至昌城。

1949 年，全乡有白塔、马渠完小 2 所、村小 18 所，在校高、初级学生 1538 人。到 1957 年，全乡有完小 6 所、学生 2631 人，学生入学率 90% 以上。1966 年“文化大革命”开始后，小学全部停课闹革命。1968 年冬，公办小学下放到大队办。1980 年，设昌邑市龙池小学。1982 年，全社小学设四大学区：孙家庄学区（含马渠以及南部 8 个村小学）、白塔学区（含东白塔、西白塔、北白塔、岱邱、郭疃）、龙池中心学区（含龙池、沙岭子、王家庄）、瓦城学区（含姚徐邓、三瓦、东利渔），共有小学 15 所、76 个班、在校学生 2479 人，公办、民办教师 125 人，学龄儿童入学率 97.6%，实行学区小学领导村小学体制。

1980—1990 年，实施义务教育，完成入学年龄由 7 周岁到 6 周岁的过渡，并实施小学校舍“六配套”。1995 年 9 月，孙家庄学区小学与马渠小学合并，搬入马渠初中校址，成立新马渠小学。1996—1998 年，全镇投入资金 160 万元，新建扩建小学 4 所，教学仪器、图书等内部设施逐年更新。2003 年，全镇 5 所小学全部建成昌邑市级规范化学校。2007 年上半年，开始免除农村教育阶段学杂费，下半年免除义务教育阶段的课本费。2009 年，投资 1520 万元，建设龙池小学 3680 平方米教学楼一幢，建设 2195 平方米实验楼一幢，完成学校内部配套设施建设。9 月，龙池镇党委、镇政府为各校配备专职保安人员，增添保安设备；10 月，建成投入使用后，将龙池小学、白塔小学、岱邱小学、郭疃小学进行合并。2011 年，龙池镇党委、镇政府投资 1000 万元，在龙池小学新建一栋 4000 平方米集餐饮、住宿、教学为一体的综合楼，可容纳学生 1800 人，全镇所有的小学均集中到镇区，实现教育资源共享。2012 年 9 月，全校有 24 个班，在校学生 927 名，教职工 66 名。

瓦城中山小学

1932 年，豪绅赵元臣在瓦城孙子庙创办忠诚小学，是为昌邑县第二十三国民小学。1933 年，学校进步教师孙汉三、赵立秀、翟瑞符等，团结校内外进步力量，邀开明人士赵佃朋取代赵元臣校长职务。1936 年，赵立秀任校长，学校改称“中山小学”。开始吸收爱国志士到校任教，招收贫困子弟免费入学，对学生进行爱国主义教育。中山小学成为全乡最早的革命基地，是共产党人、爱国志士经常活动的场所。

昌邑县立第一小学

1942年冬，昌潍县抗日民主政府在石桥村大寺庙内成立昌邑县立第一小学，当年收两个班（包括师范班1个），学生共96人。1943年，招收1个斑，学生45人。1944年，招生1个班、学生50人、教师10人。昌邑县立第一小学是在昌潍县抗日民主政府领导下建立的第一个高级小学。毕业学生大部分参加革命工作，有70%学生成为党、政、军部门和企事业单位骨干，其中县团级以上领导干部就有16名。1945年，昌邑县立第一小学迁至昌城。

昌邑市龙池小学

1980年，昌邑市龙池小学建立，校址在魏西村南，齐西村西，龙池水利站东。2009年5月，在镇政府北侧建新校；10月，一期工程完工后，龙池、岱邱、白塔、郭疃4所小学并入龙池小学；2012年，二期工程完工后，又将王家庄、马渠、瓦城并入，称昌邑市龙池镇龙池小学。学校占地面积46690平方米，建筑面积10122平方米。学校建有高标准学生餐厅，就餐环境洁净舒适；学校体育设施完善，建有标准300米环形煤渣跑道，篮球、排球、乒乓球场地及体育活动室一应俱全，体育器材、设施设备均达到国家II类标准。2012年，通过山东省办学条件标准化学校验收8A级标准，按省级规范化标准建有教学楼、科教楼、综合楼各一栋，绿化面积16500平方米，体育用地面积15190平方米。全校依托剪纸艺术开发和设置多门传统文化校本课程，其中剪纸特色校本课程被评为“潍坊市第二届活动育人精品课程”，200余名学生分别在国家、省、市级获奖，为山东省、潍坊市非物质文化遗产保护多次提供现场，先进经验多次在电视台播出。

2017年，龙池小学有20个教学班，在校学生829人，教职工58人。图书室、阅览室、实验室、心理咨询室、舞蹈室、音美教室、 体育活动室、科技室、计算机室、综合实践室等多功能教室，配备先进多媒体教学辅助设施。各类教学仪器、图书、多媒体、音体美器材等均按省级规范化标准配备齐全。学校多渠道筹资150多万元，配齐了标准校车7辆，接送线路覆盖全镇所有村庄。

少先队

1941年，西三区委在校内外儿童中发展儿童团员，成立组织，区、乡、村皆设有儿童团长。当时儿童团的主要任务是，站岗、放哨、送信。联络、开展拥军优属及抗日宣传等活动。解放战争时期，儿童团以各种方式支援解放战争，巩固革命根据地。1949年，中国少年先锋队成立（以下简称少先队），境内少先队组取代儿童团组织，在共青年团地领导下开展活动。1958年，团中央号召全国少年儿童开展“培植树木、绿化祖国”“除四害、讲卫生”“学普通话、讲普通话”三项活动。区少先队员积极响应，组织“红领巾采种队”、建立苗圃、“红领巾卫生岗”，广泛开展植树造林、绿化祖国的活动。1963年，公社少先队掀起学习雷锋的热潮，大家讲雷锋的故事，我和雷锋比童年，参观雷锋事迹展览，做节约箱，缝针线包，为孤寡老人、

2018年7月，圆梦蒲公英追寻红色记忆　　龙池小学提供

鼓号队发展到二胡、竖笛、书法、古筝、葫芦丝等20个少先队活动小组。2005年1月，参加潍坊市少先队读报、用报活动。2008年6月，全镇组织少先队员举行“手拉手情系地震灾区小伙伴”主题活动。全镇少先队员积极响应，纷纷捐出自己的零花钱，赠送文具、衣服等，向灾区小朋友伸出温暖的手，表达节日的问候，力所能及地帮助灾区小伙伴。2009年，龙池镇少先队代表参加中国少年先锋队昌邑市代表大会。2012年，中心小学大队参加中国平安少儿征文、摄影大赛活动。2013—2015年，清明节期间，组织开展网上祭奠英烈，我为国旗添光彩活动。2015年10月，组织开展“读书月”活动，指导每一名少先队员多读书、读好书、从中获取知识、陶冶情操。12月，在全体少先队员中开展“远离毒品”教育活动。2017年3月，开展“青春志愿行·雷锋在我心”志愿服务活动；9月，开展向国旗敬礼活动。2017年年底，龙池镇有1个大队、16个中队、96个小队，共574名队员；设总辅导员1名、大队辅导员1名、中队辅导员16名、校外辅导员1名。

五保户洗碗、扫院子等活动，为队史增添绚丽的色彩。1967年，成立“红小兵”组织，少先队停止活动。1976年，恢复少先队组织，并开展活动。“学雷锋，争三好”已蔚然成风。全社大型活动每年三次，“清明节为革命烈士扫墓；六一节和元旦的庆祝活动，开展革命传统教育，“五讲四美”“三好”队员、“文明中队”等活动，全社共评选出“三好”队员239人，文明中队7个。

1982年，龙池公社有13个大队、77个中队、335个小队少先队组织，共2675名队员；全公社有总辅导员1人、大队辅导员13人、中队辅导员77人、校外辅导员1人。1984年，团中央、全国科协、教育部联合发出在少年儿童中开展“我们爱科学”活动，全乡少先队员开展各种学科学、用科学活动。1985年，龙池乡小学组织队员参加全国少先队“创造杯”活动，赢得12个“创作杯”奖。1986年，参加团省委开展的“学校四有小金星”活动，有38个小队获小金星奖章。2001年6月，建立少先队活动小组，组织开展各类文艺活动。全镇少先队从仅有的

中学教育

1960年，昌邑县第十一中学在岱邱村西建校，校址位于岱邱村西、柳瓦公路北侧，占地36.7亩，有校舍82间、教职工29名。1962

龙池初级中学（2018 年） 摄影 李 宁

年，昌邑县第十一中学更名为昌邑县第九中学。1965 年，成立龙池农中和楼子农中，分别招收南、北两片的学生。马渠、楼子、岱邱、王家庄、龙池、白塔、瓦城 7 所小学“戴帽”设立初中班，境内基本普及初中教育。1969 年 8 月，昌邑县第九中学更名为龙池中学，并升格为二年制高中。1970 年 2 月，开始联村办初中，全社办起白塔、瓦城、龙池、马渠、楼子 5 所联中。1971 年，昌邑县第九中学改称昌邑县龙池公社中学；1976 年，东利渔学校“戴帽”设立初中班；马渠、瓦城、王家庄办起民办高中班。1978 年，昌邑龙池公社中学更名为昌邑县龙池中学。1980 年，郭疃“戴帽”初中班并入岱邱学校，王家庄子“戴帽”初中并入龙池初中，东利渔“戴帽”初中并入瓦城联中；撤销马渠、瓦城、王家庄学校民办高中班。1982 年，昌邑县龙池中学有 37 个高中毕业班、毕业生 817 人。同年，撤销龙池农中和楼子农中；郭疃学校设立“戴帽”初中班。1984 年 8 月，龙池中学合并于柳疃高中；9 月，白塔联中、岱邱联中与龙池联中合并，称龙池初中。1985 年，在马渠东南角新建一所学校，将马渠联中、楼子联中合并，称马渠联中。1994 年，投资 160 万元在龙池初中建成教学楼一栋。1995 年 9 月，新学期开始马渠初中、瓦城初中并入龙池初中，更名为龙池镇初级中学（简称龙池初中）。1999 年，龙池初中建成实验楼、科技楼，整修具有相应设备的功能用房，完善教学设施。龙池初中图书阅览室藏书 22137 册，有阶梯教室、语音教室、多媒体教室、标准的物理化学生物实验室、微机室、舞蹈教室和科技活动室。2003 年，投资 30 万元，建成高标准的校园网。2001 年，龙池初中被评为潍坊市规范化学校。2012 年，龙池初中在潍坊市标准化学校验收中达到 8A 级标准。

2015 年，投资 3000 万元，进行龙池初中新建、改建工程。建设龙池初中教学楼一栋，建筑面积 4200 平方米，共 4 层，10 个教学班，另建有标准理化生实验室、各类仪器室、计算机室、图书阅览室、史地教室、美术教室等公共教学用房，教室、功能室均配备电子白板和空调，可容纳学生 600 人，于 2016 年 9 月交付使用。建设标准塑胶操场和看台，田径场跑道 250 米及人工草坪足球场，周边新建标准篮球场、排球场及乒乓球场地等。建设 1800 平方米学术交流中心一座，高标准伙房、餐厅和报告厅能同时满足 400 人就餐和 500 人集会。龙池初中在原有绿地的基础上，新建多处绿地，绿化面 8000 平方米。

农民业余教育

1937年冬，共产党员孙汉三在瓦城孙膑庙内创办夜校，教农民识字并进行抗日宣传和思想动员。1939年，瓦城、白塔、马渠、郭疃的农民业余教育不断发展，带动全区夜校、妇女识字班的建立。学习内容包括文化、政治、唱歌等。教室都是借用民房或庙宇，因陋就简，学习时间不限，农忙少学，农闲多学，常年不停。1941年，抗日民主政府成立后，青救会、农救会、妇救会也相继成立。以农民冬学、农民夜校、妇女识字班为主要形式进行农民教育教师选派青、农、妇组织的干部兼任。除了宣传抗日主张，主要是组织农民学习文化，有点名、考勤制度，评选模范教师、模范学员等。

1952年秋，根据教育部关于开展“速成识字班”的指示精神，推广祁建华创造的“速成识字法”。1957年，开始“扫盲”运动，组织14～45岁的文盲、半文盲全部入学。扫盲班用农民识字课本，除充实政治内容外，侧重于应用的学习和练习，在应用中巩固成果。村干部组织发动学校教师兼任民师辅导员，农闲集中学，农忙分散学。组织考试合格的，摘掉文盲帽子，转入夜小、政治夜校学习。1966年“文化大革命”开始，农民业余教育处于瘫痪状态。

1978年，全公社27个大队办起23个政治夜校和扫育班，配备52名辅导员，有110名学员经考试领到毕业证书。1975年，全社146名青少年文盲，有137人取得扫盲毕业证，只有9人未毕业。到1977年，全部摘掉了文盲帽子，龙池公社成为无文盲社。1976—1981年，农民业余学校重点转入各种农业技术的学习，全社开办20个专业班，参加学习的411人。1986年后，农民业余教育采取乡、村两级办学的形式。到1994年，形成以镇办成人教育中心为骨干，村办成人教育学校为辐射点的农村成人教育网，重点为技术培训。到1998年，全镇有5处成人教育学校被评为山东省农村成人教育示范学校。2005年，全镇有业余教师23人，年培训农村劳动力3300人次，农民受教育3.2万人次，带动46种植业、养殖业、林果业、纺织业等产业的发展。2016—2017年，龙池镇按照科技兴农、科普惠农的发展思路，以推广科技、开发人才、科技兴农、科技富农为宗旨，开展科普惠农工作，设立科普村村通工作领导小组和科学技术协会，制定《龙池镇科普村村通工作实施方案》，全镇共建成科普工作站27个、科普宣传栏30个，培养科普宣传员120名，做到一村一站一栏一员。

教学教研

学制 课程 教材

1953年前，小学实行“四二”分段制，即初级小学四年，高级小学二年，春季始业；1953年8月，改春季始业为秋季始业。1961年，全镇完小实行五年一贯制，次年停止。1968年，小学全部实行五年一贯制。改秋季始业为春季开学，至1974年，复改为秋季开学。1964年，工读小学修业年限不固定，学完小学主要课程，即准予毕业。1968年，工读小学改为普通民办小学。2002年开始，小学全部实行六年学制。小学入学年龄由原来的7周岁改为6周岁。

1950年，初小设国语、算术、体育、音乐（一、二年级设唱游课）、美术，高小设国语、算术、自然、历史、地理、音乐、美术、体育。1952 年，国语改为语文（包括写字、作文），美术改为美工（后改为图画）；各年级设周会、课外活动。1955 年，各年级增设手工劳动，高年级增设珠算。1957 年取消朝会，保留周会。1960 年，增设生产劳动课。1966 年“文化大革命”开始，增设政治课、军事课。1976 年，学校恢复正常教学秩序，小学设政治、语文、数学、自然常识、音乐、体育、图画等。1981 年，小学高年级增设历史、地理、自然课，取消政治课，各年级增设思想品德教育课。1944 年秋季，根据“国家教委课程调整方案”，小学一至五年级增设自然课，三至五年级增设社会课（包括历史、地理、人文、法律常识等）。取消历史、地理课。

2000 年，全镇小学开设信息技术课。2001 年，全镇小学三年级全面开设英语课。2002 年，取消思想品德课和社会课，一、二年级开设品德与生活，三年级以上开设品德与社会课。2004 年，小学自然课改为科学课。2015 年，全镇小学开设语文、数学、英语、品德与生活、品德与社会科学、信息技术、综合实践、音乐、体育、美术课程；地方课程有传统文化、安全教育、环境教育；校外课程有少先队活动、法制教育、生命教育、心理健康教育。2016 年 9 月，小学一至三年级把“品德与生活”改为“道德与法治”，2017 年 9 月，中小学初始年级把“传统文化”改为“中华优秀传统文化”；小学开设科学课程，每周 1—2 节，免费发放科学教材和学生科学练习册。

1949—1952 年，境内小学使用省编教材；1953—1958 年，使用全国统编教材。1959 年以后，再度使用省编教材。1979 年，龙池公社小学使用全国统编的全日制小学教材。1981 年，小学使用全国统编“五三制”小学教材。1991 年，使用全国统编九年义务教育“五四制”小学教材，思想品德、健康教育课本由省编。2001 年，基础教育“五四”学制改“六三”学制；小学五年级继续使用“五四”制教材；在校的小学 2～4 年级秋季开学全部使用“六三”学制教材；进入初中后，使用初中实验教材。英语课使用外语教学与研究出版社的《新标准英语》课本，语文使用苏教版教材，数学使用青岛版教材。科学使用青岛版教材，品德与社会（品德与生活）使用鲁教版，音乐使用湖南人民出版社教材，美术使用湖南美术出版社教材，信息技术使用泰山出版社教材。到 2003 年，全部完成了学制改革和教材的过渡。2017 年，语文使用人教版教材，数学使用青岛版教材，英语使用外语出版社教材，科学使用青岛版教材，道德与法治和品德与社会使用鲁教版教材，音乐和美术使用湖南美术出版社教材，信息技术使用泰山出版社教材，安全教育使用济南出版社教材，环境教育使用青岛出版社教材；书法练习指导使用江苏凤凰少年儿童出版社教材。

素质教育

2001 年，自上而下的课程改革，为全镇中小学全面实施素质教育提供理论依据，为全面提高工作质量注入新的活力。全镇组织中小学幼儿园教师用自学与讲座相结合的方法，学习《百部中外教育理论专著导读》《新课程标准》，利用例会传达二期课改理念，组织教师看资料，研教材，分析研究，培训学习。通过读书笔记、论坛、讲座等形式，深入研讨，积极引导教师重视课堂模式及策略的研究，关注教学方法的应用，提高模式意识，不断提炼，实践创新教学模式。

全镇各学校严格按照国家课程计划，尽量合理安排课表，开全课程，开足课时，充分发挥专用室的利用率。教育管理办公室重视教师听课、备课笔记的检查，倡导集体备课，抓好教研课；各学校结合培训，督促每名教师每学期上好一堂公开课。镇教办业务室积极引导良好的教研氛围，从备课、上课、作业批改、辅导环节入手，改进教学方法；重视智优生的培养和差生的辅导工作，确保合格率，提高优秀率，努力取得全面提高。在每年的教育局抽考中，全镇中小学成绩均超市级平均水平，部分项目达到优秀行列。

各学校坚持检查与指导相结合。每年学校对所有年级学科、学生的成绩进行跟踪管理，有效地完成质量分析与评价，及时发现问题，研究对策。中层以上干部深入教学第一线，指导教育教学工作，对各学科进行各项多种形式的质量监控。全镇各学校要求教师对学生进行多角度分析，及时调整教学策略，有针对性地开展教育教学工作，单位时间教学质量获得明显提高。

课题研究

1986年，龙池镇小学开展以“说话、写话、成段、谋篇”训练为重点的作文四步走的教改实验，小学生的作文水平显著提高。1999年4月，推广“大语文”教学模式，2000年9月，推行“创新学习”教学模式。2000年10月，语文教学成果《加强课内外阅读，提高学生整体素质》通过昌邑市教育局教研室的鉴定验收。2001年，国家级“十五”课题“创新写作教学研究与实验”选择龙池镇中学为研究基地，是全镇初中最早的研究课题之一。“创新写作教学研究与实验”从“十五”开题到“十一五”结题。2003年，全面推进新课程改革（至2005年1～6年级全部使用新教材），实施“百、千、万”工程，开展课堂效益年活动，已有三个实验课题在昌邑市教育局立项。2004年3月，瓦城小学的十一五国家级子课题《家长课程“案例分析型”课堂模式研究》申报成功，2005年立项，2010年12月验收合格，2012年8月颁发结题证书。2005年，《小学科技创新与学生能力开发实验研究》获潍坊市三等奖；3月，瓦城小学的十一五国家级子课题《自主（探究、体验、合作）学习方式中教学手段运用研究》申报立项，2006年立项成功，2010年8月结题。2010年3月，瓦城小学的十二五潍坊级课题《学生有效激励策略的研究》；同年，龙池小学的潍坊级十二五课题《“数学生活化高效数学”研究》分别于2011年3月立项，2014年在昌邑市龙池镇龙池小学全部结题。2010年4月，王家庄小学申报的十二五潍坊级课题《班班通教学模式与方法的研究》2011年4月立项，2015年4月在昌邑市龙池镇龙池小学结题。瓦城小学申报的十二五国家级子课题《运用现代教育技术装备促进农村教师运用技术能力的成长研究》2011年立项，2017年8月结题，课题研究成绩突出被国家教师科研基金规划管理办公室授予“课题实验学校”；2012年，被国家基础教育实验中心重点课题《中国学校心理健康教育行动研究》授予“实验基地学校”。龙池初中适应教学改革和发展的需要，组织鼓励教师进行理论学习和业务学习，支持教师参加各类教学大赛，鼓励教师撰写论文。1986—2013年期间，教师共发表论文993篇，其中国家级的256篇，省级的312篇，潍坊市级和昌邑市级的425篇。21名教师获得昌邑市级以上优秀教师、教学能手称号。到2017年，教师先后发表论文127篇，其中国家级的15篇，省级20篇，潍坊市级及昌邑市级的92篇。有43名教师获得昌邑市级及以上优秀教师、优秀教育工作者、优秀少先队辅导员、立德树人标兵称号。

教　师

教师队伍

中华人民共和国成立后，部分人员通过短期培训后充任公办教师。1951年，开始发展民办教育，民办教师由办学单位推荐，区批准后任用。1958年，各公社大力贯彻“两条腿走路”的办学方针，发展民办小学和农业中学，民办教师继续增加。1961—1962年，贯彻“调整、巩固、充实、提高”的方针，教育事业适当收缩，教师从业人员明显缩减。1964年，昌邑县复办工读师范，称昌邑工读师范。招收4个中师班397人，1968年全部毕业。同年，各公社教师人数明显增加。1966—1968年，为弥补中学师资的不足，公办教师大多调入中学，小学民办教师增加。1973年，教师队伍增添了大量工农兵兼职教师。

1980年后，通过师范院校毕业生分配、教师自然减员补充、离退休教师子女顶班、民办教师择优转为公办教师等方式，公办教师比例逐年增加。1999—2002年，清退代课教师。2002年，民办老师陆续转正，龙池镇中小学教师队伍中不再存在民办教师。2000年开始，全镇每年分配新教师10人左右。2001年以后，专业英语教师分配到小学任教，充实小学教师队伍。2011年，初中配备专业心理咨询教师。2017年，镇在职中小学教师98人。初中教师48人，小学教师50人，其中高级职称9人、中级职称42人、初级职称37人；教师本科毕业80人，专科毕业13人，学历达标率100%。有潍坊市立德树人标兵4人，昌邑市立德树人标兵31人。

校长、教师任用与考核

民国初年，高、初等学堂少，校长多由办学人员担任，征得劝学所同意，报县公署批准任命。后来，县区立小学校长直接由县教育机关提名，报县政府批准任命。村立初小校长多由村内绅士或村长担任，报区、乡公所批准。

抗日战争时期，国民党控制区推行“政教合一”制度。乡中心国民学校校长由乡长兼任，初小由保长兼任。教员实行聘任制，由校长选聘教员，报县教育机关批准任用。

中华人民共和国成立后，校长实行任命制。至改革开放初期这30年，由于人才缺乏，师资队伍素质不高，特别是教师的学历层次普遍偏低。1986年9月，国家教委发布《中小学教师考核合格证书试行办法》。1988年6月，全镇教师实行任命制，后改聘任制，任期均为3年。一届期满后，考评合格，可连聘连任。1991年6月，校长由任免机关进行考核，考核一般一年一次。考核不合格者，免去校长职务，调离领导岗位。对教师从德、能、勤、绩等方面进行考核，采用量化与学校评议相结合的方式进行。

2018 年 9 月 10 日，龙池镇第三十四个教师节庆祝大会　　龙池小学提供

对教师考核的主要依据是《中华人民共和国教师法》《中小学教师职业道德规范》《昌邑县教师专业技术职务聘任考核实施方案》及镇教委制定的《中小学教师发展性评价方案》等。

1993 年 10 月，《中华人民共和国教师法》在第八届人大第八次会议通过。1995 年 12 月，国务院颁布《教师资格条例》。这一系列文件的颁布实施，使全镇教师资格制度逐步走上正轨。建立教师资格考核制度，在职教师和其他教师进行资格过渡，在基本完成在职教师资格过渡基础上，认定符合教师资格条件并提出申请的社会人员的教师资格。

2009 年，中小学教师资格职称改革，建立中小学教师资格职务制度。2017 年，全镇教师编制核定与聘用，依据《昌邑市学校教职工绩效考核实施方案》要求，由昌邑市教育局统一管理。

教师培训

1950—1965 年，广大教师主要配合抗美援朝、肃反运动、社会主义改造、整风反右、“三面红旗”“四清”运动等党的中心任务，组织教师学习有关文件，参加各项工作和活动。1966—1976 年，全体教师大力学习毛主席著作，并不断举行各类讲用会，人人写读书心得，周一、三、五晚上和周六下午集体学习。中共十一届三中全会后，各乡镇组织教师学习邓小平理论、社会主义市场经济知识和教育法律法规，学习教育家魏书生，学习模范班主任任小艾，学习优秀园丁刘玉萍等。1997—1999 年，开展行业作风整顿，做师表、讲师德、正行风、树形象。促进校长做有教育思想、有改革创新精神、有事业心责任感、有教育教学管理能力的“四有”校长；促进教师做教育观念新、教法新、教风新、精神状况新的“四新”教师。

1956 年 6 月，昌邑县成立初级函授师范学校，开始招生。1957 年 8 月，函校增招插班生。1959 年 3 月，陆续招收民办教师参加函授学习。1959 年 8 月，采取单科独进教学方法，3 年内组织学完中师语言、代数教材，又用半年时间授完几何教材。域内各小学不断有教师参加培训，教师教学能力有较大提高。“文化大革命”开始后，昌邑县函授教育一度停顿。1973 年，昌邑县恢复函授教育。1977 年，建立健全县、社、片、校教师进修网，开始比较正规的教师业余文化进修。1977 年 4 月，昌邑县近 300 名教师参加昌潍师专高师函授。1983 年，华东师范大学、山东大学、昌潍师范专科学校、潍坊教育学院7个专业在昌邑县招生。1984年，山东广播电视大学三年期全脱产理化专业在昌邑招生。1985年，山东广播电视大学二年期全脱产汉语言文学专业在昌邑招生。龙池中小学均有教师参加学习。1986年，国家相继出台教师职务试行条例、教师法、教师资格条例等法律法规，对各级各类学校教师的学历做出明确规定，小学教师达到中师以上水平，初中教师达到专科以上水平，高中教师达到本科以上水平。

1986—2000年，龙池小学、初中、高中教师学历达标率分别为99.7%、90.1%、78%。2000年，学历教育工作基本完成。2017年，全镇初中、小学教师学历全部达标。2001年起，全镇要求教师每五年累计培训时间达到360学时。日常教学中，龙池镇要求任课教师均要熟练掌握所任学科课程标准和教材，能独立分解教学目标，独立设计教案、独立课堂教学。能胜任学生的德育工作和所任课程的教学要求，身体健康，完成本职工作。随着山东省对中小学生实施“素质教育”指示精神的不断深入，龙池镇教师的教育理念不断更新。在各初中小学幼儿园，龙池镇还把“讲普通话，写规范汉字”作为教师上课的基本要求；把“加强对学生思想教育，培养学生的创新精神和实践能力，注重学生个性发展”作为教师的工作方向。

教师待遇

清代私塾老师待遇自议，向无定制。1931年，高小教员最高月薪30元，最低12元；初小教员最高月薪15元，最低5元；完小教员月薪18元～21元。“七七事变”后，国民党统治区通货膨胀，教员薪饷改发粮食。抗日战争和解放战争初期，教师实行供给制，每日供给粮食1.2公斤，每月津贴10元～40元。1947年改薪粮制，每人每月薪粮60公斤～90公斤。1968年，昌邑县革委会采纳侯振民、王庆余建议，公办教师回原籍任教，实行工分加补贴制度。1985年，中共中央、国务院确定每年9月10日为“教师节”。同年9月10日，镇党委、镇政府召开庆祝大会，为全体中小学、幼儿教师及离退休教师，庆祝第一个教师节。以后每年9月10日，镇党委、镇政府都为教师节召开庆祝大会。表彰奖励优秀教师先进教育工作者等。1988年，昌邑县人事局联合教育局进行教师职称改革，实行聘任制，应聘教师职称高低与工资挂钩。1999年，全镇中小学民办教师人均月工资300元。2013年，由镇政府牵头，龙池镇教育管理办公室为主，安排专人对全镇原民办教师、代课教师和幼儿教师进行摸底统计，历时2个月，统计上报有303人。2014年，开始落实原民办教师、代课教师和幼儿教师待遇，对已达到60周岁的按照一年教龄每月发放20元的标准进行补助。2017年全镇中小学教师人均月工资5000元以上。

卫　生

新型农村合作医疗

1969 年 6 月，龙池公社 27 个大队均建立合作医疗制度。1970 年，全社普及，之后停办。1976 年，龙池卫生院再次建立合作医疗，由于保障水平、报销比例、就医范围因素，未能延续。

1991 年，启动实行合作医疗工作，每人每年筹集资金 3 元，全镇有 22 个村参加。但由于报销比例有限，群众积极性不高，一年后停办。1997—1998 年，合作医疗再次建立，仍因保障及报销水平等原因，无果而终。2003 年 6 月，龙池镇卫生院开始实行新型农村合作医疗制度，随着筹资水平、报销比例和范围逐渐增高，最高限额逐渐加大。2011 年开始，实施新型农村合作医疗一卡通，为每位参合人制定发放新型农村合作医疗卡。2012 年，辖区内 27 个行政村参合率 100%；住院报销比例 80%，基本药物和中医药报销比例为 90%。2012 年 9 月，为方便患者，龙池镇卫生院正式启动新型农村合作医疗即时结报制度，参合农民携带新型农村合作医疗卡到医院就诊医疗、住院时，先报销后结算。2013 年 7 月，启动新型农村合作医疗大病保险即时结报，山东省规定的 20 种重大疾病，在龙池镇卫生院住院报销后，个人承担部分，根据比例，实施即时结报。

2014—2017 年，龙池镇卫生院住院报销比例最高报销 90%，门诊费用最高报销 55%，定点卫生室报销 45%，全镇平均每月报销 50 万元左右。

卫生室

1956 年，农业合作化后，有的村选配 1 名保健员，配备保健箱，为村民服务，较大的村庄开始办卫生室。卫生室属村集体所有，业务上由公社医院负责指导，主要以中医、针灸、偏方、验方为村民防病治病，医务人员的待遇与村同等劳动力一样参与集体分配，另外还享受一定的补贴。1970 年，全公社 27 个大队均设卫生室，每个大队有卫生员 1 ～ 3 人，全社共有 62 人，实行公社大队两级管理。1982 年，各村卫生室改为个人经营。1986 年后，开始规范个人医疗行为，合并个人卫生室，由乡镇医院联合管理，称之为“村办院管”。1986—1990 年，全镇共有 27 个村办院管卫生室，56 名乡村医生持证上岗。1991 年，全乡有 23 处卫生室达到市合格标准。1996 年，有 42 名村医取得山东省卫生技术人员职业证书，其中 30 人获得医师职称，中专及以上学历达 75%。1997—1999 年，有 11 处达到“乡村一体化卫生室”的标准。2002 年底，西白塔村建成“潍坊市规范化卫生室”并验收合格。至 2005 年年底，有 9 处卫生室建成

“乡村一体化卫生室”，其中西白塔村、瓦北村、东利渔村建成潍坊市“十百千”标准化卫生室，实行五统一管理。2006—2008年，全镇27个行政村，有油坊、利渔、姚徐邓、东白、王家庄、镇区、瓦北、龙北、马渠9个标准化卫生室，9名乡医获得职业医师资格，所有卫生室纳入一体化管理体系，持证上岗，定期培训，统一进药渠道，确保患者用药安全。2002—2004年，4名村医参加潍坊市卫生局举办的乡村卫生技术人员培训班，取得助理职业医师资格证书。2003—2004年，13名村医参加山东省中医药知识培训班。2005年，全镇36名村医参加班培训。2017年，全镇有卫生室9处，乡村医生15人，全部为新农合定点卫生室，均实行一体化管理。其中提升服务能力卫生室7处，标准化卫生室80平方米，社区卫生室210平方米。

卫生应急和疾病控制

1986年以来，疟疾的防治工作以巩固成果、防止发病回升为主，每年对“四热”病人进行登记血检，至2017年，无新病例发生。2003年，传染性非典型性肺炎在全国流行，卫生院对务工返乡和外来人员进行医学观察，对所有传染病进行网络直报工作，传染病的按时报告和处理。2007年，乡镇卫生院、村卫生室带头改厕，落实《潍坊市除四害管理办法》，坚持冬春集中灭鼠、夏秋季集中灭蚊蝇、全年灭蟑制度，坚持标本兼治，积极推广生物、生态防治技术，降低四害密度，减少和预防疾病的发生。2011年，启动创建无烟医院。每年5月1日至10月31日，腹泻病门诊开诊，做到逢泻必登、逢泻必报、逢泻必查、逢泻必治。落实结核病、手足口病、狂犬病、流感等传染病的检测和上报，随时开展工作。

防　疫

新中国成立前，传染病员多，除天花疾病有疫苗外，其他均无疫苗可用，因天花疫苗价格昂贵，一般家庭无力承担。新中国成立后，国家实行计划免疫制度，龙池组织防疫人员和赤脚医生负责接种。先后接种鼠疫疫苗、卡介苗、麻疹疫苗、霍乱疫苗、百日咳、白喉、破伤风、乙脑疫苗等十几种疫苗，有效控制传染病相应传染病发生和流行。1986—1997年，在全镇范围内分散接种，成立10个接种队（由27名村医组成），接种率达85%。1997年8月，在龙池卫生院建成潍坊市规范化接种门诊，通过潍坊市卫生局验收，及时率及四苗接种率达90%以上。2005底，龙池医院接种门诊达到山东省示范化接种门诊标准，四苗接种率达95%以上。2003年，成立发热门诊，并设立了龙池医院、西白塔村卫生室、龙池中学三个公共检测点；7月，乙肝疫苗正式纳入计划免疫管理。1986—2005年，传染病发病率逐年下降，肺结核病得到了有效控制，无重大疾病暴发流行。2008年以后，龙池医院对全镇老年人、妇女以及育龄妇女设立了体检制度，建立体检档案。2016年，建成省级数字化接种门诊，2017年，8种疫苗全程接种率达到97%。

基本药物制度

2011年1月1日起，龙池镇卫生院开始实施国家基本药物制度，所有药品通过省级平台集中采购、统一配送药品，所有药品零差价销售，药品销售价格下降36%左右。基本药物全部纳入新型农村合作医疗报销目录，报销比例达90%。2012年12月，在全镇12处提升服务能力卫生室实施国家基本药物制度。镇卫生院及辖区卫生室药品种类主要以中药饮片和西药（国家基本药物）为主。2017年，有中药饮片306种，基本药物366种。

公共卫生服务

2002年3月，按照卫生局要求成立卫生执法中队，配合市卫生执法大队对辖区卫生室和食品行业进行卫生监督和执法，严厉打击非法行医和无证行医等行为，对食品卫生和饮用水安全进行监督和检测。

2009年，居民健康档案、孕产妇保健、慢性病管理等9类国家基本公共卫生服务项目在龙池镇卫生院有序开展。2011年又增加2项，达到11项内容，分别是城乡居民健康档案管理、健康教育、预防接种、0～6岁儿童健康管理、孕产妇健康管理、老年人健康管理、高血压健康管理、Ⅱ型糖尿病健康管理、重型精神疾病患者管理、传染病及突发公共卫生事件报告和处理以及卫生协管服务规范。2012年，开展妇女乳腺疾病筛查，2013年开展妇女宫颈疾病筛查工作，2014年，开展乙肝干预抽血化验任务。2015年，实施农村孕产妇住院分娩补助项目信息网络化管理，对农村孕产妇住院分娩补助以及个人有关信息全部录入全省妇幼保健信息系统，开展对准备怀孕和怀孕3个月的农村妇女免费增补叶酸工作。

龙池医院

1952年，成立爱国卫生委员会；在龙北村成立龙池卫生所，医生、防疫员、护士、会计各1名。1952年，私人开业的医生、药房施行联合，分别成立龙池街、瓦城、马渠3个联合诊所。1952年7月，区卫生所同3个联合诊所合并成立龙池医院。院址在齐西村，流动资金25.83万元，从各生产大队收进保健资金23.46万元，再加昌邑县的逐年补助，到1960年8月，流动

龙池医院（2018年） 摄影 李 宁

资金为42.03万元。

1971年，龙池医院院址迁至魏西村南路东，占地7800平方米，建筑3560平方米，改称昌邑县人民医院龙池分院。设书记、行政院长、业务院长各1名，中医师3名，西医师7名，牙科医生1名，妇科医生1名，防疫员两名，护士3名，药房人员3名，还有会计、文书、事务、炊工、化验、治疗、收款各1人。病床由3张扩展到27张。90年代，龙池镇卫生院投资77万元，先后引进B超机、X光机、高频电刀、半自动生化分析仪、尿液分析仪等先进医疗设备。1998年，龙池镇卫生院投资16万元，新建病房342平方米，同时新建手术室。1999年10月，投资65万元新建综合门诊楼824平方米。2017年，龙池医院有在职职工33人，医院成为一所集医疗、预防保健、卫生咨询、卫生监督、卫生信息管理与乡村卫生室管理、新型农村合作医疗的管理、基本公共卫生服务于一体的综合性医院。龙池医院还同潍坊人民医院、潍坊中医院、潍坊市肿瘤医院、潍坊医学院附属医院、潍坊外科手足医院等缔结为技术协作单位，长期聘用该院专家来院坐诊、会诊，开展手术。2000—2017龙池医院先后被潍坊卫生局、昌邑市政府、昌邑市卫生局授予“妇幼保健工作先进单位”“新型农村合作医疗工作先进单位”“人大代表评议满意单位”“服务农村经济工作先进单位”“潍坊市市卫生系统先进集体”。

民　政

民国时期，县设民政科，保、乡、区的民政事务由保、乡、区长直接管。抗日战争和解放战争时期，县人民政府设民政科，区里配有主管办事人员，帮助群众建立村级人民政权，动员群众积极参加抗日战争和解放战争，支援前线，拥军优属以及救济、救灾等。新中国成立后，县区两级民政机构不断完善。县设民政局，区设民政委员。1958年，人民公社设民政助理员。1984年，龙池镇设民政助理员，下辖民政网长（国家给予补贴），各村文书兼民政工作。2009年，设慈善联络员1名。2015年，成立龙池镇民政综合服务中心，配备主任1名。

优　抚

1950年，国家规定优抚对象为革命烈士家属，因公牺牲、病故、失踪军人家属、现役军人（包括武装、消防、民警）家属，残废军人，复员和退伍军人。2014年，龙池镇有12人享受烈士子女补助；享受定期定量补助的烈士家属、因公牺牲军人家属、病故军人家属死亡的，增发6个月其原享受的定期定量补助金，作为丧葬补助费。享受定期抚恤的残疾军人死亡的，增发1年其原享受的定期抚恤金，作为丧葬补助费。落实民政部、财政部《关于给部分农村籍退役士兵发放老年生活补助的通知》，从2011年8

月1日起，按每服1年义务兵役，农村籍退役士兵每人每月发给10元老年生活补助。政策实施对象范围为1954年11月1日试行义务兵役制后入伍的、年龄在60周岁以上（含60周岁）的农村籍退役士兵。优抚各项资金，标准执行全国统一标准，通过财政专户，按季度实行社会化发放的运行机制。2017年，全镇共有优抚对象381人，遗属18人，享受抚恤定期补助的397人。

社会救助

最低生活保障

1949年后，国家开始发放救济款物。1996年7月，昌邑市实行农村最低生活保障制度，家庭年人均收入600元以下的户给予救济。镇、村制定出台自然灾害应急预案，成立专门应急救灾队伍，确保灾情及时清查，及时上报，及时处理；县政府颁布《昌邑县农村居民最低生活保障暂行办法》，保障标准为家庭年人均收入660元。2007年，设立爱心救助基金，建立对突发疾病、自然灾害、意外事件等导致家庭极度贫困的弱势群体的救助体系。采取“政府启动、社会捐助”的市场化运作方式，镇财政注入启动资金20万元，其他靠社会捐助，救助基金通过有偿使用的方式保值、增值，受益部分用于贫困户、病灾户救助基金的发放。2001—2012年，全镇共发放救灾救济面粉236.5吨、救助2.5万人，发放救灾款20万元、救助1750人。

2012年，保障标准为家庭年人均收入2500元。农村低保实行个人申请，村（居）评议，镇审核，民政局审批，三级公示审批程序办理，全镇享受最低生活保障的对象586户，1626人，占农村总人数的3.2%，年发放保障金450万元。2017年，全镇享受最低生活保障的对象341户、512人，年发放保障金99172元。农村低保资金实行月补差，通过财政专户，按季度社会化发放，低保户实行动态管理，应保尽保。全镇有百岁老人2名，每人每月生活补助600元。每年九九重阳节，市、县领导带上慰问品，逐户走访看望。

“五保”供养

1956年，农村走上集体化道路后，境内对缺乏或者完全丧失劳动能力生活无依无靠的老弱鳏寡孤独人员实行“五保”即保吃、保穿、保住、保医、保葬。1958年公社化以后，“五保”户全部住进养老院，实行统一集体供养，国家适量给予补助。1969年起，改为“五保”供养。受供养人员的生活水平相当于一般社员，个别的稍高一点。2009年，改造扩建原崔家庄镇政府大楼为敬老院新址，投入敬老院硬件设施改造资金200多万元，新增床位170张，健身、按摩、文化、娱乐、休闲等设施配套齐全。全镇供养对象168人，集中供养146人，分散供养22人。2011年12月，龙池镇敬老院被评为山东省一级敬老院。2008—2012年，龙池镇敬老院被评为“昌邑市敬老模范先进单位”。2014年，集中五保供养标准为每人每年5200元，按季度发放。于每季度第二个月十五日之前发放，由市财政局拨付镇财政所，直接支付到敬老院。农村分散五保供养标准为每人每年3800元，通过财政专户，按季度社会化发放。2016年，龙池镇敬老院拆除，9名五保老人转至奎聚街道老年公寓集中供养。2017年，全市实行统一集中供养，龙池镇9名五保对象统一搬到县养老中心供养。

附

颐爱养老康复中心

颐爱养老康复中心，位于龙池镇龙乡水韵文化旅游区，2016年，由山东颐爱养老服务有限公司投资建设，占地120亩，总投资1.2亿元，建设养老公寓26000平方米，床位1200个；康复中心（中医国医堂）3500平方米、医院6200平方米。集休闲度假、养老康复、医疗为一体的新型医养结合的养老中心。养老康复中心面向社会开放，接收没有传染性疾病、无精神疾病的自理和不能自理的老人。采用宾馆式管理、医院式看护、亲情式服务等现代科学管理办法。

慈善事业

2009年初，成立昌邑慈善总会龙池镇分会。制定龙池镇分会章程、工作职责及救助程序，协助慈善总会实施“康复助医”“朝阳助学”“爱心助残”“夕阳扶老”“真情助孤”“特别生活救助”六大救助工程。2009年，龙池镇党委、政府采取镇财政拿一部分、社会各界捐助一部分的办法，按照集中救助与个别援助相结合的方式，规划每年帮扶弱势群体200户。到2015年，已发放救助金80多万元，帮扶困难群众1000多户。2016—2017年，全镇慈善求助50多户困难群众，发放救助资金90多万元。

龙池镇扶贫济困基金发放仪式　　党政办公室提供

婚姻登记

1955年，结婚登记由区和乡人民政府办理，离婚登记由区办理。1958年3月，撤区并乡后，结婚、离婚登记统一由乡人民政府办理。1958年，由公社管委会办理。1981年1月1日起，法定婚龄改为男不得早于22周岁，女不得早于20周岁，鼓励晚婚晚育。1985年7月，乡镇建立婚姻登记处，启用婚姻登记专用章和婚姻登记钢印，统一婚姻登记证明信。1985年7月，乡建立婚姻登记室，由民政助理办理。1997年4月1日以后，昌邑市民政局设婚姻登记处，境内婚姻登记业务集中到市婚姻登记处办理。

残疾人事业

镇残联结合民政救助、农村城乡最低生活保障、农村新型合作医疗、农村大病医疗救助等开展困难救助帮扶。搞好调查摸底，向有关部门反映、解决有关贫困残疾人的生活保障问题。从2008年开始，针对部分残疾人居住困难的问题，政府专门成立残疾人危房改造领导小组，具体负责危房改造项目的实施。全镇共扶持扶助14名残疾人从事农业、畜牧业和个体经营等。龙池镇符合法定就业年龄、有一定劳动能力、自愿劳动就业的残疾人就业率达到了95%以上。

2010年始，龙池镇党委、镇政府专门设立“助残、助困、助学”三项基金，重点帮扶病灾户、困难户、残疾人户、无力上学户等弱势群体，在全市率先构建起“无盲点”社会救助体系。2016年实施残疾人两项补贴，共办理贫困残疾人生活补贴115人，办理贫困残疾人护理补贴255人。到2017年，已对30户残疾人危房户进行新建，对50户残疾人危房进行了改造维修，总投资达100万元。开展居家托养工作，对17名残疾让人实施了居家托养。全镇完成白内障复明手术123例，为10位残疾人免费安装了假肢，为150名肢体残疾人配备了轮椅，为10名重度精神病患者免费提供了药品和住院治疗救助。

民主政治建设

1988年，龙池乡在全省率先推出村务公开，以此作为推动村民自治的重要手段。1989年，省委、省政府在昌邑召开全省村务公开现场经验交流会，对村务公开工作进一步规范、完善。各村建立健全党支部委员会、村委会和村民小组，把与群众利益关系密切的财务收支、统筹提留、税费收缴、两工使用、土地调整、项目承包、计划生育指标安排、宅基地审批、村干部工资待遇等事项公开，将每月的8日定为村务公开日，农历七月和十二月定为村民民主活动月。2000年，先试点，后在全镇推广，规范“村务公开栏”建设。2004年，全镇村务公开内容细化为5类26项，普遍推行集中公开、垂直公开、对应公开和点题公开等方法。2005年以后，对村务公开监督小组、民主理财小组的职能进行整合，全镇各村普遍建立村务监督委员会，委员由村民会议或村民代表会议从不是村两委成员及其直系亲属的村民代表中选举产生，监督委员会履行议事、监督、理财、协调四项职责。党务、政务、财务公开后，认真做好结果的反馈，对群众提出的疑问及时做出解释，对群众提出的要求及时研究予以答复；对大多数群众不赞成的，及时予以纠正。

社会保障

1999年9月，成立龙池镇人力资源和社会保障所。龙池镇人力资源和社会保障所围绕全镇改革、发展、稳定大局，不断深化以养老、医疗、失业为重点的社会保障建设体系。先后开展农村社会养老保险、新型农村社会养老保险、城镇居民养老保险、城镇居民医疗保险，就业困难人员统计、农村劳动力输出统计、小微企业年检，离退休人员动态管理等工作，并使社保面不断扩大，各项工作走在全市前列。2002年，被潍坊市评为养老保险档案管理先进单位。

养老保险

缴费标准

2011年4月，全市新型农村社会养老保险和城镇居民养老保险工作全面开展。2014年，不再分为新型农村养老保险和城镇居民养老保险，统称为城乡居民社会养老保险。2011年4月，启动新农保缴费标准：2011—2013年缴费标准分别为100元、200元、300元、400元、500元、800元、1000元、2000元8个档次，2014—2015年缴费标准改为100元、300元、500元、600元、800元、1000元、1500元、2000元、2500元、3000元、4000元、5000元10个档次。参保人自主选择缴费档次，按年缴费，多缴多得，但不得超过最高缴费档次，参保人45周岁以上的，累计缴费年限不得少于实际年龄到60周岁的剩余年数，允许补缴，但补缴后累计缴费年限不得超过15年，参保人45周岁（含）以下的，应按年缴费，累计缴费年限不少于15年，补缴部分政府不给于缴费补贴。县政府对参保人缴费给予补贴，缴费即补，补贴标准为30元／年／人，2015年1月起，对缴费500元以上档次补贴为60元／年／人。对重度残疾人等特殊困难群体，由镇政府按照每人每年100元的标准代缴养老保险费。到2017年，全镇养老保险参保缴费7359人，共缴纳保险费383.24万元，政府补贴27.71万元，参保率90%以上。

2011—2017年度龙池镇养老保险缴费情况统计表

表28

年　度	缴费人数（人）	缴费额（元）	缴费补贴（元）
2011	6132	845900	183960
2012	6059	1019370	181770
2013	8604	1534300	518280
2014	6030	2198100	180900
2015	8430	3680470	258870
2016	6664	2594800	227880
2017	7539	3832400	277130

发放领取

参保人员年满60周岁的次月开始领取养老金；城乡居民养老保险制度实施时，年满60周岁、未享受城镇职工基本养老保险待遇的，可不用缴费，每人每月领取基础养老金55元，2012年10月开始，提高到60元；2013年10月开始，提高到65元；2014年10月开始，提高到75元，全镇领取基础养老金6179人。2015年1月，提高到85元；2016年7月，提高到100元。

居民基本养老保险养老金待遇领取人自死亡次月起停止发放养老金。相关人员在待遇领取人死亡后30日内办理居民基本养老保险注销登记的，一次性发给500元的丧葬补助金。2013年7月30日起，丧葬补助金由市财政承担。

医疗保险

2008年开始，昌邑市城镇居民实施医疗保险，参保范围为行政区域内的不属于城镇职工基本医疗保险制度覆盖范围，具有昌邑市户籍的非从业城镇居民，包括未成年居民〔指在校大学生、中小学阶段的学生（含职业高中、中专、技专、特殊教育学校学生）、托幼机构的在册儿童以及其他未满18周岁的少年儿童〕；老年居民（指年满60周岁的、女年满55周岁的居民）、一般居民（指其他符合条件的非从业城镇居民）。

2008—2012年，缴费标准：未成年居民个人缴纳20元（属低保对象或重度残疾人的，个人缴纳10元），政府补助每人每年不低于200元。一般居民个人缴纳180元（属低保对象或重度残疾人的，个人缴纳20元），政府补助每人每年不低于200元；老年居民个人缴纳140元（属低保对象或重度残疾人的，个人缴纳20元），政府补助每人每年不低于200元。2008年，参保人数为145人，缴费2.12万元。2009年，参保人数为113人，缴费1.59万元。2010年，参保人数79人，缴费1.07万元。2011年，参保86人，缴费1.18万元。2014年，参保人数为148人，缴费2.47万元。

2015年，医疗保险收费分为二个档次，一档110元、二档200元，全镇参保人数19497人，共缴费283.19万元。2016年，一档130元、二档240元，全镇参保人数20244人，共缴费329.86万元。2017年，一档150元，二档280元，全镇参保人数20341人，共缴费415.67万元。

城乡居民社会医疗保险

新型农村合作医疗与城镇居民医疗合并统称为城乡居民社会医疗保险。2014年，龙池镇保障所相应开展城乡居民医疗保险业务。参保范围本镇行政区域内，不属于职工基本医疗保险参保范围的包括农村居民、城镇非从业居民、大中专院校学生以及其他在本地长期居住的居民。2014年起，缴费设为两个档次。一档为每人每年110元，二档为每人每年200元，居民以家庭为单位选择同一缴费档次；2015年，一档为每人130元，二档为每人每年240元，政府补助不低于每人每年360元；选择一档缴费的，参保人员在县内可任意选择二级以下定点医疗机构，到三级定点医疗机构住院应经二级医疗机构出具转诊证明，报参保地社会保险经办机构审核批准，一、二、三级医疗机构支付比例分别为80%、70%、60%；参保人员未经转诊直接到三级医疗机构住院治疗的，按转诊支付比例的70%支付；选择二档缴费的，参保人员在市内可任意选择定点医疗机构，一、二、三级医疗机构支付比例分别为90%、80%、70%。对城乡低保对象、农村五保供养对象、政府供养城镇“三无”人员、政府供养的孤儿和生活困难的重度残疾人，以及因病造成生活特别困难并经当地政府批准的其他人员，根据市城乡医疗救助有关规定，由当地政府按一档标准对其个人缴费部分予以全部或部分资助。2017年，全镇医疗保险缴费人数20066人，缴费505.21万元。

2014—2017 年龙池镇城乡居民社会医疗保险缴费情况统计表

表 29

年　度	缴费人数（人）	缴费额（元）	缴费补贴（元）
2014	19277	2806270	151690
2015	20824	3695240	114660
2016	20454	4361280	103350
2017	20066	5052120	104400

计划生育

计生管理

1963 年，龙池公社成立计划生育领导小组。1965 年，推广节育措施，医疗卫生部门开始做节制生育工作，实行晚婚节育措施。1973 年，公社成立计划生育办公室，青年晚婚率上升到 75%，计划生育率达 83.2%。1976 年，青年晚婚率上升到 98%，生育率上升到 95.8%，人口出生率由 1972 年的 16.5‰降到 11.5‰。1976 年净增率 2.5‰。1981 年，全社育龄妇女 4724 人，落实节育措施的 4206 人，占龄妇女总人数的 89%。应领独生子女证的 1952 人，报名率达百分之百。计划生育率上升到 99.8%。自然增长率 10 年平均 5‰。龙池公社连续 10 年被评为全县计划生育工作先进单位之一。1978 年受山东省革委表彰，1979 年被昌潍地委评为“计划生育先进单位”，1981 年、1982 年受到中共山东省委、山东省人民政府表彰。

龙池镇计划生育办公室（2018 年）　　摄影 李　宁

1986 年，全乡计划生育工作实行领导责任制，成立计划生育协会，建立“两委负总责，协会当骨干，家庭为中心，群众做主人”的计划生育管理机制。1998年，龙池乡开展优生优育孕期保健、优生监护生殖保健等系列服务。2000年全镇人口出生率8.22‰，计划生育率100%，人口自然增长率—2.5‰。

2001年，对独生子家庭和60岁以上只有2个女儿的老人，按每人每年600元标准发奖励扶助金，并为独生子女父母办理养老保险，为独生子女入双全保险至14岁。2013年，全镇人口出生率7.89‰，计划生育率100%，人口自然增长率—2.09‰。至2017年年底，龙池镇先后荣获“全国计划生育先进单位”“山东省计划生育示范乡镇”“潍坊市优质服务示范乡镇”“潍坊市人口和计划生育工作科学管理先进镇街”“潍坊市人口和计划生育工作求实镇街”等称号，连续荣获昌邑市人口与计划生育目标责任书一等奖。

2017年，龙池镇计划生育服务站有综合性服务大楼一幢，建筑面积450平方米。设有25个科室，备有各种标准器械和仪器，工作人员11人，其中专业技术人员6人。

优生宣传与服务

1987年，镇政府印发《龙池镇村级工作人员工作标准》《龙池镇村级计生工作责任制》。1994年，投资30万元在镇区和各村建起了计划生育一条街、部分村制作大型宣传公益广告牌及过街横匾。全镇27个村，村村有人口学校，村村有服务室。2003—2005年，投入硬件建设资金40余万元购置了触摸屏、新型B超、内科治疗波姆光、微波治疗仪、乳透仪、三洋消毒机等一大批先进医疗设备。村村设立了图文并茂的计生宣传教育一条街、人口学校和计生服务室，90%以上的村建起了人口文化大院。开展经常性进村入户宣传活动。每年4月开展一次“计划生育宣传月”活动，采取计生宣传车入村、计生人员入户等形式，做到送政策法规、生殖健康知识、避孕药具“三上门”，为全年计生工作奠定基础。利用镇、村人口学校，针对不同阶段育龄群众的不同需求，有针对性地开展新婚、优生优育、避孕节育、生殖保健等比较系统专业的教育培训，传授各个方面的计生知识，教育引导群众转变生育观念，提升生活质量。

2001年开始，龙池镇制定“奖、优、减、免、帮、扶、救、助”优惠政策，主要措施有对放弃二胎生育指标的夫妇给予一次性500元养老保险奖励：对生育两个女孩，并落实了绝育措施的给予一次性300元养老保险奖励；14岁以内的独生子女，每人每年投保120元，纳入独生子女双保险，并为其父母办理补充养老保险；每年为计生户解决5万元的小额贷款；为年满60周岁符合奖励扶助政策的农村计生户，每人每年发放600元进行奖励；每年对自觉实行晚婚晚育的育龄夫妇，给予价值200元的物质奖励。全镇27个村中，连续10年以上无违法生育的村16个，连续20年以上无违法生育的村12个，连续30年以上无违法生育的村5个，连续20多年被昌邑市委、市政府授予“人口目标责任书”达标一等奖。

2006—2011年，全镇合法生育率保持在96%以上，出生人口性别比为107.1。2016年，落实孕前优生检查、独生子女奖励、一个女孩一次性奖励等政策；建立计生专业合作社11个。2017年，以村务公形式开展奖励政策宣传活动，入户率100%；实施“幸福计生·夕阳助福行动”，青年志愿者与70岁以上孤寡老人、空巢老人“结亲”帮扶；以“分村包片”形式，对育龄妇女进行健康体检，体检率100%。2017年，全镇育龄妇女3594人，生育243人，计划内241人，计划外2人；办理生育登记459人，审批再生育7人；办理新增奖励扶助376人，发放奖励275万元；办理特别奖励扶助11人，发放奖励资金30万元。

风土民情

龍池

美食小吃

蚂蚱酱

用肥大有籽的蚂蚱，经多道工序，精选多种配料调和而成，香辣酥鲜，可拌面、卷饼，做下酒小菜，是当地有名的特色风味小吃。蚂蚱酱美味又营养，富含多种氨基酸和活性物质，具有暖胃健脾、祛风止咳、排毒养颜之功效。

割锅肉

割锅肉又名拉锅沿，马渠陈记祖传秘方，经营者继承了祖上传统的制作工艺，用料讲究，工序精细。选用新鲜猪头、猪蹄，辅以二十余味中药，经过清洗、腌泡、蒸熏、煮烤等多道工序制作而成。色味俱佳，肥而不腻，且物美价廉，是百姓喜爱的佳肴。

酥鱼咸菜

用鲫鱼、咸菜疙瘩片、白菜叶、藕片、海带、土豆等食材，加上多种佐料一起焖煮而成，鲫鱼鲜美，咸菜软糯，汁味浓郁，一直酥到骨头里，吃一回想吃一辈子。

龙池咸汤

用小麦粉、蛤蜊肉、虾虎肉、扇贝或者蛏子肉等多种鲜美海产肉熬制而成，出锅前打入蛋花，淋上香油，撒上葱花、韭菜，鲜味扑鼻。虽然名为“咸汤”，但其味鲜而不咸。寒冷的冬日里，喝上一碗咸汤，暖胃又暖心。

龙池一卤鲜

龙池一卤鲜又名辣椒子酱，是龙池农家冬天餐桌上不可缺少的一道小菜，堪比浙江的豆腐乳，东北的酸白菜。龙池辣椒子酱主要用大葱、辣椒和蟹酱制成。将鲜活的海蟹捣成块，加水加盐制成蟹酱，大葱、辣椒切段，加少量的盐搅匀，再加蟹酱搅拌，入坛在背阴处发酵五六天，腌制好的辣椒子酱入口脆生而又咸辣适度，是色、香、味一应俱全的美味佳肴。

热合菜

热合菜用白菜、粉条、肉丝、菠菜、蒜、香菜做成的是当地团圆饭中的必备菜品。选用白菜接近菜心的部分，白菜和粉条必须提前泡好并沥干水分。在烹制热合菜时，需先将白菜切丝，锅内倒油至八成熟，放葱姜末煸出香味后放肉丝煸炒，加酱油并将白菜丝放入翻炒。白菜丝约八成熟时，加醋（多放）和香菜，出锅后倒入盆中。之后，再将发好的粉条、虾皮以及捣好的蒜泥（或蒜片）加醋后趁热一同倒入，加入香油或味精拌匀即可。

龙须菜蒸包

龙须菜蒸包主要以龙须菜为主要原料，馅大皮薄，汁多味美，外观晶莹剔透，风味独特，百吃不厌具有防癌、抗衰老、延年益寿等功效。

腌咸蟹

腌咸蟹是一种以活的蟹、酒、盐、花椒等为原料，精心腌制而成的美食，口感滑润、咸香、鲜美，风味独特，是龙池人饭桌上不可或缺的美食。

辣椒子酱

辣椒子酱实际就是咸蟹子腌大葱，味道咸，辣，腥，非常够味。辣椒子酱还有诸多衍生菜式，如“抹酱”，锅内熟油后放入辣椒子酱，然后加入面粉糊，翻炒至面粉糊熟，是龙池家家户户都爱吃的美食。

土特名产

梭子蟹

龙池梭子蟹，头胸甲坚硬，背部呈青黄色，体表色泽光洁。蟹体厚实，体型肥满。可蒸，可煎，可炒，可鲜食，可腌食，可一切两半酱爆，亦可炒年糕、炒咸菜、煮豆腐。

对　虾

对虾通称大虾，营养丰富，肉质松软，易消化，对身体虚弱以及病后需要调养的人是极好的食物。对虾含有丰富的镁，对心脏活动具有重要的调节作用，能很好的保护心血管系统。

鳎米鱼

鳎米鱼是生长在龙池沿海一带的深海鱼，因其生长环境要求极高，所以产量很低。鳎米鱼营养价值极高，有养血、补肾、润肺健脾和消炎作用。

龙须菜

龙须菜又名黄蓿菜、黄须菜、盐地碱蓬，是藜科一年生草本植物碱蓬的幼苗。龙须菜生于龙池盐碱地、海边沙地，味微咸，性微寒。营养成分：每100克幼苗中含胡萝卜素1.75毫克，维生素$B_1$0.1毫克，维生素$B_2$0.1毫克，维生素$C_7$8毫克。此外，还含有丰富的矿物质，如钾、钙、镁等。保健功能：含有多种矿物质及丰富的膳食纤维，能刺激胃肠蠕动，帮助消化，可预防直肠癌、糖尿病、胆结石、痔疮等疾病。

龙池老家杂粮

选用生态环境极佳的昌北平原生产的优质杂粮经多道工序精制而成，绿色、天然、无污染。龙池老家杂粮磨房用老式工艺磨出来的五谷杂粮炒面，保留了从田埂里带来的浓浓麦香和五谷味道，可吃出健康，吃出家乡味道。“利渔”品牌，包括小米、黑小麦、绿小麦、玉米、大豆、花生、高粱、黍米、绿豆、红豆等十余个品种。其中“黑小麦和绿小麦”是青岛农业大学科研成果，属药食两用的功能型食品。

岁时节俗

春　节

俗称“过年”，今为“春节”。除夕早上，家家户户贴春联。下午到墓地上坟，请祖先回家过年。晚上，各家设供桌供奉祖先。一家人要在一起包水饺、吃团圆饭。过半夜即起床，秉烛焚香，鸣鞭炮，化纸锭，祀天地，祭祖先，然后按长幼辈次，叩头祝贺。黎明，男女老幼均换新衣，族间晚辈到长辈家拜年祝贺。长辈多以炒花生、葵花籽或糖果作招待。出门逢人，相互道贺：“恭喜！恭喜！”。从初二日到初五日，这几天亲友互相拜年，也有邻里互相请酒谈心，谓之“春叙”。一般初五后，仪节结束，名曰“圆年”。街市的商号也开门营业。

龙池民俗陈列馆（2018年）　　摄影 李　宁

1949年后，“春节”带有封建迷信的旧风俗逐步革除，活跃节日气氛的东西，仍保留下来。当地的机关、团体、驻军分别开展“拥军优属”和“拥政爱民”活动，放映电影、演出文艺节目，相互慰问。县、区人民政府还向烈军属发信慰问。龙池乡系革命老根据地之一，自1945年建成烈士祠后，每年的正月初一日上午，干部与群众都有组织地去向先烈献花圈，进行默悼，以示吃水不忘打井人。

元宵节

正月十五为元宵节，早晨家家放鞭炮，早饭照例吃水饺，中、晚饭酒菜之盛，不亚除夕。从十三日晚，开始挂彩灯，一些文艺杂耍也开始活动，到十五这天达到高潮。高跷、旱船，龙灯、狮子舞，一起接着一起，使人眼花缭乱，谓之“闹元宵”。晚间，除各户的门灯外，有些大村都集资设灯市三天。能工巧匠，各出心裁，鸟、兽、虫、鱼，维妙维肖，神话人物，阿娜多姿，火树银花，五彩缤纷。有的村放“铁花”或“焰火”，也很有趣。相传有“龙池的干花（焰火别名）白塔的灯”，当时均负盛名。

清明节

农历三月初（公历4月5日前后）为清明节，是群众扫墓祭祖之期。这天青少年们相互邀约到野外踏青，饱览阳春景色或荡秋千游戏，舒展筋骨。中华人民共和国成立后，机关、学校、人民团体，均到烈士陵园祭扫，进行革命传统教育。但部分群众仍保留为祖坟添土扫幕的习俗。

端午节

农历五月初五日为“端午节”，家家门楼

踩高跷　　　　摄影　荆丽萍

上插艾叶，食角黍（又名粽子），相传为纪念爱国诗人屈原。儿童用彩丝系腕上，佩香囊（又名香荷包），以避病邪。仕绅人家，中午饮雄黄酒。中华人民共和国成立后，只有吃粽子的习俗尚存。

中秋节

八月十五日为中秋节，又名团圆节。节前，小康以上的人家，多互相馈赠食品。晚间，设月饼、瓜果于庭院，对月烧香，名为“敬月光”。一家人在月下欢聚，饮酒赏月。贫苦人家，却无这种闲情逸致，这天稍微为改善一下生活，就算过节。中华人民共和国成立后，敬月之举，已不存在，但随着人民生活水平提高，月饼仍很畅销，花样并逐渐增多。

重阳节

九月九日为“重阳节”。少数富豪之家有

登高之举，或饮酒赏菊。多数农民，正忙于秋耕，这天烧青罗卜汤全家饮之，云可袪百病，故民谚有："节令到了九月九，过路郎中抄了手"（思意是病人少了，过路医生无事干了）。

过小年

农历十二月二十三日 为"辞灶日"，也叫"过小年"。灶前供糖瓜，焚香烧纸马，送灶神上天，并乞告灶神"上天言好事，下界降吉祥"。

民间礼仪

婚　嫁

旧时风俗，青年男女的婚姻，本人无权选择，都要听从父母之命，媒妁之言。不少青年男女婚后得不到幸福，带来极大的痛苦。男女结婚的年龄，一般在 18 岁左右，个别早婚还有不满 16 岁者。男女将届结婚年令时，家长便请媒人介绍，一般要求门当户对，经媒人撮合，双方家长同意后，还须请瞎子推算生辰八字，如无冲克，方可定婚。定婚的仪式，是男家备办布帛、首饰、金线、柬帖送往女家，女家再以衣帽回敬，并将柬帖（即婚约）交换，俗称"定亲"。

结婚前数月，由男家选好吉日，交媒人送至女家，叫"请期"。俗称"送妆姑"。女家要办备妆奁给女儿，叫"办嫁妆"。一般人家为六至八抬，多者三十二抬，穷人家嫁女，只有衣物包袱一个，俗称"轿里捣包袱"。现在改由男方备办嫁妆。

结婚之日，男家要备亮轿、花轿各一乘，由新郎乘亮轿到女家，亲迎新娘入门。这天两家都张灯结彩，筵请宾客。新娘至男家下轿后，地铺红毡，由嫁客二人扶入庭院，新夫妇男东女西，先拜天地，后拜翁姑，然后入洞房。晚间行"合卺"礼，俗称"喝合婚酒"，邻里青年男女，都到洞房来看新娘，并尽情戏谑，谓之"闹房"。

第二日，女家备车接女回家，名为"回门"。第三日，再由女方的家长用车送回男家，叫"送三日"，新娘送面食和馓子给亲友，名日"分盒"。

此外，有少数青年无力娶妻者，可到有女无子的人家去做养老婿，名日"招赘"。但须改为对方之姓。穷人家无力娶妻，从小领穷人家的女儿到家，叫"童养媳"。待至成年，再行婚礼，名为"圆房"。妻死再娶叫"续弦"。夫死再嫁名曰"再醮"。在封建制度下改嫁要受到社会舆论的谴责。

民国以后，曾提倡过"自由恋爱"和"文明婚礼"，但青年男女结合，很少获得真正的自由。在婚礼仪式上，要邀请地方上知名人士为"证婚人"，双方的家长为"主婚人"，媒人为"介绍人"，鸣放鞭炮，亲友来宾致贺词，新郎、新娘致答词，证婚人发给结婚证书，并摄结婚照片。此种婚礼，只有机关公务人员如此，农村并未流行。

1950 年，国务院颁布婚姻法，青年男女的婚姻，受到法律保护。婚前经亲友介绍，双方经过一定时间的了解，彼此情投意合，到了法定的年令（男20岁、女18岁），即到当地政府登记，领取结婚证书，择日举行婚礼，父母不得干涉儿女的婚姻。婚姻法并规定“严禁童养媳，寡妇可以改嫁”。出于长期受到旧的习惯势力影响，有些旧俗还未能彻底根除。如订亲、送喜日、回门、筵客等等，多数人家仍然沿用，甚至有的摆阔气，讲排场。

丧 葬

旧时家里死了长辈，要诉告亲友，名曰“报丧”。家中高搭灵棚，挂旌，或设神位（即灵牌）。子女要穿白衣孝服；整日陪灵，亲友前往吊唁，要赠纸及财物，丧家散白布以示哀悼。一般是三日入殓，孝子与亲属绕棺一周与遗体告别，接着“发丧”，要扎好车、马、轿、伕、庸人等以火焚化，为死者送行。从死亡之日起，棺木前后均点互油灯，直至“终七”(四十九天)。葬时要请阴阳先生点穴，俗称“看风水”。富豪之家，门前、墓地高搭彩棚，以备亲友设祭，出殡时，前有鼓乐、僧道导引，邻里帮忙抬棺居中，家属亲友在棺后相送。沿途亲友摆设祭品，焚香叩拜，叫“莫祭”。棺木入穴后，叫“下葬”。葬讫，用砖砌好，填上土叫“成坟”。送殡者回来时，叫“回丧”。孝子逐户登门向邻里叩谢，叫“谢忙”，到亲友家拜谢，叫“谢孝”。贫家葬仪，则很简单，三日之后，即殓棺出疾，掘土为扩，下葬后，筑土为坟，谓之“入土为安”。周年之后，孝子换去白衣白鞋，名曰“除服”。

1978年，葬丧改革，提倡火葬，既节约又卫生。昌邑县火葬场建成后，一般于死后3日内，将遗体送火葬场焚化，把骨灰盒带回。送葬之日，亲属臂缠黑纱致哀。机关干部去世，开追悼会，致悼词、献花圈、家属致谢词，然后将将骨灰盒埋入公墓或烈士陵园。

喜庆 禁忌 信仰

喜 庆

坐月子，妇女分娩，俗称“坐月子”。产妇在产后一月内，一般不出宅活动。此期间，邻里亲友，赠送鸡蛋、猪肉、油条等食品，表示祝贺，俗称“下汤”。

贺百日，小儿降生100天，是较大的祝贺日。至亲良友多赠送糕点、衣料、童装、首饰等以示祝贺。富裕人家有的设宴款待宾朋。

贺生日，民众对家庭成员的诞生日都很重视，每至生日，全家改善生活，多吃打卤面或水饺以示祝贺。富裕人家60岁以上寿辰，多设宴祝寿。

贺房，旧时，民众建房，上梁要择吉日，脊檩上贴“上梁大吉”“吉星高照”横批。挂柱上贴“上梁喜逢黄道日，立柱正遇紫微星”“础石千秋稳固，梁柱百世永存”等对联，门窗上张贴“安门大吉”“安窗大吉”，正晌午时安装脊檩，放鞭炮，撒喜糖，以示祝贺。此日，待工匠酒菜丰盛。现在农村建房仍有此俗，但择吉日者渐少。

乔迁，由此迁彼，亲友携带鱼肉食品前来祝贺，主人宴客，俗称“温锅”。农村与城镇均有此俗。

禁　忌

孕妇禁看怪相、听怪声，俗说犯者于胎儿不利。

家有患麻疹病的小孩，忌生人进入，门悬红布以示警告。

旧时，已出嫁的女儿，辞灶后，忌回娘家，忌在娘家过春节，忌在娘家生小孩。

给长辈拜年和探望病人，习惯在上午，忌在下午。

群众建房，门口忌冲墙角或屋山。

身亡异地者，尸体或灵柩不入内宅。有“冷尸不入院”之说。

旧时，新媳妇忌不到婆家过二月二、三月三、五月端午等节令。

旧时，不过五岁的小孩死后，不立坟，不入墓地，名不入谱。

带孝者，春节不到亲友家拜年。

家遇丧事，当年春节不贴红对联，不点红蜡烛。

信　仰

清末，全境共有寺庙22处（其中关羽庙16处）。清末至民国初年，白塔“兴善院”有和尚2人，瓦城“碧霞宫”有道士2人，龙街“真武庙”有道士1人。男子信教者极少，部分妇女信奉“佛爷”“菩萨”，每年正月十四、四月初八、七月三十日，到庙上焚香叩拜。每月朔、望两日，吃斋诵佛号，以乞死后升天。经过抗日战争和解放战争，寺庙多数毁于战火，仅存的几处，中华人民共和国成立后均改作别用。

1936年，岱邱村商人迟武斋，在辽宁省四平市与美国基督教的牧师吴克敬联系。1937年

孙子庙会（2018年）　　　　摄影　韩淑芬

3月，吴克敬便到岱邱村，发展教徒迟明琛及其子迟清谭，并将他家的3间房子改建成教堂，开始传教和做礼拜。到1946年，教徒发展到五六十人。在土地改革运动中，宗教被取缔，教堂收归农会，分给贫下中农居住，教徒被解散回家，从事农业生产。1966年，昌邑县城关镇东店村基督教传道员王忠堂妻及潍县虞河头基督教长老李凤鸣，到岱邱村传教收徒，发展教徒20户、29人。柳疃乡东陈村基督教长老韩日磊等到岱邱做礼拜，学《圣经》，一起进行教会活动。到1974年，仅剩下7名职业教徒。

方言 俗语

谚　语

没有匠人盖不成房，没有农民打不出粮。

粮食本是宝中宝，一日三餐不可少。

有收无收在于水，多收少收在于肥。

春天多积一点水，秋天多收一成粮。

水满田，粮满仓，河里无水仓无粮。

人治水，水利人；不治水，水害人。

不怕旱天，就怕靠天。

种地不施粪，真是瞎胡混。

人不吃饭饿肚肠，地不上粪不打粮。

庄稼一枝花，全仗肥当家。

田间管理如绣花，工夫越细越到家。

棉花锄八遍，桃子赛鸭蛋。

谷锄八遍饿死狗，麦锄三遍面充斗。

儿要亲生，地要深耕。

苗中有杂草，好比毒蛇咬。

炒菜离不开油，种田离不开牛。

庄户有了牛，耕田不犯愁。

猪吃百样草，看你找不找。

鸡、鸭、兔、羊，本少利长。

蚕不得夜食不长，马不得夜草不肥。

清明秫秫（高粱），谷雨谷。

谷雨前后，种瓜种豆。

头伏萝卜、末伏菜，三伏有雨多种麦。

白露早，寒露迟，秋分种麦正适时。

豆过社日使镰钩。

芒种三日见麦茬。

旱了东风不下雨，涝了西风不开晴。

狗吃草，出戴帽，燕子钻天，蛇过道（降雨象征）。

开门风，闭门雨，闭门不住下一宿。

风喘大，雨喘下。

早降毛雨无大雨，晚降毛雨无晴天。

日没暗红，无雨必风。

三暗一明，明处生风。三明一暗，暗处生风。

夜里起风半夜住，半夜不住刮倒树。

云从西北起，风狂雨又急。

一九、二九不出手，三九、四九冰上走。五九、六九隔河看柳，七九、八九出门访友。

九九八十一，家里送饭坡里吃。

三麦不如一秋长，三秋不如一麦忙。

生产就是摇钱树，节约就是聚宝盆。

晴天防雨天，丰年防歉年。
刀不磨生锈，人不学落后。
人无志，铁无钢。
做到老，学到老。
单丝不成线，孤树不成林。
众人同心，黄土变金。
若要人不知，除非己莫为。
远亲不如近邻。
家有贤妻，为人不遭横事。
浪子回头金不换。
光棍回头恶事勾。
家不和，外人欺。
前人栽树，后人乘凉。
吃水不忘打井人。
予人方便，自己方便。
上梁不正，下梁歪。
好花还需绿叶辅。
杀人偿命，欠债还钱。
八月，乱穿衣。
穿衣吃饭量家当。
真金不怕火炼，真理不怕争辩。
有志不在年高，无志空活百岁。
一口吞不下一个饼，一锹掘不了一个井。
牙不剔不疼，耳不掏不聋。
不生气，不犯愁，无病无灾到白头。
要得身体好，天天起个早。
种不好庄稼穷一季，找不好对象穷一世。

方　言

闹的：谓怎么的意思。
草家毛：谓人无勇气。
夜来：指昨天。
火啦：指人发怒。
寻思：思考、琢磨。
耳根子硬：指不轻信人言。
死孙：指人不开明。
滚刀肉：指无赖人。
梭客：谓人放荡挥霍。
炮筒子：谓人性情直率。
茅房：厕所。
馉馇：饺子。

歇后语

老鼠拖木锨——大头在后边。
哑吧吃黄连——有苦说不出。
马尾称豆腐——提不起来。
老鼠钻风箱——两头吃气。
秃子头上的虱子——明摆着。
头上生疮，脚底下流浓——坏透啦。
骑驴看唱本——走着瞧。
碟子里扎猛——不知深浅。
聋子的耳朵——白搭。
瞎子打灯笼——白费蜡。
茶壶里煮饺子——肚里有，倒不出。
大葱拌豆腐——一清二白。
张飞穿针——大眼瞪小眼。
泥菩萨过河——自身难保。
十五个吊桶打水——七上八下。
夹道里抬木头——直来直去。
山顶上滚碌碡——石（实）打石（实）
二十五个老鼠下肚——百爪挠心。
牛鼻子插葱芽——装象（相）。
西北风刮棘子——连风（讽）带刺。

社区村庄

白塔社区

白塔社区驻岱邱村，辖岱邱、郭疃、东白塔、西白塔、北白塔5个村，有工作人员8名。2017年，全社区2001户、6231人，耕地865.6公顷。有村“两委”干部23人，党员327人，村民代表167人。堤河、丰产河流经社区，辖区内有湾塘12处。全国第一个乡镇级抗日战争纪念馆坐落北白塔村，东白塔村有陈干故居、陈氏家庙等历史遗迹。

白塔社区设有为民办事大厅、儒学讲堂、文化活动室、社区老年协会、银龄安康工程服务室、社区警务室、党员活动室、人大代表活动室、多功能活动室、统战工作站、综合办公室、农业综合服务室、法律顾问室、司法行政工作室、社区组织服务室、普法活动室等，建筑面积5000平方米，社区干部8人，其中社区党总支书记、主任各1人、社区工作人员6人。

岱邱村

基本村情

岱邱村位于莱州湾南畔，东邻堤河，西靠镇政府，南与马渠、郭疃村相望，北与二甲庄村相邻。柳龙路穿村而过，岱马路傍村西而行。全村地貌平缓，平均海拔6米。2017年，全村有土地600公顷，其中耕地220公顷，以种植小麦、玉米、棉花等农作物为主。村集体收入来自房地产开发、土地租赁、纺织加工、养殖等产业。

白塔社区（2018年）　　摄影 李　宁

明永乐年间立村，相传村北有一大丘，取名大丘村。明末雅化为岱邱村。清光绪三十三年（1907），岱邱村属西北乡下五社的太安社。1930年，属第三区太安镇。1939年，属西三区太白镇。1952年，属龙池区龙合乡。1958年2月，属龙池乡；9月，属龙池先锋人民公社；12月，属龙池人民公社。1983年，属龙池乡。

1993 年，属龙池镇。

2017 年，全村有迟、郝、刘、张、徐、崔、王、赵、齐、陈、杨、唐、辛、周、史、董共 16 个姓氏，349 户、1200 人，均为汉族。

村域经济

中华人民共和国成立前，全村粮食平均亩产 65 公斤。1954 年，由 10 户农民成立第一个初级农业合作社；1956 年，全村并为 4 个初级社；1957 年，转为高级农业合作社。通过挖沟修渠、疏通水路，粮食亩产提高到 95 公斤。1963—1964 年，组织实施农田水利建设，将洼地、荒地整成条田，并实现沟、渠、路、林等配套。1965 年春，开始种植水稻，当年亩产 190 公斤，逐年提高到 280 公斤。1982 年，推行家庭联产承包责制。1983 年，粮食亩产增加到 320 公斤。随着农村改革的深化，村集体加强生产服务，着重进行水源调配、统一供种、推广新技术新成果，粮食产量稳步增长。2000 年，粮食平均亩产 600 公斤，总产 198 万公斤。在保证粮食产量增长的同时，发展猪、羊、鸡、鸭养殖和纺织业，创造可观的经济效益。2013 年，全村农业总产值 1880 万元。2017 年，鼓励村民进行土地流转，先后有 5 户成立“家庭农场”。对红旗路、斗二路、桑行路、支五路等田间路面进行水泥硬化，对田间沟渠进行清淤扩宽加深，粮食年平均亩产 985 公斤。

1948 年，村公所用土地革命后剩余资金和部分村民集资，在村西部建成大豆榨油加工厂，人工操作；1961 年，加工厂购置 12 马力柴油机，逐渐转为机械操作。1955 年，郝登丰、迟新昌、郝尊师、刘光成等人筹建岱邱丝绸厂，厂房 20 余间，各户安装织布机 50 余台，从业人员 90 余人。1957 年，岱邱丝绸厂合并到柳疃丝绸厂，至 2009 年，产品仍为丝绸、白布、腰带子等加工。70 年代，村成立草编组，农闲季节 70% 以上妇女在家从事草制工艺品加工，为昌邑外贸编织以蒲草、玉米皮为原料的地毯、篮子等。同期，以生产队为单位办起刺绣组，为昌邑外贸加工纺织品刺绣，从业人员 120 余人。村里还建起木工组、磨坊、缝纫组、窑厂等集体工副业。1981 年，在岱邱小学校址建岱邱丝织厂，厂房 40 余间、安装织布机 26 台、绕纬机 4 台、整经机 2 台、捻丝机 6 台、发电机 2 组，从业人员 112 人，年利润 10 余万元。1982 年以后，村集体鼓励和帮助村民寻求致富门路，大力发展二、三产业。村内开始有十几家纺织个体企业，其中经营规模较大的昌邑兴龙纺织品有限公司，有织布机 66 台，从业人员 80 余人，年产值千万余元；龙源织造有限公司，有织布机 36 台，从业人员 60 余人，年产值 800 余万元；风华织布厂拥有剑杆 280 型

岱邱村　　岱邱村委提供

织布机32台，从业人员20余人，年产值千余万元。燕居家纺加工厂主要制作床单、被罩、枕套等床上用品，从业人员30余人。迟洛阳预制厂，预制楼板、檩条，编制苇箔等建筑材料。2006年，成立龙源旗业有限公司，占地6666平方米，厂房30余间，抬板40余米，缝纫机80余台，烘干炉等大型设备齐全，从业人员180余人，加工世界各国各类旗帜，年产值2000余万元。石刻业在春节后清明前尤为繁忙。2013年底，个体纺织、养殖、大型农机、工程机械、汽车运输业等达到36家，副食、餐饮、服装、商店等43家，年创收入3180万元。2016年，村民人均收入1.56万元。2017年，村民人均收入1.68万元。

村庄建设

1972年，村内通电；全村建房进行首次规划，庭院长17米，每间2.7米，房屋宽6.2米，檐高3.4米，总高5.65米。1989年，村庄第二次规划，规划标准房屋宽8米，檐高3.9米，总高6.88米，每间均为2.7米，每排24间。1997年，全村通自来水。2000年，村内广播、电视、电话、网络、邮政等通信设施齐全，家家有电视、户户有电话，移动通信网络全覆盖。2005年，村内四纵一横五条主要道路进行水泥硬化，所有道路安装高标准太阳能路灯。2009年，由昌邑市康洁环卫公司负责村内卫生清理，配备垃圾箱、运输车辆和保洁队伍。同年，在村西侧建居民楼房两栋。2010年，在村东侧建休闲广场1处；2014年，安装高清监控设备40台。2016年，全村改建无害化厕所298户。2017年，利用省专项资金建迎宾广场、文化广场、古典文化墙各1处。同年，全村有党员73名，党小组6个。获“山东省美丽乡村示范村”称号。

社会事业

清末，村内有邑庠生张春巖、迟永鉴，先生刘冠怀各设1所私塾。3处私塾有学生40人。1919年，村办私立初级小学1所，有2个班级、20名学生、2名教师，1938年，美国传教士吴克敬办教会小学1所，有学生20人、教师1人。1943年，设岱邱村小学，2个班、90名学生、教师2人。1954年，岱邱小学改为完全小学。1958—1961年，学校共有7个教学班，在校学生150人、教师8人。1968年冬，公办小学下放到大队，在外教师回村教学，学校增设初中班2个，加上小学1—5年级，共有教学班7个、学生210人、教师12名。1980年，郭疃初中与岱邱初中合并，成立岱邱联中，有小学、初中9个教学班，在校学生270人、教师15人。1984年，龙池、白塔、岱邱3处初中合并，岱邱只剩小学1—6年级，在校生120人、教师6人。2010年，岱邱小学撤销，并入龙池小学。2017年，全村有博士研究生1人，在读硕士研究生8人。

19世纪末，村民张式周开始行医，集家庭药铺、诊所为一体，既坐诊又出诊，为村民抓药治病。村民崔升皆，自幼学习中医，为村民提供方便。村民李金英，自幼学习推拿技术，村民有伤筋动骨等杂症，给予及时救治，十里八乡的群众也时常慕名前来求医。1969年，村成立卫生室，村民治病全部费用由村集体承担。1983年，赤脚医生改为乡村医生，合作医疗制度终结。2009年，实行新型合作医疗制度，个人缴费30元，其余款项由各级政府补贴。同年，村集体出资对卫生室重建。2010—2015年，农村基本医疗保险个人缴费分别为50元、70元、90元、110元、130元、150元。2009—2017年，所有村民缴纳的“农村基本医疗保险”费（一档）都由村集体垫付。

2011 年，落实农村新型养老保险政策。村民每人每年交费 100 ～ 5000 元不等，村民可自由选择缴费档次。年满 45 周岁人员参保，年满 60 周岁开始领取养老金，基本养老金每人每月 60 元。全村百岁老人有刘朋太（女，1908.11—2012.3）、迟明祥（男，1918.5—2018.7）、齐述平（女，1918.9—2019.08）。2017 年，全村有 90 ～ 99 岁 18 人，80 ～ 89 岁 75 人，是远近闻名的“长寿村”。龙池镇建成敬老院后，村集体出资将 6 位老人送到敬老院集体供养。

1947 年，岱邱村成立第一支高跷队，全村青壮劳力不分男女踊跃参加，利用农闲时间训练，不断翻新花样，每年正月，除在村内及周边村庄演出外，还到双台、柳疃等地演出。吕剧、京剧在村里已有百年以上传唱历史。2010 年，在村庄东部建成活动场地，并硬化地面、安置秋千、跑步机、转盘等各种健身器材，有秧歌、广场舞等团队，成为村民休闲娱乐与健身聚集地。

文物古迹

明朝中后期，村内中部建有菩萨庙 1 座，占地 6600 平方米；1942 年，菩萨庙塑像被拆除建成学校直至 20 世纪 70 年代。村中东部小湾以北，建有关爷庙 1 座；菩萨庙西边，建有龙王庙 1 座；郝家道湾北头，有关帝庙 1 座；崔家道以东，有阎王庙、土地庙各 1 座，建成年代不详，已毁。原迟氏祖茔墓地存有迟氏祖茔墓碑 1 座，在公墓内存有清道光年间郝氏六代墓碑 1 座。村南有古井 1 口，俗称“郝家大井”。据碑文记载，郝家大井修建于明洪武二十四年（1391），分别于明万历十五年（1587）、清咸丰六年（1857）、民国二十六年（1937）进行过 3 次修缮，村民均饮此井水。1985 年开始，村内安装压力罐自来水后，大井闲置。2017 年，为保护好村内古迹，由省级拨付专项资金对古井进行保护性修缮，清淘淤泥、抬高井口、铺装井台、设立围栏，古井得到保护。

北白塔村

基本村情

北白塔村北与姚徐邓隔河相望，西隔丰产河与潍北农场接壤，东与魏西村相邻，南靠西白塔村，距离昌邑市城区 15 千米。全村土地面积 1200 公顷，其中耕地 173 公顷，分 4 个村民小组。北白塔村地处平原，地势平坦，主产小麦、玉米、棉花、花生等。大莱龙铁路、荣乌高速公路从村北通过。

古时，在西白塔西南 500 米处，有圆形白石塔 1 座，建于何年代，已无资料可查，后因战乱失修，白石塔倒塌。元世祖八年（1271），陈姓始祖由四川成都府广陵卫迁此定居。洪武三年（1370）建佛寺“兴喜院”时，人们把塔顶上的一块雕花白石，砌于庙外影壁上，白塔村因此得名。早年塔基遗址尚可辨认，后因水利建设，未及保护而消失。以白塔为中心，白塔村分为东白塔、西白塔和北白塔。东、西白塔与北白塔之间有一条东西方向的河，东、西白塔位于河南岸，当地人称“河南”，北白塔位于河北岸，称“河北”。

清光绪三十三年（1907），北白塔村属西北乡下五社的白塔社。1930，属第三区瓦城镇。1939 年，属第三区太白镇。1942 年，属第九区开河乡。1945 年，属马渠区开河乡。1952 年，属第九区白塔乡。1955 年，属龙池区白塔乡。1958 年 2 月，属龙池乡；9 月，属龙池先锋人民公社；12月，属龙池人民公社。1983年，属龙池乡。1993年，属龙池镇。2017年，全村有陈、赵、方、张、唐、刘6个姓氏，490户、1185人，均为汉族。

村域经济

北白塔村属沿海线平洼地。中华人民共和国成立前，频受海潮侵袭，土地碱化严重，生产工具落后，农业生产发展迟缓，粮食亩产60公斤左右。1964年大海潮后，改良土壤，整建条田，挖沟排碱、育种秧苗；1965年，开始种植水稻，当年稻谷亩产300多公斤，1976年亩产千斤。1982年以后，农业连年高产丰收，村民存款倍增。2017年，全村小麦亩产600公斤，玉米亩产650公斤，棉花高产，花生丰收。全村有大型拖拉机6台、联合收割机5台，排灌机具户拥有率95%以上。

北白塔村丝绸织造历史悠久。清末民初，丝绸业已颇具规模，从事丝绸业的有5户，其中3户家有织女，素有“万籁俱静悄无声，只闻处处机杼声”之称的丝织村。中华人民共和国成立后，丝绸仍以各户分散生产为主。1968年，兴办村队副业，主要给柳疃东风、红卫2个丝织厂加工丝绸白布。1985年，开始扩建村办企业，扩大规模，引进设备，建设丝绸厂，自购原料，生产弹力丝、仿真丝等产品，逐步形成产销一体化格局。

2017年，村内有饭店、面粉经销、副食加工、小商品经销、家政服务、建筑材料、五金土产、劳务输出、个体运输、车辆维修等多种服务行业。

村庄建设

1992年，盖村委办公室6间，设党员活动室、会议室，水、电力、通信设施齐全。实施村村通工程后，将进村公路和村内3000米主要街道全部水泥硬化。1997年，全村通自来水。2014年，实施“乡村连片治理”工程，集中整治“三大堆”。2015年，对村大街实施绿化工程；建设活动场所，安装健身器材；村内主要街道安装路灯30盏。

社会事业

1947—1949年，有小学1所，共3个班级，学生80余人。1950年，在烈士祠建北白塔小学，分五年级、六年级，共5个班。1968年，建白塔联办中学，占地2000平方米。1984年，白塔联中合并于龙池中学。2011年，小学合并于龙池中心小学。1950—2017年，全村有大学专科以上学历154人。

1968年，实行合作医疗，村内有赤脚医生2名。2006年，村民全部加入农村新型合作医疗。2017年，村有卫生室1处，医务人员2名。

2010年，实施农村新型养老保险政策，村民按每人每年缴费100～5000元缴纳养老保险，年满60周岁开始领取养老金。

2000年，村家家有彩电、冰箱、洗衣机，60%以上家庭有电脑，95%以上农户有手机、电话。2017年，全村有轿车70余辆，农用运输车户拥有率100%。

文物古迹

陈氏宗祠，何年修建已无处可查，毁于“文化大革命”期间。1945年2月，抗日民主政府修建烈士祠，7月竣工。烈士祠内有527名革命烈士牌位，其中有北白塔村烈士12名。

西白塔村

基本村情

西白塔村东与东白塔、西与潍北农场接壤，

南临政府街，北与北白塔为邻，距离昌邑市城区 15 千米，距镇政府驻地 1 千米。西白塔村地处平原，属沿海线平洼地。2017 年，全村土地面积 430 公顷，其中耕地 140 公顷、水库湾塘面积为 16 公顷，复垦丰产河堤 8.67 公顷。

古时，白塔村西南 500 米处，有 1 座圆形白石塔，西白塔村处白塔西而得名，因位于河南岸，又称南白塔。1962 年，南白塔村分为西白塔和东白塔两个行政村。1955 年，属龙池区白塔乡。1958 年 2 月，属龙池乡；9 月，属龙池先锋人民公社；12 月，属龙池人民公社。1983 年，属龙池乡。1993 年，属龙池镇。

明成化三年（1467），温氏始祖自寿光县候镇迁此定居。传说“先有牛黄，后有齐王，18 户满家，楚尹陈张”居住该村，之后其它姓氏迁居。

2017 年，全村有温、陈、尹、姜、王、赵、满、齐、殷、刘 10 个姓氏，温姓居多；260 户、792 人，均为汉族。

村域经济

西白塔村境域属沿海线平洼地。中华人民共和国成立前，频受海潮侵袭，土地碱化严重，生产工具落后，农业生产发展迟缓，粮食亩产 60 公斤左右。1963—1964 年，实施农田水利建设，把碱化严重的农田改造成沟渠路配套的条田，能灌能排，盐碱地面积减少。1965 年，粮食亩产 143 公斤。1965—1979 年，引峡工程通水后，村内开始种植水稻，以淡水压碱，水利排碱，改良土壤，盐碱地变成良田。1980 年，粮食亩产 376 公斤。1982 年，实行家庭联产承包责任制，调动

西白塔村（2018 年）　　摄影 李　宁

农民种粮积极性，1985 年，粮食亩产达 445 公斤，比 1978 年每亩增产 47 公斤，棉花种植 703 亩。2013 年，全村粮食亩产 813 公斤，部分地块亩产 1000 公斤以上；棉花等经济作物种植 313 亩。2017 年，随着农民土地承包经营权流转，全村以集体联户形成转让土地 142 亩。

西白塔村织绸业历史悠久。中华人民共和国成立前，主要以分散在各个家庭的个体手工业为主，以木机作业。1956 年，成立织绸小组。1966 年，村集体办起织布厂（车间），有木机 36 台，从业人员 72 人。1976 年冬，在原有木机的基础上，购进 1515 铁机 10 台，从业人员 55 人，以来料加工为主，年利润 2.6 万元。1984 年，村集体建成铸塑镀膜厂，有厂房 20 余间、从业人员 35 人，为烟台木钟厂生产各种塑料铸件镀膜 20 余万件，批量生产其他塑料制品、镀膜，年产值 42 万元。1986 年，织布厂有 K76 铁机 10 台、1515 织机 16 台、厂房 46 间、从业人员 50 人，利润 12 万元。1993 年，织布厂创利润 14 万元。1996 年，织布厂由个人承包，塑料镀膜厂停办。2013 年底，全村共有纺织厂（车间）17 个，其中剑杆织布机

92台、喷水织机168台、整经车间9个、整经机22台，从业人员100余人，年创收700万元。同年，养殖经济总收入达280余万元。2017年，全村有养殖户13户，养殖大棚47个，出栏鸡鸭39万余只、猪860头。

村庄建设

1979年全村通电。1990年，全村电视机普及率达95%。2000年，全村普及有线电视、电话。2008年，对村内道路进行砂石铺路，在道路两侧栽树种花，并建设健身场地。2014年5月，村内排水系统修复工程竣工；投资80余万元，对村内三条东西街、一条南北路进行水泥硬化，两侧留有绿化带。2018年，主要街道两侧绘制墙画，年底，村内旱厕改造全部完成。

社会事业

1919年，创办白塔小学。中华人民共和国成立后，成立白塔完小。2017年底，全村有大专以上学历158人。有研究生19人，其中博士6人。

1968年开始，村内设赤脚医生2人。2006年，全体村民加入“新型农村合作医疗”。

2011年4月，实施新型农村社会养老保险制度（新农保）。实行新农保后，参保村民有专属个人账户，个人缴费、集体补助、政府补贴全部记入个人账户。2016年，参保村民229人。

文物古迹

乾隆四十八年（1783），村内建成温氏家祠，曾有过一次重修。1992年，在原址重修。2003年，在墓前立温氏祖墓碑。2008年，对祠堂进行系统修缮。院内有温氏始祖墓1座。

明代，村内有大寺庙。1946年冬，被国民党军队破坏，砖石梁檩用于修筑工事。50年代，成为白塔完小操场，并在庙东侧盖教室6间。1970年后，建成西白塔村小学。2017年，大寺庙旧址成为村民居住区。

郭疃村

基本村情

郭疃村东邻岱马路，西至官靶路，南接马渠村，东北与岱邱村相望，西北为东白塔村。距昌邑市区15千米，距镇政府1千米。全村属平原地带，海拔6米左右。郭疃分3个自然村，周边环村河，由村东南绕村至村西南成“U”状与丰产河连接，河面宽处200米，全长2500米。村西护村河西岸为西南郭疃、西北郭疃。2017年，土地3945亩。

郭疃村村名由来，有三种说法：一是根据姓氏命名。据考郭疃村向无“郭”姓。二是“满、邢”来此建村，“东西两郭疃—满行（邢）。因为东郭疃有“邢”姓，西郭疃有“满”姓。三是“李”姓较早建村，郭疃“李”姓占全村人口70%。

清光绪三十三年（1907）至1929年，属西北乡下五社的太盈社。1930年，属第三区郭疃乡。1939年，属西三区太白镇。1942年，属第九区开河乡。1945年，属马渠区开河乡。1952年，属第九区双合乡。1958年2月，属龙池区白塔乡；9月，属龙池先锋人民公社；12月，属龙池人民公社。1983年，属龙池乡。1993年，属龙池镇。

2017年，全村有李、满、陈、邓、魏、赵、董、温、徐、邢10个姓氏，556户、1660人；其中彝族2人、瑶族1人、满族2人，其他均为汉族。

村域经济

郭疃村土地主要分布在村周围、国防路两侧、丰产河以西、堤河以东，东西跨度约10千米。

村周围土质为黄土，面积 64 公顷。国防路两侧、堤河以东土质为黏土，面积 164.67 公顷。丰产河以西土质为沙壤土，面积 34.67 公顷。20 世纪 60—70 年代，实施农田基本建设，对国防路两侧、堤河以东土地整平，规划成长方 330 米，短方 220 米，宽约为 50 米三种不同规格方块，均配备灌渠排沟，灌渠均与二、三干相接，排沟均通至丰产河、堤河。1965 年，村内试种水稻获得丰收，亩产 400 公斤，各生产队相继购置小、中型拖拉机、脱粒机、播种机等农用机械，每年超额完成公粮上缴任务。随着村集体经济发展，村内建起砖厂、木工厂、磨坊、丝绸厂等，年产值为 20 万元。

郭疃村丝织绸缎，历史悠久。1927—1949 年，部分村民外出或在家从事丝织。1960—1980 年，大队建织绸厂，有厂房 3 趟、手工织布（绸）机 50 余台，为柳疃丝绸厂加工各样品种的丝绸，从业人员 80 余人，年利润 10 余万元。改革开放后，村内出现个体企业，其中从事纺织的就有十几家。另外建有翻砂厂、铝合金加工厂、汽修厂。从事建筑业的建筑队最多时有 8 个。村中有酒店 4 家，从事各种商贸业 20 余家。有大型挖掘机、联合收割机、联合播种机、大型运输车辆 30 余台。2009 年，龙池大集迁入郭疃村，每逢农历四、九为集日。

村庄建设

1970 年，第一次对全村新建房屋进行规划，宅基地南北 17 米，每间 2.7 米，每户 4 间，每排 24 间，正房宽 4.5 米；规划南北大路 4 条，宽 12 米，东西大街 1 条，宽 12 米，小巷 5 米。1971 年，村内通照明电，1976 年，实现户户通电；1980 年，接通动力电。1992 年，第二次对全村建房进行规划，每户 5 间，正房宽 6.5 米，高板石至脊檩 5.93 米，砖混结构，村民翻盖新房率 95% 以上；安装压力罐，铺设管道安上自来水（地表水），2000 年，改用地下水。2006 年，硬化南北出村路 750 米。2009 年，硬化村中东西路 400 米；同年，村内自来水与市政自来水供水系统并网。2012 年，治理村内“三大堆”，并配备清洁工。2015 年，安装路灯 69 盏。2017 年，实施改厕工程。

社会事业

1919—1932 年，村内设私立小学 1 所，有班级 3 个、学生 90 人、教师 4 人。1933—1937 年，设初小 1 所，有班级 2 个、在校生 50 人、教师 2 人。1938—1949 年，学校教育时断时续。中华人民共和国成立后，学校转为公办，有班级 4 个、教师 5 人。1969 年，新建校舍 3 栋、45 间，班级增到 9 个，并设初中班，教师 15 人。1980 年，初中班与岱邱初中合办后迁至岱邱村。2001 年，郭疃小学有班级 4 个，学生 130 人、教师 6 人；2002—2004 年，有教学班 5 个，教师 7 人；2011 年，郭疃小学并入龙池小学。2017 年，全村共大专以上学历人数（含在校生）216 人。

新中国成立前，村有中医 2 名，围村河西有李丕云老中医，四代行医，祖传秘方专治毒疮、疖子。大郭疃有李天华，专用小偏方治病。1966 年，大队办起合作医疗，设医疗室 3 间，配备多种医疗器材及中西药物，有赤脚医生 3 人。

2012 年，实施新型农村养老保险政策，60 岁以下村民按每人每年缴费 100 ～ 5000 元不同档次缴纳，年满 45 周岁必须参保，60 周岁开始领取基础养老金，每人每月 60 元，全村领取养老金人数 400 余人。2017 年，全村领取养老金人数 600 人；新型合作医疗费用实行村部分代缴或全部代缴，村民参合率100%。

2000年后，家家有彩电、冰箱、洗衣机，70%户有电脑，90%的村民有手机。

郭疃村群众文化活动，历史悠久。18世纪开始，就有武术、高跷、秧歌队等。中华人民共和国成立后，村民自发组建吕剧团，春节期间组织演出。2013年，郭疃村秧歌队频繁开展活动。2015年，村民自筹资金，组织全村文艺人才，利用春节、“文化消夏”等开展文化活动。

文物古迹

郭疃村有庙宇5座。原三官庙，位于郭疃村东门北100米处，由全村人捐资修建，有正殿3间，东西两厢房各3间，院长30米，院内有一棵高约6米老槐树，干粗两人合抱；1943年，三官庙改建为学校。20世纪70年代，因村庄规划三官庙被拆除。村中道东段路北，有孙爷庙1座，后改为村代销点，代销点撤销后，因无重修价值而倒塌。西北村交叉路口处有关帝庙1座，房屋3间，庙门前有150平方米小广场，1944年拆除。村西南、村东各有土地庙1座，皆拆除。

村有古树3株，最大一株为东村东南陈家墓田的大白杨树，高十几丈。村西南、村西北各有古槐1株，因树龄过长，早已空心，空心处能容一成人，因各种原因均被砍伐。村内有饮水井3眼，2017年，村东出村路南处仅存1眼，已被封存保护。

东白塔村

基本村情

东白塔南隔柳龙路与郭疃村相望，北与北白塔村相邻，西与西白塔村相依，东接齐西村。东白塔村南北最长700米，东西最宽300米，占地20公顷，兴东路贯穿全村。东白塔村处昌邑滨海洼地，地势低洼平坦。全村耕地154.67公顷，适宜种植小麦、玉米、棉花等。

古时，村西南角有一座白石塔，根据白塔位置，分为东白塔村、西白塔村、北白塔村，三村呈倒“品”字形排列，因东白塔位于白塔东部，由此得名。

1952年，属第九区白塔乡。1955年，属龙池区白塔乡。1958年2月，属龙池乡；9月，属龙池先锋人民公社；12月，属龙池人民公社。1983年，属龙池乡。1993年，属龙池镇。

《陈氏族谱》载，陈姓始祖于明朝洪武二年（1369）从四川省成都南关铁臼巷以军籍来昌邑，居白塔村。2017年，全村有陈、李、姜、王、张5个姓氏，324户、1037人，陈姓占全村95%以上。均为汉族。

村域经济

解放前东白塔村经济发展缓慢，大部分土地为洼涝盐碱地，粮食亩产仅50～100公斤。新

东白塔村（2018年）　　摄影 李 宁

中国成立后，走农业合作化道路，土地归集体所有，开始兴修水利、整治土地、改洼治碱、修筑条田。60年代中期至70年代末，引峡山水库水试种水稻，粮食产量逐年增加，温饱问题逐步解决。中共十一届三中全会后，村域经济发展步伐加快。1982年下半年，实行土地联产承包责任制，村民生产积极性提高。2013年，全村粮食平均亩产1000公斤，棉花亩产籽棉300公斤，全村农业总产值900万元，村民年人均收入1.2万元。2017年，全村有养殖户16户、养殖大棚30个，以养猪、养鸡、养鸭为主，年产值900万元。有15家化工、纺织专业户，拥有织机200台，年产值5000万元。从事建筑、运输、纺织及其他产业人员400余人。

文物古迹

村内南北主干道北侧路西有陈氏家庙，建于清雍正三年（1725），雍正五年（1727）竣工，光绪二十三年（1897）四月重修，1914年再修。2004年，海外族人再次投资整修，建成后的陈氏家庙，院墙南北长27.4米、东西宽17.3米，占地474平方米。

1986年，经山东省委组织部批准，拨专款重新修建陈干墓，并与其夫人杨紫霞合葬。

龙池社区

龙池社区位于龙池镇东北部，东接柳疃镇，西邻龙池镇瓦城社区，面积约45平方千米，辖龙北、王家庄、齐西、二甲庄、龙东、魏西、龙街、沙岭子8个村，居民1340户、5590人。所辖村“两委”班子健全，共40人，有党员322人，群众代表221人。辖区内湾塘较多，其中龙北、齐西、龙东、二甲庄、魏西以村间河流、湾塘为分界线，全社区有耕地833公顷。辖区内有古树3株，其中龙街1株，齐西1株，二甲庄村1株，树龄均在300年以上。2016年，齐西仿古村落建成；同年7月，举办第一届乡村旅游节，至2017年接待外来参观学习者达到8万余人次。

龙池社区（2018年）　　　　摄影　李　宁

龙池社区位于龙池镇政府东300米处，设有为民办事大厅、图书阅览室、儒学讲堂、文化活动室、社区老年协会、银龄安康工程服务室、社区警务室、戒毒所、党员活动室、电子商务师、人大代表活动室、多功能活动室、统战工作站、综合办公室、农业综合服务室、法律顾问室、司法行政工作室、社区组织服务室、普法活动室等，建筑面积约5000平方米。共有社区干部5人，其中社区党总支书记1人，社区主任1人，社区工作人员3人。

龙北村

基本村情

龙北村北临莱州湾，东傍堤河，西邻白塔村，南与齐西村相邻，距昌邑市城区15千米，距镇政府驻地1千米。地处平原，地势平坦。土地面积1000公顷，其中耕地170公顷，盐田170公顷。主要农作物为小麦、玉米、大豆。北部建有防风林带，植被面积30公顷。

龙池当地流传，龙王娘娘身怀六甲时，为降服祸害人间的旱魃，导致动了胎气，遂旋出一池穴分娩，后携子腾云而去。池周边的人们为感恩龙王娘娘，便将村名改为“龙池”。龙池周围的村庄分别按方位被称为龙东、龙南（齐西）、龙西（魏西）、龙北、龙街，龙北村由此得名。

明朝永乐年间，魏姓自四川成都府迁此定居，后有其他姓氏相继迁居。古时有“盛（姓）半村，苑（姓）半坡”之说。

1930年，属第三区忠民乡。1939年，属西三区忠诚镇。1942年，属第九区腾龙乡。1945年，属马渠区腾龙乡。1952年，属第九区龙池乡。1955年，属龙池区龙池乡。1958年2月，属龙池乡；9月，属龙池先锋人民公社；12月，属龙池人民公社。1983年8月，属龙池乡。1993年，属龙池镇。

2017年，全村有魏、孙、齐、刘、徐、马、李、王、郝、陈、周、 赵12个姓氏，349户、1169人，均为汉族。

村域经济

中华人民共和国成立前，全村粮食平均亩产60多公斤。1953年，村内成立10个互助组；1954年，由16个互助组成立初级社；1955年成立高级社。通过集体力量挖沟修渠，疏通水路，粮食产量增加，亩产提高到90公斤。1963—1964年，大搞农田水利建设，将大片洼地、荒地整成条田，并实现渠路配套，能排能灌。1965年春，开始种植水稻，当年稻谷平均亩产300多公斤，并逐年提高到400公斤。 1978年，粮食平均亩产403公斤，总产83.14万公斤。1982年下半年，推行家庭联产承包责任制，扩大农民生产自主权，粮食生产积极性提高。1983年，粮食亩产增加到453公斤，比1978年增加50公斤。1992年开始，全村农田耕、种、

龙北村（2018年） 摄影 李 宁

收、灌以及小麦、玉米良种，全部免费提供。1997年，成立30户规模养殖小区。2004年，建成13户规模纺织小区。通过水源调配，实行统一耕种以及推广新技术、新成果，粮食产量稳步增长。2013年，粮食亩产达到900公斤，总产实现225万公斤，全村农业总产值3160万元。

1943年，抗日战争时期建立过鞋厂。1960年，小机房和小磨坊开始起步。1967年、1970年，相继建起油坊和面粉加工厂。村办企业从业人员200人，年收入225万元。1984年，建起丝织厂，年产值200万元。1987年6月，建起印染加工厂。1989年，建网络丝厂并建立昌龙实业总公司。1991年，建色织厂并建立同台湾合资的昌麦染料化工有限公司。 1992年，建石业艺术有限公司。1996年，经上级批准，由各企业和盐场组建山东昌龙集团公司，主营纺织、漂染、印花、染料化工、 弹力丝加网、石材加工、原盐采选。1997年，建起规模较大的剑杆织布厂。2013年底，昌龙集团公司职工总数500人，固定资产总值 2200万元，年总产值3400万元，实现利税 600万元。全村有个体汽车运输14户、副食和烟酒批零商店（门市部）4个、饭店2个、馒头加工店1个、糕点加工店1个、豆油加工厂 1个、面粉专营店1个、车辆维修点3个。第三产业年创收入3780万元。

1979年，村建设盐田18公顷，到1987年增加到50公顷；2000年，新建100公顷，盐田总面积150公顷，年均亩产原盐3吨。2007年，盐场固定资产150万元、收入530万元，从业人员200人。

至2017年年底，全村完成社会固定资产投资总额9886万元，人均收入1.2万元。

村庄建设

1976年，村内通电。1995年，村出资修主路。2000—2014年修小巷，总硬化面积4.47万平方米，投资410.87万元。1991年，村内通自来水。2007年，建设村文化大院。2011年，建设文化广场。

社会事业

1968年，村设小学。1972年，村小学与龙池小学合并。1978—2017年，全村考取大学生150余名。

1967年，村成立卫生室。1992年，全村幼儿入托、自来水、新农合、有线电视收看全部免费，对村民实行大病救助。2014—2017年，医保和养老保险由个人自由投保。到2017年年底，村内有社区卫生室1所，有医务人员1名；全村60～69周岁334人、70～79周岁163人、80～89周岁59人、90～99周岁3人、100周岁以上1人，共为560名老人建立健康档案。

2017年，村内有50平方米农家书屋1处，图书4000余册；全民健身广场1处，配备健身器材20多台（件）。有1支60余人的民间秧歌队，其中有15人为昌邑市民间艺术协会会员。

文物古迹

村内有明朝古槐1株，直径0.8米，高6米，树冠不大，干支众多，2016年，被山东省林业厅挂牌保护。

魏氏家庙修建于清道光年间，清光绪三十四年（1908）重修，在魏氏祠堂院中，保存有魏氏祖茔碑1座。墓茔上有1棵500多年柘桑树，1938年，被侵华日军烧毁。玉皇庙，修建时间无考。1938年，被侵华日军烧毁。

龙东村

基本村情

龙东村东邻柳疃镇、西接齐西村、北与龙街村相邻、南与二甲庄村接壤。地处平原地带，地势平坦。农业种植主要有小麦、玉米、棉花。2017 年，全村有耕地 60 公顷。

龙东村曾名龙池东崖。龙东村居龙池镇中部，据《齐氏族谱》记载：齐氏先祖明永乐十八年（1420）由四川金堂县迁居于此。因村坐落于龙池东崖，得村名龙池东崖，清末改名龙东村。1971 年，峡山水库库区李姓移民至龙东村。

清光绪三十三年（1907），属西北乡下五社的太安社。1930 年，属第三区太安镇。1939 年，属西三区太白镇。1942 年，属第九区龙合乡。1945 年，属马渠区龙合乡。1952 年，属第九区龙合乡。1955 年，属龙池区龙合乡。1958 年 2 月，属龙池乡；9 月，属龙池先锋人民公社；12 月，属龙池人民公社。1983 年 8 月，属龙池乡。1993 年，属龙池镇。

2017 年，全村有齐、魏、赵、李、王、盛 6 个姓氏，130 户、390 人，以齐姓居多，均为汉族。

村域经济

龙北村以传统农耕经济为主，中华人民共和国成立前，全村粮食平均亩产只有几十公斤。人民公社时期，实施农田水利建设，将洼地、荒地整成条田，水渠路配套，能排能灌，实行科学种田，粮食产量逐年增加。1982 年下半年，实行家庭联产承包责任制，粮食产量逐年提高。2017 年，全村粮食平均亩产 500 公斤以上。

村庄建设

2013 年 10 月，建村委办公室 5 间，村民娱乐室 3 间，健身体育场 1 处。2014 年 5 月，投资 30 多万元，硬化村内道路 905 米，并进行绿化，实现村内道路硬化、绿化、亮化。

文物古迹

村内有齐氏家庙 1 座，庙宇座北朝南，庙台高筑，院内古柏参天，大殿前沿出厦，飞檐斗拱，并有对联“家声由旧留潍北，庙貌维新壮汝南”。“文化大革命”期间破“四旧”倒塌。

据传，齐姓始祖由四川金堂县迁至山东时在老槐树下与乡邻分手，相约立足后栽国槐作纪念。始祖迁至龙东时即栽种国槐，有一株树龄已有 500 多年，1989 年，因村民建房，国槐被砍伐。

龙东村（2018 年）　　摄影 李　宁

龙街村

基本村情

龙街村北濒莱州湾，东临堤河，西靠龙北村，南接龙东村、齐西村，距离昌邑市城区15千米，距镇政府驻地500米。全村土地180公顷，其中耕地120公顷，盐田30公顷。北部建有防风林带，植被面积20公顷。

清光绪三十三年（1907），属西北乡忠民社。1930年，属第三区太安镇。1939年，属西三区太白镇。1942年，属第九区龙合乡。1945年，属马渠区龙合乡。1952年，属第九区龙池乡。1955年，属龙池区龙池乡。1958年2月，属龙池乡；9月，属龙池先锋人民公社；12月，属龙池人民公社。1983年8月，属龙池乡。1993年，属龙池镇。

相传龙街原居民有盛、苑两姓，曾有“盛半庄，苑半坡”之说。2017年，苑姓已消失，全村有魏、齐、刘、赵、盛、安、孙、高、王、李、龚11个姓氏，230户、670人，均为汉族。

村域经济

中华人民共和国成立初期，全村有耕地124.47公顷，其中粮田122.07公顷。1951年，成立互助组。1953年，成立农业合作社，实行土地入股，三七分红，统一经营。到1955年，粮食平均亩产增至127公斤。1956年2月，办起高级农业合作社，土地分红取消，推广间作套种，粮食平均亩产增至132.5公斤。1958—1982年，粮食平均亩产不稳定。随着农业科学技术推广，全村粮食亩产逐年增加，到1983年，平均亩产增至225公斤，较1955年亩增近100公斤。2017年，龙街村粮食平均亩产400公斤，总产量2000吨。家禽存栏1.4万只，家畜存栏600头（只）。

龙街村民间手工业历史悠久。清末民初，村内从事丝绸业的有5户，其中3户家有织女。1943年，为支持抗日战争，村办过鞋厂。1960年，村内有磨坊、加工小作坊、醋坊等小手工业。1968年，村办企业主要给柳疃东风、红卫2个丝织厂加工丝绸蚕丝白布。1980年，村集体利用北部沿海滩涂建设盐田25公顷。1984年，办起集体纺织厂。之后村民开始自办纺织厂，织机从几台到十几台不等，丝绸业仍以各户分散生产为主。1985年，开始扩建村办企业，建起丝绸厂，并引进设备，扩大生产规模，自购原料，自己生产、销售，主要生产弹力丝、仿真丝等产品。2017年，全村有烟酒批零商店5个、车辆农机维修点1个、汽车运输专业户2家、在外村建织布厂3家。盐田年产值100万元。

龙街村（2018年） 摄影 李 宁

村庄建设

1959年，大队部安装电话。1970年，建村卫生室。1971年10月，实现村内通电。2001年，全村通自来水，2005年，对自来水进行改造，更换自来水管，实现每户一表。2006年，利用高速公路20万元补偿款，对村内长约800米、宽6米南北路和东西大街实施水泥硬化，计4800平方米。2007年，利用高速公路60万元补偿款，对村巷进行水泥硬化。2014年，由昌邑市交通局拨款对村东路至干渠段水泥硬化；村集体出资2万元，建设文化广场。

社会事业

1919—1930年，设龙池私立小学2个班，教师2名。1931—1937年，龙池私立初小3个班、教师3名。1938—1940年，龙池小学4个班、教师4名。1941—1944年，初级小学3个班、教师3名。1948年，初级小学3个班、教师4名。1949—1967年，小学5个班、教师7名。1958年，村内办幼儿园、托作所。1959—1962年，幼儿教育停办。1968年，村内小学与魏西村合并。1971年，办起育红班。1999年，村内育红班并入龙池中心幼儿园。

2011年，村内成立盛翔锣鼓秧歌队，有队员30余人。

文物古迹

村内原有刘氏家庙1座，“文化大革命”期间遭到破坏，后被拆除。村北原有玉皇大帝庙，修建年月不详，1938年，被侵华日军烧毁。村南有观世音菩萨娘娘庙，修建年月不详，“文化大革命”期间遭到破坏，仅存房屋3间。村东有古井1口，民国初年，有过维修。村东原有贞节牌坊，后建水塔拆除。

龙街村魏氏古槐属魏兴国家族所有。树高8米，覆盖面积约60平方米。树龄在400～500年，为明代所植。古槐主干内部虽已部分腐朽成洞，但仍生长茂盛。

齐西村

基本村情

齐西村东与龙东村交界，南与龙池镇政府、龙池中学、龙池小学、二甲庄村相望，西与魏西村相邻，北与龙北村、龙街村相连，是镇政府所在地。

明永乐十八年（1420），齐氏始祖从四川省成都府金堂县迁至龙池定居，后由于人口增多，分别迁至龙东、龙街、二甲庄、岱邱等村。明嘉靖年间，齐姓由龙东迁此定居，以种菜为生，称齐家菜园子；后因居民集聚龙池河西崖，亦称齐家西崖。清乾隆年间，齐西村部分齐姓族人迁居全国各地。清咸丰年间，因修土围子，故名齐家围子，又称南崖。1950年后，称齐西村。

1907年，属西北乡太安社。1930年，属第三区太白镇。1940年，属西三区太白镇。1942年，属第九区龙合乡。1958年，属龙池人民公社。1983年，属龙池乡。1993年，属龙池镇。

2013年，齐西村被省政府命名为“省级历史文化名村”“省级文物保护单位”。2014年，被省政府确定为第一批“省级传统村落”。

2017年，全村有齐、阎、刘、唐、肖、方6个姓氏，148户、460人，以齐姓居多。

村域经济

齐西村传统农业以种植粮食作物为主，主要有小麦、玉米和棉花，以及少量杂粮。2017年，

齐西村（2018 年） 摄影 李 宁

粮食亩产双千斤，棉花亩产皮棉 150 斤左右。

改革开放前，全村仅有几张木机，对外加工棉布或自用；改革开放后，村民办起 6 家纺织厂，有织机 80 台，集中在村南部，成为村里的支柱产业。2017 年，多数转移到李家埠、都昌、柳疃等地。村集体盐田 270 亩，由个人承包，每年向村缴纳承包费 72 万元。2013 年，全村经济总收入 600 万元，人均 1.38 万元。

2017 年，全村有养殖户 6 个，主要饲养肉鸡、肉鸭、兔和狐狸，养殖区域占地 6000 平方米；狐狸存栏 200 只、兔 800 只。

村庄建设

1979 年，齐西村通电，但电力不足，经常停电。1980 年前后，村内开始安装压力罐及输水管道，实现户户通自来水，结束村民饮用湾水历史。1994 年，全村统一改换自来水管道，并与昌邑市自来水供水系统相连。自筹资金 13 万元，对全村三横两竖 5 条、长 250 米村道进行扩建改造。1997 年，由镇政府拨款 8 万元，对村内南北向出村路 220 米和村内道路 100 米进行改造；自筹资金 20 万元，对村委至东桥村北段 300 米进行改造。2008 年，自筹资金 10 万元，对东桥和磨坊处拐角进行改造。

社会事业

1919 年，齐西村设育才小学，为昌邑县国民第二十一小学，中国同盟会会员齐恩湛、齐西村第一位中共党员齐文甫均在学校任教。1942 年，育才小学被侵华日军“扫荡”时烧毁。1943 年，学校重建，校舍设在齐西村内，并改称齐西小学。1980 年，齐西小学合并于龙池小学。

2011 年，开始办理养老保险，缴费标准每人 100 元，之后逐年递增，到 2017 年，每人缴费标准为 300 元；2017 年全村有 3 人享受最低生活保障待遇。

2017 年，村内有文化大院 1 处、图书室 1 个。

文物古迹

齐西村内原有百户厅、进士第、西大厅、演武厅 4 座大厅，1934—1958 年，先后被拆除。有国槐 1 株，建村时栽植，树龄 500 年，1968 年被毁。村内有贞节碑 5 块，均已毁坏。光绪十年（1884）、光绪十二年（1886），先后在村南建有 2 座贞节牌坊，气势宏伟，做工精细，1958 年、1966 年，2 座贞节牌坊先后被毁。清末，在村中心地带立旗杆台一座，抗日战争时期拆除，仅剩两块旗杆碑座。

二甲庄村

基本村情

二甲庄村东濒堤河，西邻白塔村，南靠岱邱村，北接龙东村，距昌邑市区 20 千米，距镇政府驻地3千米。

《齐氏族谱》载："始祖齐吉通，于大明永乐十四年（1416）由巴蜀迁至甲"。因明初实行"保甲制"，始祖在西川时属第二甲庄，因恋故土，称二甲庄。

清光绪三十三年（1907），属西北乡下五社忠民社。1930年，属第三区西流河乡。1939年，属西三区忠诚镇。1942年，属第九区腾龙乡。1945年，属马渠区腾龙。1952年，属第九区龙池乡。1955年，属龙池区龙池乡。1958年2月，属龙池乡；9月，属龙池先锋人民公社；12月，属龙池人民公社。1983年，属龙池乡。1993年，属龙池镇。

二甲庄地理位置重要，抗日战争、解放战争时期，曾是潍北根据地通往胶东根据地交通要道，战争物资的转运和领导干部路过都有当时的农救会护送。当年昌北县机关设在瓦城，有一些县直部门就设在二甲村。

2017年，全村有齐、孙2个姓氏，88户、251人，均为汉族。

村域经济

全村有耕地33.6公顷，地势平坦、土壤肥沃、交通便利。二甲庄水浇条件优越，主要农作物为小麦、大豆、玉米。

村庄建设

1971年，全村通自来水、通电，有50千瓦变压器1台。1972—1974年，建小学1所，设1个班，教授1—3年级课程。2014年4月，投资25.8万元，其中上级补贴9.7万元，村集体投资17.1万元，建设村文化大院。

社会事业

2017年，全村村民医疗保险和社会保险参保率为98%；享受最低生活保障的1人、贫困户1户。村委每年为60岁以上老年人入银龄安康保险，并且为每户投保房屋财产险。

文物古迹

村东门路南有祖茔一处，茔地内松柏参天，树冠直径均11米以上，有多块明弘治、万历，清康熙、道光、光绪时期所立墓碑。1958年"大跃进"，松柏树砍去炼钢铁，多数墓碑挖去修桥梁、闸门等。

村东去柳疃方向路旁有南北对立的"龙章褒节"和"天语扬芬"2幢贞节碑，"龙章褒节"碑现存村东丰收闸。村东路北有"正谊流芳"功名碑，碑名由齐怀参书写，碑主为清代昌邑县庠生齐振廷（碑已毁）。

清同治十三年（1875）的墓碑一幢，保存完好，碑主人齐毓正，为阖学十三人仝立，兵部侍郎拜书，文字清晰可见，记录碑主人砥节乡曲，扶老奉亲，笃厚孝悌，与人为善。

村东门外有"三圣庙"1座，建于清康熙四十二年（1704），清雍正、乾隆年间多次维修，光绪三十一年（1905）最后一次维修。每年三月十五为庙会，香火旺盛，殿内两山墙挂有建庙维修等记事木匾。20世纪40年代末，破除封建迷信，三圣庙被拆除。

村西路北有明崇祯年间所建关帝庙，有清乾隆至民国时期的青砖民房7处。

三棵古槐自西向东一字排开。一株胸径0.7米，树高7米，冠幅6米，树龄约300年，属国家二级保护树木；一株胸径0.51米，树高6米，冠幅6米，树龄约200年，属国家三级保护树木；一株胸径0.48米，树高5米，冠幅4米，树龄约200年，属国家三级保护树木。最东边一棵，为清代中期栽植，槐树虽老，却没一处空心，没一枝枯干，且年年绿叶成云，繁花凝雪，生命力旺盛。中间一棵，据说也有数百年树龄，可惜一场意外火灾，树冠被烧毁。

沙岭子村

基本村情

沙岭子村南部靠近大莱龙铁路，村北 2000 米是辛沙路，东与柳疃镇老官庄接壤，南、西两个方向是开阔地，北与王家庄相望，距昌邑市城区 15 千米，距镇政府驻地 5000 米。全村土地 146.67 公顷，其中耕地 126.67 公顷。

相传村北有一条沙土形成的高岭子，故村取名“沙岭子”。

清光绪三十三年（1907），属西北乡下五社忠民社。1930 年，属第三区西流河乡。1939 年，属西三区忠诚镇。1942 年，属第九区腾龙乡。1945 年，属马渠区腾龙。1952 年，属第九区龙池乡。1955 年，属龙池区龙池乡。1958 年 2 月，属龙池乡；9 月，属龙池先锋人民公社；12 月，属龙池人民公社。1983 年，属龙池乡。1993 年，属龙池镇。

2017 年，全村有孙、李、魏、寇、王、崔 6 个姓氏，196 户、640 人，均为汉族；村民以孙姓为多，占总户数的 80%。

村域经济

沙岭子村地处渤海之滨，沿海滩涂广阔，有“春天白茫茫，夏天水汪汪，光长黄蓿不打粮”的说法。1964 年后，兴修水利工程，挖沟修渠改造田地，农业生产条件改善。1965—1973 年，因种植水稻，沙岭子村成为昌邑县先进典型；是昌邑县棉槐基地。1982 年，全村粮食总产从高级社时的 2.5 万公斤，提高到 16 万公斤。2017 年，全村粮食产量 150 万公斤。主要以是小麦、玉米和棉花为主。改革开放以后，村内工业主要是传统纺织业。

村庄建设

1978 年，全村通电。1998 年，全村通自来水。2003 年，对连接辛沙路的 1500 米出村路进行改造；同年，昌邑市区至沙岭子村城乡公交车开通。2012 年 10 月，对村内 1000 米十字街路面进行硬化改造，全村主要道路全部硬化。2015 年，投资 5 万元，建设文化广场。2015—2017 年，对村内街道进行绿化。

社会事业

1952 年，村内设小学。1985 年，撤销沙岭子村小学，与王家庄子小学合并。1968 年，村设卫生室，有赤脚医生 1 名，由村集体承担费用参加合作医疗。1983 年，村民自费参加医疗保险和养

沙岭子村（2018 年） 摄影 李 宁

老保险；有20户低保户，2017年，已帮扶脱贫16户。

王家庄子村

基本村情

王家庄子村北濒莱州湾，东靠堤河，西接龙池工业园，东南与沙岭子村为邻，距昌邑市城区西北20千米，距镇政府驻地12千米。村地处平原，地势平坦。2017年，全村土地1200公顷，其中耕地400公顷、盐田100公顷。

明朝万历年间，王姓自山西洪洞县迁至瓦城，后又搬迁至此地，因王姓立村，取名王家庄子，又名万顺庄子。之后陆续有其他姓氏迁居。

清光绪三十三年（1907），属西北乡下五社忠民社。1930年，属第三区西流河乡。1939年，属西三区忠诚镇。1942年，属第九区腾龙乡。1945年，属马渠区腾龙乡。1952年，属第九区龙池乡。1955年，属龙池区龙池乡。1958年2月，属龙池乡；9月，属龙池先锋人民公社；12月，属龙池人民公社。1983年，属龙池乡。1993年，属龙池镇。

2017年，全村有王、张、孙、傅、赵、戚、齐、刘、李、宋10个姓氏，338户、1333人，均为汉族。

村域经济

王家庄子村农业主要以小麦、玉米、大豆等传统农作物为主。中华人民共和国成立前，村粮食亩产不足50公斤，村民生活水平低。1952年，村民成立8个临时互助组。1953—1955年，村内10个互助组组成5个初级农业生产合作社；1956年，合并成立高级社。其间，经过集体力量改造地势、整平地面、疏通水路，促进粮食生产，亩产提高到70公斤。1964年4月大海潮后，改种水稻15公顷，当年亩产稻谷200公斤，总产30多万公斤，创昌邑北海滩种植水稻历史。1965年，大搞农田水利基本建设，大片被淹土地整成条田，实现沟渠路林配套，种植水稻25公顷，亩产稻谷300公斤，总产112万公斤。村民引进优良品种、提高机械化作业、科学施肥，稻谷亩产最高达500公斤。1973年，南也门考察团到村考察水稻种植技术；1976年，接待秘鲁等18个国家参观团。1978年，全村粮食总产140万公斤，亩产500公斤以上。1982年，推行家庭联产承包责任制，村民购置机械设备、增加施肥量、科学施肥浇水，粮食生产水平不断提高，到1983年，粮食亩产600公斤，总产200万公斤。在发展粮食生产的同时，重视棉花、菜籽等经济作物种植，并发展畜牧养殖，2013年，全村农业总产值3000万元。2017年，村北建有防风林带，全村植被面积60公顷。

王家庄子村　　王家庄子村委提供

1950 年，村成立织机小组，主要从事对外丝绸加工，从业人员 40 余人。2013 年底，村内有机械维修点 2 个，烟酒副食门市部 4 个，饭店 5 个，馒头加工点 1 个，小机房 6 处、机台 24 台，纸箱加工组 1 个。第三产业年创收入 760 万元。

王家庄子村凭借沿海滩涂优势，发展盐业生产。1979 年，村集体修建盐田 40 公顷，至 2000 年，盐田增加到 60 公顷。2013 年，盐场固定资产总额 1000 万元。2017 年，全村有盐场 6 处、100 公顷，每公顷年产原盐 349.65 吨，从业人员近百人。

文物古迹

清乾隆年间，村内建有关帝庙 1 座，其匾额为“协天大帝”，落款为“万顺庄”。 1946 年，被国民党军队毁坏拆除。

魏西村

基本村情

魏西村位于渤海莱州湾南畔，东邻龙北村，西傍北白塔，南邻镇府街，北与瓦城相望。距昌邑市城区 15 千米，距镇政府驻地 1 千米。耕地面积 1227 亩。

村居民多为魏姓，和龙北村、龙街村魏姓系同宗同族。魏氏始祖于明朝永乐年间自四川省迁徙到龙池，原来居住在小河东岸，后随人口增长，族人在小河西岸建房居住后，逐渐成村，旧时称“魏家西崖”，和龙北、龙街系一个村。民国时立行政村，因魏姓居多，故称魏西。

清代中期，村内金姓从柳疃镇金家庄迁入；孙姓从柳疃镇青阜村迁入；1969 年，李姓从安丘县布股庄迁入。

1958 年，魏西和龙北村、龙街村合并称龙池人民公社龙池生产大队。1960 年，撤销龙池生产大队，在原魏西村基础上成立魏西生产大队，下设 3 个生产队。1984 年，称魏西村，属龙池乡，设 3 个村民小组。1993 年后，属龙池镇。

2017 年，全村有魏、金、孙、李 4 个姓氏，210 户、650 人，其中满族 1 人，其余均为汉族。

村域经济

中华人民共和国成立前，因地处洼涝薄碱地，粮食亩产不过百斤，村民食不裹腹，以捞鱼摸虾或当长工、打短工维持生计，有些走胶东、下关东逃荒要饭。1952 年，村成立互助组，1956 年，由 3 个初级农业合作社并为 1 个高级农业合作社。1964 年，通过集体力量，挖沟渠整平土地，垦荒建条田，土地成方成片，引入

魏西村（2018 年）　　摄影　韩丽萍

峡山水库水种植水稻，粮食连年增产。

1982 年下半年，推行家庭联产承包责任制。2013 年，全村粮食平均亩产 600 多公斤，总产 80 万公斤。2017 年，全村棉花种植 6.67 公顷，总产皮棉 5000 公斤；建设林网 6.67 公顷，植树 2 万多株；畜牧养殖户 30 户，出栏猪 5000 头、羊 300 头、鸡 30 万只、鸭 20 万只，畜牧业年总收入 260 万元。

村办丝织厂有设备 20 台，因产业结构调整已经停产。借沿海优势，有村办盐场 3 处，盐田 50 公顷，年产值 200 万元。

依靠镇区优势，大力发展第二、三产业。2017 年，全村有副食、日用品批发零售商店 8 处，饭店 3 处，面粉专营店 2 处，食用油加工 1 处，粮食加工 1 处，农机具修理 2 处，对外正经车 3 处，销售纺织原料 1 处，喷水织机 1 处，全村第二、三产业年创收 200 万元。

村庄建设

1970 年，全村通照明电。1995 年，全村安装自来水。2002 年，投资 25 万余元，对村南北大路进行硬化改造。2006 年，投资 55 万元，硬化村内小巷。

社会生活

2011 年，全村 60 周岁以下加入养老保险，60 周岁以上老人享受养老保险待遇。

文物古迹

村东北部原有关帝庙 1 座，西北部有土地庙 1 座，2 处庙宇规模较小，建筑精美，所塑神像，栩栩如生，均毁于战乱。

马渠社区

马渠社区驻地在马渠村，社区辖马渠、泊子、楼子、石桥、孙家庄、王范庄、营子埠、油坊、果园 9 个行政村、2740 户、6851 人，其中马渠村有 3150 人，是龙池镇人口第一大村。辖区村两委干部 45 人、党员 361 人。营子埠海拔 11.3 米，为全镇海拔最高点。辖区共有耕地 866.67 公顷，土壤肥沃，水浇条件较好，适宜各种农作物及果树、观赏苗木和棉花的种植。群众主要收入为外出打工、农业生产。有各村分布有大小河渠 4 条，主要为由峡山水库引出的第二干渠和第三干渠，分别从马渠村东、村西穿过。有 400 年以上古树 4 株，其

马渠社区（2018 年）　　摄影　韩丽萍

中700年以上的1株。辖区内古迹众多，有土地庙1座，古碑15幢，战争遗迹1处，出土文物有古钱币、青铜器、铜鼓、青铜箭头、铜镜等。马渠村在解放战争时期是昌北革命根据地，有“红色莫斯科”“革命干部的摇篮”之称。有马渠村史馆、魏坚毅故居、魏惜珍故居、陈志强故居、书记胡同等历史遗迹。

马渠村

基本村情

马渠村位于山东省昌邑市龙池镇以南5千米，西距国防路6千米，全村耕地面积6748亩，人口1002户，共计3159人。因宋太祖赵匡胤帅军作战时路经此地，在此地水渠饮马而得名。马渠村南与石桥村、油坊村相连，北与郭疃村相望。地处平原，地势平坦。二干、三干分别从村东、西穿过，向东1.5千米是堤河，向西2千米到国防路。全村土地面积7200亩，其中耕地6800亩，主产小麦、玉米、种植小部分高粱。

元朝建村时，有朱、黄2个姓氏，后陆续有其他姓氏迁居。清光绪三十三年（1907），属西北乡太盈社。1930年，属第三区太盈社。1939年，属西三区太盈镇。1942年，属第九区马石乡。1945年，属马渠区马石乡。1952年，属第九区马渠乡。1955年，属龙池区马渠乡。1958年2月，属龙池乡；9月，属龙池先锋人民公社；12月，属龙池人民公社。1983年8月，属龙池乡。1993年，属龙池镇。

2017年，全村有魏、吴、姜、陈、毕、董、齐、王、张、高、任、盛12姓，1142户、3170人，均为汉族。

村域经济

1949年，全村经济总收入不过10万元。1953年，成立互助组；1954年，成立初级社；1955年，成立高级社。集体挖沟修渠，疏通渠道，改换良种，扩大水浇田面积，粮食产量增长，亩产提高到近90公斤。1964年，遭受大海潮。1965年春，开始种植水稻，当年稻谷平均亩产200多公斤，其后逐年提高到300公斤。1973年，村成立农科队，繁育良种，改变耕作方式，实行科学种田，推广实验成果，土地收益逐年增加。1978年，全村粮食平均亩产400公斤。1982年下半年，推行家庭联产承包责任制，扩大农民生产自主权，村民粮食生产积极性提高。2013年，粮食亩产达1100公斤，棉花亩产265公斤。

中华人民共和国成立后，村内逐步办起一些小型加工厂，但都没有形成规模。改革开放后，个体工业项目纷纷上马。2017年，有织机400台。养禽场（饲养鸡鸭）50多个，养猪养羊场30多个。另外设有超市5家，饭店5家，馒头加工点3家，车辆维修点3处，个体汽车运输户10个。

村庄建设

村庄于1978年、1985年、2009年三次进行新村规划，24间为一排东西长64米，南北宽17米，小巷5米。1992年通大街，2004年铺砂石路，2009年硬化中心大街，长1200米宽6米；2015年硬化村前大街及所有南北街。

社会事业

1944年，建立村小学，1985年筹建马渠联中，2009年并入龙池小学。1961年，在马渠设马渠信用社、马渠供销社、马渠卫生所等单位。

红色马渠

根据地　1937年“七七事变”后，在潍县广文中学求学的魏惜珍、李杰等回到家乡马渠村开展抗日救国活动，经孙汉三介绍加入中国共产党，在马渠村建立了最早的党支部，“民先”队员也发展到百余人。次年2月，日军侵占昌邑城，中共鲁东工委和昌邑县委在瓦城村领导抗日武装起义，成立了八路军鲁东抗日游击队第七支队，马渠村把几十名青壮年送到了部队，马渠村成了七支队活动的基地之一。1938年3月下旬，八支队由寿光来昌北与七支队胜利会师，更加鼓舞了马渠村人民的斗志。 整个抗日战争时期，昌邑县委和独立营大部分时间吃住在马渠村，马渠村成了昌北根据地的核心。马渠村群众积极拥护抗日队伍，为抗日队伍提供基地和兵员，同敌人进行了顽强的斗争。1940年春，马渠村成立了“自卫团”。10月，柳疃日伪据点的敌人让马渠村村民到据点照相，办“良民证”。马渠村党支部发动群众坚决抵制，全村没有一人去照相。党支部估计敌人肯定会采取武力行动，便组织群众做好了应敌准备。一天，敌大队人马由柳疃据点向马渠村扑来，村自卫团青壮年迅速带着枪支弹药迎击敌人。顿时，毫无准备的敌人失去了进攻能力，撤回了据点。从此，柳疃据点的小股敌人不敢再骚扰马渠。 1941年冬，为了改变不利于游击战的平原地形，上级号召挖“抗日沟”。马渠村男女老少齐上阵，奋战42天，在村西大洼里挖了宽1至2米，深2至2.5米，纵横交错，形同蛛网的长达80多华里的“抗日沟”。同时，对村内的地形进行了改造。堵大门开小门，截大街转小巷，群众家里挖地道、砌假墙。进犯的敌人像进入了迷魂阵，到处被动挨打。马渠成了敌人望而生畏的堡垒，再也不敢轻易进犯。马渠的人民群众因对敌斗争的坚决和无私奉献而闻名昌北，人们赞誉马渠村是昌北根据地里的根据地。

马渠村民兵 1943年4月的一天，马渠的民兵参与了昌邑武装斗争史上的首次打汽车战斗。马渠村参战的50余名民兵，配合县大队二连，截击护送伪山东经济开发署的刘洪祥去柳疃勘探地形的日伪军车队。仅用十几分钟，就生擒了大汉奸、水稻专家刘洪祥和3名日军、10余名伪军，缴获汽车1辆，长短枪10余支，其他物资一宗。5月，日军在马渠以北十几里的徐家庄安了据点，企图切断“渤海走廊”。县委和县大队又调马渠民兵参加“围困战”，使敌人断水断粮。30多名马渠民兵用出殡抬棺材用的“大架子”把一门几吨重的生铁炮抬到据点下，对敌炮楼进行炮击，吓得敌人一连十几天彻夜防范，最后不得不撤离了这个据点。8年的抗日战争，马渠的民兵队伍愈战愈壮大、愈坚强，在解放战争中发挥了更大作用。1947年冬，昌邑县已经解放，但相邻的寒亭一带的国民党军不时东侵根据地边沿地区。县武装部调马渠民兵魏树甫带爆炸队用地雷封锁寒亭，阻止敌人东犯。上阵不到10天，炸死13名敌人，寒亭守敌不敢再向东进犯。事后，魏树甫被县委授予“爆炸大王”称号，西海军分区授予其一等功奖章。

马渠村妇女 在残酷的战争年代，马渠的妇女们也不甘示弱。她们站岗放哨，拥军优属，英勇顽强，无私奉献，比男子汉毫不逊色。马渠村的第一任妇救会长陈志强，不顾个人和家庭安危，把自己的家贡献出来，成为党的秘密活动场所。1940年秋末的一天，县委民运部长

马骏等4人驻在马渠村开展抗日工作，一股日伪军突然窜进村来，撤离已来不及。陈志强果断地让马骏等4位同志藏在自家的地洞里，自己留在上面应付敌人。任凭敌人威逼利诱，陈志强只有3个字“不知道！”敌人没有发现任何破绽，才悻悻地离开。1944年12月，县独立营打虫埠据点的战斗中，马渠村妇救会组织妇救会员组成担架队和救护组救护伤员，全然不顾个人安危。县独立营的领导赞扬她们“赛过男子汉”。1945年1月22日，与日伪联手反共的国民党“山东挺进军十五纵队”衣完斋部1500人，在马渠村建了据点，妄图伺机大举进犯昌北根据地腹地。昌潍独立营决定清除驻在马渠的敌人。马渠村妇救会长迟秋葵主动承担了侦察任务。她以送开水为由侦察敌据点的设防情况，扮奔丧的孝妇，巧妙地躲过敌人盘查，送出了情报。24日晚饭后，部队根据迟秋葵提供的敌据点情况，制定作战方案，将敌据点“三官庙”合围。战斗打响后，村里的群众纷纷主动支援，运送弹药，救护伤员。怀孕的大嫂摒弃迷信，为牺牲的同志整容、收殓；未婚的姑娘冲破了封建为受伤的战士换衣、擦洗。在马渠村民的支持下，这一仗，毙、伤、俘敌人1200余名，只有不到300人漏网逃窜。1945年5月，马渠村的30多名身强力壮的妇女由陈志强带领，赶着装满了鞋袜、毛巾、活鸡、鸡蛋等慰问品的马车奔赴100里外的侯镇慰问部队。她们发放慰问品，走访伤病员，扭起秧歌与军队联欢，为战士们烧水做饭，洗衣服，缝被褥，激励了战士为民杀敌的高涨热情。踊跃参军，成为军政干部的“大摇篮”。

书记胡同　马渠村在战争年代，参政、参军的多，出干部多，闻名昌邑。抗日战争时期，全县9个区先后25任书记中有10人来自马渠。到解放战争时期，马渠村在县、区担任领导干部的达26人。原赁铺胡同出过6位区以上干部，被人们称为“书记胡同”。1957年统计，该村在职的县团级以上干部达57人。人们赞誉马渠村是“革命干部的摇篮”。

1938年10月马渠村党支部建立后，首先把党的建设列为工作重点，积极培养、教育先进分子发展党员。到1939年上半年，全村已发展党员20余名；到1943年，随参军、参政外出的党员总数达80余名；1945年抗战结束时党员达100余名；建国时，全村已发展成为3个党支部、150多名党员。在革命战争年代，党的教育和革命斗争实践，开阔了马渠群众的眼界，拓宽了马渠群众的胸怀。抗日战争时期，全村参军参政的达480余人，出现了许多一门二英、三英的光荣人家。解放战争时期，县区领导考虑到马渠村的实际情况，一般不在该村发动参军。但每次有参军任务，马渠的青年总是积极应征。1946年大参军，上级研究该村最多出一个排，但几百名民兵争相报名，经过反复动员压缩，最后还是去了50人。1947年冬，为支援全国解放战争，昌北县委动员青年踊跃参军，马渠村一次参军115人，再次轰动了全县。抗日战争和解放战争中，全村有39人为国捐躯，22人负伤致残。到新中国成立时，马渠村烈、军、工属达370余户，占当时总户数的44%。2017年，马渠村共有党员150余人，“书记胡同”成为龙池镇党史宣传教育的重要场所。

文物古迹

明朝至清末，设赁铺胡同，古建筑群，房

舍规模庞大、样式新颖，屋檐屋山上龙凤、花草、禽兽图案，雕刻细腻，门前台阶、码头、屋内暖阁、壁墙、阁子设置精巧。有几处旧房子仍存。原有清嘉庆年间大清律碑，刻有村规民约，如不准赌博、牲口不准啃青等，碑已毁。

泊子村

基本村情

泊子村东南与王范庄村相邻，西与楼子村接壤，南靠果园村，西北紧靠马渠村，距昌邑市城区 8 千米，距镇政府驻地 4 千米，属平原地带。全村土地面积 60 公顷，其中耕地 42.67 公顷。

相传由于潍河发大水，此处形成一片水泊，每逢雨季，汪洋一片，为进出方便，人们经常在这里停放小船，因而被人们称为“泊子”，村由此得名。

1938—1939 年，属昌潍县忠孝乡西太守社；1940—1941 年，属昌邑县忠孝乡西太守社；1946—1948 年，属昌北县第九区；1949—1950 年，属昌邑县第九区；1950—1958 年，属昌邑县第九区；1959—1982 年，属龙池公社；1983—1993 年，属龙池乡；1993—2017 年，属龙池镇。

2017 年，全村有姜、范、王 3 个姓氏，140 户、354 人，均为汉族。

村域经济

泊子村地处平原，地势平坦，主产小麦、玉米、棉花。中华人民共和国成立前，人少地薄，自然条件差，生产力低下。1953 年，泊子村成立互助组；1954 年，成立初级农业生产合作社；1955 年，成立高级农业生产合作社。经过集体挖沟修渠，疏通水道，改造粮田，农业生产条件逐渐改善，粮食平均亩产 100 公斤。1964 年开始，加强农田基本建设，大片洼碱地、荒地整成条田、台田，大搞沟渠路林配套。1965 年，开始种植水稻，并获得成功，当年亩产稻谷 300 公斤。在水稻种植期间，亩产量逐年提高，最高时 600 公斤。1972 年，打成第一批农灌机井。1982 年，实行家庭联产承包责任制后，村民加大生产投入，购买农业机械，提高机械化程度，学习先进耕作方式、推广良种和科学的管理方式，粮食亩产增加 480 公斤。2004 年，村集体年收入 5.14 万元；2013 年，增至 11.9 万元。

村庄建设

1973 年，实施规划建房；1977 年，村内通照明电。1995 年，村设卫生室。1996 年，全村安装自来水。2010—2011 年，建成村委办公室。2012 年，整修村中道路。2017 年，全村主要道路全部硬化，路旁栽植绿树花草。

泊子村（2018 年）　　摄影 李　宁

社会生活

1949年，村有学校。1993年，并入楼子村小学。

2006年，开始参保新型合作医疗；2010年起，实施农村新型养老保险政策，每人每年缴费100～5000元不等，村民可自由选择缴费档次，年满45岁以上村民全部参保，60以上老年人，人人有养老金。2011年，开始实行新农村合作医疗。到2015年，医保全民参保率99%以上。

楼子村

基本村情

楼子村东傍堤河，西邻孙家庄，南邻果园村，北邻马渠村，距昌邑市城区10千米，距镇政府驻地4千米。土地平坦，土壤良好，适合种植小麦、玉米、大豆。土地面积400公顷，耕地面积49公顷。

相传村东有条河，河水清澈，各种水鸟游弋嬉戏。王母娘娘看中了这片乐园，因此经常到这里洗澡，并在这里建了一座门楼，作为休息之地，被老百姓称为“楼子”，村由此得名。

明朝永乐年间，居民自湖北襄樊地区迁此，以范姓为多，另有陈、张、闫3姓。

1942年，楼子村由第一区划入第九区马石乡。1945年，属马渠区马石乡。1952年，属第九区石油乡。1955年，属龙池区果元乡。1958年2月，属龙池乡；9月，属龙池先锋人民公社；12月，属龙池人民公社。1983年，属龙池乡。1993年，属龙池镇。

2017年，全村有范、陈、张、闫、王5个姓氏，127户、376人，均为汉族。

村域经济

中华人民共和国成立初，全村粮食平均亩产仅六七十斤，村民生活困难，村庄建设十分落后。公社化期间，收入略有提高，但满足不了群众的温饱，生活仍然比较困难。改革开放之后，村民科学种田，实行良种化，逐步提高机械化水平，加强田间管理，促使农业连年丰收，村民收入连年提高，生活水平连年改善，到2017年，全村人均收入4500元。

社会事业

1950年，成立楼子小学。1964年，在小学基础上成立楼子联中。1986年，撤销楼子联中，改为孙家庄学区小学。

2006年，开始参保新型农村合作医疗。2010年，起实施农村新型养老保险政策，每人每年缴费100～5000元不等，村民可自由选择缴费档次。年满45岁以上村民全部参保，60以

楼子村（2018年） 摄影 李 宁

开始领取养老金。2011年起，参保率逐年上升。2015年起，全民参保率99%以上。至2017年，全村参加医疗保险率100%；低保户6户、9人。

村庄建设

1967年，村成立卫生室。1974年，村中通电。1994年，村内安装自来水。2006年，镇政府和村委共同投资26万余元，硬化村内南北2条道路，修桥1座。2010年，改用自来水公司用水。2012年，投资5.5万余元，修建娱乐场地，健身器材由帮扶单位捐助。2015年，帮扶单位出资10万元、村出资28万元，硬化村东中心路。

文物古迹

村中心原有关帝庙1座，20世纪80年代拆除。村内有古槐1株，树龄200多年，树干直径80多厘米，树高10米，树荫100余平方米，为昌邑市级保护树木。

石桥村

基本村情

石桥村北邻马渠村，西连油坊村，距昌邑市城区15千米。明成化年间，魏姓从龙池迁此落户。村南有座石头桥，是连接马渠村的主干道，村由此得名石桥。

1942年，石桥村从第一区划入第九区马石乡。1945年，属马渠区马石乡。1952年，属第九区石油乡。1955年，属龙池区果园乡。1958年2月，属龙池乡；9月，属龙池先锋人民公社；12月，属龙池人民公社。1983年，属龙池乡。1993年，属龙池镇。

2017年，全村有魏、李、姜、陈、付、翟、毕、刘、王、赵10个姓氏，221户、643人，均为汉族。

村域经济

全村土地120公顷，其中耕地80公顷，荒滩、湾塘40公顷。石桥村历史上以种粮为主，中华人民共和国成立前，粮食仅亩产50公斤～60公斤。1953年，成立互助组、初级社。1955年，成立高级社，3年间，发挥集体力量，挖沟修渠，加强田间管理，粮食亩产达80公斤～90公斤。1965—1972年，大规模进行农田水利建设，使洼涝薄碱地整修成条田，实现能灌能排。1965年春，大面积种植水稻，当年实现亩产300多斤，并且以后逐渐提高到亩产500斤。1973年，成立农业技术队，繁育良种，改变耕作方式，实行科学种田，全村6个生产队土地收益连年增加。

1979年，全村通电，村民告别小煤油灯。1982年，推行家庭联产承包责任制后，村民种田积极性提高，粮食产量增加，村民生活水平大大提高。2013年，棉花种植面积达20多公顷，

石桥村（2018年）　　摄影　韩丽萍

各种饲养大棚40多个，养殖户达26 户，养殖品种有鸡、鸭、猪、兔、狐狸等，养殖收入150万元。有纺织户7户，织机100台，年创收入150万元。同时大力发展服务业，2017年，有个体运输户2户，烟酒副食门市部2个，饭店1个，车辆维修点3个，年总收入百万元以上。

社会事业

1969年，由石油小学分开成立石桥小学。1973年，建成新小学，共有5个班级，7名教师。1978—2017年，全村毕业大学生48人，在校大学生7人，其中研究生2名。

2006年，开始参保新型合作医疗，自2011年起，参保率逐年上升，2015年起，基本实现医保全覆盖，连续3年参保率99%以上。2010年起，实施农村新型养老保险政策，每人每年缴费100～5000元不等，村民可自由选择缴费档次。年满45岁以上村民全部参保，60以上老年人，人人有养老金。村中共有低保户9户13人，困难户4户9人。

村庄建设

1968年，成立村卫生室（2003年撤并）。1975年，安装1台变压器。1995年，安装自来水。2012年，改造自来水。2014年5月，投资40万元，硬化村内3条道路。2016年上半年，由政府出资，硬化向西出村路。2017年下半年，由政府出资，硬化向东出村路。

孙家庄

基本村情

孙家庄南与奎聚街道陶埠村相邻，西与都昌街道博乐埠村为邻，东至楼子村，北至油坊村，距昌邑市城区10千米，距镇政府驻地4.5千米。全村耕地186.67公顷。

明朝洪武年间，孙姓由山西省洪洞县迁此立村，以姓氏取名孙家庄。

1942年2月，属昌邑第九区马石乡。1945年，属马渠区马石乡。1952年，属第九区石油乡。1955年，属龙池区果园乡。1958年2月，属龙池乡；9月，属龙池先锋人民公社；12月，属龙池人民公社。1983年，属龙池乡；1993年，属龙池镇。

2017年，全村有孙、魏、张、范、宫、朱、吴、郝、王9个姓氏，220户、643人。

村域经济

孙家庄传统农业以小麦、玉米、棉花种植为主，粮食平均亩产1000公斤。有纺织民营企

孙家庄（2018年）　　摄影 李　宁

业 6 家，村内劳动力大部分农忙务农，农闲外出打工增收。2013 年，全村经济总收入 700 多万元，农民人均纯收入 1.1 万元。

村庄建设

1976 年，有村委办公室有 8 间。1980 年开始，实施新农村建设，全村规划南北大道 4 条，东西大街 1 条，房屋从原来 3.5 米加宽到 6 米。1980 年，全村通电。1995 年，全村通自来水。2008 年，制定村民组织、财务管理、社会秩序、村规民约、文明户评比等制度。2011 年，政府实施“乡村连片治理”工程，集中整治“三大堆”。2012 年，村里道路水泥硬化，累计长度 930 米。2014 年，村里安上太阳能路灯 32 盏，村大街栽上绿化树。

社会事业

1938 年，村成立小学。1964 年，在小学基础成立楼子联中，1986 年，联中撤消，改为孙家庄学区小学。

2006 年开始参保新型合作医疗，自 2011 年起参保率逐年上升，2015 年起连续三年参保率 99% 以上。2010 年起实施农村新型养老保险政策，每人每年缴费 100 ～ 5000 元不等，村民可自由选择缴费档次。年满 45 岁以上村民全部参保，60 岁以上老年人人人有养老金。

1990 年，全村彩电、冰箱、洗衣机拥有率占 80%。1998 年，全村电话、有线电视入户率 95%。

文物古迹

村内曾有关帝庙，正厅三大间，雕梁画栋，壁画精美，供奉关公坐像。庙后北屋 5 间，配有东厢房。60 年代初拆除，砖木盖学校。村西曾有一座土地庙，较小，每年农历二月二为庙会。庙会时周围村庄群众纷至沓来，交易及杂耍，甚是热闹。60 年代初拆除。

王范庄

基本村情

王范庄南邻奎聚街道虫埠村和逄翟村，东临柳疃镇吴家庙村、太平集村，北与楼子村相邻，西与果园村为邻，距昌邑市城区 8 千米，距镇政府驻地 7 千米。2017 年，全村土地 124 公顷，其中耕地 99.2 公顷。

村原名白草岭子，后因村名不雅，改为王范庄。村内王氏由安丘黄旗埠迁居，范氏由湖北枣阳县迁居，其他姓氏后陆续迁此。20 世纪 70 年代，安丘库区移民曹、闫、田 3 姓迁居于此。

1942 年，王范庄由第一区划入第九区马石乡。1942 年，属马渠区马石乡。1945 年，属马渠区马石乡。1952 年，属第九区石油乡。1955 年，属龙池区果园乡。1958 年 2 月，属龙池乡；9 月，

王范庄（2018 年）　　摄影 李　宁

属龙池先锋人民公社；12月，属龙池人民公社。1983年，属龙池乡。1993年，属龙池镇。

2017年，全村有王、范、张、朱、马、石、曹、闫、田9个姓氏，246户、695人，均为汉族。

村域经济

旧社会，村土地瘠薄，荒洼地较多，生产力低下，村民靠天吃饭。中华人民共和国成立前，粮食亩产仅50公斤左右。中华人民共和国成立后，先后成立互助组、初级社、高级社、人民公社，集体力量逐渐扩大，经过几十年艰苦努力，全村将大片洼地、荒地改造成条田，沟渠路林全面配套，旱能灌、涝能排，旱涝保丰收，粮食产量逐年提高。1982年，实行家庭联产承包责任制，扩大农民的生产种植自主权，提高了农民的种田积极性。随着农村改革的深化，村集体加强服务，推广新技术、新成果，粮食产量得到进一步提高。在发展粮食生产的同时，发展纺织业，曾有15家纺织专业户。畜禽饲养有猪、羊、鸡、鸭，经济效益可观。经过土地流转，发展苗木33.33公顷，投资建设全国第四批小农水重点县高效节水灌溉项目区，成为龙池镇的重点示范项目。

村庄建设

2005—2014年，对全村3条东西路、4条南北路共4800米进行硬化。2015年，村前至二干渠、村后至二支路共5500米进行硬化。

社会事业

1941年，村内有小学1所。1974年，村内有“育红班”，分为大、中、小班。1985年，小学有1—4年级4个班，与楼子小学合并。1995年，又与马渠小学合并。2009年，村内“育红班”与马渠幼儿园合并。

文物古迹

村内有老槐树2株，直径0.8米以上，其中1株直立，另1株半卧，已有400年树龄，2017年，确定为昌邑市级保护名木。

村西路北有土地庙1座，村中央有菩萨庙1座，村东北有关帝庙1座，何时由何人所建无考，3座庙在中华人民共和国成立前被毁。

王范庄张氏家族老槐树，树形奇特，树主干在离地2米处有一个90度转弯，径直向前倾出，又撑开一个巨伞一样的大树冠。胸径0.98米，树高9米，冠幅11米，树龄约500年，属国家一级保护树木。

营子埠村

基本村情

营子埠村东与果园村相邻，西接都昌街道博乐埠村，南与奎聚街道陶埠村为邻，北靠郭疃村，距昌邑市城区14千米，距镇政府驻地6千米。村北有高埠一座，海拔11.3米，为全镇最高点。全村有耕地70公顷。

相传唐太宗李世民东征高丽时，曾在此埠扎营驻兵，得名营子。营子埠村齐姓居多，据《齐氏族谱》记载， 清乾隆年间，齐姓由博乐埠迁此安家落户。相传迁来时只有“三户半人家”（“半”指一母带一小孩）。

1941年1月，属昌邑县抗日民主政府第二区。1955年，营子埠村从双台区划入第九区果园乡。1958年2月，属龙池乡；9月，属龙池乡先锋人民公社；12月，属龙池人民公社。1983年，属龙池乡。1993年，属龙池镇。

2017年，全村有齐、王2个姓氏，61户、

营子埠村（2018 年） 摄影 李 宁

151 人，均为汉族。

村域经济

解放前，村民只有少量土地，加上旱涝盐碱，生产工具落后，自然灾害频发，土地不断碱化，粮食亩产平均 50 公斤左右。中华人民共和国成立后，村民生活水平不断提高。中共十一届三中全会后，实行家庭联产承包责任制，粮食平均亩产 500 公斤以上，棉花 300 公斤左右。2010 年，全村粮食总产 10 万公斤，经济收入 350 万元。2017 年，家家有拖拉机、摩托车、电动车，全村有大型农业机械 6 台。

村庄建设

1976 年，实行旧村改造。1994 年，村内通自来水。2007 年，硬化长 500 米、宽 4 米出村路，面积 2000 平方米。村内有一横长 186 米、宽 6 米大街，硬化面积 1116 平方米。其余三纵，西边一条长 140 米，宽 5 米，面积 700 平方米；中间一条长 116 米，宽 5 米，面积 580 平方米；东边一条长 105 米，宽 5 米，面积 525 平方米。五条路总长 1047 米，总面积 4921 平方米，总造价 29 万元。建设标准村两委大院，长 12 米，宽 15 米，设备配套齐全。到 2017 年，全村建成“一横三纵”4 条村道。

社会事业

1941 年，村内建有学校，教学内容主要是《三字经》《百家姓》。1987 年，全村仅有 2 个年级、5 名学生，村小学合并至孙家庄小学，幼儿园合并到马渠幼儿园。到 2017 年年底，全村有 9 名大学生，1 名在读研究生。

1969 年，成立村卫生室。2017 年，全村参加养老保险人数 136 人，参保金额 29250 元，参保率 100%。有低保户 2 户，每月低保费分别为 216 元、188 元。

2006 年，开始参保新型合作医疗。2010 年，实施农村新型养老政策，每人每年缴费 100 ～ 5000 元不等，村民可自由选择缴费档次，年满 45 岁以上村民全部参保，60 岁以上村民可领取养老金。2011 年开始，参保率逐年上升。2015—2017 年，全村连续三年参保率 99% 以上。

文物古迹

村西有一国槐，树心已干裂，部分干枯，胸围 3 米，高 7 米，冠幅 11 米。传说当年赵匡胤落难时，曾在方家井（今庙头村）受方公方婆赠饭救命，过潍河来到营子前，看此处为兵家战略要地，甚喜，下马歇息时，随手插一木桩拴马，临行时祈祷：“愿此桩有灵，发芽成树，为我报恩做路标”，后来赵匡胤的这根拴马桩长成了高 10 米、荫地 2000 平方米的龙槐。故有“赵匡胤过潍河插条成槐”之说。后来做了皇帝的赵匡胤派人找到这棵槐树，去方家井，为过世的方公方婆修了公婆庙。这棵槐树被称为宋太祖的拴马槐。

营子埠村有国槐两株，一株俗称“蟠龙槐”，胸径0.96米，树高9米，冠幅8米，树龄约500年，属国家一级保护树木；一株胸径0.49米，树高7米，冠幅6.5米，树龄约120年，属国家三级保护树木。

油坊村

基本村情

油坊村东邻石桥村，西临国防路，南邻孙家庄，与马渠村仅隔一道壕沟，距昌邑市城区11千米，距镇政府驻地3千米。地处平原，地势平坦。主产小麦、玉米、棉花，全村土地面积128.4公顷，其中耕地81.73公顷，棉花面积占50%。

明洪武年间，魏姓从山西洪洞县石门寨移居济南府历城县定居，称魏家庄。200年后，魏氏3人从历城县迁至都昌县西北乡定居，以忠孝为本，以耕读、经商为业，建油坊1座，村由此得名油坊。

1942年，油坊村从第一区划入属第九区马石乡。1945年，属马渠区马石乡；1952年，属第九区石油乡；1955年，属龙池区果园乡；1958年2月，属龙池乡；9月，属龙池先锋人民公社。12月，属龙池人民公社。1983年，属龙池乡。1993年，属龙池镇。

2017年，有魏、齐、张3个姓氏，165户、608人，均为汉族。

村域经济

油坊村自然条件很差，土地瘠薄，中华人民共和国成立前，粮食平均亩产仅50公斤，群众生活困难。1953年，村成立互助组。1954年，成立初级农业生产合作社。1955年，成立高级农业生产合作社，粮食平均亩产100公斤。1958年，成立人民公社。受自然灾害影响，全村生产遭受损害。1963—1964年，村集体带领社员进行农田基本建设，将洼碱地、荒地整成条田、台田，配套沟渠路林。1965年，油坊村开始种植水稻获得成功，当年平均亩产稻谷300公斤，之后最高平均亩产500公斤。1982年，实行家庭联产承包责任制后，村民种田自主性增强，积极性高涨，不断加大机械、机具投入，并学习先进耕作方式，推广良种和科学管理，全村粮食平均亩产增加到480公斤。2017年，全村粮食平均亩产600公斤，粮食总产36万公斤。随着改革开放深入，村民开始多种经营，做林业、搞经商，外出务工。

油坊村（2018年） 摄影 李 宁

社会事业

1942 年，油坊村在大寺庙成立昌邑市第一小学，有学生 96 人。1981 年，南部 8 个村合并后移至楼子村，油坊村小学撤销。

2006 年，开始参保新型合作医疗，自 2011 年起参保率逐年上升，2015 年起，连续三年参保率 99% 以上。2010 年，起实施农村新型养老保险政策，每人每年缴费 100 ～ 5000 元不等，村民可自由选择缴费档次。年满 45 岁以上村民全部参保，60 以上老年人人人有养老金。村民加入医保 99% 以上，养老保险 75%。全村共有低保户 15 户，五保户 4 户。

村庄建设

1976 年，村内通电。1990 年，村内通自来水。1991 年，修通村内东西向大道；同年修村西湾塘。2013 年，修油坊村东西主路长 349 米，宽 5 米；南北主路长 300 米、宽 5 米，总长 649 米，总面积 3245 平方米，总造价 32 万余元，资金由镇政府和村委筹集。2017 年，建村文化广场。

文物古迹

相传民国年间，村东有一座大寺庙，规模较大，村西有一座土地庙。均毁坏。

果园村

基本村情

果园村东南与奎聚街道西逄翟村相望，东与王范庄接壤，南和西面是一片农田，北面从东到西分别与泊子村、楼子村、孙家庄村接壤，距昌邑市城区 10 千米。果园村海拔 8 米，是龙池镇的最南端。全村有耕地 60 公顷，主要种植小麦、棉花、玉米。

相传村西有一块高台地，土地肥沃，周围有水，种植着各种果树，每年水果丰收季节，全村百姓都来此地相庆，气氛欢快热烈，村由此取名“果园”。

1942 年，果园村由第一区划入第九区马石乡。1942 年，属马渠区马石乡。1945 年，属马渠区马石乡。1952 年，属第九区石油乡。1955 年，属龙池区果园乡。1958 年 2 月，属龙池乡；9 月，属龙池先锋人民公社；12 月，属龙池人民公社。1983 年，属龙池乡。1993 年，属龙池镇。

2017 年，全村有刘、王、李、尹、朱、张、田、阎、徐、姜、高 11 个姓氏，150 户、480 人。

村域经济

果园村以种植小麦、玉米等传统农作物为主，兼种棉花。全村农田有机井 20 眼，所有土地都能保证灌溉。2017 年，全村小麦平均亩产 500 公斤以上，玉米平均亩产 700 公斤以上。村南有林木育苗基地 20 公顷，每年有外地和本地客户前来采购。村男劳动力以企业上班、建筑

果园村（2018 年）　　摄影　李　宁

施工、打零工，妇女劳动力主要做纺织女工，每人年收入都在万元以上。

村庄建设

村庄建筑呈正方形排列，南北长 220 米，东西长 200 米，占地面积 4.4 万平方米。村民所居住的房屋全部为东西方向的红瓦房，排列整齐，主要街道已经全部硬化，路旁植树绿化。

瓦城社区

瓦城社区位于龙池镇西北部，北临渤海，西接潍坊滨海经济技术开发区，南邻白塔社区，东邻龙池社区，面积 90 平方千米，辖瓦东、瓦西、瓦北、姚徐邓、东利渔 5 个村，有居民 1829 户、5535 人，党员 290 人，耕地 1180.47 公顷。地理位置优越，卤水、溴素、滩涂等资源丰富。瓦城社区文化底蕴深厚，旅游资源多样。东利渔村盐业遗址群、姚徐邓双子庙、鄑邑故城遗址等文物古迹众多。龙池制盐业历史悠久，商周时期唯一一处因管理盐务设置的官方机构——富国盐场大使署，就位于瓦城社区东利渔村。在东利渔村东北滩涂，出土西周、东周、宋元时期 40 多处盐业遗址，该遗址群现已被列为省级文物保护单位。春秋战国时期，瓦城是著名军事家孙膑的封地。2016 年，民间自发筹款在遗址上重建孙子庙，每年正月十四祭祀孙膑“演旨”烧大牛的盛大仪式，被列为省级非物质文化遗产。龙池剪纸技艺见于文字记载，有 400 多年历史，其杰出代表有潍坊市非物质文化遗产民间剪纸项目传承人王锡芝等。

瓦东村

基本村情

瓦东村东至堤河，西靠瓦西村，南邻大莱龙铁路，北与瓦北村接壤，距昌邑市城区 20 千米 ，距镇政府驻地 3 千米。瓦东村地处平原，地势平坦，沟、池较多。全村土地 24 平方千米，其中耕地 200 公顷，主产小麦、玉米、大豆、棉花。沟、池塘盛产鱼虾、蒲公英、芦苇。

周代纪国在村域置鄑城。据乾隆七年《昌邑县志》载：“鄑城在县西北四十里海滨，土人呼瓦城，半为水渐，春秋庄公元年，齐师迁纪鄑。”因有鄑水流经境内，故名鄑邑。唐武德二年（619）在此置訾亭，又称訾城。明初，因庙宇多，皆覆琉璃瓦，演变为瓦城。1941 年，瓦城分为瓦北、瓦西、瓦东 3 个行政村。

明永乐年间，赵姓自湖北襄阳枣阳县迁此定居，与当地赵姓共同居住。后有姚、郑、孙、魏、邓、李姓相继迁入。

光绪三十三年（1907），属西北乡下五社的瓦城社。1930 年，属第三区瓦城镇。1939 年，属西三区忠诚镇。1942 年，属第九区忠诚镇。1945 年，属马渠区忠诚镇。1952 年，属第九区瓦城乡。1955 年，属龙池区瓦城乡。1958 年 2 月，属龙池乡建国社；9 月，属龙池先锋公社建国社；12 月，属龙池人民公社。1983 年，属龙池乡。1993 年，属龙池镇。

2017 年，全村有赵、徐、王、郑、邓、姚、孙、李 8 个姓氏，325 户、936 人，均为汉族。

瓦东村（2018 年） 摄影 李 宁

联产承包责任制后，村民从事第三产业不断增加。2017 年，村已经建成副食烟酒批零商店（门市部）4 个、面粉经营店 1 个、汽车运输户 3 个、车辆电焊维修点 3 个、理发店 3 个、织布厂 2 家、养殖大棚 12 个、盐田承包户 16 户，年创产值 1580 万元。

村域经济

瓦东村土地瘠薄，不具备水浇条件，广种薄收，中华人民共和国成立前，粮食仅亩产 60 公斤，遇上旱涝灾害产量更低。1953 年，村民成立互助组。1954 年，由互助组成立初级社。1955 年，成立高级社，名建国社。带领社员挖沟修渠，疏通水道，粮食平均亩产 90 公斤。1965 年，改洼种水稻，逐渐淘汰高粱、地瓜；小麦、玉米和水稻，成为主要品种。1977 年，因峡山水库无水，不再种植水稻。小麦、玉米、大豆成为主要农作物。1978 年，全村粮食平均亩产 400 公斤，总产 150 万公斤，收入 50 万元。1980 年，棉花逐渐成为主要经济作物。

1982 年下半年，推行家庭联产承包责任制，全村粮食平均亩产 453 公斤。到 2000 年，平均亩产 600 公斤。猪、鸡、鸭等饲养业与粮食生产同步发展。2013 年，全村收入 1300 万元，人均 1.32 万元，全村固定资产投资总额 1000 万元，经济总产值 1168 万元。

1960 年，村里建磨坊；1980 年建窑厂；1985 年建家具厂；1991 年修建盐场。实行家庭

村庄建设

1972 年，全村进行第一次规划，在旧村东部与南部建设第一批宽 4.6 米规划房 400 间，排房之间留有 5 米巷。1985 年，进行第二次规划，通街打巷，旧房子可以就地重建，房宽 6 米。2003 年，进行第三次规划，房宽 7.5 米，东西成行，并在村中新建长 400 米、宽 10 米南北大街，打通东西一条 600 米新街道。到 1990 年，增加新房 500 间，后又陆续扩建。1994 年，家家通自来水、户户通电话。2004 年，投资 34 万元，硬化东西南北两条主街。2017 年，硬化南出村大道。

社会事业

1948 年，成立瓦城小学。1982 年，瓦城小学重建。到 2017 年，全村有大学本科 67 人、研究生 13 人、博士 1 人。

2003 年，村实行合作医疗，由村委统一缴费，后改为个人缴费。报销比例为 75% ～ 85%。2013 年停止。2014 年，开始实行新型农村合作医疗，个人缴费 40 ～ 310 元，在龙池医院住院可报销 90%，昌邑市人民医院 85%，潍坊市人民医院 70%，门诊报销 20%。全村有 823 人参加新农合。

2009 年，村每年支出环卫托管费近 2 万元，

实行城乡环卫一体化。

文物古迹

孙子庙，坐落在瓦东、瓦北、瓦西3村交界处，原庙址占地2566平方米，亭台楼阁，寝宫别殿，曲槛回廊，大小建筑50余间，院内有奇槐，60年脱胎一次，为昌邑八大景观之一。每年正月十四到正月十六日、九月初一日、六月二十四日为瓦东传统庙会。正月十四日，孙子出行演旨、烧大牛表演热闹壮观，万人空巷。战乱和“文化大革命”期间一度停滞，2011年，开始恢复盛况。

瓦西村

基本村情

瓦西村位于莱州湾南畔，东临瓦东村，西邻潍北农场，南邻姚徐邓村，距镇政府驻地3千米。地处平原，地势平坦。全村土地面积277公顷，其中耕地208公顷，主产小麦、玉米、棉花、花生等。

1941年，瓦城分为瓦北、瓦东、瓦西3个行政村，该村称瓦西村。

清光绪三十三年（1907），属西北乡下五社的瓦城社。1930年，属第三区瓦城镇。1939年，属西三区忠诚镇。1942年，属第九区忠诚镇。1945年，属马渠区忠诚镇。1952年，属第九区姚瓦乡。1955年，属龙池区瓦城乡。1958年2月，属龙池乡；9月，属龙池先锋人民公社；12月，属龙池人民公社。1983年，属龙池乡。1993年，属龙池镇。

2017年，全村有赵、于、王、郭、魏、温、徐、陈、杨、张、宋、韩12个姓氏，380户、1078人，以赵姓为主，均为汉族。

村域经济

中华人民共和国成立前，粮食亩产不足50公斤。1953年，村成立互助组、初级社。1955年，成立高级社。开始修建水利设施、开荒造田、治碱保水，粮食平均亩产增至100公斤。1964年，农历二月二十四日大海潮，土地被淹没，土地碱化，村民在党和政府的领导开始引峡山水种植水稻，当年水稻平均亩产300公斤。1965年后，开始农田基本建设，实现地成片、田成方，沟渠路林配套，各种基本建设齐全，旱能灌、涝能排，粮食产量不断提高。到1974年，粮食平均亩产增至500公斤。实行联产承包责任制后，村民种田积极性增强，开始购买农业机械设备，学习新技术、引进新品种，扩大经济作物种植，粮食平均亩产1000公斤，全村农业收入实现300万元。

瓦西村（2018年）　　摄影 李　宁

1982年前，建油坊、面粉加工点各1处。1982年，建立丝织厂，当年实现利税20万元。1990年后，村里划出养殖区，建设场房，引进优良品种，开始养殖鸡、鸭、猪、牛、狐狸、对虾等，部分村民承包盐场。2000年，丝织厂利润60万元。

村庄建设

1975年，实行新村规划。1992年，修建村内“一横二纵”3条水泥路，长1012米，修建排水沟1085米，其中东西大街536米、宽6.2米，硬化3323.2平方米；东南北街238米、宽5.3米，硬化1261.4平方米；西大街238米、宽4.4米，硬化1047.2平方米。2005年，村内3条主要街道安装路灯。2011年，对垃圾集中处理，购置垃圾桶，招聘环卫工2人。2016年，村内路灯全部更换为太阳能电池板路灯。2017年，对村内大街进行2次改造；改建无公害厕所160户。

社会事业

1988年，为符合条件的家庭发放独生子女费，每人每年960元。2009年，实行新型合作医疗，住院按比例报销。2011年，实行农村养老保险制度。2017年，60周岁以上村民可每月领取118元养老金；65周岁以上128元；80周岁以上高龄老人高龄补贴每月100元；90周岁以上高龄补贴每月150元。全村有低保户2户，每月低保补贴200元。

20世纪60年代，村内有团员骨干组织的庄户剧团。1974年，每户安装小广播，公社放映队按时进村放电影。1976年，大队购进全村第一台电视机。1980年，大队购买放映机1台。

瓦北村

基本村情

瓦北村北临莱州湾，南与瓦东村、姚徐邓村接壤，西接瓦西村和潍北综合训练场，东与王家庄子村相邻，距镇政府驻地3千米。地处平原，地势平坦。全村土地面积1200公顷，其中耕地423公顷、盐田400公顷。主产小麦、玉米、大豆、棉花、花生、高粱。

1941年，瓦城分瓦北、瓦东、瓦西3个行政村，该村称瓦北村，属第九区忠诚镇。1945年，属马渠区忠诚镇。1952年，属第九区瓦城乡。1955年，属龙池区瓦城乡。1958年2月，属龙池乡；9月，属龙池先锋人民公社；12月，属龙池人民公社。1983年，属龙池乡。1993年，属龙池镇。

2017年，全村有马、于、王、代、田、吕、孙、朱、陈、李、宋、张、郎、郑、姜、姚、赵、郭、徐、傅、谭21个姓氏，473户、1503人，有蒙古族1人，其余均为汉族。

村域经济

中华人民共和国成立前，粮食亩产仅50公斤左右，全村收入仅7万元。1954年，成立初级社，1956年成立高级社。开始建设水利设施、开荒造田、治碱保水，粮食产量略有提高。1961年，与瓦东分社，两村重新调整土地。1963年，粮食获得丰收。1964年大海潮后，建设水利设施、改造农田排灌渠道、平整土地，将盐碱地建成排灌配套的条田。1965年，开始种植水稻，旱田变水田，当年水稻平均亩产200公斤。之后修建贯穿粮田南北的4条支渠、30多条农渠改造工程，1965—1978年，由于种植水稻，全村总收入30万元。1981年底，瓦北村第一村民小组率先实行家庭联产承包责任制，粮食产量及收入有明显提高。1982年，全村实行家庭联产承包责任制，粮食、棉花产量有不断提高。2000

瓦北村（2018 年） 摄影 李 宁

年，全村总收入 1500 万元，人均所得 3570 元。2012 年，末级渠系节水改造项目投入使用，提高农田水利化程度，并经过改换良种，使用速效化肥等措施，全村粮食平均亩产增至 600 公斤。瓦北村利用自然优势，发展盐业、种植业、养殖业，村民收入不断提高，村集体经济不断壮大，年末总收入 3000 万元，上缴国家利税 760 万元，人均万元以上。有养殖户 20 户，养殖大棚 47 个。村北防风林带，植被面积 40 公顷。

1965 年，开办小型磨坊。1984 年，成立制钉厂、油毡纸厂、红砖烧制厂等实体企业，制钉厂和油毡纸厂由于销路不畅停产，砖厂由于受土地资源限制停产。

1988 年，开始筹建盐场，将荒地改造成盐田。2008 年，村域盐田统一归村委管理，年产原盐 13 万吨，原盐价格高时，总收入 3000 万元。2014 年后，盐价下滑，每吨原盐价格不超过 100 元。2017 年，全村有盐田 400 公顷，实行公开投标，对外租赁，年租赁费 866 万元。

村庄建设

1971 年，全村通照明电。1989 年，在村西丰产河西岸打井 1 眼，并铺设地下自来水管道引水进村，瓦北村成为龙池公社第一个喝上自来水的村庄。

1991—1992 年，村中修建 3 条水泥路。1995 年，村内自来水接入市政供水管网。2007 年春，治理“三大堆”，建成 1160 平方米娱乐健身广场，并配健身器材和篮球场。建成有图书室、活动室、民兵之家的文化大院。2015 年，投资 85 万元，将 3 条水泥路改建为柏油路。

社会事业

1968 年冬，村办起小学。1973 年，在村东建起小学教室 15 间，有 6 个班。1981 年，瓦北、瓦东、瓦西 3 所小学合并为瓦城小学。1994 年，瓦城联中并入龙池初中。

1970 年，实行合作医疗制度，之后停办。1982 年，村卫生室由个人经营。1986 年后，开始规范个人医疗行为，合并个人卫生室，由乡镇医院联合管理，称“村办院管”。1986—1990 年，办起乡村医生持证上岗的村级卫生室。1991 年，重启合作医疗，每人每年筹集资金 3 元，由于报销比例不高，一年后停办。2005 年，村卫生室成为标准化卫生室。2006 年，推行新型合作医疗，住院报销比例加大，规范报销流程，定期进行监督管理，明确参合人身份、取消双重参合。2011 年，实行新型合作医疗一卡通，为每位参合人员发放新型农村合作医疗卡。2013 年 7 月，启动新型农村合作医疗。2011 年，实行农村养老保险，全村 18—59 周岁村民全部参保。2011年，每人保险缴费100元。2012年，每人缴费300元，由村集体统一缴纳。2014—2015年，由于村集体效益不佳，保险费转改由个人缴费。随着养老保险事业的完善和推进，村民意识开始转变，缴费积极性提高，缴费标准从100至5000元不等。2011年，实行新农保，全村60周岁以上老人每月60元养老金，之后逐年增长。全村五保户有2人，均在镇敬老院供养。

20世纪60年代，村内就有篮球、乒乓球活动项目。

文物古迹

孙膑庙原庙址占地2566平方米。1936年前，每年农历正月十四、九月初一是孙膑庙庙会，每到这两天，益都、寿光、临沂、广饶、潍县、昌邑、平度、掖县等地的群众会纷涌而至。1942年，因抗日战争的需要，孙膑庙被拆除。1965年，在原庙址修建学校。1990年，学校迁出后成为废弃建筑。2009年开始恢复，2015年改建。2017年，组成建庙委员会，开始重建孙膑庙。庙内有古槐树1株，据说60年脱胎一次，是昌邑古“八景”之一。孙际凤在奇槐碑中有“两胎若问几回脱？野老闲谈俱不知。”诗句，并有“灵星钟异长留瑞，老干垂青不纪年”对联一副。

菩萨庙位于村东南大门内东侧，有院墙、大门，房屋3间，内供奉普陀山观音，每年二月十九日和六月十九日庙会，庙内有昌邑县庠生赵君干撰文碑一幢。据传傅熺当年在战场作战，在战事不利的情况下，梦见一位菩萨托梦给他，教他如何化险为夷、取敌制胜，傅熺后人建庙供奉这位托梦菩萨。

三官庙位于村西北大门内庙湾南岸，有院墙，房屋3间。内供尧、舜、禹。

北衣庙在东北大门内西侧，房屋3间，有院墙和大门，供奉的是白衣观音菩萨，白衣三十三化身，身坐莲花中，庙内壁画由孙际安所绘，构思巧妙，塑造人物栩栩如生。每年的九月九是庙会。

关帝庙位于村东北，建筑一间，内供奉关羽、关平和周仓。2016年8月25日迁址于孙子庙内大殿西侧。2017年，为财神殿。

古围子墙在村周围修建，夯土完成、形式陡峭、拔地丈余，有南大门、东南大门、东北大门和西北大门。

孙肇国古墓位于三分干以北（一河），有600多年历史，是孙姓始祖。

傅熺墓位于村南500米处，封土高大。1971年被整平。

村内有祠堂，存有《傅氏宗祠》《傅氏支影》《孙氏宗祠》《于氏宗祠》等族谱。随着新村规划拆除。

姚徐邓村

基本村情

姚徐邓村毗邻莱洲湾，东靠柳瓦路，西临丰产河，南与北白塔村相望，北与瓦东村、瓦西村为邻，距昌邑市城区20千米，距镇政府驻地2千米。地势平坦，最高海拔6米。全村土地面积134.13公顷，主产小麦、玉米、棉花、花生。

1948年前，姚徐邓村由前徐家庄、后徐家庄、前邓家庄、后邓家庄和姚瓦街5个小村庄组成。1949年，各村分制。1955年，合为一个行政村，取各村一个姓氏，名为“姚徐邓村”。

宋代，姚姓由四川成都府迁入。明朝洪武年间邓隆自四川迁入；明永乐初，徐姓由四川阆中风堡村迁入，并且都以姓氏为村命名。

1955年，姚徐邓村隶属龙池区瓦城乡。1958年2月，属龙池乡；9月，属龙池先锋人民公社；12月，属龙池人民公社。1983年，属龙池乡。1993年，属龙池镇。

2017年，全村有姚、徐、邓、李、董、魏、韩、乔、张、赵10个姓氏，310户、1037人，均为汉族。

村域经济

1949年前，村自然条件差，生产力水平低。1955年，姚徐邓5村联合成立红星高级农业合作社，粮食产量逐年提高。1964年，大海潮后开始大规模农田水利基本建设，将农田改造为条田，实现沟渠路林配套，能灌能排，当年粮食平均亩产77.5公斤。1965年，开始种植水稻并获得丰收。1979年，食粮平均亩产389公斤。1982年，开始实行家庭联产承包责任制，农民种田积极性增加，开始购置机械设备、增施化学肥料，粮食生产有突破性的发展。1989—1991年，投资40万元，对村周围湾塘实施治理修复工程，主要进行清淤、连通治理，修挖水库26万立方米，蓄水30万立方，保障农田浇灌;在水库周边投资30万元，打深水井5眼，铺设管道，保障蓄水。2017年，亩产均达到900公斤以上。

1986年，村内发展纺织工业，筹建姚徐邓纺织厂，产品也由单一的纺织逐渐的发展成织造、染色、后整理的综合性工厂，专业生产各种纯棉、麻棉、化纤、毛织等服装面料。1994年，被农业部命名为“全国最佳经济效益乡镇企业”，1995年，成立“姚徐邓集团”。1996年，被农业部授予全国大型二档企业称号。1992—1999年，姚徐邓集团每年均超额利税任务。2001年，集团改制为民营企业。到2016年，因经营管理不善，企业倒闭，将企业资产移交村委。到2017年，村委对部分车间、厂房对外租赁。

村庄建设

1971年，修建长600米、宽8米土质出村路，并进行绿化。1975年，实现全村通电。1984年，村内打深井1眼，解决部分农田浇灌。1984年，全村开始规划建房。1989年，村内通自来水。1990年，投资40万元，建办公大楼。1995—1997年，全村村办企业收入130万元，对全村的主要街道进行水泥路面硬化1.3万平方米。2000年，完成村庄规划建房。2003年，对村西的农路进行铺砂石整修。2008年，实施城乡环卫一体化，设置垃圾桶46个，配备环卫工3名。2015年，企业家邓贵德赞助20万元，为姚瓦街庄南、邓家庄东道路进行水泥路面硬化3000平方米。2016年，村委投资4万元，安装27个高清摄像头，并与昌邑市公安局联网。2017年，村委投资16万元，更换太阳能路灯92盏。

社会事业

1931—1937年，村内有私立初级小学1处，3个班级、3名教师、70名学生。1948年，小学停办。1948年10月，村内初级小学复办，并改为公办小学，有1个班，1名教师、34名学生。1968年，小学将“四二”学制改为五年一贯制。1969年，小学由徐家庄迁至村北。1988年，有5个班、5名教师、125名学生。1989年，建成新校。1999年，学校有5个班、5名教师、105名学生。1999年9月，姚徐邓小学并入瓦城小学。至2017年年底，全村大学本科毕业生和在读共 47 人，博士生 3 人。

1969 年，村里设立卫生室，实行合作医疗，有 3 名赤脚医生。1982 年，卫生室实行村办院管。1994 年，投资 18 万元，对村卫生室进行改造，聘请 3 名大夫、3 名护士。2017 年，建成潍坊市“十百千”标准化卫生室。

2010 年开始，实行农村新型养老保险政策，每人每年缴费 100—5000 元不等。村民可自由选择缴费档次，年满 45 周岁人员必须参保，年满 60 周岁开始领养老金，每月 55 元。至 2017 年，养老金每人每月 118 元。2012 年，新型农村合作医疗开始，住院报销比例 80%，基本药物和中医药报销比例为 90%。采取两档缴费，村民参合率达到 99%.

中华人民共和国成立后，村集体购置乐器，组织锣鼓队，高跷队，每到春节，在村空地上为村民表演。1967 年，村里组织业余剧团，为村民演出吕剧、京剧等传统节目。改革开放以来，随着人民生活水平的日益提高， 村民的娱乐活动越来越多。1993 年，投资 20 万元修建礼堂。

文物古迹

徐家庄后有一座双庙子，相传建于唐朝贞观初年，历史上多次经历火灾、水灾等，多次修复。1944 年，被侵华日军摧毁。1996 年，重修双庙子，并确定每年农历三月二十八日为庙会。

东利渔村

基本村情

东利渔村北濒莱州湾，西临虞河与潍坊滨海经济技术开发区为邻，东傍丰产河，南靠 320 省道，距昌邑市城区 30 千米，距镇政府驻地 15 千米。全村属滨海平原地带，海拔 3 米。全村土地面积 766.67 公顷，其中耕地 466.67 公顷、盐田 300 公顷。主产棉花、花生、谷子、大豆、玉米以及原盐。

东汉时期，百姓主要以打草、捕鱼、熬盐为生，因获利于渔盐，村取名利渔。明洪武年间，有其它姓氏迁入，逐步形成村落。中华人民共和国成立后，以虞河为界，以东属昌邑县辖区，以西属潍县辖区，为加以区分，虞河以东称东利渔，属昌邑县，虞河以西称西利渔，属潍县（寒亭区）。

清光绪三十三年（1907），属西北乡瓦城社。1930 年，属第三区瓦城社。1939 年，属西三区忠诚镇。1942 年 2 月，划归潍北县。1944 年，从潍北县划入昌邑县第九区忠诚镇。1945 年，属马渠区瓦城乡。1952 年，属第九区瓦城乡。1955 年，属龙池区瓦城乡。1956 年 4 月，划归渔业区青阜乡。1958 年 2 月，从渔业区青阜乡划入龙池乡；9 月，属龙池先锋人民公社；12 月，属龙池人民公社。1983 年，属龙池乡。1993 年，属龙池镇。

2017 年，全村有徐、王、孙、朱、胡、翟、陈 7 个姓氏，360 户、 1024 人；有蒙古族 1 人，其余均为汉族。

村域经济

1954 年春，开始进行沟渠路林改造后，碱地变良田。村民以农业为主，全村购置中小型拖拉机、播种机、脱粒机 18 台，粮食产量稳步增长。改革开放以来，村里办起集体盐场，从事原盐生产，但仍以农业为主，季节性海捕作

东利渔村（2018 年） 摄影 李 宁

业。村民开始承包盐场、建溴素厂、从事运输业，办家庭农场和养殖场。2017 年底，村集体经营性资产 135.06 万元。

社会事业

1931—1937 年，有私立初级小学 1 处，1 个班级、1 名教师、32 名学生。1938—1940 年，小学停办。1941—1944 年，小学复办，有 1 个班级、2 名村教师、28 名学生。1945—1948 年，小学又停办。1948 年 10 月，私立小学改为公办小学，村初级小学复办，有 1 个班级、2 名教师、26 名学生。1965 年，小学迁至丰产河桥北新校。1968 年，小学将“四二”学制改为“五年一贯制”，有班级一个，采用混合班，复式教学，有 3 名民办教师、32 名学生。1972 年，小学从村东迁至村西南角新校。1976 年，东利渔小学戴帽设立初中班。1980 年，戴帽初中班并入瓦城联中，只保留小学。1982 年，新盖小学 1 处，学校迁入新校。1999 年 9 月，东利渔小学并入瓦城小学。至 2017 年，全村有大专以上毕业生和在校生 38 名，其中博士生 1 名、硕士生 6 名。

1969 年，村里设立卫生室，实行合作医疗。有 3 名赤脚医生。1982 年，卫生室实行村办院管。2005 年，建成乡村一体化卫生室，有医生 4 名。2006 年，建成潍坊市“十百千”标准化卫生室，实行五统一管理。

2010 年开始，实行农村新型养老保险政策，每人每年费 100 ～ 5000 元不等。村民可自由选择缴费档次，年满 45 周岁人员必须参保，年满 60 周岁开始领养老金，每月 55 元； 2017 年，领养老金增加至 118 元钱。

2012 年，新型农村合作医疗开始，住院报销比例到达 80%，基本药物和中医药报销比例为 90%。采取两档缴费，低档缴费全部由集体负担，村民参合率达到 100%。2016 年后，建成“省标准化卫生室”。

中华人民共和国成立后，村集体购置乐器，组织锣鼓队、秧歌队，每到春节，在村空地群众表演，除传统节目外，开始加入新时代内容。1957 年，村里组织业余剧团，为村民演出吕剧《小姑贤》和京剧《钓金龟》等传统节目。“文化大革命”开始后，村里组织文艺宣传队，在空闲之余或春节期间为群众表演，主要是演唱“样板戏”，或者以快板的形式向群众宣传党的方针。改革开放以来，随着人们生活水平的日益提高，村民的娱乐活动越来越多，本村妇女自发地成立了多支舞蹈队，跳起了交谊舞、广场舞等新时尚舞蹈，常常在嫁女娶媳的仪式上或者节日期间为村民助兴。

村庄建设

1970年春天，由县里组织，对村东的丰产河进行加宽、疏浚，河底宽120米，河道笔直畅通，使本村不再惧怕下游的潮水和上游的洪水。1971年春天，村东的丰产河桥开始修建，当年修成，桥宽4米左右，长140米左右，两侧有栏杆，方便村民到河东耕种。1975年，开始规划建房。正房统一为宽5米，高2.7米。院宽12米，俗称“趟房”，初步形成南北、东西两条主要街道。1976年，由山东省军区某部援助，实现通电。1986年，靠县、乡支援设备，并与东黄农场（胜利油田现河指挥部昌北农副业大队）协商，使用其水井一口，村里通自来水；1987年，由于水井损坏，自来水作废。1989年，开始在原有田间道路的基础上，修建村南土质出村路。1991年，在土质路的基础上铺设碎砖。1990年，重修村南的“大湾”，扩容蓄水量。1990年，建设新村委大院，办公室10间、车库2间、传达室2处。1995年，由村集体和个人共同投资，接通市政供水管网，实现自来水户户通，结束吃湾水历史。2000年，为运盐需要，由龙池镇滩涂开发公司投资，在村南出村路的基础上铺设石子，并安排养路工。2002年，利用村委大院投资建起文化大院，并安装路灯。2006年，投资50余万元，将南北大街671米、东西大街320米2条大街平整、硬化，两侧加修排水沟。2008年，集资150余万元，在出村路东侧重新修建一条长3700米、宽5米水泥路，直通320省道。2009年6月，实施城乡环卫一体化，配备垃圾桶48个、环卫工3名。2015年，企业家朱培升赞助5万余元，在出村路与辛沙路交汇处，树立3米高石质村牌坊。利用村委大院建起农民书屋，有图书2000余册。由村北盐场赞助6万余元，为全村更换新型、环保、美观太阳能路灯。修建村西环村沙石路。2016年，实施改厕工程。投资8万余元，在村内安装25个高清摄像头，并与昌邑市公安局联网。2017年，投资20余万元，在村南修建文化健身广场，配备标准篮球场和各种健身器材。砖混结构新式民房占有率90%以上。到2017年，村家家有彩电、冰箱、洗衣机，电脑占有率60%以上，村民手机占有率90%以上，有线电视安装率100%。农用拖拉机占有率100%。全村有轿车100余辆。

文物古迹

“鄐邑故城遗址”位于村东3千米，占地5.33万平方米，高于周边1.5米，有一口古井，井口以石板覆盖。1985年，“鄐邑故城遗址”被昌邑县人民政府公布为昌邑县文物保护单位。2009年底至2010年4月，山东省考古人员在东利渔村东北，发现西周、东周、宋、元时期盐业遗址42处。遗址群占地约9万平方米，发现有陶窑22座以及灰坑、沟、井等遗迹。陶窑均由工作间、火门、窑室等组成，各部分保存基本完整。发现的生活用陶器和制盐用具比较丰富；还有很多筒瓦、板瓦、瓦当，另有少量铜钱等。

村十字路口西南处有佛爷庙遗址1处，佛爷庙建于清末，正殿3间，正殿前东侧有古树一棵，正殿前西侧有石碑一座，现在已成民房。

东利渔村东北王家公墓内存有“清故处士王文泽暨配王氏墓碑”，碑残，约为清朝末年立。

东利渔村东北5千米，留有过去几个村落的遗址，据说是明朝洪武之前建立。传说为“铁匠营”“黑家央”“北蒋”“南蒋”“东蒋”“西蒋”“邓蔡央”等村的遗址。古时候，一条直到北京的官道经过这里。现在本村还有一首关于“邓蔡央”的童谣：“邓蔡央，不寻常，孟良焦赞开过央子坊（纺织的作坊）”。盐场开发前，这些遗址上瓦砾遍地，遗迹明显，随着盐场的开发，这些遗址不复存在。

东利渔村北5千米，有一段土堤遗址，当地村民称之为“重崖”，系乾隆四十四年，山东巡抚国泰奏请乾隆，所修海堤。当时长五十六里，西自利渔河东岸，东至胶河西岸，后废止，现仅存遗迹。

人　物

人物传略

姚　用（约1264年前后）　字伯通，龙池镇姚徐邓村（姚瓦街）人。原籍莱州昌阳方山前姚家庄，南宋隆兴二年（1164），因饥荒，其曾祖始迁昌邑，遂为昌邑人。他的父亲姚义承绍前业充本县首户，真祐年间，乡人作乱，在他的调解感化下得以平息。姚用生性温良，以孝友闻名，弱冠之岁即有远大抱负。元中统四年（1264受本身委差巡检勾当，遇事敢为，至元十七年（1280）受本县保举，添充昌邑县盐局官勾当，至元十九年（1282）受行户部尚书山东东路都转运使司札付，拟充本县监酒税使，在任用心公务，且能体谅民情，受到官民一致称赞。

陈以恪（约1642年前后）　字备三，号潍滨，龙池镇白塔村人。崇祯壬午（1642）举人。入清后出任金乡县教谕，再任寿光县教谕。在任期间，整顿学政，教训有方，升上海知县，不久即致仕归里。建斗室，自题为"澹足山房"，名士吕海臣为之记。卒年九十四岁。

陈思贞（约1651年前后）　字松佳，思孝弟，龙池镇白塔村人，顺治八年（1651）贡生。磊落宏伟，博淹群书，不事生产，超然有出尘之想。纂修《陈氏族谱》，对于壬午（1642）殉难者记载尤其详尽。初任濮州训导，升日照县教谕，调任曹县教谕。享年七十六岁。曾自撰赞文：早年游泮，加意经史。科举九次，一等七次，首名六次。连蹇不中，教授生徒，游泮者十有九人。生平乐园居，嘉花木竹石，好古图书，风雨晦明之际，每携一编不能释手。不善治生产，家无长物，萧然作出尘想，亦天性然也。然往往以此为人所轻，亦不之介意。至若传先人之衣钵，启后人之弓裘，与有力焉，此宫子厚于德而薄于命，余亦云然。

密庵大师（1596—1666）　俗姓姚，名东齐，法名性显，龙池镇姚徐邓村（姚瓦街）人，临济宗第二十五代，一代高僧。密庵大师自幼聪颖，丰姿磊落，因明末灾荒时乱，年十九，立志出尘。起初投入胶东万象法师门下，被度受戒，不久来到莱州一带修行，数载后，至五台山旧路岭龙泉寺参见澄方法师。当时澄方法师正建龙华法会，传千佛大戒，四方学僧云集，凡众人所不能理解的疑难问题，密庵大师皆能理晓贯通。时间久了，澄方大师见他律行精持，学问通达，乃将衣钵传给他。适逢澄方法师奉皇帝诏命启建皇坛，密庵大师跟随协助，皇上以他品行兼优，特赐紫衣袈裟，并赐号"皇坛法师"。后来他东归故里，率领弟子海钦等人建庵于昌邑城南辛置村东，名之为"旃檀"，居之修行宏法。青州宁阳王曾延请建水陆道场，对他极其礼貌尊重。他随宜说法四十余年，住持道场二十余处，每谆谆教人《孝衡钞》《报恩经》等佛典，被他感化奉持的很多，屋外常常站满了人。受他教诲的佛家弟子几乎遍布江北各省。晚年的密庵大师，学问德行更加精进，他闭关谢客，每天持《法华经》一部研习不懈，直至终老。他曾经说：“我老了，我的父母寄葬邑西，应当乘此时迁葬庵东，我死后也从葬此地。” 清康熙五年（1666）四月廿九日，密庵大师得病，昌邑知县王琰、县丞许弘文与诸檀那皆来问讯，密庵大师煮茶与诸人道别之后，从容进入阁子里面，端坐说偈坐化。偈语说：“七十老僧，打破虚空，这个坐化，本来那僧，非凡一度，十万余程……”后面的渐渐听不清了。享年七十岁，为僧五十一年。弟子遵从他的遗命，为他筑塔于庵左他的父母墓侧。

刘万清（生卒年不详） 字寿臣，龙池镇龙街村人。起初因为家中贫困经商，遇清末太平天国起义，即弃商投效军营，补授邳州把总。傅振邦派他统率山东团勇，他严肃军纪，赏罚严明，军粮及时发放，与士兵同甘共苦，深受士兵爱戴。追随僧格林沁攻下淄川城，后充任直隶练军翼长，直隶提督傅振邦倚以为重，因累次立功，被保举为花翎副将。

齐耀琳（1863—?） 字震岩，又作震岩，龙池镇齐西村人。同治二年（1863）生于吉林长春府伊通河（今吉林伊通县城），齐绅甲胞侄。光绪癸巳（1893）京闱举人。光绪二十年（1894）与叔父齐忠甲同登甲午（1894）科进士，授翰林院庶吉士。散馆后历任直隶曲周、清苑知县，磁州、遵化直隶州知州，保定知府。光绪三十四年（1908）任天津道。宣统元年（1909）任直隶按察使。宣统三年（1911）任江苏布政使，旋改任河南布政使，与袁世凯关系密切。辛亥革命爆发后，于12月授河南巡抚，兼管安徽，极力镇压革命，剿杀起义党人。后曾任盐务大臣。1913年6月，任吉林省民政长。1914年7月，任江苏巡按使。1915年12月袁世凯复辟，授一等伯。1916年7月，任江苏省省长。1917年7月，一度代理江苏督军。1920年7月去职。1920年任天津耀华玻璃公司总董。

齐恩铭（1874—1913） 字勋臣，龙池镇齐西村人。出身于豪门，幼年丧父，由寡母范氏抚育成人，其体形奇伟，十八岁时，身躯高达两米三。少年稍事文墨，十三岁即专习武功，能手举二百六十斤大刀，立稳骑马式，两腿能承受三百多斤的石头，双手能开一号大弓。光绪二十四年（1898）应试京都，中取第十四名武进士，慈禧太后视其身材魁梧，戏称其为“山东大胖孩子”，遂留用为侍卫。光绪二十方年（1900），八国联军进攻北京之前，慈禧太后挟光绪皇帝奔逃西安，令齐恩铭等护驾，恩铭托故辞职归里1913年腊月二十九日病故于长春。

齐耀瑄（1881—?） 字式轩，龙池镇齐西村人。光绪七年（1881）生于吉林长春府伊通河。附生。创办过伊通巡警。历保至吉林省补用知府，宣统二年（1910）辞职。民国建立后，于1913年4月至1914年1月任第一届国第一期会常会众议院议员。1916年8月至1917年6月任第一届国会第二期常会众议院议员。1922年10月至1924年11月任第一届国会第三期常会众议院议员。族弟耀瑭于1925年7月任临时参政院参政。

陈希孟（1889—1913） 字亦贤，龙池镇南白塔村人，陈干族弟。自幼勤奋好学，年未二十，即以博学能文著名，被目为“陈氏之龙驹”。受陈干影响，17岁时加入同盟会，走向反清革命的道路。后一直追随陈干进行革命活动。陈干组建的淮泗讨虏军改编为陆军第三十九混成旅后，陈希孟被委为该旅书记官，与于恩波一起成为陈干的得力助手。1912年冬，随陈干至烟台解散东北军，因士兵哗变，以身殉职。时年24岁。

齐忠甲（约1891前后） 龙池镇齐西村人。光绪辛卯（1891）京闱举人，甲午（1894）科进士。授翰林院编修，任江南道监察御史。1913年4月至1914年1月任第一届国会第一期常会参议院议员。1913年12月5日任政治会议议员1916年8月至1917年6月任第一届国会第二期常会参议院议员。1917年11月14日，任临时参议院议员。

陈 干（1881—1927） 字明侯，龙池镇东白塔村人，中国近代民主革命家。1904年入湖北陆军学堂，1905年赴日本加入中国同盟会。不久受孙中山派遣，回到东北开展反清革命。1907年回到昌邑，宣传革命。1908年与商震、景定成等人赴青岛，创办新式学堂震旦公学，并注意把革命思想传播到校外群众中，发展革命组织，为武装起义做准备。同年，陈干与刘冠三、于洪起等人发起成立山东保矿会，反对德国侵占山东矿权，力争民族权益。此后，陈干为革命事业奔波于日本和中国东北。在长春组织山东同乡会，为革命积蓄力量。1911年武昌起义爆发后，陈干认为山东革命应集中力量由津浦铁路北伐策取济南，便至南京，获得支持。1912年被黄兴任命为山东民军统领，一路攻打清军，光复徐州。1913年任陆军部咨议，晋升为陆军中将。1914年日本第一次侵占青岛时，奉命赴胶东调查民间损失。1916年任山东省政务厅厅长。1921年任广东非常大总统咨议。1922年被各界推举为中日谈判代表，为收回青岛进行艰苦的谈判斗争。后任鲁案协定善后委员会委员、胶澳商埠督办公署顾问。1923年奉命办理接收威海事宜。1926年参加北伐战争，任国民革命军总司令部参议。1927年8月18日在南京被桂系军阀杀害，终年46岁。生平著有《佺偬集》《欧战拾遗》《鲁案》《威案》等。1986年经中共山东省委组织部批准，由国家拨专款重新修建了位于昌邑市龙池镇的陈干先生墓园。

齐耀珊（1865—?） 字照岩，龙池镇齐西村人。同治四年（1865）生于吉林长春府伊通河（今吉林伊通县城）。绅甲胞侄，耀琳胞弟。光绪乙丑（1889）京闱举人。光绪庚寅（1890）科进士。历任湖北抚署文案、武昌保甲总办、宜昌知府、汉口清丈局总办。光绪末年，擢湖北荆宜道，花翎二品衔，嗣又历任江海关道兼洋务总办、湖北地方官督练公所教练处总办、湖北提学使。1913年1月，任北京盐务筹备处处长，1914年3月任约法会议员，1915年为参政院参政。1918年1月，任浙江省省长1920年6月，任山东省省长。1921年5月，任北京政府内务部总长兼饥馑救济会总理；6月，任督办京师市政事宜；7月，任商务银行总裁；12月，任农商总长兼署教育总长。1922年兼任粮食调查委员会会长。同年4月，免兼教育总长职；6月，免农商总长职。去职后，居天津，任农商银行总裁。1927年任张作霖安国军政讨论委员会委员，北京古学院经史研究会研究员等职。

陈延恺（1839—1933） 龙池镇东白塔村人。出身贫寒，少颖悟，性刚毅。九岁读书，十六岁攻习医学。由于他刻苦钻研，三十岁即较闻名，前来求医者，不绝于途。陈延恺对张仲景的《伤寒论》有较深研究，著有《伤寒浅释》一书，因家贫未刊。卒于1933年12月，寿八十四岁。行医六十余年，在群众中有较大影响。

魏孔举（1867—1936） 龙池镇马渠村人。

从名医习疹痘科，后其术渐精，求医者甚多。本村一人眼球生痘，为之移于他处，眼得无恙，为乡里称为“妙手回春”。他为人治病，有请必到，复诊不请自至。他出诊自备坐驴，自带食品，从不食病家酒饭。每逢仲秋节，便闭门谢客，使人送礼不得。人们曾送他门匾“为善维宝”、“德洽桑梓”、“惠济乡闾”、“仁术广施”等。1936 年 2 月 7 月病故，终年 69 岁。

季方华（1905—1938） 又名鹿省三，莱芜市西牛王泉村人。1930 年在济南正谊中学加入中国共产党，并任校党支部书记。九一八”事变后，组织学生请愿团赴南京游行示威，要求对日宣战。1933 年任中共山东省委巡视员，到寿光、潍县、昌邑、益都等地巡视指导建党工作。1937 年 10 月任中共鲁东工委书记。1938 年初在潍县蔡家栏子村和昌邑瓦城村领导了抗日武装起义，组建了八路军鲁东游击队第七支队并兼任政委。同年 3 月，八路军鲁东游击队第八支队在瓦城村与七支队会师，兼任八路军鲁东游击队指挥部政委。4 月，七、八支队到胶东开辟抗日根据地，他回瓦城部署部队后方留守工作，不幸被混入七支队政治部的坏分子金炎杀害，牺牲时 33 岁。

孙汉三（1905—1938） 原名朋杰，龙池镇瓦城村人。1937 年，加入中国共产党，任瓦城村党支部书记。后任昌邑县“中华民族解放先锋队”书记。发动群众，搜集武器，筹粮筹款，壮大抗日武装力量。1938 年 4 月，七、八支队奉命赴胶东时，留守处工作由他负责，在异常艰难的环境里，坚持斗争。同年，中共昌潍联合县委成立，孙汉三任北部沿海中心区委书记。他带领群众一面积极发展抗日根据地，一方面同消极抗日积极反共的“四梯队”进行斗争。于 10 月 24 日夜间，被“四梯队”特务杀害，时年 33 岁。

付春法（1905—1998） 昌邑市龙池镇王家庄子村人，1905 年 4 月生，1947 年加入中国共产党，是第一届、第五届全国人民代表大会代表，曾任中共昌邑县县委委员、县政协委员。1948 年春，响应党的号召，在王家庄子带头创办第一个生产互助组，并担任负责人。1950 年春，出席山东省人民代表大会。1952 年出席第一届全国人民代表大会会议，受到毛主席接见。1953 年到 1955 年，担任村的初级社、高级社主任。1956 年担任王家庄党支部书记。1964 年 4 月 6 日村庄被渤海湾海潮淹没，他带领村民改种水稻 1500 亩，亩产 320 多斤，粮食总产达到 48 万多万斤，实现当年受灾，当年翻身。1970 年，大搞农田基本建设，兴修水利，修渠道 346 条，长达 11 万米，修水利建筑物 368 座，3110 亩土地全部整平，搬动土石方 100 多万立方米，基本实现排灌配套。为防风固沙，栽植树木 52 万株，成为昌邑对国家贡献最大最富裕的村庄，是全省学习的典范。1972 年至 1975 年，先后接待也门共和国农民代表团、朝鲜人民民主共和国盐碱地改良利用考察团等 18 个国家农业考察团到村参观学习，得到国际专家及友人的认可和好评。1981 年退休，1998 年 9 月去世。

陈龙飞（1913—1939） 龙池镇北白塔村人。青年时因贫困所迫而卖兵，在国民党军队中受尽欺压。1938 年 2 月，带领五六十人携枪起义，参加了八路军。开始任大队长，后任团长。1939 年 6 月 3 日在招远玲珑金矿战斗中，亲率其部击退敌人 7 次进攻，右臂负重伤，坚持不下火线，后不幸中敌冷枪牺牲（录自 87 本《昌邑县志》）。

孙光喜（—1939）　龙池镇瓦北村人。出身贫苦，抗战时期受到共产党员孙汉三的影响，思想进步很快。1937年季方华来瓦城组织抗日武装，孙光喜主动承担了传递情报的任务。不久，加入了中国共产党。昌潍中心县委的一些领导同志经常来瓦城活动，孙光喜的家便成了“联络站”他冒着生命的危险，掩护了一批批革命干部，出色地完成了一次次的传递情报任务。1939年3月8日，县委机关住在孙光喜家里，半夜时分，突然接到从内线送出的情报：“潍县、昌邑、柳疃、泊子四路敌人，分进合击瓦城。”县委立即做了布署，并派孙光喜通知各村。九日拂晓，敌人包围了瓦城，这时县委和部队早已安全转移到东利渔村。县委发现有几个同志没有转移出来，孙光喜主动要求到瓦城附近侦察情况。回来的路上，被敌巡逻马队发现，他临危不惧，英勇博斗，打倒了几个汉奸，咬断了一个日寇的手指，终因寡不敌众被捕。敌人妄想从他嘴里得到县委机关的驻地，他的回答只有一句话：“不知道”！敌人没办法，用铁丝穿着他的锁骨带回了据点。审讯时，敌人让他辨认被捕的同志，他摇摇头说：“不认识”。敌人用尽了各种酷刑，他始终没有泄露党的秘密，最后被敌人放出的狼狗咬死。

李重九（1910—1941）　又名李潜光，龙池镇郭疃村人，高小毕业后，去东北当店员，因不堪老板虐待，辞职回家。1929年2月入育秀中学读书，学习刻苦，成绩优秀。1931年中学毕业后，被派到教育局工作，并兼任昌邑县第一小学教师。1932年加入中国共产党，参加一、三区党支部。1935年昌邑县立第一小学撤销后，回郭疃村任小学教员。白天在小学上课，晚上办夜校，给农民讲课，还经常与孙汉三、赵立秀、魏惜珍等分析时局，研究革命工作。1937年冬，参加筹建鲁东游击第七支队。七、八支队会师去胶东后，他在后方办事处工作。1938年10月去胶东，历任蓬莱县委秘书长、掖县副县长、东海专署民政科长等职1941年10月17日，在马石山战斗中牺牲，时年三十一岁。

姜　艾（1921—1942）　原名魏效聪，龙池镇马渠村人。1939年参加革命，1940年秋，经县委决定，他同刘荣光、魏坚毅等去胶东抗大学习，结业后分配到昌潍中心县委组织部任副部长。1942年春，外出巡视工作，在七区刘家车道村东南河套里遭遇日寇“扫荡”的骑兵，他与敌人顽强战斗，直至把子弹打光，后英勇牺牲。

傅希堂（1918—1942）　又名傅秀科，龙池镇瓦城北村人。1939年，傅希堂参加八路军，并加入中国共产党，后任独立营二连连长。每次战斗，他身先士卒，勇猛异常，其所率二连，以生死不惧，敢打硬拼，每战必捷而威慑敌胆，被敌人称为“疯狗连”。1942年，在苏部战斗中，傅希堂率部坚守南门。面对近千敌人的疯狂进攻，他镇定自若，一手握刀，一手拿枪，边指挥，边射击。为了掩护机枪射手，他的耳朵被炸伤，他大吼一声，将还连着皮的耳朵一把撕下，摔在地上，又转身向敌人猛烈射击。在他的鼓舞下，全连上下士气倍增，敌人无数次进攻均被打退。战斗中，一颗流弹击中了他的头部，傅希堂壮烈牺牲，时年仅25岁。战后，胶东军区表彰了他的英雄事迹，号召全区军民向烈士学习。

刘干臣（1917—1946）　原名刘祯文，龙池镇岱邱村人。1939年投身革命进行抗日救亡活动，不久即加入中国共产党。先后历任东三区和第九区助理员、密埠区区长等职。1946年7

月 11 日晚，他在密埠陈家开村民会时，被还乡团包围，不幸被捕，敌人用尽酷刑，他宁死不屈，始终严守党的机密，在被敌人活埋时，他高呼："共产党万岁！"时年仅 29 岁。

王炳亮（1913—1940） 又名朱兴华，昌邑市夏店村人。1936 年省立第一师范毕业后，到昌邑凤鸣书院任教。抗日战争爆发后，放弃教职，编写《抗战墙报》《抗战歌曲选》《抗日课本》，组建抗战剧团和歌咏队，宣传抗日救国。1938 年加入中国共产党。历任夏店区委书记、胶北特委宣传部长、昌潍中心县委书记。在抗日战争最艰苦、最困难的阶段，辗转昌北、潍北大地，坚持敌后斗争。1940 年 1 月，他由瓦城经青阜到火道村开展工作，途中意外同日伪军相遇，战斗中英勇牺牲，年仅 27 岁。

陆升勋（1907—1942） 昌邑市大陆村人。1926 年山东省立第四师范毕业后回村任教，组建农民协会，开展抗粮、抗捐、 抗税斗争。1936 年加入中国共产党。抗日战争爆发后，筹办青年夜校，宣传抗日救国。1938 年 2 月，带领 30 余人参加瓦城抗日武装起义，历任第七支队特务中队队长、鲁东游击队指挥部特务大队队长。从 1939 年起历任山东纵队特务团团长、沂蒙军分区司令员、山东纵队一支队副司令员、沂蒙专署专员等职。1942 年任胶东军区副司令员，赴任时在莱阳孙家夼遭日伪军包围，战斗中壮烈牺牲，年仅 35 岁。

张智忠（1909—1943） 昌邑市集东村人。1930 年考入北平中国学院。1933 年在青岛开设的荒岛书店，秘密出售进步书刊，并成为中共青岛市委的秘密活动地点。1934 年加入中国共产党。1936 年秋，受组织安排回昌邑任县委书记。1938 年 2 月参与领导瓦城抗日武装起义，为昌邑党组织建设和抗日武装建设做出了杰出贡献。1939 年 6 月被捕入狱，后经党组织营救脱险，先后任中共西海地委各救会民训主任、印刷厂厂长等职。1943 年 11 月由于叛徒告密再次被捕，在招远惨遭杀害，年仅 34 岁。

吴奎文（1919—1946） 龙池镇马渠村人，出身贫困，1926 年去青岛当童工。1932 年参加国民党青岛海军，1932 退伍回家。1936 年在马渠村担任民兵教练员。1937 年参加鲁东抗日游击队第八支队，任第二大队副队长，转战在胶东、鲁南各战场。1938 年加入中国共产党。吴奎文作战勇敢冲锋陷阵，身先士卒，屡立战功。1946 年任鲁中三分区副参谋长。同年七月，在蒙阴汶上区战斗中不幸牺牲，时年二十七岁。

温德珩（1887—1950） 字佩南， 龙池镇西白塔村人。擅治内科杂病，尤其对时行疫病、失血症的治疗有丰富的经验。其学术源于《黄氏八种》《瘟疫论》。前后行医四十余年，品行端正，急病家所急，深受当地群众称赞。

齐文甫（1904—1961） 一名恩周，又名牛达，龙池镇齐西村人。1929 年，齐文甫毕业于青岛胶澳中学。1932 年加入中国共产党，任中共昌邑柳疃支部书记。1937 年 9 月，在党组织的指示下，于柳疃一带创办《抗战简报》。针对敌人讥他为"庄户孙"，专辟小评论专栏—"庄户孙话"。该报文章精悍，笔锋泼辣，鞭挞日军罪行，抨击国民党之腐败，揭露官绅丑事，往往一语中的，入木三分，深受群众欢迎，影响极大。1937 年底，齐文甫去延安，进陕北公学。在大生产运动中，光着膀子拉犁，干劲超群，毛泽东主席见了，高兴地赞他像"大牛"，遂改名"牛达"。解放后，历任天津市烟草专卖公司经理，天津财贸学校副校长，天津财贸学院党委副书记兼院长。1961 年因病逝世，终年 57 岁。

赵子政（1909—1983） 原名赵明宪，龙池镇瓦东村人。建国前曾任小学校长、区优济干事、民政助理、县民政科科员、完小校长等职。1952 年任昌邑县各界人民代表会议常务委员会副主席。1955 年任昌邑县教育局副局长。1958年任政协昌邑县筹委会常务委员会副主席。1963 年任昌邑县人民委员会副县长兼政协副主席。1970 年退休，1983 年 7 月病故，终年 74 岁。

孙朋乐（1910—1983） 又名孙乐文、孙络文、孙新生， 龙池镇瓦城村人。1928 年孙朋乐与同乡张智忠考入烟台先志中学，二人志同道合，相处密切。1930 年考入北平中国大学，张智忠亦考入北平中国学院教育专修科，二人在北平期间，阅读了大量的马列主义书籍和众多进步书刊，誓约投入革命。1931 年“九一八”事变爆发，他俩积极投入青年学生抗日救国请愿运动，在遭受镇压后，1932 年被迫返乡。此后不久，孙朋乐去烟台，继续做抗日宣传工作，为隐蔽身份，孙朋乐联络几位同学开办一处小学。在此期间，他经常撰写推动革命的文章，于烟台《复兴日报》发表。不久又被烟台警察当局发现，幸通报及时，未被拘捕。1933 年 9 月，孙朋乐去青岛，同年春张智忠也来到青岛，二人见面后，经筹划为开展革命工作，遂联络同学宁推之、丁振清、于志杰等在广西路五号租一门市房开办了荒岛书店。由于该店所经营的都是当时脍炙人口的进步书籍，一时门庭若市，甚受社会各界尤其是山大和各中学的进步师生的青睐。当时老舍、洪琛、闻一多、沈从文、臧克家等作家名流也时常来往，臧克家的处女作《烙印》就是由该店接洽承印的。此后在中共青岛市委青年委员乔天华的指导下，荒岛书店成为中共青岛地下组织联络点之一。1935 年，由于国民党警特人员的破坏荒岛书店被迫关闭，孙朋乐复去烟台，约请同学于 1936 年至陕西创办了《陕西新秦日报》，并开设燎原书店，继续做革命宣传工作。1937 年 12 月孙朋乐来到延安，进入瓦窑堡军政大学（抗大），1938 年 8 月在延安加入中国共产党。1945 年抗战胜利前夕，调中央管理局。1946 年至 1950 年，任热河平泉县委书记、区委组织部长、书记。1951 年至 1954 年，任东北局组织部党员管理处长。1954 年至 1956 年任抚顺市劳动局局长，1956 至 1957 年调中央高级党校学习，1958 年至 61 年任抚顺市人事监察局长。1961 至 1962 年任抚顺市人民委员会秘书长。1962-1983 年任抚顺市人事局局长。1983 年 9 月 16 日病故。

杨紫霞（1888—1987） 女，陈干夫人，安徽省宿县南关人。三岁丧父，自幼就读私整，并随四舅邱河清习武，邱河清早年加入“洪莲会，宣统二年（1910 年）3 月 20 日，宿州乡民起义，邱为头目之一，杨紫霞也跟随参与，与前来镇压的清兵斗争。不久随邱河清部队过江，到达南京，与张勋部周旋，三个月后邱部加入冷御秋领导的义勇军，南下杭州。1911 年 3 月，随部队来到广州，响应黄花岗起义，广州事败后，再奉命回杭州。杭州光复，随军来到上海，不久又至南京。武昌起义前夕，随军到武昌，后随军回南京反攻张勋。她在军中作战勇敢，并积极照看伤病同志。陈干此时被授“淮泗讨虏军司令”，冷御秋部被收编，邱河清任参议。杨紫霞因之与陈干相识，不久结婚，婚后追随陈干左右。解放后居太原，曾任山西省民革委员、省政协文史馆馆员、太原市政协常委。逝世后与陈干合葬。

黄 狮（1906—1992） 又名王绍朱，昌邑市卜庄镇夏店村人。1933年上海东亚体育专科学校毕业后到招远、栖霞、莱阳等地任教。抗日战争爆发后，回到昌邑组建了“民先”小组，成立了联防自卫团、抗战剧团和歌咏队，推动了昌北抗日救亡运动的开展。1938年加入中国共产党，先后任中共胶北特委民运部长、胶东鲁迅学校教导主任、掖县县政府代理县长等职。1941年2月，昌邑县政府在瓦城村成立，当选为首任县长。全国解放战争时期，历任胶东支前政治部科长、山东省教育研究委员会科长、济南市教育局科长等职。中华人民共和国成立后，历任济南市人民政府秘书处副主任、上海东亚体育专科学校校长、华东团工委军事体育部部长、华东师范大学党委常委兼总务长等职。1982年离休。1992年7月，因病在上海逝世，享年86岁。

魏坚毅（1923—1992） 原名魏增健，龙池镇马渠村人。魏坚毅出生于贫苦农民家庭，幼年在本村上学高小毕业后务农业。1940年3月，他经魏惜珍介绍加入中国共产党，并在本村开展抗日活动。1940年8月，魏坚毅调往胶东区委党校脱产学习，于翌年6月学习结业，先后任中共西海地委巡视团团员，西海地委掖西工作团副团长兼区委书记。1942年6月，魏坚毅调往掖南县工作，历任中共掖南县第九分区委、第十二分区委书记。在此期间，他领导当地群众深入开展了减租减息和大生产运动，加强了根据地的武装建设和经济建设，为夺取抗日战争的胜利做出了较大贡献。1945年8月，昌邑县分为昌北、昌南两县，魏坚毅被调到昌南县工作，历任中共昌南县工作委员会副书记、县参议会参议长、县各救会会长、县委书记兼独立营政委等职。在此期间，他不畏艰险，顽强战斗，与伪军残部、国民党顽军、地主还乡团进行殊死搏斗。同时领导群众开展了反奸除霸、土地改革和参军支前运动，为昌南人民的解放做出了积极贡献。中华人民共和国成立后，魏坚毅领导昌南县人民大张旗鼓地开展了镇压反革命、抗美援朝和生产建设运动，巩固了人民政权，促进了国民经济的恢复和发展。1952年6月，魏坚毅调往潍坊市工作，任中共潍坊市委书记。1954年4月，提任中共昌潍地委副书记，1964年10月任书记。“文化大革命”初期，他遭受迫害被停止工作。1970年3月恢复工作后，历任昌潍地区革命委员会党的核心领导小组成员，中共昌潍地委副书记、书记，昌潍地区革命委员会主任等职。1978年2月，魏坚毅调往济南市工作，任中共济南市委书记。在此期间，他认真贯彻执行党的路线、方针、政策，工作勤勤恳恳任劳任怨，务实求实，大胆负责，为潍坊地区和济南市的建设事业付出了艰辛努力，做出了重要贡献。在十年动乱中，他立场坚定，同林彪、“四人帮”的错误路线进行了坚决的斗争，表现了共产党员的优秀品质。1983年7月，中共山东省顾问委员会成立，魏坚毅任顾委常委，1986年7月，兼任省顾问委员会秘书长。1992年7月12日，魏坚毅因病在济南逝世，终年69岁。《大众日报》在报道他逝世的消息中称：“魏坚毅在50多年的革命生涯中，坚持刻苦学习马列主义、毛泽东思想，努力发扬党的优良传统和作风。他光明磊落，襟怀坦荡，作风深入，生活简朴，严以律己，宽以待人，表现了共产党员的优秀品质。”

陈孝祖（1913—1995） 字绳伯，龙池镇东白塔村人。毕业于旅顺工科大学，习机械工程，抗战爆发后投笔从戎。曾任国民政府陆军修械所长及第十二集团军修械厂厂长。后出任军事委员会参议、秘书、参谋等职并兼湖南大学工学院教授。抗战胜利后，出任绥靖区少将高参、国民党青岛市党部执行委员及青年教导总队少将队长兼山东大学机械系教授。1949年迁往台湾，不久退役，专任中兴大学农业机械系教授。教学育人，达二十七年之久，对于农业机械的研究发展，极著成效。1982年退休，1995年去世。

李福泽（1914—1996）　昌邑市下营镇火道村人。1935年考入上海复旦大学，后转入大厦大学。抗日战争爆发后，赴延安陕北公学学习。1937年11月加入中国共产党，任中共昌邑县委军事部长。1938年2月参与领导瓦城抗日武装起义，任八路军鲁东游击队指挥部参谋长。从1939年起历任团长、旅参谋长、师参谋长、旅长、纵队参谋长等职。中华人民共和国成立后，历任副军长、军区参谋长、国防科委副主任兼二十基地司令员等职。先后直接参与组织领导了导弹、导弹核武器和人造地球卫星发射等重大试验项目，为发展国防尖端技术做出了突出贡献。1955年被授予少将军衔，荣获二级独立自由勋章、一级解放勋章、一级红星功勋荣誉章。1981年离休。1996年12月在北京逝世，享年82岁。

魏惜珍（1918—1999）　原名魏振贵，龙池镇马渠村人。少年时期在十字路高小和私立文山中学求学。1936年到潍县县立中学求学。1937年“七·七”事变，学校解散，跟随孙汉三、张智忠等同志搞抗日救亡活动，发展“民先”组织，筹措武器，组织抗日武装。1938年10月参加工作，任昌邑三区（龙池）区委书记，1942年任昌北县七区（东冢）区委书记，1945年任昌北县委宣传部长，1949年任昌北县委书记。1951年调潍坊地委，任统战部部长，1953年任中共昌潍地委委员、潍坊市委书记。1956年调任山东省人委宗教事务处副处长（正县级）。1959年调临沂县，历任白庄公社党委书记、县经委主任。1980年调任潍坊地区经济委员会副主任。1983年10月离休，享受厅局级待遇。

魏铎之（1922—2003）　龙池镇马渠村人，1938年10月入伍，1941年10月入党。历任八路军胶东军区班长，山东军区二：分区县独立营连长，华东军区后备兵团营长，西南军区炮兵战车团参谋长、坦克第三编练基地大队长，陆军第三十九军副团长，陆军第十二军团长，南京军区坦克第十师参谋长、第七十四副师长、装甲兵司令部副参谋长，浙江省嘉兴军分区司令员等职。1962年晋升中校军衔。曾参加孟良崮等战役战斗。荣获三级独立自由勋章、三级解放勋章、独立功勋荣誉章。

李云洁（1920—2003）　龙池镇马渠村人，1937年12月参加工作，1938年8月入党。抗战时期，曾任昌邑县青救会、青联会主任，鲁中青联秘书、主任，淮安县委书记。解放战争时期，任中共中央青委工作组副组长，中央青委全国第一次团代会代表，团中央组织部干部科长、副处长、处长。冶金部中条山有色金属公司总经理、有色冶金设计总院副院长、院长，国家建委设计副局长、局长，中国国际工程咨询公司副董事长兼总经理等职。1992年离职休养。

郝毓秀（1917—2005）　龙池镇龙池村人。育秀中学毕业后投考黄埔军校，十四期特种兵科毕业，历任旧官佐。1949年在上海随一三零师王克竣以中校附员投诚。1987年受聘为昌邑县政协委员，积极撰写文史资料。曾任黄埔同学会理事，为统战工作做出一定贡献。晚年加入“文山诗书社”，任理事。

陈光宗(1930—2005) 龙池镇北白塔村人。中国剪纸研究会、中国民间美术学会，中国工艺美术学会、中国民间文艺家协会会员。昌邑市政协委员。曾在昌邑县文化馆工作，是昌邑新剪纸的代表人物。1954年开始在《儿童时代》发表作品。1959年创作了毛主席《蝶恋花》词意剪纸，出席了“山东省首届文教战线群英大会”并获奖。1960年参加了山东省文艺座谈会，被聘为山东省剪纸创作研究组成员。1963年剪纸作品《赶鸭》、《葡萄河》由新华社转发苏联、东欧诸社会主义国家及国内各大报刊发表。此后，先后发表剪纸作品数百件，并多次获得各级奖项。出版专著《中国剪纸的种类与技法》、《剪影艺术速成技法》。曾举办省地、县各级个人作品展多次，传记被收入《山东省志·文化志）等多部典籍。

姜曰绍（1929—2005） 男，1929年2月出生，山东省昌邑市人，初中文化程度。1945年2月参加革命工作，1947年2月加入中国共产党。1945年2月至1945年5月在昌潍县立一小任教员。1945年6月至1947年2月在昌邑县各救会先后任文书、青年干事、会计。1947年3月至1948年11月任中共昌邑县委秘书处会计。1948年12月至1952年4月任中共昌邑县委秘书处秘书。1952年5月至1953年10月任中共昌邑县委宣传部部长。1953年10月至1961年7月任昌潍地委宣传部副科长、科长。1961年7月至1962年5月任中共诸城县委书记处书记。1962年5月至1965年10月任中共诸城县委副书记。1965年10月至1969年10月任中共诸城县委副书记兼相州公社党委书记。1969年11月至1971年2月任诸城县革委副主任、核心领导小组成员。1971 年2月至1972年3月任诸城县革委副主任、县委常委。1972年3月至1973年1月任昌潍地区人民医院党委书记。1973年1月至1975年10月任诸城县委副书记。1975年10月至1978年4月任中共五莲县委书记、县革委主任。1978年4 月至1980年10月任中共昌乐县委书记、县革委主任。1980年 10月至1984年2月任中共昌乐县委书记。1984年2月任中共潍坊市委统战部部长。1986年5 月至1993年3月任潍坊市政协副主席。1993年12月离职休养。2005年10月病逝。是中国共产党山东省第四次代表大会代表，政协山东省第五届、第六届委员会委员。

范长行(1920—2006) 龙池镇楼子村人。1944年加入中国共产党，遂参加工作，历任村支部宣传委员、民兵连长、农会会长、指导员（支部书记）1948年调昌邑县委工作队，后调城区任区委宣传委员。1951年参加中共山东分局党校整党学习，翌年调昌潍地委工作队。1955年调博山县，历任田庄区区长、县工商科科长、县委宣传部副部长、县工业局局长。1958年调淄博市淄川区，历任煤炭局长、人民委员会主任。1978年任区人大常委会副主任。1983年12月离休。

陈 杰(1928—2006) 1928年1月生，龙池镇马渠村人，1946年1月在渤海日报社参加工作，1947年4月加入中共国产党。历任惠民渤海日报社秘书科会计、造纸厂会计、小营轧花厂营业股长；垦利专署小营轧花厂副厂长；惠民实业公司利津油棉厂营业主管建委会组长、生管科副科长、秘书科副科长、党委会秘书；

惠民地委工业部办公室副主任、干部科科长；淄博地委工业交通部干部科科长；北镇动力机械厂党总支书记、北镇拖拉机修配厂党总支书记、北镇活塞厂党总支书记；惠民专区经委政治部主任、惠民地委工交政治部剧主任；北镇活塞厂党委书记；惠民地区重工业局局长、农机局局长；惠民地区计划委员会副主任、调研员，1990 年 11 月离职休养。2006 年 12 月 17 日去世，享年 78 岁。

陈云亭（1926—2013） 龙池镇马渠村人，1942 年入党，1942 年 6 月入伍，历任昌邑县东冢区青救会会长、昌邑县闫家区委副书记兼教导员。华东野战军阜颖县委干事，南照区委书记。阜阳行署监察处处长、阜阳地委组织部副部长。安徽省委监察委员会审理处处长、副秘书长，安徽省委办公厅副主任，省直机关革命领导小组副组长、省革委会政工组直属政工组长、省直机关党委副书记、书记。六安地委副书记、淮北市市长、书记。省党校副校长（主持工作）、校委委员。中共安徽省第四次党代会代表，安徽省第七届人大常委。1988 年 12 月离职休养，2013 年 11 月逝世。

魏　铎（1920—2014） 龙池镇马渠村人，1939 年 5 月入党，入伍后任辽东区宣传部科长，入辽东抗日大学学习。在西海军区任敌后武工队队长、连指导员。解放后，任北京化工厅党委书记、南京医药局党委书记兼局长至离休。

2017 年中共龙池镇委、龙池镇政府副科级以上领导干部简历

朱永红

朱永红 女，1980 年 4 月出生，山东省烟台市人，工商管理硕士。2000 年 9 月至 2004 年 7 月就读于青岛农业大学公共管理专业；2002 年 5 月加入中国共产党。2004 年 8 月至 2006 年 3 月任卜庄镇人民政府科员；2006 年 3 月至 2009 年 1 月任昌邑市沿海开发办公室综合处主任；2009 年 1 月至 2010 年 1 月任卜庄镇党委副书记、纪委书记；2010 年 1 月至 2010 年 11 月任昌邑团市委书记；2010 年 11 月至 2016 年 6 月任卜庄镇党委副书记、镇长；2016 年 6 月至 2016 年 12 月任龙池镇党委副书记、镇长；2016 年 12 月起任昌邑滨海（下营）经济开发区党工委委员、龙池镇党委书记。

杨启乐

杨启乐 1978 年 11 月出生，山东省昌邑市饮马镇人。1997 年 9 月至 2001 年 7 月就读于西安交通大学人文学院工商行政管理专业；2001 年 7 月至 2001 年 9 月任济南新华印刷有限公司职工；2001 年 10 月至 2002 年 10 月任南京汇源果汁有限公司职工；2002 年 11 月至 2004 年 10 月任昌邑市发展改革局科员；2004 年 12 月加入中国共产党，2004 年 10 月至 2008 年 8 月任昌邑市委组织部干部

科科员；2008年8月至2010年2月任龙池镇党委委员、副镇长；2010年2月至2010年8月任龙池镇党委副书记；2010年8月至2011年11月任龙池镇人大主席；2011年11月至2016年5月任龙池镇人大专职副主席；2016年5月至2016年12月任龙池镇人大主席；2016年12月至2018年12月任龙池镇党委副书记、镇长。

王　冰

王　冰　1980年1月出生，山东省昌邑市柳疃镇北辛安庄村人，大学文化。1997年9月至2000年7月就读于潍坊高等专科学校计算机应用与维护专业；2007年6月加入中国共产党；2012年3月至2014年9月任昌邑市金融工作办公室副主任；2014年9月至2016年6月任昌邑市政府办公室副主任；2016年6月至2016年12月任昌邑市智慧昌邑建设办公室主任。2016年12月至2019年1月任龙池镇人大主席；2019年1月任龙池镇党委副书记、镇长。

朱东国

朱东国　1979年5月出生，山东蒙阴人，大学文化。2000年9月至2004年月，就读于青岛大学国际商学院信息管理与信息系统专业；2004年6月至2004年8月，待业；2004年8月至2007年8月，任原丈岭镇财政所科员；2005年11月加入中国共产党。2007年8月至2009年12月，任北孟镇财政所科员；2009年12月至2012年12月，任北孟镇党委委员；2012年12月至2015年3月，任北孟镇组织委员；2015年3月至2017年12月，任北孟镇党委委员、副镇长；2017年12月起，任龙池镇党委副书记。

陈　铭

陈　铭　1982年10月出生，山东省昌邑市都昌街道陈洼村人。2001年9月至2005年6月就读于山东大学（威海）市场营销专业；2005年8月至2008年6月任昌邑市交通局科员（2006年4月至2008年6月在昌邑市政协研究室帮助工作）；2007年3月加入中国共产党。2008年6月至2011年1月任昌邑市政协研究室科员；2011年1月至2012年3月任市政协副主任科员；2012年3月至2017年8月任市政协经济委副主任；2017年8月至2018年7月任市政协文史委主任；2018年7月起挂职龙池镇党委副书记。

王丹萍

王丹萍　女，1982年5月出生，山东省平度市李园街道李子园村人，2004年6月加入中国共产党。2004年9月至2006年7月就读于山东建筑大学法学专业；2006年7月至2010年2月任昌邑市奎聚街道主任助理；2010年2月至2011年11月任昌邑市龙池镇宣传统战委员；2011年11月至2015年3月任昌邑市龙池镇副镇长；2015年3月至2016年12月任昌邑市龙池镇党委委员、副镇长；2016年12月起任龙池镇党委委员、纪委书记。

孙永涛

孙永涛 1978年10月出生，山东省昌邑市柳疃镇孙家河滩村人。1994年6月就读于昌潍农校果树专业；1997年10月至2001年4月任双台乡农技站农机推广员；1999年9月加入中国共产党。2001年4月至2011年11月历任龙池镇农业综合服务中心技术员、劳保所所长、武装部副部长；2011年11月至2015年3月任龙池镇武装部长；2015年3月至2016年12月任龙池镇副镇长；2016年12月任龙池镇党委委员、副镇长。

王海洋

王海洋 1983年2月出生，山东省昌乐县红河镇埠南头村人。2003年9月至2007年7月就读于山东财政学院国际经济与贸易专业；2004年12月加入中国共产党，2007年8月至2010年8月任龙池镇党委组织干事、纪检干事、团委书记、党委秘书；2010年8月至2011年8月任市委创先争优工作领导小组办公室科员；2011年8月至2011年11月任龙池镇党政办公室主任；2011年11月至2015年3月任龙池镇党政办公室副主任；2015年3月至2016年12月任龙池镇党委组织宣传统战委员；2016年12月任龙池镇人大副主席。

李佰胜

李佰胜 1972年12月出生，山东省昌邑市围子街道李才庄村人。1988年9月至1992年7月就读于黑龙江省伊春林业学校林业专业；1992年11月至1996年2月任黑龙江省朗乡林业局小白林场技术员；1996年3月至2001年3月任昌邑市青乡镇人民政府经费会计；1998年8月加入中国共产党。2001年4月至2004年12月在昌邑市柳疃镇路林办主任；2005年1月至2011年1月任昌邑市柳疃镇沿海经济开发办公室副主任；2011年2月至2012年1月任滨海下营经济开发区（柳疃项目区）工作；2012年2月至2013年3月任昌邑市柳疃镇沿海经济开发办公室主任；2013年4月至2015年3月任昌邑市柳疃镇村镇规划建设办公室副主任；2015年4月至2016年12月任昌邑市柳疃镇委宣传委员；2016年12月任昌邑市龙池镇副镇长。

耿慧丽

耿慧丽 女，1985年12月出生，山东省诸城市郭家屯镇前凉台村人。2005年9月至2009年7月就读于山东大学会计专业；2009年4月加入中国共产党，2009年7月至2012年9月任卜庄镇政府组织干事、妇联主席；2012年9月至2016年12月任龙池镇经济发展办公室副主任；2016年12月任龙池镇副镇长。

温贵平

温贵平 1978年7月出生，山东省昌邑市龙池镇西白塔村人。1993年9月至1996年7月就读于山东省纺织工业学校机电技术应用专业；1996年12月至2001年5月任卜庄镇文化站站长；2001年5月至2015年3月任柳疃镇政府科员；2006年5月加入中国共产党，2015年3月至2016年12月任柳疃镇社会事务办公室副主任，2016年12月至2017年12月任龙池镇武装部长，2017年12月起任龙池镇副镇长。

夏海涛

夏海涛 1986年8月出生，山东省昌邑市围子街道大章西村人。2006年9月至2010年7月就读于山东农业大学中药资源与开发专业；2008年6月加入中国共产党。2010年7月至2014年10月任都昌街道大学生村官；2014年10月至2016年12月任奎聚街道科员；2016年12月至2017年12月任龙池镇党委委员、组织宣传统战委员；2017年12月至2018年12月任龙池镇党委委员、武装部长。

许丽娟

许丽娟 女，1987年7月出生，山东省昌邑市饮马镇初家庄村人。2004年9月至2008年7月就读于山东建筑大学商学院工商管理专业；2008年6月加入中国共产党，2008年7月至2009年6月昌邑立新纺织厂任会计；2009年7月至2011年6月任昌邑市奎聚街道南隅社区党支部书记助理；2011年7月至2017年12月昌邑市龙池镇政府科员；2017年12月任昌邑市龙池镇党委组织宣传统战委员。

徐鹏涛

徐鹏涛 1980年4月出生，山东省昌邑市柳疃镇刘家庄村人。2000年9月至2003年7月就读于潍坊教育学院计算机及信息管理专业；2003年7月至2003年11月待业；2003年11月至2009年4月任昌邑市政府办公室科员；2005年5月加入中国共产党。2009年4月至2010年3月任昌邑市政府办公室机要网络科副科长；2010年3月至2016年6月任昌邑市政府办公室机要网络科科长；2016年6月任龙池工业园区管理办公室副主任。

齐新礼 1971年3月出生，山东省昌邑市都昌街道博乐埠村人。1991年10月至1994年7月就读于山东省林业学校财会专业；1994年10月至1999年4月在北孟镇财政所工作；1999

齐新礼

年5月至2011年7月龙池镇财政所工作；2001年11月加入中国共产党。2011年8月至2015年4月任龙池镇经管站站长；2013年3月至2015年7月就读于西安电子科技大学网络电算化专业；2015年5月至2017年11月任龙池镇瓦城社区党总支副书记、社区主任；2017年12月任龙池工业园区管理办公室副主任。

李　冰

李　冰　1989年8月出生，山东省寿光市圣街道人。2008年9月至2012年6月就读于郑州航空工业管理学院法学专业；2011年11月加入中国共产党。2012年8月至2015年1月任寿光市台头镇政府科员；2015年1月至2018年2月任寿光市编办审批指导科副科长；2018年2月至2018年11月任龙池镇乡村规划建设监督管理办公室副主任、党政办公室主任；2018年12月任龙池镇乡村规划建设监督管理办公室副主任、瓦城社区书记。

王志华

王志华　女，1988年3月出生，山东省潍坊市峡山区太保庄街道新河头村人。2006年9月至2010年7月就读于大连海事大学交通运输（国际航运管理）专业；2010年7月至2012年7月任下营镇杨家村村主任助理；2011年11月加入中国共产党，2012年7月至2018年2月任都昌街道办事处科员；2018年2月至11月任龙池镇经济发展办公室副主任、瓦城社区书记；2018年12月到昌邑市“思想作风建设年”活动领导小组办公室挂职。

龙池镇革命烈士英名录

表 30

姓名	性别	出生年月	籍贯	参加革命年月	入党（团）年月	牺牲时所在单位	牺牲时职务	牺牲时间地点	安葬地点	有何功绩	备注
刘干臣	男	1913	岱邱村	1941	1939 入党	昌北县五区	区长	1946.9 本县密埠村	本村		政府追烈 曾用名“刘贞文”
迟坤华	男	1929	岱邱村	1947.4		志愿军二十七军通信营报话排	班长				1951.4 朝鲜失踪 1962 追烈
张式安	男	1930	岱邱村	1947.4		三野三纵队	通讯员	1947.7 掖县水沟头			
迟东禄	男	1926	岱邱村	1945.12		西海军分区特务营二连三排九班	战士	1946.10 本县城			
迟吉明	男	1918	岱邱村			昌北县九区担架队	民工	1945.4 本县明家郜	本村		政府批烈 烈士墓
迟宗俭	男	1926	岱邱村	1944.9		三野九纵队	副连长	1947.3 平度县三合山			
迟能信	男	1929	岱邱村	1945.9		渤海军区十四团	战士				1947 失踪追烈
齐文彩	男	1925	岱邱村	1947.10	1949.9 入党	步兵二〇一师六十团二连	班长	1951.7 朝鲜江原道谷山群	朝鲜		
郝登楷	男	1914		1945.12	1947.10 入党	四野九纵二十二师	副班长	1948.10 锦州战役			曾用名“郝正廷”
刘元明	男	1917	岱邱村	1945		渤海军区十四团	战士				1947 失踪追烈
李重九	男	1909	郭疃村	1937.3	1936 入党	胶东东海行署	科长	1940.10 牟平县南马石山	本村		曾用名“李潜光”

续表 30

姓　名	性别	出生年月	籍　贯	参加革命年月	入党（团）年月	牺牲时所在单位	牺牲时职务	牺牲时间地点	安葬地点	有何功绩	备　注
李孟友	男	1903	郭疃村			昌北县支前民工大队	民　工	1951 朝鲜	朝　鲜		县政府追认为“民工烈士”
李承春	男	1927	郭疃村	1945.7		西海军分区独立一团	战　士	1946 掖县粉子山	掖县粉子山		
李希九	男	1921	郭疃村	1939		八路军五支队	排　长	1940 栖霞县大阳庄	大阳庄		
李广成	男	1915	郭疃村	1945.9	党　员	第四野战军	副连长	1949 河南省麻城	麻　城		
李献三	男	1913	郭疃村	1938	党　员	鲁东游击第八支队	中队长	1939 寿光县	本　村		
李培兰	男	1917	郭疃村	1945		昌北县税务局	税收员	1946.6 本村病故	本　村		1946.6 县政府批烈
李述臻	男	1924.9	郭疃村	1947.2		第四野战军	战　士	1951.6 丹东蔡家沟	蔡家沟		
李培珊	男	1920.3	郭疃村	1939.4	1940.6 入党	昌北县大队一连	班　长	1941.2 本县角埠	本　村		
李乃华	男	1918	郭疃村	1945.10		渤海军区十四团一营二连	战　士	1947 寿光县田麻村	本　村		
李述友	男	1928.2	郭疃村	1944.2		渤海军区独立营一连一排	班　长	1947.6 寿光县稻田村	本　村		烈士墓
李述典	男	1918.2	郭疃村	1938	1939 入党	昌北县独立营二连	副指导员	1942.8 本县道照村	本　村		

续表 30

姓　名	性别	出生年月	籍　贯	参加革命年月	入党（团）年月	牺牲时所在单位	牺牲时职务	牺牲时间地点	安葬地点	有何功绩	备　注
李广洲	男	1919	郭疃村	1946.6	1942 入党	昌北县独立营二连	班　长	1946.8 本县李家埠	本　村		
陈延普	男	1910	郭疃村	1948.2		四十一军三十一师三六一团侦察连	炊事员	1949.5 湖南省长沙市	长沙市		南下途中病故 1954 批烈
李忠孝	男	1926.1	郭疃村	1947	1946 入党	第四野战军	班　长	1948 锦州战役	锦　州		
李忠信	男	1918	郭疃村	1939		昌北县大队	战　士	1939 本县柳疃	本　村		
李祥九	男	1919	郭疃村	1938		鲁东游击第八支队	战　士				失踪 1950 追烈
李官九	男	1917	郭疃村	1940		胶东五旅十四团三营	班　长	1941 海阳县万地	万　地		
李乃仁	男	1918	郭疃村	1945.7	1945.6 入党	二十七军九十四师二八一团	排　长	1951 朝鲜元山	朝　鲜		
满传家	男	1920	郭疃村	1946.6	1945 入党	南京军区水泥厂武装部	干　事	1960 南京病故	南　京		1960 南京军区批烈
李廷彬	男	1921	郭疃村	1938.2		鲁东游击第七支队六十四团	战　士	1941 淄博周村区	周　村		
温希舜	男	1921	西白塔村			昌北县支前担架队	民　工	1945.3 本县柳疃	本　村		1950 县政府批烈
温朝博	男	1912.3	西白塔村	1938.9		鲁东游击第七支队	战　士	1938.11 本县西陈村	本　村		烈士墓

续表 30

姓　名	性别	出生年月	籍　贯	参加革命年月	入党（团）年月	牺牲时所在单位	牺牲时职务	牺牲时间地点	安葬地点	有何功绩	备　注
温希谦	男	1923.9	西白塔村	1941.2		昌潍独立营	战　士	1945.2 寿光县	寿光县		曾用名“温效谦”
温立廛	男	1918.7	西白塔村	1945		第三野战军三纵队	班　长	1947.8 招远县道头			
温朝聘	男	1925	西白塔村	1944.9	1940 入党	昌南县武工队	副班长	1947.4 本县洼子村	本　村		
温希皋	男	1922.5	西白塔村	1943		第三野战军	排　长	1948.8 济南战役	济　南		
姜言美	男	1925	西白塔村	1944.1		第三野战军	通讯员	1948.1 嘉祥县	嘉祥县		烈士墓
陈贵武	男	1921.12	东白塔村	1938.1		一一五师	排　长	1941.11 潍县	潍　县		
陈延儒	男	1919	东白塔村	1947.3		志愿军二十七军二十五师	班　长				1950 在朝鲜失踪追烈
陈希刚	男	1921	东白塔村	1947.4		第九兵团九纵队	班　长	1948.9 济南战役	济　南		
陈绍相	男	1921.8	东白塔村	1942.6		志愿军二十七军	战　士	1953 朝鲜	朝　鲜		
李汝泮	男	1924.2	东白塔村	1944.5		渤海军区十四团	战　士	1948.10 河南省柳河车站	柳　河		
陈师道	男	1923.6	东白塔村	1944		铁道部队八五〇七团	班　长	1951 朝鲜	朝　鲜		

续表 30

姓　名	性别	出生年月	籍　贯	参加革命年月	入党（团）年月	牺牲时所在单位	牺牲时职务	牺牲时间地点	安葬地点	有何功绩	备　注
陈乃维	男	1924.2	东白塔村	1944.5		昌北县独立营	班　长	1948.11 本县吴家庙	本　村		
陈乃法	男	1924.7	东白塔村	1947.3		昌北县独立营	班　长	1947.12 本县褚庄	本　村		
陈乃俭	男	1925.12	东白塔村	1942.3		昌北县密埠区公所	干　部	1943.2 本县密埠	密　埠		政府批烈
陈乃宗	男	1931.11	东白塔村	1947		志愿军二十七军	战　士	1951 朝鲜	朝　鲜		
陈乃昌	男	1930	东白塔村	1945.11		志愿军二十七军	战　士				1950 在朝鲜失踪追烈
陈贵巢	男	1921.10	东白塔村	1941		昌北县一区队	班　长	1943.3 本县沟崖	本　村		
齐万普	男	1927.2	龙东村	1944.3		山东警七旅十六团一营三连	战　士	1945.8 临沂县石桥子	本　村		
齐作周	男	1916.4	齐西村	1940.2		昌北县独立营一连	战　士	1941.8 本县青乡	本　村		烈士墓
齐再田	男	1927.1	齐西村	1947.4		昌北县独立营三连	战　士	1948.4 在本村病故	本　村		1952 县政府批烈烈士墓
齐治家	男	1921.4	齐西村	1944.8		昌北县公安局	战　士	1947.9 本县十字路	本　村		烈士墓
齐宗周	男	1910.5	齐西村	1938.6		鲁东游击第八支队	连　长				失踪军人 1952.8 追烈 烈士墓

续表 30

姓名	性别	出生年月	籍贯	参加革命年月	入党（团）年月	牺牲时所在单位	牺牲时职务	牺牲时间地点	安葬地点	有何功绩	备注
齐金田	男	1913.2	齐西村	1940.3		昌北县独立营一连	战士	1941.11 本村			1941.11 在家养病被敌杀害县政府批烈
齐功田	男	1928.6	齐西村	1946.6		志愿军钢字信箱九四五〇号三支队二排	排长	1953.4 板门店战役	朝鲜		
赵玉池	男	1920	龙街村	1947		志愿军八十八师二六四团一营	战士	1951.3 朝鲜相州金谷里	金谷里		
魏贵俊	男	1921	龙街村	1945.3	1947.1 入党	三野十纵二十八师八十三团	战士	1947.6 莱芜县香山区富家村	富家村		
魏纯一	男	1925.10	龙街村	1942		三野十纵二十八师八十三团	文教干事	1947.8 寿光县八区穆扬庄	本村		烈士墓 曾用名“魏世光”
魏五洲	男	1910.2	龙北村	1938.9		昌北县独立营	战士	1946.3 本县明家部	明家部		
魏敏初	男	1896.7	龙北村	1942.4		昌北县司法科	干部	1948.6 本村病故	本村		1948 县政府批烈
魏冠太	男	1923.8	龙北村	1942.4		西海军分区二团直属四连	事务长	1944.6 本村病故	本村		1944 县政府批烈
魏含杰	男	1905.10	龙北村	1940.5	党员	清东独立团情报站	站长	1944.5 本县瓦城	本村		被敌杀害批烈
魏含泰	男	1908.2	龙北村	1939.4	党员	胶东五旅十三团	指导员	1941.4 栖霞县	栖霞		
魏凤仟	男	1912.5	龙北村	1947.10		第三野战军	战士				1948 淮海战役失踪 1960 追烈

续表 30

姓　名	性别	出生年月	籍　贯	参加革命年月	入党（团）年月	牺牲时所在单位	牺牲时职务	牺牲时间地点	安葬地点	有何功绩	备　注
魏尚岐	男	1921.2	龙北村	1941.3		胶东军区警卫团	连　长	1946.9 掖县大赵家	大赵家		
魏玉臣	男	1918.3	龙北村	1939.8	党　员	西海军分区二团直属四连	指导员	1942.7 本县马疃	本　村		烈士墓 曾用名“魏译绰”
魏介申	男	1914.4	龙北村	1936.7		第三野战军	战　士	1946.9 平度良子山	良子山		
王孟良	男	1914	王家庄子	1945		一二〇师三六〇团三营八连	战　士	1950 广东省博白县			
张怀仁	男	1926	王家庄子	1946.8		第二十七军	班　长	1949 安徽省燕湖市	燕湖市		
傅春田	男	1909	王家庄子	1942		昌潍独立营	班　长				1944 在潍县蔡家栏子战役失踪 1960 追烈
傅春芳	男	1918	王家庄子	1946.8	1945 入党	九纵二十七师八十一团	副连长				1948 淮海战役失踪 1960 追烈
张显有	男	1920	王家庄子	1943		昌潍独立营	战　士				1943 在鲁中南失踪 1960.7 追烈
赵悦仓	男	1917	王家庄子	1940.3		胶东五旅十四团	战　士				失踪军人 1960.7 追烈
孙康令	男	1920	王家庄子	1939.3		胶东五旅十四团	副排长				失踪军人 1960.7 追烈
赵成宗	男	1921	王家庄子	1940		胶东五旅十四团	班　长				失踪军人 1960.7 追烈

续表 30

姓　名	性别	出生年月	籍　贯	参加革命年月	入党（团）年月	牺牲时所在单位	牺牲时职务	牺牲时间地点	安葬地点	有何功绩	备　注
戚锡善	男	1926	王家庄子	1942. 3		昌潍独立营	战　士	1944. 7 潍北蔡家兰子	本　村		
张振亮	男	1926	王家庄子	1946. 6		昌潍独立营	班　长	1949. 11 西海军区医院病故			1950 追烈
魏考令	男	1904	油坊村		1941. 3 入党	油坊村	支部书记	1946 本村	本　村		1946 伤口复发牺牲 1950. 7 省府批烈
魏莒洲	男	1925	油坊村	1941. 8		胶东五旅	战　士				1945 失踪 1950 追烈
齐崇礼	男	1907	油坊村	1941		昌北县独立营	战　士				1942 失踪 1960 追烈
魏连信	男	1911	油坊村	1938		昌北县独立营二连	战　士	1941 本村沟崖	本　村		烈士墓
魏鸿富	男	1924. 11	油坊村	1945	1945 入党	昌北县卜庄区营子学校	教　师	1947. 10 本县武兰村			常备担架队的负责人政府批烈
孙善积	男	1918. 4	沙岭子村	1938. 4	1940 入党	胶东军旅十四团三营	排　长	1940 栖霞	栖　霞		
孙廷岗	男	1921. 3	沙岭子村	1938. 3	党　员	胶东军旅十四团五营	班　长	1941 掖县高王山	高王山		
孙希忠	男	1920. 7	沙岭子村	1941. 3	1943 入党	志愿军	连　长	1950. 11 朝鲜	朝　鲜		
孙桂密	男	1923. 4	沙岭子村	1943. 7	党　员	昌潍独立营一连	副班长	1944 寿光县黑庄子	本　村		

续表 30

姓名	性别	出生年月	籍贯	参加革命年月	入党（团）年月	牺牲时所在单位	牺牲时职务	牺牲时间地点	安葬地点	有何功绩	备注
李祥贞	男	1918.10	沙岭子村	1942.6	1943 入党	昌北县独立营二连	班长	1943 本县白塔村	本村		
陈玉宗	男	1924.3	石桥村	1946.5	1945.11 入党	西海军分区二团二营九连	班长	1948.12 平度县	本村		
魏立同	男	1926.8	石桥村	1943.3	1944 入党	西海军分区十四团	排长	1948.8 济南战役	济南		
魏满贵	男	1922.5	石桥村	1943.3		昌北县独立营	战士				1943.8 失踪 1950.7 追烈曾用名“魏信明”
魏立茂	男	1910.3	石桥村			昌北县支前担架队	民工				1947 平度失踪 1950 追烈
姜曰瑞	男	1924.7	石桥村	1946.5		渤海军区十四团	战士	1948.8 济南战役	济南		
魏虎奎	男	1926	石桥村	1942.4		胶东五旅训练班	战士	1943 栖霞县牙山	牙山		
魏万经	男	1911	石桥村	1939		胶东五旅交通营	战士				1947 失踪 1950.7 追烈
王有哲	男	1922	果园村	1944.2		三野十纵二十八师八十三团二营五连	班长	1946.7 昌乐县尧沟车站	本村		
刘述堂	男	1915.5	果园村	1939.4		胶东五旅十三团	战士	1941.5 栖霞县	栖霞		
刘述勤	男	1910	果园村	1939.4		胶东五旅十三团	班长	1941.5 栖霞县	栖霞		

续表 30

姓　名	性别	出生年月	籍　贯	参加革命年月	入党（团）年月	牺牲时所在单位	牺牲时职务	牺牲时间地点	安葬地点	有何功绩	备　注
毕恒玉	男	1913.6	马渠村	1944		昌潍独立营	战　士	1946.9 本县李埠村	本　村		
魏振栋	男	1924.9	马渠村	1940.2	1941 入党	渤海军区武工队	战　士	1944.3 潍县吴家	本　村		烈士墓
姚显光	男	1921	马渠村	1939.5	1939 入党	昌北县委南下大队	宣传队长	1949 河南省怀阳	怀　阳		曾用名“魏振英”政府批烈
魏怀有	男	1909.7	马渠村	1939.3		昌北县独立营	战　士	1946.7 本县十字路	本　村		
姜维禄	男	1921.2	马渠村	1942.3		第三野战军	卫生员	1947.9 长清县	本　村		烈士墓
陈忠三	男	1902	马渠村	1939.2	党　员	胶东五旅	战　士	1942 海阳县郭城	郭　城		
陈永政	男	1925.7	马渠村	1945		四野前线兵站	站　长				哈尔滨失踪 1947 追烈
魏　八	男	1923	马渠村	1938		胶东五旅	战　士	1942 海阳县郭城	郭　城		
魏刚年	男	1921	马渠村	1942		渤海军区十四团	战　士	1946 黄县	黄　县		
魏汝干	男	1900	马渠村	1938	1938 入党	中共昌北县委	组织部长	1942.10 本村	本　村		1942 批烈
盛永山	男	1925.9	马渠村	1940.2		昌北县独立营	战　士	1944 潍县蔡家兰子	本　村		烈士墓

续表 30

姓　名	性别	出生年月	籍　贯	参加革命年月	入党（团）年月	牺牲时所在单位	牺牲时职务	牺牲时间地点	安葬地点	有何功绩	备　注
姜智先	男	1927.2	马渠村	1946.2		三野九纵队	卫生员	1948.3 徐州	徐　州		
董兆庆	男	1924	马渠村	1943		昌北县独立营	班　长	1943.9 本县棋盘地	棋盘地		烈士墓
姜占先	男	1920.10	马渠村	1941.11		昌北县公安局	排　长	1943.3 掖县土山	本　村		
姜维祺	男	1902.11	马渠村	1940	1940 入党	马渠学校	教　员	1943.12 本村	本　村		为掩护我工作干部牺牲，批烈，烈士墓
姜兰先	男	1926.4	马渠村	1940.2		昌北县一区队	战　士	1940.8 本县十字路	本　村		烈士墓
陈永介	男	1925	马渠村	1944.2		三野十纵八十三团	排　长	1948.5 河南省南阳县	南阳县		
魏汝顿	男	1925.10	马渠村	1946	党　员	昌北县独立营	战　士	1947 潍县东芝庄	本　村		
魏　祥	男	1923.2	马渠村	1939.7		胶东五旅特务连	战　士	1941.11 本县杨家部	杨家部		烈士墓
姜慈先	男	1923.5	马渠村	1940.4		胶东五旅	战　士	1943.10 栖霞县	栖　霞		
盛永法	男	1903	马渠村	1938		八路军山东纵队	战　士	1940 沂水县牺牲	沂水县锁头村		
姜维考	男	1925.5	马渠村	1945.4		二十七军七十九师二三五团一营六连	班　长	1951.11 朝鲜	朝　鲜		

续表 30

姓名	性别	出生年月	籍贯	参加革命年月	入党（团）年月	牺牲时所在单位	牺牲时职务	牺牲时间地点	安葬地点	有何功绩	备注
姜维聪	男	1921.6	马渠村	1947.3	党员	九纵二十五师七十四团一营一连	班长				1947 平度县三合山失踪 1960 追烈
姜爱先	男	1931.7	马渠村	1947.3		九纵二十五师七十四团一营一连	战士	1947.9 平度三合山	三合山		
陈怀玉	男	1929.3	马渠村	1947.3		三野九纵二十五师七十四师一营一连	战士	1947.9 平度三合山	三合山		
魏立信	男	1925.2	马渠村	1939.2	1940 入党	胶东五旅	连长	1948 潍县战役	潍县		
魏增连	男	1919	马渠村	1942.2	1942 入党	昌北县独立营二连	排长	1944 本县十字路			烈士墓
魏振恩	男	1923.3	马渠村	1941.2	1940 入党	胶东抗大学校	战士				1941 失踪追烈，烈士墓
魏振富	男	1923.9	马渠村	1941.1	1942 入党	昌北县独立营	班长	1943.6 潍县蔡家兰子	本村		烈士墓
吴奎文	男	1911.6	马渠村	1937.10	1937 入党	鲁中三军分区司令部	副参谋长	1946.7 蒙阴县汶上区	汶上区		另填有著名烈士英名录
魏汝栋	男	1905	马渠村	1924	党员	中央三机部	部长	1958.12 西安飞机厂	西安		另填有著名烈士英名录
陈济民	男	1911.2	马渠村	1943	党员	济南市人民武装部	副政委	1980.5 济南病故	济南		曾用名“魏汝桂” 1980 批烈 另填有著名烈士英名录
盛永深	男	1927.5	马渠村	1941.10	党员	西藏军区九三九六部队	副团长	1963 西藏宗巴县	县烈士陵园		另填有著名烈士英名录

续表 30

姓　名	性别	出生年月	籍　贯	参加革命年月	入党（团）年月	牺牲时所在单位	牺牲时职务	牺牲时间地点	安葬地点	有何功绩	备　注
姜　忠	男	1913.6	马渠村	1940.4	党　员	省军区政治部	协理员	1972 潍坊病故	潍　坊		1972 批烈 另填有著名烈士英名录
姜　爱	男	1921	马渠村	1939	党　员	中共昌北县委组织部	部　长	1940 大院牺牲	本　村		曾用名"魏效聪"烈士墓
姜曰道	男	1916	马渠村	1939	党　员	泰安军分区	科　长	1974 泰安病故	泰　安		另填有著名烈士英名录 1974 批烈
魏传舜	男	1913.3	马渠村	1943	党　员	三十二军九十四师二团	参　谋	1950.12 朝鲜	朝　鲜		
魏传金	男	1921.7	马渠村	1938		胶东军区六十五团一营二连	战　士	1940 招远县	本　村		
魏成森	男	1924.9	马渠村	1941		三野后勤部通讯连	连　长	1947.6 临沂县	临　沂		
姜曰师	男	1920.5	马渠村	1945		第四野战军	连　长	1948.8 河北省	河北省		
王增全	男	1899.6	王范庄村			昌北县支前大队	民　工	1947.9 平度县小合子	本　村		1950 批烈
范德隆	男	1920.2	王范庄村	1939.10		昌北县独立营一连二排	副排长	1942.11 本县杨家部	杨家部		
张和文	男	1887.2	王范庄村	1937.1		鲁东游击第八支队	战　士	1939.4 黄县黄山馆病故	本　村		1950.4 批烈
张洪太	男	1895.8	王范庄村	1939.10		胶东军区十四团一营一连	战　士	1941.5 海阳县楼底村	楼底村		

续表 30

姓　名	性别	出生年月	籍　贯	参加革命年月	入党（团）年月	牺牲时所在单位	牺牲时职务	牺牲时间地点	安葬地点	有何功绩	备　注
张洪江	男	1916.12	王范庄村	1939.11		胶东军区十四团交通营三连	班　长	1942.9 诸城县窝乐村	窝乐村		
王有斌	男	1912.4	王范庄村	1939.11		昌北县独立营一连	战　士	1941 本县棋盘地	本　村		
张洪基	男	1904.3	王范庄村	1938.3	1939.10 入党	昌北县政府	国救会长	1948.5 本县城病故	本　村		曾用名“张建功”县政府批烈
张若良	男	1916.10	王范庄村	1949.2		第四野战军					1950.3 失踪 1951.3 追烈
范述雷	男	1926.1	王范庄村	1947.3		三野九纵二十五师二三四团三营九连	战　士				1948.10 江苏省碾庄失踪 1960 县政府追烈
张和勤	男	1915.2	王范庄村	1938.3	党　员	胶东五旅十四团一营	教导员	1946.2 黄县龙口	龙　口		
张曰财	男	1918.11	王范庄村	1938.11		胶东军区十四团一营	班　长	1940 掖县朱桥村	朱桥村		
张洪绪	男	1893.2	王范庄村	1937.1		八路军山东纵队五支队	班　长	1939.11 沂水病故	沂　水		县政府批烈
王增祥	男	1907.2	王范庄村			昌北县支前大队	民　工	1947.9 平度县小合子村	本　村		政府批烈
王有堂	男	1930.3	王范庄村	1947.3		昌北县武工队	战　士	1947.8 本县吴家庙	本　村		
范德仁	男	1899.2	王范庄村	1939.11		昌北县独立营二连	战　士	1942.3 本县大窑村	大窑村		

续表 30

姓名	性别	出生年月	籍贯	参加革命年月	入党（团）年月	牺牲时所在单位	牺牲时职务	牺牲时间地点	安葬地点	有何功绩	备注
王有杰	男	1919.1	王范庄村	1939.11		胶东军区十四团一营二连	班长	1942.3 海阳县郭城	郭城		
张洪宝	男	1917.8	王范庄村	1939.6		昌北县独立营一连	班长	1941.3 本县棋盘地	本村		
范述章	男	1924.11	王范庄村	1939.11	党员	胶东军区十四团一营二连	副指导员				1944.12 栖霞失踪追烈
张洪柱	男	1906.4	王范庄村	1937.2		八路军山东纵队	班长	1939.6 潍县西泊子	西泊子		
徐其浩	男	1927.9	瓦东村	1942.3		渤海军区十四团直属连	战士	1945.5 寿光县牛头镇	本村		
赵忠苞	男	1931	瓦东村	1947.9	党员	二十七军特务团三营机炮连	战士	1951.5 朝鲜上甘岭	朝鲜	立三等功一次追记特等功	另填有著名烈士英名录
赵常利	男	1926.3	瓦东村	1947.2		三野第九纵队辎重连	排长	1949.5 江苏省陆家塘	陆家塘		
王凤仁	男	1919.3	瓦东村	1947.2		昌北县独立营	战士	1948.7 潍县寒亭	本村		烈士墓
赵常江	男	1918	瓦东村	1942.7		昌北县独立营	战士	1944.1 本县城	本村		
王振云	男	1924.8	瓦东村	1939.1		渤海军区十四团	副连长	1947.8 阳谷县	阳谷县		

续表 30

姓　名	性别	出生年月	籍　贯	参加革命年月	入党（团）年月	牺牲时所在单位	牺牲时职务	牺牲时间地点	安葬地点	有何功绩	备　注
王锡名	男	1919.8	瓦东村	1943.2		第四野战军	连　长	1948.8 吉林省四平市	四平市		
赵元考	男	1919.2	瓦东村	1942		第四野战军	战　士				1948 失踪 1960 追烈
王锡浪	男	1929	瓦东村	1946.3		二十七军八十师二三八团三营六连	战　士				1951.5 朝鲜失踪 1962 追烈
徐孝文	男	1930	瓦东村			瓦东村	民　兵	1951.2 县公安局	本　村		看管犯人被害 县政府批烈
朱凤新	男	1916	利渔村	1939.10		胶东军区十三团四连	连　长	1943 平度县大泽山	大泽山		
王永湖	男	1917	利渔村	1940.5		第三野战军第九纵队	连　长	1947 益都车站	益　都		
王长明	男	1916.4	利渔村	1942.4	1943 入党	渤海军区爆炸排	排　长	1947 寿光县寒桥	本　村	立二等功一次	另填有著名烈士英名录
徐清章	男	1920	利渔村	1938.4		鲁东游击第八支队	指导员	1946 莱芜县	莱芜县		
徐学泮	男	1918	利渔村	1940.4		西海军分区独立团教导队	排　长	1943 寿光县杨家楼	本　村		
孙法怀	男	1922	利渔村	1947.3		三野九纵二十四团三营七连	班　长	1947 平度县三合山	本　村		
徐学胜	男	1922	利渔村	1947.3	党　员	沈阳军区二〇三部队	副团长	1967 四川省万县			另填有著名烈士英名录 执行任务长江沉船牺牲部队批烈

续表 30

姓　名	性别	出生年月	籍　贯	参加革命年月	入党（团）年月	牺牲时所在单位	牺牲时职务	牺牲时间地点	安葬地点	有何功绩	备　注
孙法忠	男	1921.3	利渔村	1940.8	1939 入党	西海军分区司令部警卫排	班　长	1942.12 掖县刘家	刘家南山		
赵立凯	男	1911	瓦西村	1940	党　员	第四野战军	连　长	1945.10 鞍山市	鞍　山		1945 被敌杀害 1965 内务部追烈
赵锡铁	男	1927	瓦西村	1941		志愿军	战　士	1953 朝鲜	朝　鲜		
赵锡浩	男	1920	瓦西村	1938.9		胶东军区十四团	战　士	1939 栖霞县	栖霞县		
赵锡考	男	1921	瓦西村	1944.8		渤海军区直属团二营	班　长	1946.4 寿光县侯镇	本　村		
赵炳强	男	1926	瓦西村	1944.4		山东军区五师十三团一营二连	战　士	1946.12 寿光县三甲	三　甲		
赵炳干	男	1923	瓦西村	1943	1943.10 入党	昌潍独立营一连	战　士	1945.2 本县长流埠	本　村		烈士墓
赵立秀	男	1913	瓦西村	1943	1947 入党	昌北县夏店三小	校　长	1947 本县夏店村	本　村		烈士墓 县政府批烈
赵凤辉	男	1922	瓦西村	1940.2		昌潍独立营	战　士	1943 掖县粉子山	粉子山		
王洪泉	男	1923	瓦西村	1939		昌北县第九区公所	区　长	1940 本村北门外	本　村		1941 县政府批烈
于光德	男	1921	瓦西村	1938.7		八路军山东纵队一支队	排　长				失踪军人 1960 追烈

续表 30

姓　名	性别	出生年月	籍　贯	参加革命年月	入党（团）年月	牺牲时所在单位	牺牲时职务	牺牲时间地点	安葬地点	有何功绩	备　注
赵立宁	男	1907	瓦西村	1938		鲁东游击第七支队	班　长	1938.10 淄博市周村	本　村		
赵建峰	男	1906	瓦西村			昌北县支前担架队	民　工	1947 本村	本　村		伤口复发牺牲县政府批烈
孙广希	男	1905.5	瓦北村	1938.5		昌北县武工队	战　士	1940 本县瓦城	本　村		
孙汉三	男	1890.1	瓦北村	1938.1	1938 入党	中共昌北县委	县委书记	1939.9 本村	本　村		烈士墓 曾用名“孙朋杰” 另填有著名烈士英名录
陈希言	男	1924.2	瓦北村	1939.11		昌北县独立营二连	战　士	1942.3 本县小河南	本　村		
傅希堂	男	1918.4	瓦北村	1938		昌北县独立营二连	连　长	1942.6 本县杨家部	本　村		烈士墓 曾用名“傅秀尧”
孙其平	男	1912.3	瓦北村	1939.9		渤海军区独立团二营三连三排	排　长	1945 寿光县	本　村		
孙传瑞	男	1919.5	瓦北村	1938.7		昌北县独立营二连	战　士	1939.9 本县永安	本　村		
孙其智	男	1908.7	瓦北村	1944.9		四野十三师三六三团六连	班　长	1947 辽宁省新民县安福屯	安福屯		
傅正经	男	1906.9	瓦北村	1940.4		第四野战军	营　长				1948 黑龙江五常县战役失踪 1950.3 追烈
于春迎	男	1904.2	瓦北村	1938.2		鲁东游击第七支队一大队	战　士	1938.3 本县柳疃	本　村		烈士墓

续表 30

姓　名	性别	出生年月	籍　贯	参加革命年月	入党（团）年月	牺牲时所在单位	牺牲时职务	牺牲时间地点	安葬地点	有何功绩	备　注
赵春阳	男	1915.3	瓦北村	1942.8		昌北县独立营	战　士	1943.6 本县瓦城北	本　村		
陈培慈	男	1925.12	瓦北村	1940.8		昌北县独立营二连	战　士	1945.6 招远县医院病故	本　村		县政府批烈
傅永烈	男	1917.3	瓦北村	1942.1		昌北县税务管理局	管理员	1943.11 本县下营	东　冢		县政府批烈
傅永春	男	1901.10	瓦北村	1938.1	党　员	昌北县武工队	联络员	1945 寿光县	本　村		烈士墓 曾用名“傅元生”
于春增	男	1908.10	瓦北村	1938.8		昌北县独立营	战　士	1939.9 本县渔埠	本　村		
傅文礼	男	1924.1	瓦北村	1947.3		昌北县武工队	战　士	1947 本县吴家庙	本　村		
孙传法	男	1919.5	瓦北村	1938.4	党　员	鲁东游击第七支队	连　长	1940.7 栖霞县桃村	桃　村		
孙居显	男	1906.7	瓦北村	1941.2		昌北县独立营	战　士				1943 在寿光失踪 1950.4 追烈
孙明岐	男	1929.11	瓦北村	1947.5		志愿军	战　士	1950.10 朝鲜	朝　鲜		
傅正治	男	1924.4	瓦北村	1940.8		西海军分区指挥部武工队	战　士	1947.9 本县兴福	本　村		
魏尚荣	男	1925.5	魏西村	1943.5		昌北县独立营五连	战　士	1943.6 本县大窑	本　村		

续表 30

姓　名	性别	出生年月	籍　贯	参加革命年月	入党（团）年月	牺牲时所在单位	牺牲时职务	牺牲时间地点	安葬地点	有何功绩	备　注
徐良述	男	1921.9	后徐家庄村	1942		昌北县独立营二连	战　士	1942.6 本县杨家部	本　村		烈士墓
徐圣贤	男	1928.9	后徐家庄村	1946		第四野战军四十二军一二五师	战　士				失踪军人 1962 追烈
赵立波	男	1927	西邓家庄村	1943.4		昌北县九区中队	战　士	1944.5 本县王范庄	本　村		曾用名“赵功德”
邓洪福	男	1928	西邓家庄村	1946		第四野战军	战　士	1948.8 四平战役	四　平		
姚安公	男	1914.6	姚瓦街村	1941		昌北独立营	班　长	1944.8 本县李家泊子	本　村		烈士墓 曾用名“姚国忠”
姚兴玉	男	1922.7	姚瓦街村	1943.2	党　员	第四野战军九纵队	排　长	1948.9 河南省南阳县马流营	马流营	追记二等功	另填有著名烈士英名录
孙学效	男	1923.11	孙家庄村	1941.4		昌北县独立营	战　士	1942.9 寿光县榆树园子	榆树园子		
魏文波	男	1925.6	孙家庄村	1941	1941 入党	胶东五旅十四团一营三连三排	班　长	1942.3 海阳县淤山	淤　山		
张学善	男	1914.2	孙家庄村	1940.4		胶东五旅十四团	班　长	1941.2 海阳县郭城	郭　城		
孙永维	男	1910.3	孙家庄村	1939.5		胶东五旅	副连长				黄县城西关战役失踪 1960 县政府批烈
孙洪海	男	1918.2	孙家庄村	1947.3	1941 入党	九纵二十五师七十四团二营机枪连	战　士	1947.8 平度县三合山	三合山		

续表 30

姓　名	性别	出生年月	籍　贯	参加革命年月	入党（团）年月	牺牲时所在单位	牺牲时职务	牺牲时间地点	安葬地点	有何功绩	备　注
孙洪斗	男	1925. 1	孙家庄村	1943. 3	1948 入党	第三野战军十纵队二十八师	班　长	1948. 7 河南省杞县	杞　县		
范含铨	男	1927. 1	泊子村	1944. 12		胶东军区十四团交通三营	班　长	1945. 10 即墨县灵山	即墨县毛戈庄		
范百奎	男	1921. 10	泊子村	1945. 1		泊子村		1957. 10 潍坊中心医院	本　村		因伤口复发牺牲 1957. 10 批烈
姜乃胜	男	1923. 9	泊子村			泊子村	民　兵				伤口复发牺牲县政府批烈
姜文希	男	1915. 11	泊子村	1941. 6		胶东军区独立三营	战　士				1941. 11 失踪 1960. 7 追烈 曾用名“姜林昆”
王成周	男	1913. 10	泊子村	1946. 6		胶东五旅十三团	战　士				1949. 10 失踪 1964. 8 追烈
姜海环	男	1924. 3	泊子村	1945. 2	1944. 4 入党	昌北县独立营	班　长	1945. 10 潍县朱里	本　村		
王法善	男	1932. 7	泊子村	1949. 2		济南军区警备司令部	通讯员	1949. 6 南京	本　村		
陈传忠	男	1915	北白塔村	1938		鲁东游击第八支队特务队					1942 蒙阴县失踪 1950 追烈
陈朋慈	男	1906	北白塔村	1942		昌北县独立营二连	班　长	1943. 6 本县堤河	本　村		烈士墓
陈聚芝	男	1916	北白塔村	1941. 7		昌北县独立营二连	班　长	1943. 6 本县堤河	本　村		烈士墓

续表 30

姓名	性别	出生年月	籍贯	参加革命年月	入党（团）年月	牺牲时所在单位	牺牲时职务	牺牲时间地点	安葬地点	有何功绩	备注
陈秀荣	女	1935.6	北白塔村	1952.8		〇〇二四部队一支队女生连	战士	1954.7 新疆海东县	海东县小教场公墓		
陈云芳	女	1933	北白塔村	1950		天成部队卫生处	战士	1952 新疆			1953 批烈
陈龙飞	男	1912.11	北白塔村	1938	1938 入党	胶东五旅六十四团	团长	1939.4 招远县金矿	本村		另填有著名烈士英名录
陈嘉驹	男	1931	北白塔村	1947	党员	炮兵部队高射炮团一营二连	战士	1949 南京市江宁县	江宁县		
陈光进	男	1929.10	北白塔村	1947		二十七师八十一团	战士	1948 周村区	周村		
陈功俊	男	1923	北白塔村	1942		昌北县公安局	战士	1946 本县十字路	本村		烈士墓
陈恒爽	男	1921	北白塔村	1942		昌北县公安局	战士	1946 本县十字路	本村		烈士墓
陈朋祥	男	1912	北白塔村	1938		鲁东游击第八支队特务队					1942 蒙阴县失踪追烈 烈士墓
陈占一	男	1916	北白塔村	1938		鲁东游击第八支队特务队					1942 在蒙阴失踪追烈

根据 1981 年昌邑县人民政府编辑的《山东省昌邑县革命烈士英名录》收录龙池镇籍革命烈士 239 名。

艺 文

诗 歌

孙庙奇槐歌

孙庙嵯峨北海际，不知经历几千岁。
郁葱佳树气凌云，中有双槐尤绝世。
右者蹲踞似秃鹫，短羽纷披身孤锐。
又如春雷惊蛰起，头角淋漓金虬锐。
其一俯看臃肿形，碎裂枯朽疑无生。
忽然横干直东走，盘曲纠结互钩萦。
大枝折迭迷纷错，小枝伸缩倍多情。
層罗结盖生娟媚，别构一局若砖城。
神车升降九天下，灵旗肃肃驰风马。
细叶疏枝鸟怯栖，声光赫濯柯条写。
闻道钟灵古庙先，附条託质太始年。
天定神功食兹土，故教异质肇幽元。
却笑世人竞饶舌，空叹此树真奇绝。
谁知地底盘老根，自然终古凌霜雪。

（清人盐政厅 郭维本）

奇槐诗

（一）

孙子祠槐枝干苍，玲珑蟠屈透晴光。
叶浓九夏云屯绿，花落三秋雨点黄。
一代威名雄战国，千年风景萃都昌。
里人漫说擒龙事，且坐清荫趁举觞。

（御史邑人 孙梦豸）

（二）

将军祠宇海之隈，鸟迹盈阶半绿苔。
人自屠龙归去后，槐枝盘结更奇哉。

（邑廪膳生 邢有恒）

（三）

奇枝夭矫驾双龙，应有神工造化通。
皴老曾沾秦汉雨，根深饱历海天风。
当年事业惊诸国，此日炉烟福二东。
莫道屠龙皆幻说，即留一木尚奇雄。

（邑令 党丕禄）

（三）

千年奇树叱双龙，鳞甲皴皴内自通。
插地似应连岛屿，蟠空漫欲傲霜风。
壮犹已迈先秦上，祠庙还巍瀚海东。
岁岁鄗人香火远，宁徒梁魏逊豪雄。

（邑贡生 李肇林）

（四）

孙子祠堂岁祀供，双槐夭矫绿荫浓。
千年老干宜翔鹤，百尺虬枝已化龙。
勋业昔时消作梦，神灵此日会能通。
溟沧一望墩台远，为奠波涛巩旧封。

（邑令盐官 许全临）

（五）

古祠何事夸当世，槐影于今错节奇。
夭矫天工非力作，玲珑物性借神私。
七雄已历荣枯叶，百世还同卷曲枝。
翠壁华檐乐看汝，风唐雨汉阅多时。

（邑庠廪生 宋明翰）

（六）

高干扶疏越样奇，屠龙犹想旧兵师。
一时韬略传青史，千载风霜老碧枝。
恍似长蛇交击应，愧同细柳漫披离。
当时休怪怜才少，留取英灵草木知。

（邑令 刘育杰）

（七）

功成当日此分封，犹有双槐覆荫浓。
事业漫嗟蚁穴梦，枝柯直似宋宫龙。
云屯古殿栖凉月，声入长廊续暮钟。
料是谋猷施未尽，灵依草木示奇踪。

（邑令 周来邰）

（八）

古树何年留异踪，森森露井尽槐封。
皮皴已与碑同篆，干屈岂惟人似龙。
羽盖排空荫渤海，灵根盘地奠芙蓉。
深藏羞并群才植，独据紫垣第四重。

（邑人 陈之枫）

（九）

庙貌巍然海色侵，双槐雄秀气森森。
虬龙卧地苍根老，蜿蜒蟠空碧盖深。
七国已惊奇出业，千秋犹见纵横心。
沧桑几历筹添屋，惟有袍晖真到今。

（邑人 魏养本）

（十）

孙庙苍苍霭暮烟，令人遥思汉唐先。
萧森松柏朱门外，层叠山川碧槛前。
齐国奇功五万灶，一生神策十三篇。
英灵海外今何在，俎豆犹然到玉筵。

（县丞 高嵩）

（十一）

谁言孙子庙已空，奇槐郁郁绕寝宫。
瓦城自古留遗迹，表繁黎兹想烈风。
漫道虬枝亢挺秀，应思驭陵共称雄。
至今伟绩垂青史，一柱香烟报骏功。

（廪贡生 孙玉树）

（十二）

考此槐不记年载，相传先槐后庙。而庙亦不知建自何年时，详考碑记惟宋熙宗时所立者为至远。然亦系重修则此庙之建未必自宋始，而槐之由来更不知从何朝代矣。余今年八十有六，为童子时犹见两株，所脱之胎大俱合抱，后为风蚀雨煮渐就衰残。西胎被道人伐以供炊，光绪时东胎仅存余休甚为可惜，此槐奇之不奇，其干枝拳曲而奇。其能脱骨换胎神乎！神乎！洵为吾邑八景之一矣。为赋数韵聊以记脱胎之及见云尔。

（摘自现存原始石刻）

天赐双槐迈迹奇，盘旋相顾尽枝枝。
深根瑞结风难妒，瘦骨灵凭寿靡期。
曲折千条惊积蚓，蜿蜒万叠误蟠螭。

两胎若问几回脱，野老闲谈俱不知。

（瓦城 孙际凤）

陈干诗四首

渡淮

淮水花天际，将军脱战衣。
两河父老在，望断汉家旗。

渡江

风高江水急，一帆压狂流。
百战山河壮，横刀斩敬酋。

题山海关

坚城不守作降城，三百年来碧血横。
大好神州霸气尽，无人再勒燕然铭。

晚成

云龙山顶月初高，雨后轻寒锁战袍。
恨不边关策猎马，呕心恐负壮年刀。

以上摘自《倥偬集》

无题

路子不能半途改，刀山火海不变心。
汉三不惜头颅费，愿为革命献终身。

龙池镇二十七村诗

孙家小楼马渠旁，石桥弯弯通油坊。后院泊子能养鱼，前庭果园花正香。东邻王范迎日出，西域营子送暮阳。二甲兵丁沙岭外，三龙齐聚岱邱旁。郭氏拥有百里疃，魏家种地到西乡。白塔之巅西北望，瓦城姚街呈瑞祥。大海茫茫唯利渔，芦苇深处是王庄。纵横二百五十里，大小二十七村庄。乡风淳朴人忠厚，吾辈发小皆同乡。龙乡子弟多才俊，颂我家乡美名扬。

（作者 无名氏）

唱 词

瓦城的鬼子来抢粮

龙池街，南北长，瓦城的鬼子来抢粮。拖拖拉拉出了发，狗仗人势进了庄。进了庄，分了帮，劈开门，砸了窗，揭开柜子揭开箱，硬说八路里面藏。敞开橱，拉抽屉，老百姓身上乱抠搜。老百姓，真苦恼，钱花净，地卖了，安稳日子不能保，一心想要把仇报。

日本鬼，害人民，屠杀奸淫中国人。青年们，气昂昂，一心要把兵当，穿军装，带钢枪，子弹袋子背肩上，一心活捉日本鬼，为了祖国来争光。

打龙池

郑连长，气昂昂，带领队伍冲进庄。发现敌人下命令，同志们一齐开了枪。吭啊吭啊的手榴弹，哒哒哒哒的机关枪。同志们，向前冲，好似猛虎捕绵羊，拖大炮，扛机枪，活捉汉奸一大帮，活捉鬼子整三个，岗森龙大还有青山小队长。

老百姓，实为难，鬼子反了整八年。汉奸

鬼子刚打退，怎么又来了些国民党。生活真是瞎胡混，日子过得也没有劲。庄中净是些贪污事，保长的日子有外来的劲，翻盖了房子置上了地，娶了个老婆没费事。

这些事且不言，再把八路谈一谈。待打仗，冲上前，听说打仗过新年。枪法好，打的欢，机枪大炮得若干。老百姓一看心里欢，个个扛着镢和锹，砰砰啪啪的拆据点，笑嘻嘻的面朝天，从今不用逃，不用颠，给养使费省若干。不受气，不受穷，咱不能好了疮疤忘了疼。青救会，妇救会，农救会，职工会，咱齐慰劳，慰劳上猪，慰劳上羊，慰劳上袜子百八双，绢绸手巾一百打，绣上个字，扎上个花，不叫同志他想家，不想他爹，不想他妈，不想他绣房一朵花，勇往直前把敌杀。

碑　文

顺治二年孙子庙重修碑记

古来能御大灾则祀之，能捍大患则祀之，以劳定国则祀之，仰惟子固齐之屏藩也，胸藏韬略心怀忠直，兵书十三篇绳其祖武，又复从学于鬼谷先生，故运筹帷幄中，决胜千里外。当桂陵一战，赵国赖以不坠，马陵一役，韩人恃以无恐，救邻之灾，恤邻之患，并能使临淄即墨闻七万户之众，毫无荼毒，功德之赫赫，一时者自足昭昭千古也。况功成自退，道修闾山，至岁余而人忽不见，或以为度之而出世矣。抑知其神化不可测乎，所以绵延至今，崇祀不绝，香烟不断，每逢月正驾出旬宣远迩，士女瞻拜尊颜，盖以感之深斯敬之切也。兹于癸未春正月，约善士信人共结香社，建此贞珉，永垂祀典，以誌不忘云。

嘉庆二十五年孙子庙重修碑记

升平郡王庙，规模宏壮，宫殿巍峨，由来旧矣，其右则王母宫，太山行宫，盘亘而矗立焉，顾年所多历，渐就倾圯，岁在甲戌春月由赵公振文，慨然兴领袖之思，爰与众善协力同心，鸠庀财搬运先于比闾施舍，覃及远方，遂于二十年，寝殿换椽倒陇，并重修太山殿夹陇，重修王母宫，重修二门。二十一年重修太子公主二殿，重修捲棚大门，换椽倒陇。二十三年并建土地祠，其壁涂丹垩金漆雕镂书画，莫不与时并举，靡费三千有余，越七载而诸功告竣，赵公嘱余为文以记之，余谓功烈之昭著，神圣之曜德耳。前人述备矣，姑略而不书，惟此日功作之繁与费用之多，不可不纤悉记之，使后之作者继往开来之不易云。

授富国场正堂加三级记录五次广东何瑞太撰（嘉庆二十五年二月清明立）

道光二十五年孙子庙重修碑记

瓦城村之有孙子庙古刹也，庙有奇槐载在邑乘为本县八景之一。考孙子建功于齐，食邑于鄐。鄐人惠之而为之立庙，礼所谓有功德于民利记。孙子庙之立者在汉唐以前，而旧碣可考，祀延其盖稽其旧碣所载，则自宋元明以来，历代重修沾……时即俱此规模，祁拂历次重修，孙子俱有灵迹，而逢人力所不能办，而神自致诸善，当年道光鬼谷出而救世者也。前此重修在嘉庆二十三年，迄今数十年又渐就剥落，赵公含林倡议修补正殿，新其栋宇两庑，复加涂茨，而大门五辟咸烦观瞻同是，志其年月日。于石之阳面并助缘领袖姓名，于石之阴面以为后来考观。是为志。

光绪十一年孙子庙重修碑记

瓦城社古鄄邑也，尝考，孙子食封于鄄，(抚)部人多惠闓，生则沾其泽，没则被其恩。而不能忘我鄄人之庙而祀焉，有自来矣，况稽旧碑所载，道光己酉，经含琳赵公董其事，洎乎同治壬申，复经梦璲赵公总其成，尔来十有余年矣。栋宇渐就倾圮，丹碧亦归惨淡。众方以为忧，梦璲公暨吾社好义诸君子，再倡修之，督料鸠工，鸿光于是重焕。记曰，有其举之莫敢废也，其诸公之谓乎？兹告竣，爰勒于石，为后之乐善者劝。

民国孙子庙重修碑记

昇平郡王庙创建有自来矣，考之孙子建功于齐食邑于鄄。鄄人共霑其恩泽，故立之庙而祀焉。盖稽其旧碣所载则宋元明以来历代重修。自同治壬申经梦璲赵公因其旧制复加修之历有年所矣，岁月浸深，栋宇渐就倾圮，众皆以为忧。际可孙公昼夜筹划以为已任，暨吾社诸公倡议修补正殿、寝宫、东西两庑于是俱新以及泰山殿、王母宫莫不焕然辉煌矣。不数旬而工峻，夫有其举之莫敢废也。爰将首善姓名谨勒于左，以为后之乐善者劝是为记。

花翎知府衔徐培琪撰并书，主持道人朱翠松叩立。

二零一二年孙子庙重修碑记

孙膑，战国时齐国人，军事家，因战功卓著封地采食于鄄邑，即今之瓦城。据载唐贞观年间太宗第十子纪王李慎始重修庙宇供奉，仰其丰功，以流芳后世。历史上殿宇却数造损毁，非惟见证朝代之更替，犹能印记民生之涂炭。但亦数次重修重建，足见影响之深远。宋熙宁四年之扩修，尤其明成化年间，因衡王朱祐楎之亲躬，规模逐渐宏大，香火日趋鼎盛，以致成为江北第一大寺，远近闻名。孙子卧殿，枕下枕一海眼，可通北海，常闻惊涛骇浪之声，犹如千军万马冲入敌阵，狂澜力挽。殿外神牛神马，犹传说种种，神乎其神，禅心通灵，总能见善恶相报之神应。院内有一奇槐，相传与庙宇同龄，是鄄邑八大景观之一，奇树奇事，让人神思向往。然最后一次损毁于庚辰年年，更经文革劫洗，已荡然无存，惟余其残址，更为庠序。纵观史上数次重修重建，俱在历朝历代之繁荣盛时。乙丑年，有乡贤赵玉荣、陈丕芝等首倡，发起重修之举，筹集善款，在现有旧基之上用地三十亩，重塑金身，续享香火，一时兴盛。丙申年更有儒商赵海亭者，再举积善大纛，一呼百应。圈地近百亩，已初见其规模之宏大，筹款逾千万，更申明其善举之高远。丙申年奠基重修，及夏，大殿已成，两厢鼓楼与山门几近完工，预计丁酉之春即全面竣工。非独面貌之复古，将利大道以传世。届时，庙宇一新，重见昔日之巍峨，法身肃穆，再现神祇之灵光。圣母陪享，以延子孙之福祉，观音相望，更布江海之慈悲。奇柏奇槐，上追千古之幽致，神牛神马，重塑今朝之神话。细雨和风，堪滋黎庶之望，晨钟暮鼓，长醒名利之心。戏楼高耸，可传四乡之欢娱，山门常开，欣迎八方之善缘。朴风即动，文商共赢。每逢端月十四与九月初一，新复庙会，纳八方之信徒，犹开山市，集四海之商旅。神怡民乐，再开一代之盛事。善哉，善举必延绵流芳于百代，伟哉，伟殿将高矗立威于千秋。庙宇重建，实相应于盛世，善心广施，犹传递出真情。民心思安，盛世酿梦，善缘常接，古风永存。禅意萦怀，欣然命笔，沐手恭拜，以记盛况。岁在丙申仲秋　赵忠亮 谨撰。

陈明候中将善行碑

吾邑自明及清五百余年，多出将材。黄忠宣公以兵威镇安南，傅刚勇公以武力平捻匪。民国缔造，陈君明侯，有众一旅．转战江淮以北千余里。迫和局成，自请解兵，为全国倡。犹复间关南北，斡旋于无形之中，其心良苦。而其功尤不可没。较之黄、傅二公所处，其难易则有不同者矣。乃以归省之余，优游里巷，遇吾邑有大兴军、大疑难事，辄以一身肩之或一言定之，一邑实利赖焉。 民国三年，德日战起，日人由龙口上岸经邑偏东，人心汹涌。 明候与黄君元三，傅君达泉，刘君选卿等办支应局，为乘韦之稿。日人夙闻明候名，且感于应付严敏，相戒无惊扰闾阎。是年秋，潍水涨决，吴家漫被灾尤巨，邑令某受贿蚀赈，赖明侯廉得情实，责以大义，使倾贪囊归地方公有，而猥吏始知敬惧。吾邑商业以丝布为大宗，始者有捐无税，由商会自行管理。民国十年某某出面包办，为垄断之计。明侯为请大吏追消行贴，俾布线各捐仍复原状，而民力赖以不困。近者，且以青岛、威海两案坚持正义，为当局楮柱与外人抗，是则大有造于山东全局，又不仅为吾一邑幸也。昔陈平分肉而率割推之天下，项梁治丧而部勤参以兵法。古来英雄豪杰，抱绝大经济者，即流露于寻常措施，亦无不乏应曲当。明侯负盖世之才，济之以百折不回之气，以之赞襄今日之中国，因觉绰有余裕，乃不惜之于吾一邑。虽日郁郁，亦具见其精神之所托，事功之所任见者耳，故不禁大特书来券。

中华民国十三年邑孝廉宋逵生　撰文

固始秦树生　书

故陆军中将陈君明侯墓表

君讳干，字明侯，山东昌邑人。幼颖特，四五岁时，父稚聪公教之诗歌，立成诵。稍长有大志，贫不能就学，乃学织工；未成，复学纺丝，又不屑为。因念古来贤豪，成大功立大业者，率从学问砥砺中来，遂发愤读书。闻邑令胡君铁霜邃史学，敝衣晋谒，愿北面称弟子。胡奇其才，授以龙门史记，君惬益奋。因家居务纷碍攻读，乃就宿邑城东南奎星阁中。阁寂罕人迹，每夜阑书声琅琅达通衢，寒暑无间，遂以有成。

尝随毅军出塞，过喜峰口，登长城，凭吊赋诗，慨然有揽辔澄清之志，已复与温州孟公衡、常熟彭翼仲、海宁杭辛斋诸人游，讲求经世之学，业益进。是时种族革命之说风靡海内外，君韪其旨，加入同盟会，与商起予、蒋沐谭二人为生死交。同在锦州设学校，提倡革命，为官府所禁，不得行其志。值日俄和成，遍历东北各地浏览战迹，每与人谈及克鲁泡特金下狱事，辄为之唏嘘。人多以为狂，君弥自喜。旋东渡日本，访余杭章太炎炳麟，讲学纵谈天下事。尝言非打破势力关，不必谈人格；非打破生死关，不必谈革命。时革命领袖黄兴、宋教仁、李烈钧诸君开同盟会于日本小石川，君与焉。嗣赴青岛创立震旦大学，为革命策源。适清廷欲举山东五路矿产质诸德人，君联络全省学界组织保矿会奋起力争。鲁扶恶欲扑之，严令解散保矿会，德人嫉之尤深，迫离青岛，公学亦解散。

辛亥秋武昌义起，鲁人欲邀君规复烟台图响应，君谓烟台处僻远难集事，宜先筹策取济南，济南克，百七县可传檄定，蜷伏海隅，适自路耳。辞不往，只身诣江宁献策，寻畀以淮泗讨虏君北伐司令。自凤阳起兵，会各军北伐，下固镇、克宿州，所向有功。军次徐州时，共和诏下，君欲秘之直取山东，众不可。君有诗，“淮水泛天际，将军脱战衣。两河父老在，望断汉家旗”盖伤之也。

民国成立，改编为三十九混成旅，君任旅长。见国家财政窘绌，　自请解散所部军队。二年奉当事命赴烟台解散驻烟军队。三年赴河南助则白狼匪乱。会欧战起，日掊德，陷青岛，复奉命赴胶东各县调查人民死亡及财产损失，均称职。四年潍河决口三十余处，君倡堤两岸，障水筑成，民免水患，至今赖之。是后充奉天中日调查委员，查办奉天伪皇帝王佛全案，君扑首要者置之法，余百余人尽省释，且当众焚毁与案有关之十五万人花名册，以安反侧，保全甚众，其得大体如此。十一年接受青岛，君被选为鲁案协定善后委员会委员兼胶济铁路理事，遇有交涉，胥持正义与之折冲，日人砻服。既而与英人办威海卫交涉，持正不挠亦如是。人咸啧啧称君不独能治军旅，且兼擅外交才，非虚誉也。君热心公益，尝出巨金助私立胶澳中学经费：又以乡居饮水不洁，集资掘新开河二十余里，以畅水流，人食其利。十三年徇国民第二军岳维峻督办之请，充顾问十五年赴江西谒蒋总司令任总都参议。十六年任国民革命军第二支队司令，由淮徐北上，转战千里，身先士卒，而踔厉风发，多触世忌，卒赍志以殁，未竟厥施，惜哉。年仅四十有六。

所著有《侹偬集》一卷，《欧战拾遗》一卷，《旅大问题汇纂》一卷，《鲁案》、《威案》各一卷，《诗集）二卷《庭话》、《家庭琐言》各一卷。选订《经国文钞》二卷、《六经碎语》卷藏于家。君倜傥怀奇，尝从余游，余爱其才，又见其军事外交均著声绩，有功民国甚伟，特汇书之，俾碣诸墓，以表见于后世云。

藤县陈名豫　敬书

中华民国二十六年六月

著　作

清末，有马渠村姜秉琛著《管窥集》一卷。东白塔陈延恺著《伤寒浅释》一卷。

民国时期，陈干著作《侹偬集》两卷、《欧战拾遗》一卷、《旅大问题汇纂》一卷，《鲁案》《威案》《青岛案》各一卷、《陈氏家乘》一卷、《庭语》《家庭琐言》各一卷、选订《经国文抄》两卷、《六经碎语》一卷。

新中国成立后，齐西村齐明三（新疆医学院教授），1954 年著《解剖学》一卷。2011 年，龙池镇编辑出版《龙池年俗》。2017 年、2018 年，瓦东村赵忠亮出版《浪中行吟》诗集和续集。

传 说

老驴识途

清代末年，西白塔人温秉森，是一位村塾教师。某年的四月去赶马渠山会卖牛，因他对牲口交易，非常陌生，而且有点书呆气。有一个中年男人，牵着一头老驴过来对他说：“先生！你这牛要卖吗？多大口齿？”“牛是要卖的，但我不懂什么口齿，想买的话，你可自己看一下”。温这样回答。牵驴人便说：“我也不懂，不过牛我已中意了，只需请人验明口齿，价格倒好商议。把驴作为信物，你先牵着，我拉牛去找个明白人看看，即刻就来”。就这样轻易的把牛拉走了。温等到日中，不见人来，正在灼急，他村的邻居来邀他一起回家，他便诉起苦来，邻人感到事情很不对头，急忙扒开驴嘴一看，惊叫了一声：“啊！已经老掉牙了！”温始知上当受骗，快快地卒着驴转回了家。

一天的早饭后，东白村陈孔文从其门前经过，陈为人多才善辨，尤工心计，外号称“黑先生”，素为乡里所敬畏。见温秉森垂头丧气的样子，便问他有什么为难事情，他把被人以驴换牛的经过说了一遍，陈神秘的微笑道：“那里丢的那里找吗，愁顶啥用。”“大海捞针怎么去寻？”温说完叹了一口气。陈说：“你回家改扮一个赶脚夫，把驴牵来我骑上，只要你一切听我的指挥，就保证帮你找回牛来”。温虽疑信参半，但是寻牛心切，就依言化装好，牵出了老驴，惹得在场的人们都捧腹大笑。在出发的路上，陈问他道：“你两人交谈多时，听牵驴人说话，是哪个地区的口音？”“好象是南乡”。温答。于是两人便直奔昌南而去。每经过一个村庄，便放开驴子，任其自由行动。就这样，转了一村又一村。当到了石埠村时，驴一直走到一家的门内，温刚想喊叫，陈急以手势制止，两人便悄悄地伏在墙外窃听。只听一个女人尖声呼道：“咱的老驴自己跑回家了”。陈一步跨进门内，打开“栏门”一看，槽柱上果然栓有一头黄牛，温也跟着进来，认明这头牛确是自己丢的，骗牛人家只好认错赔礼，将牛交还了原主。

归途中，温问：“你是怎样知道牛在他家呢？”陈笑答道：“常言‘老马识途’，老驴当然也会记道啊！”

单臂举车轮

齐西村，武进士齐恩铭家，有雇工绰号大雷者，躯干修伟，臂力过人，素有力士之称。

有一次，他在场园里整理车轮，将轮内的铁箭刷清装好后，对在场围观的人们说。“你们看我单臂把它举起来。”众人认为一个四套车的轮子，约模有三百余斤，单臂焉能举起？说时迟那时快，只见他两腿叉开，把腰一弓，右手抓住车轮的中心，喝一声“起”！车轮便轻轻地举过了顶梁。在场观众，无不咋舌。

这事被齐恩铭得悉后，欲试其能，对他道，“大雷！咱拉一活（农村中较力的一种方法）吧？”他开初表示不敢，经过多人动员，才首肯下来。好事者拿来一根扁担，两人坐好后，相互对拉起来，相持了十几分钟，大雷猛一用劲，将齐拉离了地面，齐涨红着脸说：“大雷，少等一时，咱们再见高低”，便怒冲冲地走了。众人见齐已恼羞成怒，都给大雷捏一把玲汗。有的警告他说：“你这人心眼太死啦！怎好当着大众面前，给“进士”老爷下不了台，你难道不愿吃他家这碗饭了？”他本人也深感孟浪与后悔，央求人们为他想法解脱。有的为他献策说：“再次进行较量时，你装做敌他不过，就此收场算了。”齐回到演武厅前，练了一气功夫，再次比赛时，很轻易的便获得了“胜利”。

乱撞朝钟

雁唳长空，秋风送爽，老满早早起床，匆匆吃了一点东西，便带上扁担、绳子，背好了大耙，踏着晨霜，到西大洼搂草去了。说起老满本乡的人没有不认识他的，他叫满世隆，是姚瓦街村的一个老实巴交的庄户汉。长的五大三粗，黑红脸膛，浓眉大眼，见人说话，经常面带憨厚的笑容。他家道很穷，经常担着草到集上去卖，一家人的生活重担，全压在他一个人的身上。他不知疲卷的挣巴着，仅能维持半年糠菜半年粮的生活。

这天，老满从“三座坟”搂到虞河岸，草已积了几大堆，他想休憩一下，吃点干粮，好收拾回家。这时，河的对岸，正徘徊着一个人，他便是清代乾隆年间的最高统治人物——高宗皇帝弘历，化装微行，到此失迷了路径，想要过河东去，不知水的深浅，正在进退维谷之际，看到来了一个拾草的农民，便向对岸喊道：“喂！老乡，借问：这河水有多深呀？能否趟着过去？”老满抬头望了望那人，只见他约摸三十上下的年纪，白净面皮，穿戴整齐，气宇钎昂，便说：“水倒不怎么深，却很凉呵！河底又凸凹不平，你们读书人没有趟水习惯，不行啊！”边说边放下大耙，挽起裤子，涉水过去，把那人背过这岸，又摊开了草堆，叫他坐地休息一下，并拿出干粮来，请他吃一些。那人早就感到肌肠辘辘了，也就毫不客气地吃了一个豆面，顿觉精神振奋，困顿全消，问明了老满的姓名和住址，即扬长而去。

这事过去才不多日，昌邑的县太爷突然驾临他家，敦请老满去北京有事。当他听到这一消息时，非常吃惊与骇怕。继而又想。我一个庄户汉子，又没为非作歹，能把我怎样呢？便硬着头皮随他去了。

到了皇城之后，便由太监带他去见皇帝。一路上，看到那些富丽堂皇的高大建筑，使他眼花缭乱。来到殿前，双膝跪倒，不敢仰视。皇帝却温和地说：“你抬起来头来看看，还认得我吗？”老满冷古丁抬起头来一瞥，这一惊非同小可，心想？原来是他，他就是当今的万岁呀！嗫嚅地说：“认得。”皇帝知道他不识字，便封了他一个“撞钟大士”。命他专司上朝时撞钟。

授职之后，他总是兢兢业业，忠于职守。三个月过去了，皇帝派人叫了他去问道：“这些日子，你捞了多少外快？”“分文无有呀！”他茫然地回答。皇帝笑着说：“从今晚开始，你不要按正常的时间撞，要把钟乱撞一气，自会有人把银子给你送来，你尽管留下好了”。他默默地记在心里。当天的夜半，他就撞起钟来。这时，文武朝臣们好梦正酣，夜深人静，忽闻朝钟乱响，当！当！当！把他们惊得目瞪口呆，不知发生了什么重大事故，一个个急忙忙穿上朝衣，匆匆赶至殿前，只见午门紧闭，钟声已停，不敢动问，只好怏怏散去。但是，坐未暖席、钟又急剧地响了起来，只好重整朝服入朝，探问究竟，而情况依然如前。各官纷纷推测，莫知所措。突然有人提醒众人说，“我看这个撞钟人是有来历的，我们凑凑份子，给他送点小礼吧！不然，谁也甭想安心睡觉”。大伙同意了他的意见，便立即凑起了一部份银子，派人马上送给了老满。第二天，皇帝又叫了他去问道：“我说的办法怎么样？”“真灵啊！有人送来了若干银子。今晚还要照办。”他如实的作了回答。皇帝笑了笑说：“这事可一而不可再！这点银子赐给你养家糊口，回家享几年清福去吧！”老满有些感激与留恋的说：“那我有时想你怎么办？”皇帝道：“这不要紧，朕再赐给你画像一幅，就同在我的身边一样了。”就这样，打发老满回到了故乡。

正是：贱民自有善良心，事虽平凡亦动人。权贵有意要盛誉，一饭何惜报千金。清朝兴亡昨日事，佳话流传直到今。

老海堤

相传，清乾隆年间，有辛安庄人王克遂者，为人任侠敢说敢为他见沿海一带，屡受海潮侵袭，便与吕家庄人王永梅于清乾隆四十三年，奏本朝廷，说明昌邑北部沿海地方特产很多，是块宝地。有这样几句话：“清水上大垛（晒盐），就地盘仙果（地枣），绊马碌碡粗（马草）万年不老花（碱蔓菁花）”。要求修堤防潮，开发这块地方。弘历皇帝准奏，拨了一笔巨款，命山东省巡抚国太监修。要东起胶莱河，西至虞河，长五十七里的一条防潮大堤。外面砌石头，里面砌砖，层土层夯，用三年的时间建成。结果这笔巨款被国太贪污自肥。他调拨了莱州府七个县（高密、胶县、即墨、平度、掖县、昌邑、潍县）的民工，仅用了三个月的时间，草草地修了一条土堤了事。可是，国太他内心空虚，害怕王克遂再告发他，便请王克遂去赴筵，用药酒把他毒死灭口。这个海堤无人管理，经雨冲潮刷，自然崩塌，遗址已模糊不清。

要事纪略

1942 年减租减息运动

1942 年 2 月，在区农救会会长陈方签、职工会会长肖子谦具体发动下，首先召开贫雇农会议，以事实进行阶级教育，通过回顾对比，让农民认识到是自己用血汗养活了地主和高利贷者，一致要求不再受剥削，实行减租减息。按照共产党“二五减租”“一五减息”政策，拟订新的租佃合同，按规定减租减息，交租交息，并保证佃权，地主不能因减租而抽地。1943 年，在减租减息基础上，又开展增资留雇运动，主要是给长工增加原工资的百分之三十五，地主不得借故解雇长工。

1945—1950 年土地改革运动

1945 年 11 月，马渠区党委领导人民在马渠村进行反霸清算试点。通过摆事实、吐苦水，揭露地主富农长期剥削和欺压老百姓的种种罪行，提高贫雇农的阶级觉悟，消灭地主恶霸的威风。1946 年春，开始全面土改，首先召开各阶层会议，讲明改革土地制度的重大意义和政策界线，依靠贫雇农，团结中农，没收地主土地，由农会的评田委员会确定分田数字后，再分界插标，分配给无地或少地贫雇农。1947 年 8 月，进行土改复查，查漏网地主，土改运动向纵深发展。1950 年，中央公布《土地法大纲》，依照规定结束土改，对错斗中农，予以纠正。昌邑县人民政府向全区农民颁发土地证，调动农民的生产积极性。

1950 年抗美援朝运动

1950 年 10 月，美帝国主义发动侵朝战争。10 月 19 日，中国人民志愿军进入朝鲜战场作战，全国人民掀起轰轰烈烈的抗美援朝运动。马渠区近万人参加反美游行示威，有 8500 余人订立《爱国公约》，有 200 多名青年踊跃报名参加中国人民志愿军。迟坤华、齐文彩、李孟友、陈乃仁、陈绍相、陈延儒、陈师道、陈乃宗、陈乃昌、李功田、李希忠、赵玉池、姜维考、魏传舜、赵忠苞、王锡浪、赵锡铁、孙明歧共 18 人在朝鲜战场献出了宝贵生命。在捐献飞机大炮活动中，仅姚瓦街村一次就捐献人民币 7000 万元（合新人民币 7000 元）。妇女主动开展缝制慰问袋、赠慰问品活动。全乡人民积极开展拥军优属活动，主动承担为烈军属代耕任务，及时帮助军属解决吃、穿、烧、用和年老生病等困难。1952 年，响应世界保卫和平理事会号召，全区人民积极投入和平签名运动，签名者占全区应签名总人数的 98% 以上。

1953年统购统销

1953年冬，党和政府发布粮食统购统销政策，第九区立即召开党员、团员和积极分子会议，传达中央指示，要求带头卖余粮，在群众中做出样子，以保证此项政策的贯彻落实。当时的购粮政策是 “余粮多者多购，余粮少者少购，无余粮者不购，缺粮者供应”。1954年春，卖余粮形成高潮。几个月时间，就卖出余粮122万斤。仅瓦城赵元和一户就卖出余粮3000多斤。同时，对缺粮户统销78万斤，解决缺粮户困难，解除缺粮户对粮价波动的忧虑。粮商粮贩绝迹，粮价趋于稳定。但因有的干部对政策理解不准确，使部分群众卖了过头粮，造成一定困难。

1951—1958年农业合作化

1951年，先由部分贫农、下中农成立互助组，每村只有一个或两个组，每组都在10户左右，全区共有十几个组，实行记工算账。1952年底，全区有279个组，参加户数占总户数的85%以上。1953年春，在南白塔试点，成立一个半社会主义性质的农业生产合作社，社长温朝太。参加农业合作社的18户，实行土地入股，三七分红（土地三成，劳力包括畜力、农具等为七成），统一经营。由点到面，全面开花，逐渐形成办社高潮。上半年由279个互助组，合并成98个农业生产合作社。1954年，农业社由于发展太快，缺乏管理经验，出现一些混乱现象，合作化又暂停整顿。1955年11月30日，毛主席发表关于农业合作化的报告，又掀起农村社会主义建设高潮。1956年2月，在南白塔办起第一个高级农业生产合作社，统一经营，按劳分配，取消土地分红。8月间，全区由98处初级社合并成23处高级社。1958年9月15日，龙池人民公社宣告成立。全社总计有5937户，入社的5881户，占全社总户数的99.1%。单干户50户，占总户数的0.9%，全社总人口22920人，入社的22776人，占总人口的99.3%，单干户144人，占全社总人口的0.7%。

1958年大跃进运动

1958年，大跃进时龙池公社各生产队建立公共食堂100个，入食堂吃饭的22776人，占全社总人口的99.3%。办托儿所24个、幼儿园27个，入托幼儿2732名，占全社儿童的64.9%。同时办起幸福院17个，妇产院5个。当时由于“五风”影响，生产上搞大协作，大兵团作战。工作上刮起“浮夸风”，脱离实际，虚报产量，造成社员口粮减少。在所有制上，刮起“一平二调”共产风。大炼钢铁，伐树砸锅及无偿平调社员大量东西。1958年，全社平均亩产255斤，总产570.36万公斤；1960年，全社平均亩产187斤，总产424.14万公斤；1961年，全社平均亩产158斤，总产360万公斤。1959—1961年，出现经济暂时困难。粮食减产，农民口粮不足，健康状况不良，出现水肿病人。1961年，党和政府采取应急措施，开展以反“五风”为主要内容的整风整社运动，对1958年刮“五风”时“一平二调”的物资，进行退赔，并发放救济粮款，及时安排群众生活，责承医疗单位治疗水肿病人。1962年，中央下达《农业六十条》，调整生产关系，实行三级所有，队为基础，以生产队为基本核算单位，解决严重的平均主义，调动社员的生产积极性，增强责任心，农业生产得到恢复和发展。

1964 年大海潮

1964 年 4 月 5 日，发生在渤海的温带气旋风暴潮，使海水涌入陆地 20 ～ 30 千米，造成 1949 年以来渤海沿岸最严重的风暴潮灾。黄河入海口受潮水顶托，浸溢为患，加重了灾情，莱州湾地区及黄河口一带人民生命财产损失惨重。1969 年 4 月 23 日，同一地区的温带风暴潮使无棣至昌邑、莱州的沿海一带海水内侵达 30 ～ 40 千米。龙池北部村庄遭遇特大海潮，潮水入侵内地 20 余里，房屋受损，庄稼被淹，给人民生活造成极大困难。

1964 年治碱种稻

1964 年 4 月，龙池北部村庄遭遇特大海潮，潮水入侵内地 20 余里，房屋受损，庄稼被淹，给人民生活造成极大困难。中共龙池社委组织沿海人民同海潮搏斗，引水压碱，种植水稻。王家庄子生产大队捷足先登，种水稻 1500 亩，获得成功，亩产稻谷 100 公斤，总产量达 30 多万公斤。1965 年，全社种稻面积扩大到 1.13 万亩，亩产量 131 公斤，把“春天白茫茫，夏天水汪汪，只长黄蓿不打粮”的盐碱地，改造成鱼米之乡。此后，水稻种植面积逐渐增加。1976 年，水稻种植面积 2.64 万亩，亩产 208 公斤，总产达 549.1 万公斤。1978 年以后，因水源不足，水稻面积逐年减少。

1969 年知识青年上山下乡

1969 年 9 月，响应毛主席“知识青年到农村去，接受贫下中农再教育”的号召，青岛市等地的知识青年 291 人，分 3 批到龙池公社插队落户。分散在生产较好的王家庄子、郭疃、北白塔、姚徐邓、龙北、瓦东、瓦西、瓦北、东白塔、齐西 10 个单位。建房共 97 间，为知青小组集体宿舍。公社民政助理兼管知识青年工作，所在大队负责教育管理。知识青年在生产队从事劳动，参加分配。对他们的表现，经贫下中农评议，表现好的有的升学，有的就工。至 1980 年，全部撤离。

1976 年龙池获昌潍地区“棉槐社”称号

1965 年，社委根据县委、县人委大力发展棉槐生产的部署，在沙岭子大队试点，沿沟渠、道路种植棉槐 7 万余墩。1966 年，在全社推广，得到各大队积极响应。10 年间，全社种植棉槐 540 多万墩，总收入达 181 万元，被昌潍地委、行署授予“棉槐社”称号。1971—1978 年，贯彻“以粮为纲，全面发展”的方针，扩种棉花、红麻、莲藕、蒲苇等经济作物。将粮经比例由 1 ∶ 0.03 调整为 1 ∶ 0.2，农、林、牧、副、渔各业得到全面发展，增加集体收入 350 多万元。1978 年，社员人均分配现金 135.3 元，居全县之首。

1982 年实行家庭联产承包责任制

1981 年，昌邑遭遇百年不遇的旱灾。12 月 20 日，全县农村工作会议召开，主要议题就是学习“大章北经验”，推广以大包干为主要形式的家庭联产承包责任制。随后，家庭联产承包责任制全面推开。1982 年底，龙池全部实行联产计酬责任制，农民积极性空前高涨，纷纷购机械、学科技。当年底，农业机械总动力达到 16489 马力，实现耕种、收割、浇灌、排水机械化。1982 年，在大旱之年，粮食总产比上年增长 43%，农业总收入增长 32.6%，均创历史最高水平。

2005 年设立龙池工业园区

2005 年，龙池工业园批准设立，总规划面积 120 平方千米，“十二五”期间规划面积 15 平方千米。发展定位“以盐及盐化工为支撑，重点发展精细加工及其延伸产业，加快建设高科技、生态型、循环式的高端化工园区”。2010 年，龙池工业园已完成基础设施投入 1 亿元，配套面积 2.6 平方千米。园区建成道路“两纵两横”5.2 千米，日可供电 1.6 万伏安、供水 1.2 万立方米、供气 1000 吨、处理污水 1 万吨。共落户海能化学、华腾印染等 18 家企业，总投资 60 多亿元。其中，建成投产项目 13 个，在建项目 5 个。2011 年，龙池工业园企业实现主营业务收入 16.4 亿元、利税 1.5 亿元。

2013 年龙池镇被授予“山东省民间文化艺术之乡”称号

龙池镇采取“政府主导、市场运作、社会参与、项目带动”模式，融历史典故、龙池剪纸等非物质文化遗产于一体，全力打响“文化龙池”品牌。投资 600 余万元，兴建总面积 3200 平方米、上下三层的高标准公共文化服务中心，图书馆拥有藏书 4000 余种共 2.2 万余册，报刊 86 种共 1 万余份，阅读座席 82 个，实行免费办证、免费阅览、免费饮水、免费寄存、免费 WIFI、免费观影“六免费”服务。积极申报龙池剪纸为省级非物质文化遗产，编撰《龙池年俗》。大力推介水文化、盐文化、名人文化、古迹文化、红色文化、非遗文化，打响龙池文化品牌。2013 年 3 月被授予“山东省民间文化艺术之乡（剪纸）”荣誉称号。有“王锡芝剪纸”和“赵怀志传统制盐”2 项潍坊市级非物质文化遗产项目。

2014 年龙池镇获“国家级生态乡镇”称号

龙池镇大力实施“生态立镇”战略，强化生态屏障功能，逐步培育与生态文明相适应的产业体系，把生态文明理念融入到经济社会发展的各个层面。全面加快以林网为代表的生态林业建设。克服土地盐碱、淡水资源缺乏等困难，建设农田林网 500 多千米，林网化程度达到 97%。全省平原绿化暨绿色通道建设现场会议和全省林业有害生物防控工作会议在龙池镇召开，“龙池林网”成为国内林业系统叫得响的品牌。突出打造“水”生态文化特色。充分发挥镇域湾塘多、内河多的优势，通过开掘沟渠、修建管涵、沿河绿化等方式，大力开展镇域内河串联工程，涵养水源，改善生态环境。大力提升农村环境卫生水平。对违建建筑和“三大堆”进行集中彻底清理，做到镇不漏村，村不漏街，街不漏巷，巷不漏户。全镇共清理6510户的2.3万余个“三大堆”，拆除1906户的2630处违建建筑。同时，逐村制定完善村规民约，将农村环境综合整治情况与村民的福利待遇相挂钩，建立长效机制，巩固整治成果。严格生态保护刚性约束。坚持把节能环保、集约利用土地、生态建设贯穿于工业经济发展的全过程，严格落实刚性目标和措施，坚决杜绝“三高一低”项目落地，不断提高工业经济发展的质量和效益。2014年10月，环境保护部发布公告，龙池镇达到国家生态建设示范区之“国家级生态乡镇”考核指标要求，决定授予国家级生态乡镇称号。

2015年龙池镇抗日战争纪念馆开馆

龙池镇地处山东半岛、渤海南岸。抗日战争时期，是胶东军区通往沂蒙根据地至延安交通线的必经之地，有“渤海走廊”之称。“七七事变”后，中共昌邑县委进驻龙池镇瓦城村，积极组织开展民族救亡运动，组织发动瓦城起义，组建八路军鲁东游击队第七支队。1941年2月，全县各界代表在瓦城召开会议，选举成立昌邑县参议会，正式宣布成立昌邑县抗日民主政府。从此，龙池成为一段时期内昌邑县抗日战争的领导指挥中心、抗日武装力量的活动中心和保障基地。1938年4月，八路军鲁东游击队第七支队、第八支队在龙池会师，东进胶东，在抗日烽火中迅速发展壮大。此后，这里组建了胶北特委指挥部、昌潍独立营等抗日武装，先后被编入八路军山东纵队。据统计，抗日战争时期在龙池牺牲的八路军指战员达391人，有上百人从这里走向党政军领导岗位，成为各行各业的优秀代表。

龙池抗日战争纪念馆坐落于昌邑抗日殉国烈士祠内，全景式展示了龙池人民在抗战中的艰难历程和突出表现，分为“红色龙池，革命热土”“日寇入侵，罪恶累累”“生死与共，浴血奋战”“彪炳千秋，永载史册”四部分，图文并茂，配以实物，与烈士祠相得益彰，2015年9月1日，龙池抗日战争纪念馆开馆，成为抗战历史教育的重要基地。

2018年马渠村史馆开馆

马渠村素有“革命干部的摇篮”美誉，村史馆通过搜集第一手英模人物珍贵资料，还原马渠村发展变迁。有革命斗争、红色记忆、革命英烈、薪火传承四大主题展室，全面系统展现马渠革命史和新时期新风貌。2018年5月17日，马渠村史馆揭牌开馆。

第三届山东省文化创新成果推广应用活动观摩现场会在龙池召开

2018年6月28日下午，第三届山东省文化创新成果推广应用活动观摩现场会在龙池召开。省文化厅科技法规处处长张钢，省文化厅科技法规处副处长郭洪森，潍坊市文广新局党委书记、局长孙俐君，潍坊市文广新局党委委员、副局长苗庆安，各地级市文广新局以及省直文化单位负责文化创新工作的负责人等100人参加会议。昌邑市委书记吕珊珊，市委常委、市委办公室主任刘煜，市政府副市长赵海龙，及市文广新局局长李志国、龙池镇党委书记朱永红等陪同活动。

龙池镇入选“2018中国乡村振兴先锋榜十大榜样”

2018年起，《农民日报》启动“2018中国乡村振兴先锋榜”宣传推介活动。2019年2月24日，由农民日报社举办的“宣传贯彻中央一号文件精神暨2019中国三农发展大会”在北京召开，会议揭晓“2018中国乡村振兴先锋榜”十大榜样，龙池镇“建馆修志”推进乡村文化振兴项目名列其中，成为乡村振兴典型，是山东省唯一入选的乡村振兴项目。

2019年“渤海走廊革命斗争陈列馆”开馆

2019年6月29日，开馆式由昌邑市委常委、组织部长胡筱芹主持，中央党校原副教育长、中国现代史学会常务副会长、教授、博士生导师柳建辉，潍坊市政府副市长田民利，中国国家博物馆研究院名誉院长、中国现代史学会原执行会长、研究馆员夏燕月，中国人民解放军军事科学院原军事历史研究部副部长，中华人民共和国国史学会副会长、少将齐德学，中央党史和文献研究院原科研部主任、中国中共党史学会副秘书长、研究员黄如军，中央组织部全国组织干部学员原巡视员、副院长、研究员王文才，中央党校（国家行政学院）党史研究部原第一教研室主任、教授、博士生导师李东朗，中国井冈山干部学院培训部原主任熊钦和，山东省委党史研究院一处二级调研员张艳芳，山东省委党校党史教研部副教授张衍霞，潍坊市委组织部副部长刘太福，沂蒙红色教育研究会会长王举生，潍坊市委党史研究院四级调研员刘魁伦，潍坊市委党史研究院研究一科科长温桂鹏等领导嘉宾出席。解放军部队官兵代表，山东省书画家代表，新闻界媒体记者；昌邑市级领导班子成员，市法院院长、检察院检察长，人武部主要负责人，其他在职副县级以上领导干部，各镇街区党（工）委书记，市直部门（单位）主要负责人，龙池镇全体机关干部参与活动。

附 录

国务院关于核定并公布第八批全国重点文物保护单位的通知

国发〔2019〕22 号

各省、自治区、直辖市人民政府，国务院各部委、各直属机构：

国务院核定文化和旅游部、国家文物局确定的第八批全国重点文物保护单位（共计 762 处）以及与现有全国重点文物保护单位合并的项目（共计 50 处），现予公布。

各地区、各部门要依照《中华人民共和国文物保护法》等法律法规和《国务院关于进一步加强文物工作的指导意见》（国发〔2016〕17 号）的要求，进一步贯彻“保护为主、抢救第一、合理利用、加强管理”的工作方针，既要注重有效保护、夯实基础，又要注意合理利用、发挥效益，在保护利用中实现传承发展，认真做好全国重点文物保护单位的保护、管理和利用工作，确保文物安全特别是文物消防安全，努力开创文物工作新局面，走出一条符合国情的文物保护利用之路，为坚定文化自信、实现“两个一百年”奋斗目标和中华民族伟大复兴的中国梦作出更大贡献。

国务院

2019 年 10 月 7 日

附

第八批全国重点文物保护单位名单

（共计 762 处，另有 50 处与现有全国重点文物保护单位合并）

一、古遗址（共计 167 处）

……

二、古墓葬（共计 30 处）

……

三、古建筑（共计 280 处）

……

四、石窟寺及石刻（共计 39 处）

……

五、近现代重要史迹及代表性建筑（共计 234 处）

……

636　8-0636-5-120　昌邑县抗日殉国烈士祠 1945 年山东省昌邑市

六、其他（共计 12 处）

……

政府工作报告

—2016年8月14日在龙池镇第十八届人民代表大会第六次会议上

龙池镇镇长 朱永红

各位代表，同志们：

我代表镇人民政府，向大会作政府工作报告，请予审议，并请列席会议的同志提出意见。

一、前期工作总结

今年以来，龙池镇认真贯彻落实市委、市政府决策部署，围绕建设“宜居、生态、人文”特色小城镇、全力打造“昌邑城市后花园”的发展目标，贯彻落实“六个坚定不移”，全力以赴转方式、调结构、惠民生，各项事业统筹谋划、协调推进，经济社会保持持续健康发展的良好势头。

工业项目高质量引进。坚持“工业立镇、工业强镇”原则不动摇，加大招商引资力度，加快企业转型升级。今年在原有工业项目的基础上，新引进了潍坊市污泥无害化项目，聚砜新材料项目，硝酸钠、亚硝酸钠项目，蒽醌项目等四个过亿元项目。三力本诺聚砜新材料项目、海能化学有限公司化学蒽醌项目现已通过潍坊“一事一议”程序；潍坊市污泥无害化项目、潍坊鸢华化学硝酸钠亚硝酸钠项目现已完成发改立项；东利渔光伏发电项目进展顺利，中国华电集团已与东利渔村签订土地租赁合同，工程设计现已基本完成。

农业发展和生态建设成效明显。为做好文明城市创建工作，制订了集村容村貌整治、城乡环卫一体化、百塘治理和精神文明创建工作于一体的镇级行动计划，成立了以党委书记为核心的领导小组，梯次平行推进。村容村貌整治工程和环卫一体化工作强力推进，建立起横向到边、纵向到底、条块结合的长效工作网络机制，连续5年被评为全市“城乡环卫一体化工作先进镇街”。东利渔基本农田整理项目进展顺利，已完成总工程的70%；国土资源局1万亩的高标准农田建设项目勘验报告已审批，正在编制规划设计；农开办4800亩高标准农田建设项目马上将进行招投标，9月份开始施工。

文化旅游产业蓬勃发展。今年以来，龙池镇把发展文化旅游产业摆在更加突出位置，充分挖掘龙池特有的古迹文化、红色文化、非遗文化、军旅文化、龙文化、水文化等资源优势，大力发展文化旅游产业，建成了以齐西古村落、故村花田、龙文化主题观光园、抗日战争纪念馆、龙文化展览中心为核心的“龙乡水韵·千年古村”文化旅游项目。7月2日，以文化旅游项目为依托，举办了昌邑市首届乡村旅游节暨第一届龙乡文化节开幕式以及民间文艺汇演、老干部文艺演出、龙乡烧烤节、相亲大会、青年骑行等活动，配套了故村花田、古村大舞台、公共自行车、自行车骑行专道、休憩设施、观光旅游车、景区巡逻车等基础设施，增强了文化旅游项目承载能力，打造了以项目为载体，以文化为招牌，以齐西为龙头的文化旅游产业，使龙池文化旅游品牌一炮而红。

民生和社会事业扎实推进。坚持教育优先发展。以两个“千万工程”为抓手，重点打造了龙池初中。新建的龙池初中教学楼工程，投资1120万元，建筑面积5600平方米，主体建设工程已全部完成，其他基础设施也在倒排工期，积极推进，全市一流的镇级学术交流中心项目按照可承接500人以上的会议和演出接待任务高标准建设，目前即将完工。“桃李园”广场、体育场、高标准塑胶跑道、体育场看台正在建设，预计9月份即可正式投入使用。大力推进农村社区实体化运行。围绕提升农村社区服务职能，投资360万元，在完成农村社区“一室两厅”配备的前提下，增配了公共自行车、监控、空调等办公设备，严格落实“三个服务清单”等制度，选派40名业务骨干充实到社区办公，真正把人财物沉到了一线。全力抓好计划生育工作，全镇合法生育率达到98%，连续20多年获得人口责任目标达标“一等奖”。

党建工作再上新水平。扎实推进“两学一做”学习教育，认真聚焦《基层服务型党组织建设三年行动计划》，健全完善党群服务体系，稳妥推进党群服务站建设，推行党员积分制管理、学习活动议事等日常管理制度，农村基层治理和服务水平得到了大幅度提升。启动了以“访民情、汇民智、释民惑、解民忧、惠民生”为主题的社区干部大走访活动，社区干部每周至少走访3户村民，目前已走访群众800余户，解决老百姓难题70余件，真正做到了深入群众、为民办事。

信访化解和社会稳定持续向好。一是今年投资80余万元落实天网工程，安装监控摄像头1600多个，建成了全时段、无死角的监控网络，同时投资15万元，新购警用、城管用巡逻车三辆，为日常巡逻和事故处理提供了设施保障。二是继续扎实开展“大民调”工作，建立健全矛盾纠纷排查化解机制，切实做到了小事不出村，一般事不出社区，大事不出镇。我镇维稳形势持续向好，多来年未出现一起进京上访案件，先后被授予“全省信访工作先进单位”、“省级安全社区”等荣誉称号。

二、下步工作打算

（一）坚定不移抓好工业经济。围绕建设高科技、生态型、循环式的高端化工园区，集中力量搞好工业。一是深化工业供给侧结构性改革。从生产端入手，重点是促进产能过剩有效化解，促进产业优化重组，降低企业成本，发展战略性新兴产业和现代服务业，增加公共产品和服务供给，为经济持续增长培育新动力、打造新引擎，实现低水平供需平衡向高水平供需平衡跃升。二是坚持政府搭台原则，用好“市场”这只手。政府将会创造更加适合企业发展的政策环境，降低区域交易、沟通成本，让资本发挥出最大化的效益，产业链根据市场需求实现资源禀赋自由配置，政府适当的充当协调者和调解者的角色，做企业最坚实的“靠山”。三是加大工业园区基础设施力度。年内完成工业园区北扩区域完善道路、绿化、水网、供气、供电等设施配套，积极协调推进污泥无害化项目有机肥实验基地建设，加快龙池消防站建设进度，争取年底投入使用，提升园区项目承载能力。

（二）实现文化旅游产业的新突破。一是整合全镇文化旅游资源。对全镇现在的文化旅游资源进行精细化打造，培植集龙池特有的非遗文化、红色文化、名人文化、水文化于一体的龙池一日游完整路线。完善景区配套设施建设，加快发展农家乐、渔家乐，力促龙乡游乐中心尽快投入使用，助推龙池旅游业发展再上新台阶。二是坚持“政府引导、社会参与、企业投资、市场运作”的运营模式。推进与山东龙乡文化旅游发展有限公司的更深层次合作，在镇区建设集餐饮、娱乐、温泉等为一体的四星级度假村，进一步增强龙池文化旅游项目承载能力。三是加快新的文化旅游项目建设。根据前期规划设计图纸，施工完成红色文化广场，打造昌邑市最全面最真实的红色教育基地；加快“百鸟朝凤”凤文化广场施工设计，与龙文化主题观光园交相辉映，建成“龙凤呈祥”的生态旅游项目区；加大力度建设廉政文化展馆、牛群艺术馆、龙池镇家风家训展览中心等展馆，将文化旅游与政德教育深度融合。

（三）统筹推进民生和社会事业。一是推进龙乡颐爱养老中心建设再上“快车道”。搞好龙池卫生院项目和龙乡颐爱养老中心合二为一，全面打造医养结合新型模式，实现有病及时治疗、无病康复养老的目标。龙乡颐爱养老中心计划投资5000万元，总建筑面积1.5万平方米，新建12层老年公寓及康复中心、综合楼、营养餐厅等基础设施，配置康复床位、健身设施、办公及生活设施560台套。龙池卫生院建设项目投资1200万元，占地面积1944平方米，建筑面积5564平方米，计划于9月份动工兴建，明年10月份投入使用。二是兴修水利，缓解水资源的紧张。在龙池镇东利渔村南，大莱龙铁路以东，辛沙路以北，利用废弃河道，修建一座占地约700亩的小型水库，利用丰水年的峡山水库水、胶东调水工程的长江黄河水、位于虞河丰产河之间丰水年的存水合理调节利用水源，水库建成后，库容400万立方左右，将有效的增加地表水蓄水量，增加区域内工农业用水，改善生态环境以及发展旅游业，提高供水保障能力。该水库及配套设施工程计划投资8000万元，目前投资方正在自筹所需资金。三是启动了后勤保障基地建设工程。继续为靶场提供后勤保障和物质支持。打造拥军、爱军、护军的后勤保障基地，帮助协调解决部队用地、用水用电、粮油供应、随军家属就业指导、子女入学入托上落实优惠政策。

（四）着力打造人文特色乡镇。以龙池特有的革命文化、拥军文化、机关廉政文化、村规民约等为核心，大力推进特色人文乡镇建设活动，一是扎实做好文物保护工作，打造真实、震撼、激情的革命文化。打造昌邑市政德教育基地。挖掘齐西古村齐氏家训、抗日战争纪念馆红色文化、龙文化主题观光园龙文化精髓、陈干墓爱国主义教育和龙池文化展览中心党性教育等教育教学点的内容内涵。二是提炼传统文化中的精神实质，找到传统文化在当代的植根点和落脚点。注重《中国共产党章程》《党政领导干部选拔任用条例》《公务员法》《公民道德建设实施纲要》、中组部制定的《关于加强对干部德的考核意见》等与传统政德教育项目相结合，配套专门的政德教育学习路线，培养专门的讲解人员负责教学宣讲，聘请老共产党员、老干部负责革命历史和先进事迹讲述，做好讲解、交通、宣传册等设施的配套工作，打造全面、综合、真实、先进的政德教育基地。

三是注重学习于实践相结合。积极探索干部政德教育的新模式，将“党员义工”活动和“两学一做”学习教育、政德教育相结合。继续壮大党员义工服务队，让广大党员干部群众在接受政德教育的同时，将精神动力转化为实际行动力，深入老弱病残人群中，为社会奉献出自己的力量。为党员教育、党员学习、党员活动提供更新的思路和更宽广的平台，做到“寓教于行”，全力打造龙池党建工作、政德教育的新品牌。

（五）严格落实各项政策红线。一是加强严守安全生产、生态环保意识。痛下决心、坚定不移，综合施策、标本兼治，实现更高层次的可持续发展；严守土地红线，严格用地审批，严厉打击未批先建、私搭乱建等违法违规用地行为。二是严守中央八项规定等纪律红线。严把农村财经纪律，内化于心、外化于行，高标准强化廉政教育和廉政建设，营造“讲政治、顾大局、守纪律、懂规矩”风清气正的良好政治生态。三是认真开展“两学一做”学习教育，扎实推进学习型机关建设活动，健全社区干部大走访活动长效机制，确保取得实质性效果。

三、全面加强政府自身建设

顺应人民群众新期待，适应和引领经济发展新常态，提升引领发展、服务群众、治理社会的境界和能力。

（一）要勇于担当。要增强大局意识、看齐意识、责任意识、表率意识，始终保持昂扬向上、奋发有为、干事创业的精神状态。带头落实创新、协调、绿色、开放、共享发展理念，以辩证思维把握形势、谋划发展，以改革精神直面矛盾、破解难题，尊重基层和群众首创精神，虚心学习外地经验，不断开创工作新局面。要建立严格的追责机制、合理的容错机制、及时的纠错机制，支持、保护、褒奖担当者，为担当者担当！

（二）要依法办事。落实中共中央、国务院《法治政府建设实施纲要（2015—2020）》，提升尊法学法守法用法能力和水平，自觉运用法治思维和法治方式深化改革、推动发展、化解矛盾、治理社会。严格执行市人大及其常委会制定的地方法规和决议决定，自觉接受人大依法监督和政协民主监督，广泛听取各民主党派、人民团体和社会各界意见建议。认真做好政府规章和规范性文件制定及实施工作。严格执行重大行政决策公众参与、专家论证、风险评估、合法性合理性审查、集体研究法定程序。深化政务公开、企业和基层重大事项公开，落实经济责任审计制度，让权力在阳光下运行。

（三）要转变作风。紧抓“两学一做”学习教育，全面落实从严治党要求，切实增强政治意识、大局意识、核心意识、看齐意识，巩固党的群众路线教育实践活动和“三严三实”专题教育成果，坚持正风肃纪、正本清源、正道直行，把党的纪律和规矩挺在前面，持之以恒落实中央八项规定精神和省市有关规定，坚决纠正“四风”。深入开展党风廉政建设和反腐败斗争，严肃查处各种违法违纪案件。

各位代表，新时期，新阶段，新目标，新期待。让我们更加紧密地团结在以习近平同志为总书记的党中央周围，奋发有为，锐意进取，为实现全面建成小康社会宏伟目标，加快建设“宜居、生态、人文”新龙池而努力奋斗！

政府工作报告

—2017年9月在龙池镇第十九届人民代表大会第二次会议上

龙池镇镇长　杨启乐

各位代表，同志们：

现在，我代表镇政府，向大会作政府工作报告，请予审议，并请列席会议的同志提出意见。

一、2017年政府工作回顾

2017年，在龙池镇党委的正确领导下，在人大代表、政协委员和社会各界的监督支持下，镇政府与全镇人民一道，紧紧围绕市委、市政府“一三四五”总体工作部署和全镇“北扩南特，四轮驱动”战略目标，坚持稳中求进、稳中快进，加快改革创新、转型发展，积极适应经济新常态，努力实现各项工作全面上档升级。

一是园区建设再取新突破。今年，在全市下营、柳疃工业园区日趋饱和的情况下，市委、市政府将突破滨海发展的目光聚焦龙池，拿出专项配套资金，大力推动龙池工业园区北扩工程。我镇抢抓历史机遇，主动出击、积极作为，于上半年顺利打下了土地收储这场硬仗，一期1900亩土地已全部储备完成，为园区基础设施建设、好项目引进奠定了坚实的基础；严格按照我省新化工园区认定标准条件扩容升级，借化工园区认定工作抬高工业园区建设标准，将今后的发展方向定位为新型、环保、高性能精细化工园区，聘请专家学者制订全新的工业园区规划；高度重视项目引进质量，目标瞄准高端化工产业，从项目性质、项目规模、市场前景等方面设定较高的准入门槛，突出发展更有市场潜力的好项目、大项目，截止8月份，龙池园区新落户鸢华化学双钠等3个大项目，总投资10.1亿元；结合“龙池工业园区综合提升年”活动，着力提升完善硬件配套，硬化海丰路等道路5公里，新增柳疃至龙池工业园区供水管道和联合环境（昌邑）有限公司柳疃污水厂至龙池工业园区污水处理渠道，增值补植榆树、白蜡等植物5000余株，引导园区企业签订卫生托管合同，实现园区卫生环境托管“全覆盖”。

二是文旅品牌再增新光彩。今年，我镇进一步挖掘红色遗产和传统文化，新建设了红色马渠政德政风教育基地、齐氏家风家训馆和陈干纪念馆，逐步构建起融爱国主义、政德政风、家风家训“三位一体”的党性教育综合体和爱国主义教育基地，先后接待省外现场教学1000余人次，潍坊市内5000余人次，教育基地的品牌知名度越叫越响；6月20日，我镇在中央电视台梅地亚新闻发布中心召开新闻发布会议，向全社会宣传推介昌邑和龙池文化旅游资源，进一步提升了我镇文化品牌美誉度和知名度，23日，我镇高标准举办昌邑市第二届乡村旅游节暨第二届龙乡文化节，后续开展了摄影比赛、主题征文比赛、书画笔会、民俗文化活动等形式多样的群众文化娱乐项目，把文化节的举办规格、参与规模、社会影响提升到了一个新档次，文化旅游项目区总接待量也达到了8万人次，再创历史新高。

三是民生实业再上新台阶。我镇始终将民生项目建设作为提升群众满意度的根本，将民生项目视为重点工程之首。今年，我们不吝资金、不惜精力，积极争取上级政策资金，多方筹措民间资本，投资1119万元，实施了“一事一议”成片连村治理项目建设；成功争取农开办、国土局高标准农田整理项目，分别投资550万元和1500万元，对1.4万亩高标准农田项目区进行高标准整修；投资8000万元兴修昌邑市第一座平原水库—龙源水库；分别投资5000万元，新建了梦幻花海生态观光园和山东颐爱医养结合养老项目；投资900余万元的龙池中心幼儿园已经完成项目选址，投资50余万元的马渠幼儿园已开工建设，各项惠民工程快速推进，群众满意度和幸福感进一步提升。

四是生态环境不断改善。我镇始终把改善生态环境、提升人居质量作为头等大事来办，今年结合环保督查、河道清理、畜禽污染治理等环保重点工作，制订了更高、更严的自查标准，借问题整改促环境彻底改善。严肃整改“小散乱污”企业，关停取缔6家不达标企业，升级改造4家问题企业；全面清理燃煤小锅炉，取缔无证经营户一户，规范持证经营户7户，严格落实“清零”行动按周调度清理情况；彻底落实畜禽养殖污染整改，对辖区内畜禽养殖污染情况进行全面摸底调查，利用半个月时间完成问题整改；严格落实“河长制”相关规定，全面开展清河行动，拆除违章建筑9处，对虞河、堤河、丰产河沿途河道进行了全面整治。

五是政府自身建设不断加强。持续推进责任政府、法治政府、效能政府、创新政府、廉洁政府建设，自觉接受人大代表、政协委员监督，主动听取社会各界意见。深入开展思想作风建设年活动，积极推动“两学一做”学习教育常态化、制度化，认真落实改进工作作风、密切联系群众的八项规定，扎实推进“庸懒散浮”专项治理，着力解决“四风”问题，形成了转作风、抓落实、争一流的良好局面。

各位代表，在错综复杂的国内外形势和经济下行压力下，我镇经济发展稳中有进、社会保持和谐稳定，实属不易。这是上级党委政府和镇党委坚强领导的结果，是人大代表、政协委员和社会各界有效监督、大力支持的结果，是全镇上下同心协力、拼搏实干的结果。在此，我代表镇政府，向全镇广大干部群众，向各位人大代表和政协委员，向广大纳税人，向来龙池创业的投资者和劳动者，向所有关心、支持和参与龙池现代化建设的朋友，表示崇高的敬意和衷心的感谢！

在肯定成绩的同时，我们也清醒地看到，发展中还存在一些困难和问题：受盐溴产量不断减少、价格长期低位运行等不利因素的影响，财政增收压力较大；科技创新能力不足，开放意识和水平有待提高，新旧动能接续转换还需下更大功夫；受人口、区位等因素制约，城镇化水平不够高，服务业发展滞后；公共服务、民生改善与人民群众的期望还有差距，等等。对此，我们将以对人民群众高度负责的态度，努力用改革创新的思路、艰苦奋斗的精神、扎实高效的工作，尽快加以解决。

二、下步政府工作的总体要求和具体任务

各位代表，挑战蕴含机遇，信念凝聚力量。2017年是本届政府履职的第一年，是全镇经济社会发展出亮点、见成效的一年。今年以来，全镇上下坚持苦练内功、夯实基础，稳步推进转方式、调结构，已经蓄积了充足的发展潜力，集聚了强劲的后发优势。预期稳、后劲足、信心增，只要我们坚定信心不动摇，自我加压不懈怠，抢抓机遇不迟疑，就一定能出色完成年初制定的各项目标任务，就一定能创造无愧于时代、无愧于人民的崭新业绩。根据年初制定的任务目标，对照当前实际进度，下步我们将会重点做好五个方面的工作：

（一）加速沿海开发，在滨海突破发展上取得新成效。坚定不移地深入实施“园区北扩”战略，推动各类要素资源向龙池工业园区倾斜，全面提升设施配套、项目引进、产业聚集水平，打造全镇经济社会跨越发展、转型发展的增长极。一是强化载体支撑功能。加快龙池工业园区基础设施建设，完善提升道路、绿化、水网、供气、供电等设施配套，着力提升园区承载能力。二是加快项目建设进度。强化包靠责任，推进海能蒽醌、鸢华双钠等在建项目建设，任务到天，责任到人，力争早建成、早投产。三是加大招商引资力度，组织招商小分队赴全国重点科研院所和知名企业开展“精准招商”，一方面。通过考察发展有潜力、好市场前景的项目，主动洽谈合作意向，积极申请协调政策支持；另一方面，充分发动现有企业各类资源，了解企业技术、人才方面需要，通过政府平台积极运作切实推进“三招三引”工作，将好项目、好资源带到龙池、留在龙池。

（二）坚持三农为本，在农业精品化发展上取得新成效。以推进农业产业化经营为重点，加快转变农业发展方式，打造农业发展新优势。一是加快农田水利建设，扎实保障农开办、国土局高标准农田整理项目施工质量，加强对农田水利基本设施的维护和管理，继续加大对上级农田水利建设项目的争取力度，确保所有基本农田实现“旱能浇、涝能排”。二是加快生态林业建设。加大对农田林网、道路林带的补植完善力度，科学合理地新建农田林网和绿化河流水系，不断提升村庄和工业园区的绿化管理水平。三是全力推进产业化经营。严格落实强农富农惠农政策，积极发展农村二三产业，促进农民就地就业和转移就业，充分利用电商等新兴经营平台，积极引入先进的经营管理模式，探索农户承包土地经营权流转、抵押、担保等办法，发展适度规模经营，培育新型经营主体，解决好增加农民收入。

（三）统筹镇村发展，在新型城镇化建设上取得新成效。以推进新型城镇化为核心，以发展城镇服务业为重点，统筹推进镇区、社区、农村三位一体、协调发展。村级层面重点抓好村容村貌整治。大力推进岱邱村省级美丽乡村示范村建设工程，以开展乡村连片治理为抓手，全面推进村容村貌整治，统筹推进“五化”工程，建立健全农村环境长效管理机制，全面提升农村环境卫生水平。社区层面重点提升公共服务质量。仿照龙池社区建设标准，围绕提升农村社区服务职能，继续加大对社区基础设施建设力度，规范社区管理体系，提升社区服务水平，最大限度地满足群众办事要求，促使农村社区建设上档升级。小城镇层面重点提升承载功能。大力发展农村服务业，扶持鼓励发展农家乐、生态采摘、特色民宿等乡土经济，优化提升商贸流通、社区服务等生活性服务业，增强服务业总体实力，大力推进山东颐爱养老中心、龙池幼儿园等民生工程建设，切实提高龙池服务业水平，以此带动城镇的人流、物流、信息流。

（四）突出责任落实，在严守两条“底线”上取得新成效。必须始终严守安全生产、社会稳定两条“底线”，痛下决心、坚定不移，综合施策、标本兼治，实现更高层次可持续发展。安全生产方面。进一步强化“属地管理、行业主管、生产经营单位主体”责任，严格责任追究。全面排查各类安全隐患，切实搞好隐患治理，扎实开展安全生产“回头看”，抓好安全生产台账管理，加大隐患公开、群众监督力度，实现全环节可追溯，确保安全生产形势持续稳定。社会稳定方面。全面落实社会稳定“网格化”管理，充分发挥镇、社区、村级网格员三级信息沟通机制，对重点领域、重点场所、重点人员实施24小时不间断监控，确保关键时间点不出任何稳定问题。扎实开展信访积案化解工作，优先解决群众反映强烈、矛盾突出的重点工作，确保“小事不出村，大事不出镇”，不再产生新的不稳定因素。

（五）加大惠民投入，在促进民生改善上取得新成效。以促进社会公平、增进人民福祉作为奋斗目标，不断增加民生事业财政投入力度，努力提升群众的幸福感和满意度。一是优先发展教育事业。加快推进龙池幼儿园新建工程和马渠幼儿园升级改造工程，不断改善办学条件，打通龙池教育事业均衡化发展“最后一公里”。二是抓好环保工作，健全完善生态环境保护责任，对一切环境违法行为“零容忍”，园区整改不达标企业坚决不允许私自从事生产经营，必要的采取停水断电等强制措施。各社区、各村积极宣传环保炉具、环保型煤，发动广大群众参观环保型煤试烧点，确保春节前完成环保炉具推广改造任务。三是推进在建民生工程进度。大力推进山东颐爱养老康复中心、龙乡水韵大酒店、龙源水库等建设项目建设进度，持续加大项目品牌宣传，持续做大做强文化旅游配套产品，打造一批具有龙池特色的产业品牌，着力提升龙池文化旅游“硬实力”。

三、全面加强政府自身建设

积极顺应经济发展新常态，不断强化改革创新意识，巩固拓展党的群众路线教育实践活动成果，全力打造法治政府、服务政府、效能政府、廉洁政府。

（一）建设法治政府。坚持依法治镇，推进行政权力规范运行，做到法定职责必须为、法无授权不可为。健全依法科学决策机制，严格规范行政决策程序，不断提高行政决策公众参与度。自觉接受人大依法监督和政协民主监督，积极听取社会各界人士的意见建议，主动接受司法监督、新闻舆论监督和社会公众监督。

（二）建设服务政府。全面推进政务公开和各领域办事公开，回应社会关切，务求各项工作公开透明、阳光运行。加大政府购买服务力度，完善供给模式，拓展服务领域，让市场和社会组织参与更多事务。加大对企业的服务扶持力度，与企业共度难关。

（三）建设效能政府。力戒空谈，崇尚实干，各项工作都瞄准标杆、争创一流。深化行政审批制度改革，优化审批流程，提高审批效率；加强事中、事后监管，把该放的全部放下去、该管的全部管起来。进一步转变文风会风，更大幅度精简会议和文件。严格政府绩效管理，持续推进机关效能建设，更大力度治理“庸懒散浮”。着力完善责任落实机制，加大督导检查力度，做到事有专管之人、人有明确之责、责有限定之期。

（四）建设廉洁政府。继续严格执行中央八项规定和国务院“约法三章”，进一步增强过“紧日子”思想，严控“三公”经费支出，大幅降低行政成本。健全激励约束机制，教育引导全体政府工作人员克己奉公、勤政廉洁。坚持对腐败现象“零容忍”，严格执行党风廉政建设责任制，健全惩治和预防腐败体系，始终做到廉洁从政。

各位代表！在这党的十九大将要胜利召开之际，让我们更加紧密地团结在以习近平同志为总书记的党中央周围，高举中国特色社会主义伟大旗帜，在镇党委的坚强领导下，团结依靠全镇人民，坚定信心、凝聚共识，真抓实干、锐意进取，为落实全市“一三四五”战略部署、建设“四个新城”而努力奋斗！

政府工作报告

———2018 年 8 月 30 日在龙池镇第十九届人民代表大会第三次会议上

龙池镇镇长 杨启乐

各位代表，同志们：

现在，我代表镇政府，向大会作政府工作报告，请予审议，并请列席会议的同志提出意见。

一、2018 年上半年政府工作回顾

2018 年，在龙池镇党委的正确领导下，在人大代表、政协委员和社会各界的监督支持下，镇政府与全镇人民一道，以习近平新时代中国特色社会主义思想为指引，牢牢把握乡村振兴战略发展契机，深入推进新旧动能转换，围绕“四个城市”布局，精准施策创新驱动，全面推进重点突破，统筹部署狠抓落实，社会经济各项事业蒸蒸日上，呈现出良好上升态势。

一是创新突破，工业园区全面升级。今年，龙池镇按照“新型、环保、循环”精细化工示范园区新定位，补短板、显特色、促提升，对工业园进行全面升级改造。完善园区总体规划、环评安评和各种应急预案等，安装运行安全环保监测监控平台，实现封闭式管理，园区规范化再上新台阶。年初，在第一批省化工产业园区认定工作中，取得第五名的好成绩。预先调储 2000 亩土地，推进工业园北扩工程。完善道路、供排水、电力等基础设施配套。投资 3000 万元，建设工业园至柳疃污水处理厂排污管道，建成日供水 1 万立方的中水供水管道，解决园区企业用水紧张问题；规划建设自来水公司至工业园日供水 2 万立方米管线和 220 千伏变电站一座。同时，积极落实各项优惠政策，加强对外宣传，提升园区知名度，加快对高端产业、新兴产业项目引进力度。目前，工业园已储备鸢华双钠等 6 个项目，涉及投资 24.3 亿元。其中，潍坊威森格化工有限公司尼龙11项目与青岛锋泾（中国）建材集团有限公司聚氨酯泡沫填缝剂等项目已签订框架协议。

二是特色挖掘，文旅品牌增添新色彩。高标准做好全镇旅游规划，坚持文物保护与文化旅游相结合，重塑乡村旅游业态，提供特色旅游产品。深入挖掘片区特色，打造“齐国盐都、孙膑采地、齐西古村、红色马渠”四张名片。投资100余万元，规划建设串联绸乡酒地区域整体游览线路；创新民宿旅游模式，投资200余万元，建成3处主题民宿体验店；加快建设龙乡水韵大酒店，打造“吃、住、行、游”一日游精品路线；高标准举办昌邑市第三届乡村旅游节暨第三届龙乡文化节，并相继举办摄影比赛、书画展、群众文艺汇演、端午葵花节等20多项丰富多彩的文化活动；建成马渠村史馆、宣传部旧址、陈挺旧居等展馆，完善“红色马渠”政德政风教育基地建设，对龙池文化展览中心扩容提升，启动“渤海走廊”革命斗争陈列馆建设项目，打造融爱国主义、政德政风、红色传承、家风家训“四位一体”的红色文旅综合体。

三是以民为本，民生事业再上新台阶。医疗养老服务高水平开展，启动新型医养结合养老综合体工程，加快建设颐爱养老康复中心。项目投入使用后，将有效缓解我镇乃至全市医疗养老压力。教育质量不断提高，投资100余万的马渠新幼儿园即将建成使用，极大改善了南部8个村幼儿教学条件；龙池初中不断提高教学质量，今年中考升学率达到82%，连续5年位列昌邑市乡镇初中第一名。社区服务水平不断提升，投资200余万元，完成马渠、瓦城两个社区改造提升任务，进一步延伸政务服务链条，为群众提供更为高效便捷的服务。农田水利建设高效推进，龙源水库建设如火如荼，已完成土方开挖40万方，力争明年底建成投入使用；投资1200余万元，高标准治理农田1万亩，硬化出村路及生产路19公里，有效改善了南部村庄群众生产生活条件。

四是生态宜居，生态环境不断改善。积极推进美丽乡村标准化建设。成功申报了西白塔村、北白塔村省级美丽乡村示范村创建项目，争取资金200万元，按照示范标准实施村庄绿化、道路硬化、墙体美化等，力争打造美丽乡村示范样本。实施一事一议乡村连片治理项目。全面实行河长制，加强对虞河、丰产河等河流的巡查监管，巩固去年河流“八乱”治理成果打造。全面完成植树造林任务，对荣乌高速、新海路等445亩林带树木进行了补植更新，对海丰路两侧进行高标准绿化。提前半年完成全镇3715户农村改厕任务，切实改善村庄卫生环境。连续三年全市城乡环卫考核名列第一，并荣获潍坊市城乡一体化先进镇街称号。创新养护管理方式，投入60余万元，将境内三条主要道路及工业园区进行路域治理托管，对旅游景区进行绿化托管，有效提高了管理水平，改善了镇区和园区环境。

五是改进作风，行政效能显著增强。持续推进责任政府、法治政府、效能政府、创新政府、廉洁政府建设，自觉接受人大代表、政协委员监督，主动听取社会各界意见。加快转变政府职能，“放管服”改革深入推进。深入开展思想作风建设年活动，扎实推进“庸懒散浮”专项治理，着力解决“四风”问题，形成了转作风、抓落实、争一流的良好局面。

各位代表，在错综复杂的国内外形势和经济下行压力下，我镇经济发展稳中有进、社会保持和谐稳定，实属不易。这是上级党委政府和镇党委坚强领导的结果，是人大代表、政协委员和社会各界有效监督、大力支持的结果，是全镇上下同心协力、拼搏实干的结果。在此，我代表镇政府，向全镇广大干部群众，向各位人大代表和政协委员，向广大纳税人，向来龙池创业的投资者和劳动者，向所有关心、支持和参与龙池现代化建设的朋友，表示崇高的敬意和衷心的感谢！

在肯定成绩的同时，我们也清醒地看到，发展中还存在一些困难和问题：科技创新能力不足，开放意识和水平有待提高，新旧动能接续转换还需下更大功夫；受人口、区位等因素制约，城镇化水平不够高，服务业发展滞后；公共服务、民生改善与人民群众的期望还有差距，等等。对此，我们将以对人民群众高度负责的态度，努力用改革创新的思路、艰苦奋斗的精神、扎实高效的工作，尽快加以解决。

二、下半年政府工作重点

各位代表，挑战蕴含机遇，信念凝聚力量。今年以来，全镇上下坚持苦练内功、夯实基础，稳步推进转方式、调结构，已经蓄积了充足的发展潜力，集聚了强劲的后发优势。预期稳、后劲足、信心增，只要我们坚定信心不动摇，自我加压不懈怠，抢抓机遇不迟疑，就一定能出色完成年初制定的各项目标任务，就一定能创造无愧于时代、无愧于人民的崭新业绩。

根据年初制定的任务目标，对照当前实际进度，下步我们将会重点做好五个方面的工作：

一是三农为本，农业进位腾笼换鸟。转变农业发展方式，打造农业发展新业态。推进产业化经营，落实强农富农惠农政策，充分利用电商等新兴经营平台，引入先进经营管理模式；促进农民就地就业和转移就业，引流农村剩余劳动力到工业园区打工就业，增加农民收入，缓解园区企业用工压力。以土地流转推动规模种植，探索建立镇级产权交易中心，拓展农户承包土地经营权流转、抵押、担保方式，发展适度规模经营，积极引导、严格把关、平稳高效推动土地流转，通过一地一策、激励扶持等方式，引导推动工商资本下乡，筹措农业发展资金。打造农产品特色品牌，挖掘培育龙池土生土长农产品品牌，丰富农产品产业结构，延伸从田间到餐桌生产加工产业链条，让“龙池出品”摆上市民餐桌。

二是滨海突破，产业提升凤凰涅槃。优化资源配置，推进“园区北扩”战略，全面提升工业园设施配套、产业聚集水平，提升园区承载能力。以工业园为依托，提升企业科技含量，全面推动蓝色海洋化工转型升级。加快项目建设进度，积极对接上级部门，尽快完成化工园区认定工作，强化包靠责任，任务到天，责任到人，挂图作战倒排工期，力争在建项目早建成、早投产。加大招商引资力度，积极跟进海能化学环氧丙烷等6个总投资24.3亿元项目，争取早日落户，积蓄发展后劲。加大高端、新兴产业项目特别是发展有潜力、市场前景好的项目引进力度，结合产业链条延伸，积极向上申请政策支持，主动洽谈合作意向，让好项目、优质项目来到龙池、扎根龙池。

三是城乡统筹，民生进步上挡升级。增加民生事业财政投入力度，提升群众幸福感、满意度，镇区、社区、农村三位一体，以人为本统筹推进城乡发展。镇级聚焦承载能力提升。优先发展教育事业，提升学校办学质量，改善办学条件，打通教育事业均衡化发展“最后一公里”。大力发展农村服务业，扶持鼓励农家乐、特色民宿等乡土经济，优化提升商贸流通等生活性服务业，增强服务业实力。完善农田水利建设，加强基本设施维护管理，加大项目争取力度。加强与泰康集团等大企业合作，加快推进新型医养结合养老综合体、龙源水库等重点民生项目建设进度。社区推进公共服务升级。完善社区提升改造，以打造“平安和谐、高效便捷、服务一流、群众满意”的新型农村社区为目标，继续加大社区基础设施建设力度，形成以社区服务中心为主体、各村服务网点为补充的服务网络，推行“一门式”办公、“一站式”服务，提升社区服务水平，最大限度地满足群众需求。村级着力村容村貌整治。继续推进省级美丽乡村示范村建设工程和乡村连片治理工程，全面推进村容村貌整治，建立健全环境长效管理机制，全面提升农村环境卫生水平。加大农田林网、道路林带补植完善力度，健全农田林网和绿化河流水系，提升全镇绿化美化水平，实现绿色生态发展。

四是双拳发力，文旅先行创先争优。特色文旅高位跃升。通过举办节会、承接活动，宣传推介龙池文化旅游，提升品牌知名度。开发农家乐等生态体验，实现观光、体验农业与文化旅游、养老养生等新型产业深度融合。全面开展镇村两级档案整理，编修龙池镇志及各村村志，全力构建“中心突出，十馆辉映，文档齐备，盛世修志”的龙池文化全景长廊。党性教育高点突破。完善红色马渠、抗日战争纪念馆、红色文化展览中心、齐氏家风家训展示馆“四位一体”政德政风教育基地建设，加快推进“渤海走廊”陈列馆建设工程，全面提升布展、解说质量，政德政风教育基地规模、内涵不断提升，打造“红色龙池”知名党性教育品牌

五是筑牢围墙，底线稳固牢不可破。守住生态环保底线。突出园区工业废气及异味治理，提升区域空气质量。落实上级河长制部署要求，持续改善水生态环境。严守土地红线，严格用地审批，严厉打击未批先建、私搭乱建等违法违规用地行为。落实生态环境保护责任，环境违法行为“零容忍”、严惩重罚，努力构筑天朗气清、地绿水净的生态环境。守住安全生产底线。重预防、治隐患、严追责，时刻绷紧安全生产弦，严格落实企业主体责任、社区村属地管理责任和部门监管责任，始终保持高压态势。开展安全生产隐患大排查快整治严执法集中行动，建立安全风险分级管控和隐患排查治理双重预防机制，源头防范安全风险。巩固提升企业安全生产标准化建设成果，请专家参与、发挥专家作用，引入第三方评估，有效提升本质安全水平，确保全镇安全生产形势持续稳定。守住社会稳定底线。全面落实社会稳定“网格化”管理，充分发挥镇、社区、村网格员三级信息沟通机制，强化社会治安防控，积极预防、妥善处理各类群体性、突发性公共事件，确保大局和谐稳定。扎实开展信访积案化解工作，优先解决群众反映强烈、矛盾突出的重点问题，小事不出村，大事不出镇，确保不再产生新的不稳定因素。

三、全面加强政府自身建设

面对新形势、新任务、新期待，必须“担当、抓紧、争先创优”，以务实高效作风服务于民，以勤政清廉形象取信于民，全力打造人民满意政府。

（一）坚持担当作为，持续推进政风转变。更加严实改进工作作风，更有成效提升机关效能，更大力度治理“庸懒散浮”。坚持深入一线调查研究，察实情、出实招、办实事，不断提高服务群众、推动发展的能力。为担当者担当，为负责者负责，健全正向激励和容错纠错机制，打造担当有为、创新实干、进位争先的干部队伍。

（二）坚持高效作为，不断优化服务效能。强化政府职能转变，深化行政审批制度改革，优化审批流程，提高审批效率。着力做好“放管服”三篇文章，大力整治影响和破坏发展的各种行为，构建“亲”“清”新型政商关系。深化政务公开，让权力在阳光下运行。

（三）坚持依法作为，努力打造法治政府。严格依法用权履职，将政府工作全部纳入法治轨道。坚持重大行政决策集体讨论决定，完善公众参与、专家论证等制度，确保科学决策、民主决策、依法决策。自觉接受人大法律监督和政协民主监督，广泛听取社会各界意见建议，认真办理人大代表建议和政协委员提案。

（四）坚持廉政作为，增强拒腐防变能力。把党的纪律和规矩作为从政用权、修身律己的底线，牢固树立“四个意识”，严守中央八项规定和国务院“约法三章”，驰而不息纠正“四风”。深入推进党风廉政建设和反腐败工作，有腐必反、有贪必肃，始终保持为民务实清廉。

各位代表！让我们更加紧密地团结在以习近平总书记为核心的党中央周围，高举中国特色社会主义伟大旗帜，在镇党委的坚强领导下，团结依靠全镇人民，坚定信心、凝聚共识，真抓实干、锐意进取，践行新理念，建设新龙池，为率先全面建成小康社会而努力奋斗！

龙池惨案

抗日战争前夕，龙池村是个600余户、1800多人的大村。村庄三面环水，北系开阔地。南有石桥通往岱邱、郭疃村。村外围墙高而坚固，易守难攻，是抗击敌人的天然屏障。该村群众基础好，抗日热情高、是昌北抗日根据地的中枢，素有“小延安”之称。因此，抗战期间中共昌邑县委及所领导的抗日武装队伍经常驻在这里。1938年4月，八路军鲁东游击第七、八支队，就以龙池为后方，攻打了柳疃日伪据点。1938年12月，日军第二次占领昌邑后，视龙池村为心腹之患。经常派特务到此侦察。

1939年2月22，日军又派两名特务到龙池村侦探军情，特务的伪装当即被村民盛希德识破，日军特务见势不妙，调头逃窜，盛希德率领群众奋起追击，将一名特务擒获后交由驻在该村的八路军胶北特区指挥部所属林瑞伍中队处决，另一名特务逃跑后，将情报转告了驻昌邑县城的日军队长小川。

次日拂晓，小川率日伪军500余人，经岱邱、郭疃进犯龙池村。八路军胶北特区指挥部所属部队在山东纵队5支队某连配合下，凭借有利地势，迎头痛击，阻击日伪军于南门外，经过一上午的激战，毙伤日伪军60余人，其中包括日军中队长金板（被击毙）。由于久攻不下，加之伤亡惨重，小川急忙请求驻潍县的日军驰援。驻潍县的日军驰援。下午4时左右，日军驰援部队长驱直入龙池。在日军重兵压境的情况下，为了保存实力，参战的八路军部队掩护部分群众转移后撤出战斗。日伪军乘虚攻入龙池村。

日军进村后，对龙池村实施了惨无人道的烧、杀、掳、掠。

恣意杀人是日军暴行之一。遇难者中，有14人是被日伪军用刺刀捅死的。死者身上多的被刺了几处、十几处、甚至几十处。有的手脚被砍掉，有的腹部被刺穿，流出五脏。魏仁青是一名中医，在街上开药铺。当日下午，一伙日军闯入药铺，将贵重物品抢劫一空，将药铺付之一炬，随后又将腿有残疾的魏仁青拉到大街上用刺刀刺其残腿脚寻欢作乐，引来许多日军围观，直到魏遍体鳞伤，血肉模糊，气绝身亡。

被刺杀者还有齐思法，他被日伪军抓住后刺断食道，因不能饮水进食，最终干饿疼痛而死。52岁的村民齐庆祥在转移途中被日伪军活捉，押至村内被连刺13刀，因齐当时身穿皮袄，未伤及要害，又佯装死亡才幸免遇难。齐庆祥从此落下残疾，生活不能自理。

日军的报复手段惨绝人寰。日伪军进村后，不分男女老少，不同青红皂白，见人便杀，极其凶残。刘增贤家住在村南门附近，共10口人，因不了解外面情况，都不敢出门，便在家里找地方躲藏，有的藏在喂牲口的草料池里，有的躲在坑下，有的躲在草垛后面。下午4时许，一伙日伪军砸开刘家的大门，闯入院内大声嚎叫，刘的祖父为了保护家人，主动出面与日军交涉，当场被日伪军乱枪打死。刘的家人悲愤之极，欲同日伪军拼命，幸亏刘的祖母极力劝阻，才躲过更大的劫难。

齐思孔、齐思礼、齐思智兄弟3人都是年过60岁的老人，在日军进村时因躲避不及，被困在家中。五六名日伪军闯入齐家，开枪射杀了齐思孔和齐思礼，其中齐思礼被击中胳膊和上腹。齐思智见状，试图上前营救，被日伪军用刺刀刺穿小腹，肠胃裸露，血流不止，惨不忍睹。齐思智当时虽未死亡，却因伤势太重，于同月26日含恨而死。

一伙日伪军端着机枪闯入魏汉正家，见多人聚在一起玩耍，不问青红皂白便开枪扫射，将魏述陶夫妇及刚满5岁的儿子和魏连贞、魏新和及魏汉正的父亲共6人枪杀在一起。距魏汉正家方圆不足百米之内，日伪军就枪杀了近20人。

日伪军纵火焚烧民房的残暴行为，同样令人发指。日伪军进村后，挨家挨户搜查，把值钱的东西抢掠一空，又用扫帚沾着煤油，顺着风向逐户放火。直到熊熊烈火蔓延全村，无法扑救为止。霎时，龙池村上空浓烟滚滚，火光冲天，20余里之外犹能望见。其中村内中道、南北道、孙家胡同和狮子胡同损失最为惨重。大火过后，村内残垣断壁，一片凄凉，130余户的财产荡然无存。村民魏桂英的父亲、魏尚林的父亲和盛朗等见邻居家中起火，前往扑救，被日伪军用机枪射杀。魏桂英家中被放火后，滚滚浓烟将正在坐月子的母亲和刚满20天的小妹呛昏，后经多方施救才得以生还。

由于惨案所致，当地生产力遭到极大破坏，人口减少，经济全面崩溃。由此而产生的灾难性后果影响深远。据不完全统计，全村有刘方茂、魏述尧、魏述关等 10 余个家庭家破人亡，妻离子散；魏万春、魏兴典、魏绍贵等 10 余户背乡离井闯了关东，至今未回；魏加贞、魏乃斗等 20 余户逃荒要饭上了东山（胶东山区），生活无依无靠。

昌邑龙池惨案，日军共杀害无辜百姓 72 人，重伤 1 人，烧毁房屋 300 余间，抢掠或烧毁金银、衣服、被褥、粮草、家俱、家畜不计其数。

惨案的发生，同时也激发了群众奋起抗日的热情。龙池人民在中国共产党的领导下，继续组织起来，展开对敌斗争，使抗日根据地更加巩固，军民团结更加紧密。抗战期间，全村先后有魏良瑞、齐福庆、齐庆连等 50 余名青年抱着为国雪耻、为亲人报仇的信念，参加了八路军，奔赴抗日前线。在家的人民群众也积极支前，做军鞋、送军粮、抬担架，支援前线。惨案过后，八路军游击队在龙池人民的支援下，凭借有利地形，在这里打了许多胜仗，并在 1943 年 9 月一次反“扫荡”中，活捉了龙达、青山和岗森 3 名日军。

选自中共潍坊党史研究室编《血证》，中共党史出版社出版。

编后记

2018 年年初，在龙池镇党委、政府和方志出版社潍坊工作站的组织指导下，编写人员担负起撰写《龙池镇志》的重任，我们坚持质量第一、秉笔直书的原则，广征博采，去伪存真，在一年的时间里，以极大的工作热情，艰苦笔耕，终成镇志。

2018 年 4 月，龙池镇政府制定了《龙池镇志》编纂方案，成立了镇志编纂委员会，下设专门办公室，并召开编纂《龙池镇志》会议，安排镇志编修工作。会后，镇直各部门和各行政村成立了修志小组，组织人员编写单位史和村庄概况，同时，还提供文献、口碑资料。镇志编修人员先后到昌邑市档案馆、查阅档案 100 余卷，抄录资料 30 多万字。编纂人员先后到政协昌邑市文史资料委员会、昌邑市史志办公室查阅《昌邑县志》《昌邑市志》《昌邑统计年鉴》《昌邑军事志》《昌邑年鉴》《昌邑历史人物》《昌邑历史人物续编》《中共昌邑历史大事记》《昌邑古迹通览》《龙池大观》《龙池乡志》等资料 20 多部，为编写提供了大量的资料。同时，走访老干部、退休工作人员和知情人士，先后举行各种类型的座谈会 10 余次，征集口碑资料 20 多万字。

2019 年 7 月 6 日，《龙池镇志》志稿评审会在昌邑市金陵御景湾会议室召开。山东省修志专家咨询组专家段祥泰，中共潍坊市委党史研究院（潍坊市地方史志研究院）院长康悦彬，潍坊市委党史研究院（潍坊市地方史志研究院）副院长姚国平，山东省修志专家咨询组专家、潍坊市委党史研究院（潍坊市地方史志研究院）方志科科长程森枝，方志出版社潍坊工作站专家王现友、徐传国，昌邑市委常委、办公室主任刘煜，昌邑市委党史研究中心（昌邑市地方史志研究中心）主任李周兴，昌邑市文化和旅游局局长、市博物馆馆长李志国，昌邑市博物馆副馆长王伟波，龙池镇党委书记朱永红，以及龙池镇领导干部和志书编纂组成员出席会议。市领导及专家一致认为《龙池镇志》是一部观点正确、体例科学、层次分明、资料翔实、地方特点突出、时代特色鲜明、文字朴实清新的志书。评审会后，编纂人员根据专家修改意见，从志稿框架结构到语言文字逐编、逐章、逐节、逐条目斟酌审核，细致修改，对部分章节进行调整、补充、完善，最终形成送审稿。随后送方志出版社，经初审、复审和终审，10 月出版。

在镇志编写过程中，得到潍坊市委党史研究院（市地方史志研究院）、政协昌邑市文史资料委员会、昌邑市史志办公室、昌邑市档案馆、昌邑市博物馆、昌邑市统计局和其他有关部门的大力支持，特致谢意！

在编志过程中，我们虽然尽了最大努力，但由于时间短，资料严重缺乏和编者水平有限，定有许多疏漏和错讹之处，敬请读者指正。

编　者

2019 年 10 月